Monika Muranyi
mit Dr. Amber Wolf

Die weibliche Kraft von Lemurien

Monika Muranyi
mit Dr. Amber Wolf

Die weibliche Kraft von Lemurien

Kryons Botschaften
über die erste Saat
des menschlichen Bewusstseins

MOMANDA

Wichtiger Hinweis

Die im Buch veröffentlichten Empfehlungen wurden von Verfasserinnen und Verlag sorgfältig erarbeitet und geprüft. Eine Garantie kann dennoch nicht übernommen werden. Ebenso ist die Haftung der Verfasserinnen bzw. des Verlages und seiner Beauftragten für Personen-, Sach- und Vermögensschäden ausgeschlossen.

• • •

Bei der Übersetzung wurde Wert darauf gelegt, den Stil Kryons und der Autorinnen beizubehalten. Aus dem englischen Originaltext ging nicht immer eindeutig hervor, ob von Männern oder von Frauen die Rede ist. Die Channellings auf den Seiten 72–78 oben wurden nahezu unverändert aus den deutschen Kryon-Bänden 2 und 3 übernommen.

Aus dem Englischen von
Maria Müller-de Haën

• • •

Titel der Originalausgabe:
The Women of Lemuria – Ancient Wisdom for Modern Times.

www.ariane-books.com / www.editions-ariane.com

Deutsche Ausgabe:

• Cover: Guter Punkt, München,
nach dem Originalcover von Deborah DeLisi und
unter Verwendung eines Gemäldes von © Christina DeHoff
• Bilder innen: skeeze/pixabay.com (S. 2),
Nils Römeling/pixelio.de (»Napaliküste, Kauai/Hawaii«, S. 6/7),
Michelle Maria/pixabay.com (S. 12/13),
Felix Hoffmann/pixelio.de (»Bucht auf Maui/Hawaii«, S. 362/363)
• Federn S. 5, 14 u.a.: Shutterstock
• Fotos S. 364/365: Privat

• Lektorat und Layout: Gitta Lingen
• Gesamtherstellung: Bernhard Keller
• Druck: CPI Moravia Books
ISBN 978-3-95628-031-3

Im Gedenken an ...

Martine Vallée
Sid Wolf

Die Künstlerin Christina DeHoff beschreibt ihr Bild auf dem Cover dieses Buches folgendermaßen:

»Es wurde durch ein um das Jahr 1900 von Frank Davey aufgenommenes Foto der Hula-Tänzerin Malia Kaleikoa inspiriert. Beim Malen erschien mir ein Lichtwesen voller uralter Weisheit und saß bei mir im Studio. Es entstand ein Bild, das die geerdete Stärke von Malia und die friedvolle Präsenz einer (lemurischen) Botschafterin mit einem direkten, beruhigenden Blick vereint, voller intensiver Liebe und Führung. Für mich ist es sehr wichtig, in meiner Kunst das kraftvolle, seelenvolle Weibliche zu zelebrieren. Die Botschaft und das Geschenk dieses Gemäldes liegen für mich in der gegenseitigen Unterstützung von Frauen, damit sie ihr Licht erstrahlen lassen. Ich hoffe, dieselbe Energie fließt auch in Ihr Herz.«

Inhalt

Vorwort

Sie halten in Ihren Händen ein Buch, das auf vielen Quellen beruht und dessen Inhalt im Wesentlichen bereits vor mehr als 26.000 Jahren existierte. Doch erst seit 2011 konnte sich die alte Weisheit der Frauen von Lemurien dank einer Reihe von Synchronizitäten verbreiten – Synchronizitäten wie das Akasha-Erwachen von Dr. Amber Wolf, die gechannelten Botschaften von Kryon, wie sie von Lee Carroll (dem ursprünglichen Kanal für Kryon) weitergegeben wurden, und die Hingabe und Leidenschaft von Monika Muranyi, die themenspezifische Bücher auf Basis von Kryons Lehren schreibt.

2011 veranstaltete Dr. Amber Wolf das erste Treffen der Lemurischen Schwesternschaft. Inzwischen gibt es ein globales Netzwerk von Sternenschwestern, die zur Lemurischen Schwesternschaft gehören. Die Schwesternschaft hat die Aufgabe, die Energie des Göttlich-Weiblichen und die Erinnerung an die ursprüngliche Akasha, wie sie von den Plejadiern durchgegeben wurde, wiederaufleben zu lassen, damit sich Frauen an ihre Heiligkeit erinnern, sie für sich als wahr annehmen und zu einem lebenden Beispiel mitfühlender Mutterenergie werden.

Dr. Amber Wolf hat jahrelang in Nord- und Südamerika sowie in Kanada die heiligen Kreise der Schwesternschaft vorgestellt. 2014 gab es beim ersten Treffen der Lemurischen Schwesternschaft eine ganz besondere Überraschung: Lee Carroll bot an, im Rahmen dieses Treffens eine Botschaft von Kryon zu channeln, in der Kryon den lemurischen Namen von Amber – *Mele'ha* – mitteilte und Informationen über die Schwesternschaft durchgab. Seitdem wurden jede Menge Informationen über das alte Lemurien, die Schwesternschaft und die Rolle von Mele'ha offenbart.

Im vorliegenden Buch hat Monika Muranyi Botschaften und Unterweisungen von Kryon über Lemurien und die Lemurische Schwesternschaft zusammengestellt; des Weiteren enthält es einen Beitrag von Dr. Amber (Mele'ha) Wolf – der letzten lemurischen

Priesterin, die uns die Weisheit und das Wissen unserer Sternenmütter, der Plejadierinnen, übermittelt hat.

Kryon beantwortet zudem über zwanzig Fragen zu den Themen dieses Buchs. Die vollständige Sammlung der Kryon-Durchgaben anlässlich von Treffen der Lemurischen Schwesternschaft stehen als (kostenlose, englischsprachige) Audiodateien auf Dr. Amber Wolfs Webseite zur Verfügung: *www.amberwolfphd.com/free-audio.*

Wir hoffen, die Weisheit, das Wissen und die Energie, die in diesem Buch weitergegeben werden, tragen dazu bei, Ihr Leben zu verbessern. Wir wünschen uns von ganzem Herzen, dass Sie Ihre Meisterschaft für sich einfordern, für sich einstehen und das Fest Ihres Lebens feiern. Sie sind keineswegs zufällig gerade jetzt hier auf unserem wunderschönen Planeten Erde, und Sie lesen auch nicht »zufällig« dieses Buch. Wir laden Sie ein, über die weisen Worte Kryons nachzusinnen …

»Als die größten Meister dieses Planeten auf der Erde wandelten, konnte man das Weibliche in ihrer Männlichkeit sehen. Sie waren weich und sanft – das war in ihren Augen zu erkennen. Sie spiegelten ihr mütterliches Erbe wider. Wie ihr wisst, besteht das Geheimnis des Friedens auf Erden darin, den süßen Geist des Weiblichen des Planeten nachzuahmen. Und ihr solltet auch wissen: Ihr könnt alles und jedes sein. Dies ist eine einfache Botschaft für die Frauen, die der Schlüssel zur Weichheit und Sanftheit des Planeten sind.«

Kryon-Channelling anlässlich des Treffens der Lemurischen Schwesternschaft in Portland, Oregon – 22. November 2014

Liebe und Segenswünsche
Monika Muranyi und Dr. Amber (Mele'ha) Wolf

www.monikamuranyi.com *www.amberwolfphd.com*

www.leecarroll.de
(Seite von Lee Carroll mit deutschen Channellings von Lee Carroll)

Kapitel 1

Das alte Lemurien

Die Geschichte von Lemurien

Will man über die »Geschichte« Lemuriens schreiben, ist das etwas ganz anderes, als wenn es um die Geschichte einer alten Zivilisation wie Ägypten geht. Doch genau diese ganz besonderen Charakteristiken haben Sie wahrscheinlich zu diesem Buch greifen lassen. Es hat etwas mit alten Seelen zu tun.

Was ist eine »alte Seele«? Laut Kryon hängt das nicht vom chronologischen Alter ab, sondern vom Akasha-Alter, also der Anzahl von Leben, die man auf dem Planeten verbracht hat. Die meisten alten Seelen sind zutiefst weise, weil sie die meiste Erfahrung haben. Alte Seelen haben ein stärkeres Bedürfnis nach spirituellen Wahrheiten, und die Botschaften von Kryon resonieren wahrscheinlich mit den Akasha-Erinnerungen dieser alten Seelen.

Sie haben noch nie etwas von Kryon gehört?

Einfach gesagt ist Kryon eine liebevolle Wesenheit, die der Menschheit stärkende Botschaften voller profunder Informationen, Unterweisungen sowie esoterischer Deutungen und Einsichten übermittelt. Lee Carroll, der ursprüngliche Kanal für Kryon, gibt seit 1989 die Botschaften Kryons durch. Die gechannelten Botschaften entwickeln sich ständig in Reaktion auf die sich verändernden Energien auf dem Planeten und die Evolution des menschlichen Bewusstseins weiter. Es gibt immer wieder etwas Neues zu entdecken. Deshalb ist es so aufregend, gerade jetzt auf der Erde zu leben, einer Erde, die die nächste Stufe ihrer Entwicklung erreicht hat und sich auf dem Weg hin zu planetenumspannendem Frieden befindet.

Bevor wir die Geschichte Lemuriens darstellen, sollten Sie etwas über die spirituelle Abstammung der Menschheit wissen. Woher kamen wir? Sind wir nur eine höhere Säugetierart, die sich auf der Erde entwickelt hat? Stammen wir von Außerirdischen ab? Wie passen die Schöpfungsmythen aller möglichen organisierten Glaubenssysteme in diese Geschichte? Wo kommen wir Ihrer Meinung nach her? Die Antworten werden wohl entsprechend der eigenen persönlichen Reise unterschiedlich ausfallen. Kryons Antwort hingegen lautet: Wir sind Teil einer größeren galaktischen Familie. Langsam erwacht die Menschheit für die tieferen Wahrheiten dahingehend, wer wir wirklich sind.

Laut Kryon wurde unsere Galaxie von der schöpferischen Quelle erschaffen und mit der Liebe Gottes erfüllt. Physikalisch ist unsere Galaxie auf Vollendung, Balance und Leben eingestellt. In unserer Galaxie wird die DNA des Menschen nach und nach – von einem Planeten zum nächsten – leicht verändert, und ihr wird (durch spirituelle »Saat«) ein multidimensionaler göttlicher Anteil eingepflanzt. Daraufhin wird eine Art Testphase eingeläutet, die Jahrtausende andauert, um herauszufinden, ob die Menschen ihren inneren Gott, ihre eigene Göttlichkeit, ihre Verbindung zur schöpferischen Quelle, dem gütigen Schöpfersystem, entdecken können. Auf den Planeten, wo die Menschen ihre Göttlichkeit erkennen, ist es ihnen erlaubt, in den Zustand des Aufstiegs zu wechseln, in dem die physische Realität mit der multidimensionalen Realität verschmilzt. Schließlich wird der betreffende Planet zu einem aufgestiegenen Planeten und wird gebeten, sich einen anderen Planeten in der Galaxie auszusuchen, dem die heilige DNA weitergegeben wird, woraufhin die nächste Prüfung stattfindet. Dieses System ist von Kryon beschrieben worden. Aus freiem Willen wurde den Menschen auf der Erde (im Rahmen eines Plans voller Liebe und Güte) die spirituelle Saat eingepflanzt und ihnen dadurch die Fähigkeit verliehen, eine Seele zu verkörpern und sich des Lichts (einer Energie, die aus einem hohen Bewusstsein entsteht) und der Dunkelheit (der Abwesenheit von Licht) bewusst zu werden.

Wie Kryon uns gesagt hat, wurde die Saat dem Planeten Erde von den Plejadiern eingepflanzt; sie sind also unsere spirituellen Eltern. Die meisten Schöpfungsgeschichten der indigenen Völker weltweit beziehen sich auf die Sieben Schwestern und die Plejadier als unsere Schöpfer. Die Antwort auf die Frage, wer wir sind und woher wir kommen, lautet also: Wir sind organische Menschen, die auf unserem Planeten Erde heranwuchsen und die mit der DNA von aufgestiegenen Wesen, den sogenannten Plejadiern, verschmolzen wurden. Kryon beschreibt, wie alles seinen Anfang nahm:

Vor ungefähr 200.000 Jahren, als die Plejadier zum ersten Mal auf die Erde kamen, war die Menschheit eine Gruppe wie all die anderen sich entwickelnden Arten auf dem Planeten. Das Säugetier namens Mensch kam in allen möglichen verschiedenen Formen vor. So wie bei anderen noch heute lebenden Säugetieren wurde durch diese Varietät das Überleben gesichert. Es gab bis zu 26 Arten von Menschenwesen, die jedoch auf 17 Arten reduziert wurden (durch den normalen Evolutionsprozess), noch bevor die Plejadier hierherkamen. Dieses Problem hatten die Plejadier zu lösen, denn um die Saat auszubringen, musste sich die DNA verändern, damit sie durch die spirituelle DNA der Plejadier ergänzt werden konnte. Es sollte zum Schluss nur noch eine Menschenart geben, nämlich die, die ihr heute noch seid, aber mit der »DNA des Kosmos«. Diese Art von Menschenwesen verfügt nicht über dieselbe Varietät wie andere Säugetiere auf der Erde, wie ihr vielleicht schon gemerkt habt (oder auch nicht). Dies ist die Menschenart, der ihr heutigen Menschen angehört.

Evolutionär betrachtet seid ihr also im Vergleich zu allem um euch herum etwas Einzigartiges. Dieser Prozess erschuf ein Menschenwesen mit 23 Chromosomenpaaren, während die »normalen« Säugetiere 24 Chromosomenpaare haben. Das Verschmelzen von Teilen eurer DNA hat mit den Plejadiern zu tun, die euch ihre DNA einpflanzten. Bei diesem Prozess passierte vieles gleichzeitig.

Wenn ein Landwirt auf sein Feld schaut und sich entscheidet, Korn anzubauen, hat er einen anderen Blick darauf als diejenigen, die das Korn irgendwann essen. Diese würden nämlich fragen: »Wann gibt es das Korn, damit ich es verzehren kann?« Und die Antwort wäre: »Dann, wenn die Halme hoch stehen und es geerntet, gekocht und auf den Tisch gestellt wird.« So weit die Geschichte des Korns für den Verbraucher; sie beginnt mit dem Ernten des reifen Korns. Doch der Landwirt hat eine andere Perspektive. Er betrachtet das unbebaute Land, das gepflügt und gedüngt werden muss, vielleicht auch im Wechsel mit anderem Getreide, damit der Stickstoff im Erdreich es vorbereiten kann. Vielleicht bringt er die Saat aus, nimmt die hervorsprießenden Keimlinge und bringt sie wieder im Erdboden ein, ihr wisst schon. Die Geschichte des Korns wäre für den Landwirt eine ganz andere.

Es gibt also mindestens zwei Fragen und Szenarien, nicht wahr? Wann nahm das Korn seinen Anfang? Der Verbraucher gibt eine Antwort, der Landwirt eine andere. Welche denn nun? Das hängt davon ab, wer die Frage stellt: der Verbraucher des Korns oder der Anbauer des Korns. Und dann gibt es noch eine dritte Frage: Wie steht es um den »Entwickler« (Schöpfer) des Korns? Wer machte das Korn? Und wann? Ich gebe euch dieses Beispiel, um zu erklären, warum die Daten verschieden sind, und ich werde euch alle nennen. Und dann erzähle ich euch, was passiert ist, und zwar ganz prägnant und kurz und bündig.

Der erste Blick

Es begann alles vor etwa 200.000 Jahren. Damals entstand das Konzept der »göttlichen Saat« auf dem Planeten Erde, und im übertragenen Sinn wurde mit dem Pflügen der Felder begonnen. Es gibt da ein Problem, nennen wir es die Art und Weise, wie die Spezies mit Gaia zusammenarbeiten. Es geschah zur selben Zeit, als das Gitternetz von Gaia erschaffen wurde. Jetzt erzählen wir euch etwas, über das bislang niemand nachgedacht hat. Wenn wir von den Gitternetzen der Erde sprechen, geht ihr davon aus, diese Gitter hätten schon immer auf dem Planeten existiert. Denn der Planet ist alt, und ihr könntet sagen: »Na ja, die Gitternetze gab es schon immer.« Ich jedoch sage euch, es gab nur ein Gitternetz, welches schon immer da war, und zwar das magnetische Gitter. Wir sprechen zu euch auch vom Kristallgitter und dem Gitternetz des Gaia-Bewusstseins. Beide reagieren auf menschliches Mitgefühl.

Hier ist die Rätselfrage: Wenn es kein menschliches Bewusstsein gibt, wie sieht es dann mit den Gitternetzen aus? Existieren sie auch ohne den Menschen?

Die Antwort lautet: Sie mussten gleichzeitig mit der Aussaat der göttlichen DNA geschaffen werden. Die Plejadier pflanzten also nicht nur die Samen, um die Menschheit mit göttlicher DNA zu verändern, sondern sie erzeugten auch die bewussten Gitternetze von Gaia. Das war nötig, denn in diesen bewussten Gitternetzen von Gaia fließen die Entscheidungen der Menschheit mit Gaias Energie zusammen. Das Bewusstsein, über das wir hier sprechen, ist das als spirituell angesehene menschliche Wesen, welches in sich ein Stück Gottes trägt und dessen DNA 23 Chromosomenpaare hat anstatt der normalen 24 Chromosomenpaare wie alle anderen Säugetiere in ihrer biologischen Evolution.

Wir wollen das noch einmal einfacher ausdrücken, mein Partner [Ermahnung an Lee, klarer zu sprechen]! Die Triade der Gitternetze auf diesem Planeten, von der wir immer wieder gesprochen haben, sind die Bewusstseinsgitter von Gaia und wurden zur selben Zeit erschaffen, als die DNA der Plejadier der Menschheit eingepflanzt wurde. In allen unseren Unterweisungen, insbesondere über das Kristallgitter, war die Rede davon, dass diese Gitternetze auf das menschliche Bewusstsein und Mitgefühl reagieren. Deshalb hat auch die Essenz der derzeitigen Gaia-Energie mit der Erschaffung des Menschen zu tun.

Das sind die Merkmale der plejadischen Arbeit vor 200.000 Jahren, und sie geschah quantenhaft auf eine Art und Weise, die ihr derzeit nicht bewusst wahrnehmen könnt. Denn diese Dinge gehen im Moment über euer Verständnis hinaus, da ihr nach wie vor in der einstelligen Dimensionalität lebt. Doch damals war das Ergebnis eine »bewusste Gaia«.

Man könnte also sagen, Gaia selbst wurde auf Quantenweise von der Energie der Sieben Schwestern erschaffen, genau wie ihr. Gaia, wie sie vorher existierte, war zwar auch Gaia, aber nicht so wie jetzt. Diese frühere Gaia erschuf den Erdboden und die Energie biologischen Lebens auf der Erde. Sie war die Mutter allen Lebens auf dem Planeten, aber keine Gaia, die auf menschliches Bewusstsein reagierte. Das ist etwas ganz anderes. Als die

Plejadier kamen, erweiterte sich Gaia also sehr, und das war so beabsichtigt.

Es dauerte 110.000 Jahre, bis sich all das gefestigt hatte und bis es so weit war, dass 16 Menschenarten gehen konnten und nur eine zurückblieb. Das geschah vor etwa 90.000 Jahren, und das ist der Zeitpunkt, den ihr für eure Berechnungen als Eichmaß hernehmen müsst, um die Frage zu beantworten: Wer waren die Menschen und wer wurden sie?

Die anderen

Und was passierte mit all den anderen Menschenarten und wie verschwanden sie? Ich erzähle euch jetzt von etwas, das es sogar heute noch gibt. Für meinen Partner ist das schwierig, denn davon hat er bislang nichts gehört. Diese Informationen wurden so noch nicht weitergegeben. Mach langsam, Partner!

Die verschiedenen Spezies auf diesem Planeten kommen und gehen, je nachdem, wie sie für die von ihnen erzeugte Energie gebraucht werden. Eine der Aufgaben von Gaia besteht darin, Spezies zu erschaffen und zu eliminieren. Wenn sie zwecks Gaias Weiterentwicklung nicht mehr gebraucht werden, hören sie auf zu existieren und sterben aus. Wenn neues Leben notwendig ist, neue Lebenskonzepte benötigt werden, dann ist Gaia kooperativ, und sie werden erschaffen. Die eigentliche Erschaffung der Arten ist etwas, was die Umweltschützer bisher nicht voll begriffen haben. Sie haben nicht erkannt, wie die Mechanik dahinter funktioniert, dass sie stark vom Wetter abhängt. Aber eure Langzeitstudien haben diese Funktionsweise zum Teil schon aufgedeckt, ihr habt bereits gemerkt, dass im Lauf der Zeit viele Spezies gekommen und wieder verschwunden sind. Und das ist immer noch so.

Das Artensterben – und warum es angemessen ist

Da kommen jetzt also die Menschen daher, sehen, wie Lebewesen auftauchen und verschwinden, und wollen sie alle retten – alle existierenden Spezies. Denn gemäß ihrem linearen Denken sollten alle Spezies auch weiterhin existieren, weil sie nun einmal da sind. Doch Gaia will sie eliminieren, eine Auslese treffen, um neue Arten ins Spiel zu bringen. Gerade habe ich erklärt, warum

Spezies kommen und gehen. Das ist angemessen, und es ist ein natürlicher Aufbauprozess für neue Spezies.

Als die Plejadier die Gitternetze des Planeten erschufen, arbeitete Gaia daran mit, wusste um den Zweck und was für das Überleben des neuen spirituellen Menschen nötig war. Gaia wusste das, weil die Energie von Gaia das bereits früher gesehen hatte [der Grund dafür steht weiter unten]. Das alte Attribut, nach dem viele Menschenarten erforderlich waren, starb deshalb langsam aus. Es war etwas Natürliches. Es gab keinen Krieg und auch keine fürchterlichen Seuchen, keine Vulkanausbrüche oder Tsunamis, die diese Menschen dahinrafften. Sie verschwanden aufgrund eines natürlichen Abgangs im Lauf von 110.000 Jahren, weil es angemessen war.

Vor ungefähr 110.000 Jahren war also nur noch eine Art übrig; das ist wissenschaftlich bewiesen, wie all eure Studien belegen, und die Anthropologen haben das bereits erkannt und sich gefragt: »Was ist damals geschehen, dass diese anderen menschlichen Arten ausgerottet wurden?«

Die Lösung für dieses wissenschaftliche Rätsel habe ich gerade geliefert, denn die Wissenschaft hält sich nur an physikalische Ereignisse als Auslöser. Der Grund dafür war aber vielmehr der Bund mit dem Gaia-Bewusstsein, das ihr »Mutter Natur« nennt, der dazu geführt hat. Das ist auch heute noch so, wenn ihr beobachtet, wie der Bestand verschiedener Spezies abnimmt, während die Menschen einen größeren Teil der Erde für sich in Anspruch nehmen. Ich nenne das »die angemessene Eliminierung einzigartiger Lebensformen, wodurch die globale Bewusstheit steigen und Quantenevolution stattfinden kann«. Manche Spezies existieren nur, um anderen zu helfen, die Leiter der Natur hochzuklettern, dann verschwinden sie wieder. Gaia weiß, wie diese Leiter aussieht. Ihr nicht.

Die spirituelle Verknüpfung

Historisch betrachtet startete die »Erschaffung des einen Menschen« also die esoterische Maschine des Musters des spirituellen Lebens auf dem Planeten, wo man nun die Seelenenergie messen konnte, eine spirituelle Quantenenergie, die mit Gaia verbunden ist. Das ist genau die Arbeit, die ihr heute zu tun versucht, wenn ihr die Geschichte der Spiritualität nachverfolgen und herausfinden wollt, welche Intuition der Schöpfer dieses Systems hatte. Das menschliche Bewusstsein ist Quantenenergie, es ist die Summe aller Seelen.

Und jetzt sind wir in der Zeit vor 90.000 Jahren. Wir werfen einen Blick auf das menschliche Wesen mit 23 Chromosomenpaaren ..., die der Sieben Schwestern. Dieser Mensch musste sich weitere 50.000 Jahre in ein Quantenwesen, ein fühlendes menschliches Wesen weiterentwickeln, das ohne ein organisatorisches Vorbild eine Zivilisation auf die Beine stellen konnte.

Viele Generationen mussten nach der Methode »Versuch und Irrtum« vorgehen, auch wenn euch das heute ganz normal erscheint. Jeder Koch weiß, dass es sehr lange dauert, bis er ein wirklich gutes Essen kochen kann. Wie lange bräuchte ein Mensch ohne ein Rezept bzw. eine Ausbildung, der nie zuvor eine Küche oder die Essenszutaten zu Gesicht bekommen hat, um ein echtes 7-Gänge-Feinschmecker-Menü zu kochen, nur indem er es immer wieder probiert? So ähnlich war das, und die Dinge entwickelten sich nicht so schnell wie heutzutage. Das war der Anfang der Menschheit: der Versuch, herauszubekommen, wie Menschen in Gruppen zusammenleben konnten.

So wird Weisheit gelernt, und die Zeit ist der Ofen, auf dem das Weisheits-Mahl gekocht wird. Durch die Attribute, die die Plejadier dem Menschen mit den 23 Chromosomenpaaren einpflanzten, entstand Wachstum, und jede einzelne Generation wurde mit der Zeit immer weiser. Schließlich, weit über Lemurien hinaus, wurde die menschliche DNA so effizient, dass die Menschen das sehen konnten, was ihr heute seht: das Göttliche im Menschen, das praktisch schon bei der Geburt erkannt und gespürt wird, und eine Bevölkerung von fast sieben Milliarden Menschen, von denen über 80 Prozent an denselben Gott und sogar an ein Leben nach dem Tod glauben [die heutige Zivilisation].

Die Geschichte Lemuriens

Jetzt sind wir in der Zeit vor 50.000 Jahren. Es dauerte weitere 20.000 Jahre, um die Tempel der Verjüngung zu erbauen und die alten Seelen erscheinen zu lassen, die Art von Seelen, zu denen auch ihr gehörtet.

Jetzt sind wir in der Zeit vor 30.000 Jahren. Das ist die Zeit in der Geschichte Lemuriens, die wir heute als die »lemurische Zivilisation« bezeichnen – ein reifes Lemurien, das sich spirituell weiter entwickelt hatte als jede andere Zivilisation auf dem Planeten in jener Zeit. Die Insel hat eine reine Gruppe an Menschen mit spirituellem Samen hervorgebracht. Den Rest der Geschichte haben wir euch schon erzählt. Als die Erdkruste sich wieder senkte (die Blase, durch die das Land hochgehoben wurde), sank der Berg von Lemurien langsam nach unten. Die Lemurier zerstreuten sich und begaben sich auf die Boote, ohne zu wissen, ob es überhaupt noch Land gab.

Als Lemurien sich in seiner Blütezeit befand, bewahrte dieser Berg über Jahrtausende ein unverändertes Lemurien; es war sozusagen ein Schnellkochtopf mit Informationen, Abstammungslinien, Ausbildung und Erfahrungen. Es veränderte sich nie, und was hier gelernt wurde, war anders als das, was woanders auf dem Planeten gelernt wurde. In anderen Gebieten konnten die Menschen weitergehen und tun, was sie wollten. Sie mussten nur ihre Sachen packen und verschwinden. Aber nicht hier [in Lemurien]. Hier mussten sie Möglichkeiten finden, mit den üblichen Problemen des Zusammenlebens klarzukommen.

Hier also wollte das Akasha-System der Menschheit alte Seelen weiterbilden. Die Menschen kamen jeweils nur ein Mal, gingen dann zurück und inkarnierten an einem anderen Ort auf dem Planeten. Im Lauf der letzten 20.000 Jahre kamen also viele Seelen nach Lemurien und lebten hier am Fuß genau dieser Berge, vor denen ihr gerade im Wasser treibt. Das erklärt auch, warum jetzt so viele Lemurier auf dem Planeten sind – stellt es euch als eine plejadische Schule vor.

Kryon Live-Channelling »Der Zeitpunkt der Schöpfung«, durchgegeben auf Hawaii anlässlich der 11. Kryon-Kreuzfahrt – 12. August 2012

Kurz gefasst repräsentierten die Lemurier die Beziehung zwischen Gaia und der Menschheit und erzeugten auf spirituelle Weise die Energie im Kristallgitter. Mit nur wenigen Ausnahmen verbrachten alle Lemurier nur ein Leben in Lemurien. Nachdem eine Seele einmal in Lemurien gelebt und sich dort zum Ausdruck gebracht hatte, reinkarnierte sie immer wieder woanders und wurde so zu einer alten Seele. Über einen Zeitraum von Jahrtausenden verbrachten die Lemurier Zeit mit den plejadischen Sternenmüttern, die voller Wissen und Weisheit waren, und das hatte eine direkte Auswirkung auf die lemurische DNA. Sie wurden dabei in reinen spirituellen Weisheiten unterwiesen, denn die Plejadierinnen verbrachten während des Bestands der lemurischen Zivilisation die ganze Zeit physisch bei den Lemuriern. Lemurien war eine einmalige Erfahrung, die dazu diente, die Akasha-Chronik des Planeten aufzubauen.

Damit war Lemurien die erste isolierte Zivilisation auf dem Planeten, die kontinuierlich von den Plejadierinnen unterwiesen wurde. Technisch war die lemurische Zivilisation nicht sehr hoch entwickelt, aber dafür verfügte diese Kultur über ein sehr viel höher entwickeltes Bewusstsein und eine viel stärker ausgebildete Intuition als unsere heutige Gesellschaft.

Doch wo befand sich dieses Lemurien? Auf diese Frage gibt es widersprüchliche Antworten. Kryon ist nicht die einzige Informationsquelle in Bezug auf Lemurien. Es existieren viele verschiedene Theorien; eine davon besagt, Lemurien sei ein untergegangener Kontinent. Das stimmt allerdings nicht.

Im Kryon-Band 12, »Der neue Mensch«, beschreibt Lee Carroll die Attribute von Lemurien und berichtet auch über andere Beschreibungen von Lemurien, zum Beispiel die Erinnerung an einen untergegangenen Kontinent mit dem Namen »MU«, der sich angeblich mitten im Pazifik befunden hatte. Laut Durchgaben von Kryon ist das »Land MU« eigentlich Le-MU-rien. Die Legende von einem untergegangenen Kontinent hält sich seit Jahrhunderten, weil es sich dabei um eine historische Wahrheit handelt, die allerdings aufgrund von Akasha-Erfahrungen (vergangenen Leben) erinnert wird. Kryon spricht nicht von einem untergegangenen Kontinent, sondern sagt, Lemurien habe sich dort befunden, wo heute mitten im Pazifik die Hawaiianische Inselkette liegt. Die Lemurier lebten laut Kryon auf einer Landmasse, die aus einem sogenannten Hotspot, ähnlich wie im Fall des Yellowstone Nationalparks, entstanden war, also einer Stelle tief im Erdinnern, wo heißes Magma bis knapp unter die Erdoberfläche emporsteigt; dadurch bildet sich eine Art Aufwölbung und es kommt zu vulkanischen Aktivitäten. Die Hawaiianische Inselkette befindet sich direkt über einem solchen ortsfesten Hotspot.

Die Geologen sagen, die Hawaiianischen Inseln seien durch die langsame Verschiebung der Pazifischen Platte über diesen Hotspot entstanden. Laut Kryon hat dagegen vor vielen Jahrtausenden die Bewegung der Pazifischen Platte eine »Blase« aus heißer, geschmolzener Energie unter Hawaii erzeugt. Diese Blase aus geschmolzenem Magma setzte sich unter der Kruste fest und brach nicht aus wie ein Vulkan, sondern drückte den gesamten Vulkanberg nach oben. Dieser geologische Prozess dauerte sehr lange an, und durch das Hochdrücken der Landmasse entstand ein einziges großes Gebirge. Das heißt, die acht Hauptinseln des heutigen Hawaii stellen Berggipfel des lemurischen Minikontinents dar. Aufgrund der Größe und Höhe dieses Minikontinents wurde nicht die ganze Masse linear hochgedrückt. Die Höhe der heutigen Berge entspricht proportional nicht der Höhe der damaligen Berggipfel. Wegen des Gewichts sackten sie in der Mitte nach unten.

Wie Kryon gesagt hat, werden die Wissenschaftler irgendwann die Gletschermarkierungen auf den Bergspitzen dieser Inseln entdecken, und dann wissen sie auch, dass diese Berge früher einmal viel höher waren als heute. Die Berge wurden ähnlich wie im Yellowstone Nationalpark hochgedrückt; nur so kann diese Höhe erklärt werden.

Die Aufwölbung fiel nach und nach in sich zusammen, und das Gebirge von Lemurien zog sich in seine ursprüngliche Position zurück, nämlich auf den Meeresboden. Dieser Kollaps ging allerdings nicht linear vonstatten; vielmehr fielen Teile des Berges übereinander, wie bei einem riesigen, nur den Berg betreffenden Erdbeben. Der lemurische Minikontinent fiel nicht so in sich zusammen, wie er hochgedrückt worden war. So funktioniert Geologie nicht, besonders angesichts des Gewichts und der Größe der Landmasse.

Hinzu kam das Magma, das dabei aus einem der Vulkane austrat. Maui war davon betroffen, und Teile der Berggipfel sackten ab, denn sie waren noch höher als heutzutage. Das Versinken des Minikontinents fiel zudem zeitlich mit einem Anstieg des Meeresspiegels aufgrund abschmelzenden Eises vor etwa 15.000 Jahren zusammen.

Für die Lemurier war das alles sehr beängstigend; sie betrachteten es als ein Zeichen, die Insel zu verlassen. Das war – entsprechend dem göttlichen Plan – das Ende von Lemurien und der Beginn der Arbeit auf dem Planeten. [Bei dieser »Arbeit« handelt es sich um das Rätsel der Dualität: In welche Richtung würde die Menschheit auf Basis ihres freien Willens das hohe Bewusstsein, das ihr von den Plejadiern verliehen wurde, entwickeln?] Aufgrund des jahrelang andauernden Versinkens der Insel entwickelte sich die lemurische Gesellschaft zu einer Seefahrernation. Schließlich machten sich die Lemurier per Schiff auf den Weg und besiedelten die Randgebiete anderer Landmassen, beispielsweise Aotearoa (Neuseeland), Rapa Nui (Osterinsel) und die Westküste des amerikanischen Kontinents. Laut Kryon begründeten manche Lemurier (in ihrer nächsten Inkarnation) zusammen mit anderen Menschen, die ihre spirituelle Abstammung komplett vergessen hatten, weitere Gesellschaften; dazu zählen die Sumerer im Nahen Osten, die letztendlich die ägyptische Kultur hervorbrachten.

Sich die spirituelle menschliche Abstammungslinie und die Entwicklung der lemurischen Zivilisation entsprechend Kryons Erklärungen vorzustellen, ist womöglich nicht ganz einfach, und bringt man die uns bekannte Menschheitsgeschichte in diesen Zeitverlauf mit ein, wird die Verwirrung noch größer.

Die nachfolgende Zusammenfassung dieser Zeitachse soll die Abläufe dieser Ereignisse veranschaulichen und besser verständlich machen.

Zeitachse der menschlichen Entwicklung

Vor 200.000 Jahren …… Die Plejadier kamen zum ersten Mal auf die Erde und erstellten die Bewusstseinsgitter von Gaia. Sie brachten zudem zwei neue, multidimensionale Schichten in die DNA des Menschen ein und änderten die Anzahl der menschlichen Chromosomenpaare von 24 auf 23. Dadurch wurde dem Menschen ein »spiritueller Kern« eingepflanzt.

Vor 90.000 Jahren …… Die Menschen entwickelten keine Varianten mehr, und es entstand ein einziger Mensch – anders als es der evolutionären Varietät entspricht. Heute lebt auf der Erde nur noch eine Menschenart, nämlich der Mensch, der mit einer spirituellen Seele reinkarniert.

Vor 50.000 Jahren …… Erste primitive Ansätze der lemurischen Gesellschaft entwickelten sich.

Vor 40.000 Jahren …… Es gibt Belege dafür, dass Australien seit mindestens 40.000 Jahren von Aborigines besiedelt ist. Spekulationen zufolge begann die Kolonisierung Australiens sogar schon vor 65.000 Jahren. Damit ist es die älteste noch lebende Zivilisation weltweit.

Vor 30.000 Jahren …… Lemurien stand in voller Blüte und war die erste menschliche Zivilisation mit »Quantenbewusstsein«. Die Lemurier richteten auch die Akasha-Chronik für die Menschheit ein und erhielten als einzige Zivilisation kontinuierliche Unterweisungen von den plejadischen Sternenmüttern.

Vor 15.000 Jahren …… Die Magmablase fiel in sich zusammen, der Minikontinent begann zu versinken, die heutige Kette der Hawaiianischen Inseln entstand. Dies läutete den Exodus der Lemurier ein. Sie besiedelten unter anderem Rapa Nui (Osterinsel), Aotearoa (Neuseeland) und die Westküsten von Nord- und Südamerika.

Vor 12.000 Jahren ...... Göbekli Tepe, ein riesiger Tempelkomplex in der heutigen Türkei, wurde errichtet; er gilt als ältestes Bauwerk der Welt und schrieb die Geschichte um, denn in der Steinzeit, als er erbaut wurde, galt ein solches Bauwerk bislang als unmöglich. Manche Wissenschaftler und Forscher schreiben dieser Stätte eine spirituelle, zeremonielle und astronomische Bedeutung zu.

Vor 5000 Jahren ...... In diese Zeit fällt der Bau der ägyptischen Pyramiden; über das Erbauungsdatum der Sphinx herrscht dagegen Uneinigkeit. Der Theorie der Wassererosion zufolge sind deren Verwitterungsspuren hauptsächlich auf lang anhaltende, heftige Regenfälle zurückzuführen, und zwar vor der Zeit der Pharaonen, die die Pyramiden erbauten. Fällt die Errichtung der Sphinx tatsächlich in eine solche Zeit schwerer Regenfälle in diesem Gebiet, müsste man den Bau auf einen Zeitraum vor etwa 12.500 Jahren datieren.

Vor 2000 Jahren ...... Der Prophet Christus markierte den Beginn eines neuen Kalenders »vor und nach Christus«. Laut Kryon herrschte vor Christus der Bund des Gesetzes. Christi Einfluss und die durch ihn bewirkte neue Jahreszählung läutete den Bund der Liebe ein. Mit der großen Wende des Jahres 2012 wechselte der Planet in den Bund des Mitgefühls.

2012 ...... Wie von den Propheten unserer Vorfahren vorhergesagt, hat die Menschheit die Schwelle überschritten, und die Erde wurde zu einem »Planeten des Aufstiegs«. Laut Kryon wird dies eines Tages als der Zeitpunkt betrachtet, an dem die Menschen die Jahre des Barbarentums hinter sich gelassen haben, und könnte womöglich zu einer neuen Zeitrechnung führen.

Jetzt wissen wir also, wo sich Lemurien befunden hat und wie es entstand. Doch welche Beweise gibt es für seine Existenz?

Leider sind im Gegensatz zur altägyptischen Kultur alle Hinweise und Belege für Lemurien vernichtet worden, oder etwa nicht? Kryon gibt dazu folgende Erklärung:

Die Meeresströmungen unter der Meeresoberfläche sind sehr stark; sie branden fast wie Flüsse, schwemmen seit Äonen Sand und Schlamm an.

Es gibt manchmal Leute, die sagen: »Das heißt ja wohl, wir werden nie lemurische Artefakte finden können.«

Doch ihr werdet sie nicht nur finden, ihr habt schon welche gefunden, sie werden nur oft versteckt. Denn wenn diese Sammler ihre Funde den Wissenschaftlern zeigen würden, würden sie ausgelacht werden. Es gibt nämlich einen Widerspruch im eigentlichen Artefakt. Es ist zu alt für das, was es ist! Zumindest nach modernen Vorstellungen. Was würde geschehen, wenn ihr ein Teil von einem Auto finden würdet, dessen Alter mit der Radiokarbonmethode auf 3000 Jahre datiert würde? Das wäre ein Artefakt, das es »einfach nicht geben könnte«. Und so wäre es mit den lemurischen Artefakten. Das wären nämlich Sternenkarten und biologische Informationen, die »eigentlich gar nicht hätten bekannt sein können«.

Und wie könnte jemand lemurische Artefakte besitzen? Wo ich doch gerade gesagt habe, dass Lemurien weggespült wurde. Das ist wegen der Schiffe! Viele gingen im Sturm unter und hatten lemurische Gebrauchsgegenstände an Bord – Artefakte. Manches davon muss erst noch gefunden werden, doch einiges wurde bereits gefunden und von Sammlern »konfisziert«, die sie niemandem zeigen können, weil sie keinen Sinn ergeben.

Kryon Live-Channelling »Die Geschichte der Menschheit«, durchgegeben auf dem westlichen Mittelmeer anlässlich der 8. jährlichen Kryon-Kreuzfahrt – August/September 2007

Um welche Objekte handelt es sich hier? Wurden tatsächlich welche gefunden? Und wenn ja, woher wissen wir, dass ein solches Artefakt aus Lemurien stammt?

Auf diese Fragen gibt es kaum Antworten. Im Hinblick auf dieses Buch bezog sich Kryon nur einmal auf ein lemurisches Objekt, eine sogenannte Sonnenscheibe, und zwar bei einer Frage anlässlich eines Treffens der Lemurischen Schwesternschaft:

Einige der hier anwesenden Göttinnen haben an diesem Abend Fragen gestellt. Wir haben so viel Respekt vor dem, was ihr durchgemacht habt. Wir sprechen hier von wirklich uralten Zeiten, ganz am Anfang, als die Zeit des Lernens anbrach.

Eine der gestellten Fragen war die folgende, und ich will sie direkt beantworten: Als Lemurien kurz vor der Zerstörung stand, was war da mit der Sonnenscheibe, die nach Peru gelangte?

Antwort: Zunächst einmal gab es keine Zerstörung Lemuriens. Diese ganze Vorstellung beruht auf einer falschen Annahme auf Basis der griechischen Mythologie und der biblischen Geschichte von Sodom und Gomorrha. In Wahrheit versank der Berg [der lemurische Minikontinent] aufgrund eines ganz normalen geologischen Ereignisses, wie es an vielen anderen Hotspots auf der Erde auch auftrat: Die Landmasse versank ganz langsam, als die Magmablase, die das Land hochgedrückt hatte, in sich zusammensank, bis sich daraus schließlich die Kette der Hawaiianischen Inseln bildete, wie wir sie heute kennen.

Wie wir bereits beschrieben haben, dauerte dieses Versinken viele Jahre lang an, und in dieser Zeit trat vieles auf, was zutiefst menschlich ist. Erstens: Massenangst. Woher wussten die Lemurier, dass ihr Land nicht einfach komplett im Meer versinken würde? Sie wussten es eben nicht, und wenn ihr damals gelebt hättet, hättet ihr das Land verlassen müssen.

Nur ein paar von euch waren zur Zeit des Versinkens mit dabei, und wie ich schon gesagt habe, habt ihr dort nur eine Inkarnation erlebt und dann [in nachfolgenden Inkarnationen] woanders auf dem Planeten gelebt. Es ist fast so, als sei Lemurien eine Art Ort für das Erlernen wichtiger Lektionen gewesen; das Erlernte habt ihr in eurer Akasha mit dorthin getragen, wo immer ihr in Tausenden von Jahren auf dem Planeten reinkarniert habt. Ihr könnt Lemurien wie eine Art Schule betrachten, in der euch das Wissen über die Saat der Plejadier vermittelt wurde. Ihr seid dort nicht noch einmal wiedergeboren worden. Diejenigen, die hier zuhören [während des Live-Channellings] waren also womöglich Lemurier, die zu unterschiedlichen Zeiten im Lauf der Jahrtausende, in denen es Lemurien gab, dort gelebt haben. Aber ihr alle seid Schwestern von Lemurien.

Die meisten von euch kannten sich in Lemurien nicht, aber jetzt, wo ihr hier sitzt, verbindet euch sogar heute noch etwas, und zwar dieselbe Akasha-Unterweisung, die ihr alle hattet.

Gab es eine Sonnenscheibe? Ja, so etwas in der Art. In der Mythologie werden anscheinend erinnerte Wahrheiten mit der Zeit verändert, aber sie enthalten Samenkörner von Wahrheiten über bestimmte Dinge; die reinen und unverfälschten Wahrheiten sind in der Akasha gespeichert und werden weitererzählt, manche in Form von Legenden, deren Wahrheitsgehalt man spürt, und dann redet man darüber. Als der kleine Kontinent namens MU bzw. Le-MU-rien im Versinken begriffen war und daraus viele Inseln entstanden, wurde er nach und nach evakuiert. Männer und Frauen verließen ihn über das Meer. Das kann man wegen der damit verbundenen Angst leicht als eine »Zerstörung« begreifen, aber wie bereits gesagt, es war einfach eine geologische Entwicklung.

Die Männer saßen an den Rudern, aber sogar auf der Reise, die sie von dem versinkenden Kontinent wegführte, mussten die Frauen die Männer führen und anleiten. Warum? Hier ist etwas, was wir bereits erwähnt haben – für manche ist es aber ein Rätsel: Als ihr euch in die Kanus begeben habt und die Männer ruderten und sich nach Kräften bemühten zu navigieren, dauerte es nicht lange, bis die Strömungen und Winde euch in die südliche Hemisphäre trugen, wo es andere Sterne gab. Die Männer hatten auf See immer die Rolle der Navigatoren; das war ihre Aufgabe und ihre Spezialität zum Aufspüren von Fischgründen. Aber wie sollten sie anhand von Sternen navigieren, die sie bis dahin nie gesehen hatten, anhand von Sternbildern, die für sie ein absolutes Rätsel waren?

Die Antwort lautet: Die Frauen navigierten die Boote. Auch sie hatten die neuen Sternenkonstellationen noch nie gesehen, aber sie hatten ihr ganzes Leben lang Lehrerinnen gehabt, die von den Sternen kamen, und sie wussten, wohin sie zu fahren hatten, genug, um den Männern, die ins Unbekannte segelten, entsprechenden Rat zu geben. [Diese Unterweisungen waren zwar den Kindern beiderlei Geschlechts erteilt worden, aber dieses Wissen wurde von den erwachsenen Frauen weiter vertieft.]

Stellt euch vor, wie die Männer euch bereitwillig erneut um Rat baten und fragten, wann sie sich nach diesem oder jenem Stern richten sollten. Dank der guten Seefahrer-Intuition der Männer und der Intuition der Frauen landeten viele Lemurier in Südamerika, denn dorthin wurden sie von den meisten Strömungen und Winden getragen. Viele von euch kamen also nach Südamerika, und natürlich brachten manche von euch Dinge aus Lemurien mit, die für euch wertvoll waren. Es gab nicht eine Sonnenscheibe, sondern viele, denn auf diesen Scheiben befanden sich einige der wertvollsten Anweisungen eurer lemurischen Lehrerinnen; sie wurden euch vermittelt, und viele der Lehren wurden in diese Scheiben geritzt.

Das war, bevor es die Drucktechnik gab, ihr Lieben, und bevor ihr auf die Scheiben etwas schriftlich in einer Sprache einritzen konntet, so wie ihr das heute kennt. Auf den Scheiben befinden sich Symbole, die allen Frauen bekannt und auch vielen der Männer bekannt waren (so viel, wie ihnen davon vermittelt worden war). Sie wurden als »Sonnenscheiben« bezeichnet, weil sich in der Mitte ein Symbol befand, das als die »Große Sonne« bezeichnet wurde. Ein anderer Name für diese Scheiben war »Rad der Unterweisung«. Ihr hättet manches von eurem versinkenden Berg mitnehmen können, am häufigsten aber nahmt ihr diese Scheiben mit.

Das waren Urzeiten, und von euren plejadischen Sternenmüttern wurden euch wunderbare Unterweisungen gegeben. Das ist also die Sonnenscheibe. Gibt es sie heute noch? Könntet ihr sie heute finden? Die Antwort lautet: Ja. Es gibt noch ein paar davon, und ein paar werden auch gefunden werden.

Kryon Live-Channelling, durchgegeben anlässlich eines Treffens der Lemurischen Schwesternschaft in Tucson, Arizona – 25. Februar 2016

Sind solche Artefakte, die eigentlich woanders hingehören, gefunden worden? Vielleicht sogar viele. Aber wie Kryon gesagt hat, wird nicht alles, was gefunden wird, auch gemeldet, vor allem wenn das betreffende Artefakt nicht unserem derzeitigen Geschichtsverständnis entspricht. Doch es gab beispielsweise eine verblüffende Entdeckung. Vor über hundert Jahren wurde ein Artefakt ausgegraben, der sogenannte Antikythera-Mechanismus. Für die Wissenschaftler stellte er immer ein Rätsel dar; erst vor einiger Zeit wurde es gelöst. Es handelt sich dabei zwar nicht um ein lemurisches Artefakt, aber wie seine Entdeckung und das, was es uns offenbart, zeigen, können wir unser Verständnis hinsichtlich alter Kulturen, ihres Wissens und ihrer Weisheit umschreiben.

Im Jahr 1900 entdeckten Schwammtaucher beim Erforschen eines alten Schiffswracks vor der winzigen griechischen Insel Antikythera Teile einer uhrähnlichen Maschine. Jahrzehntelang bemühten sich die Wissenschaftler herauszufinden, wie die 80 Einzelteile zusammenpassen sollten und um was für ein Gerät es sich dabei handelte. Schließlich wurde 2006 entdeckt, dass es Teile einer unglaublichen, 2000 Jahre alten astronomischen Uhr der alten Griechen waren. Entsprechend neueren Analysen ist der Antikythera-Mechanismus höher entwickelt und die Technologie anspruchsvoller als vorher gedacht, und nichts Vergleichbares war im Lauf der nächsten tausend Jahre konstruiert worden.

Die Forscher konnten die Entstehung des Geräts auf 150 bis 100 Jahre vor Christus datieren. Weitere Analysen ergaben, dass die Anzeigen auf der Vorderseite des Geräts Zeiger für die Sonne und den Mond hatten sowie mit Markierungen versehen waren, die dem Zodiak und den Sonnenkalendern entsprachen. Die Anzeigen auf der Rückseite wurden dagegen anscheinend für die Vorhersage von Sonnen- und Mondfinsternissen verwendet. Durch die gründliche Erforschung dieses Artefakts gewannen wir ein neues Verständnis alter Technologie; dieser Mechanismus ist ein Beispiel für das, was unsere Geschichte in Zukunft umschreiben wird.

Quelle: • http://www.livescience.com/1166-scientists-unravel-mystery-ancient-greek-machine.html

Frage an Kryon:
Kannst du uns mehr über das »Ausbringen der Saat« durch die Plejadier erzählen? Die Schöpfungsgeschichten vieler indigener Stämme beschreiben die Sieben Schwestern, aber von Männern ist nicht die Rede.

Antwort:
Ihr Lieben, wie wir euch schon gesagt haben, war das alles in der Hand der plejadischen Frauen; sie wurden von den Männern der Erde befruchtet, einer der Gründe dafür, dass fast nie von plejadischen Männern die Rede ist. Von dieser »Saat« sprechen wir, wenn wir von eurer veränderten DNA erzählen. Diese veränderte DNA wurde dann normalerweise von jedem Menschen, der sich mit einem anderen Menschen – Mann oder Frau – paarte, der diese Saat in sich trug, weitergegeben. Diese Veränderung wurde also sowohl an die Söhne als auch die Töchter einer plejadischen Mutter vererbt und an ihre Nachkommen weitergegeben.

Es kamen also einfach keine männlichen Plejadier auf die Erde. Das mag zwar klingen, als ob das für die Plejadierinnen hart gewesen wäre, aber es war Teil des Plans, den sie verstanden, und für sie ein höchst spiritueller Weg. Sie »begründeten einen neuen heiligen Planeten«, und das wussten sie auch. Die Männer wiederum erbauten die Systeme, dank derer sie überhaupt »auf die Erde kommen« konnten. Sie waren die Wissenschaftler, und die Frauen waren die »spirituellen Gefäße«. Diesen Namen verwendeten sie anstatt des Wortes »Schamane« bzw. »Schamanin«. Denn die Frauen trugen in ihren Eiern den Samen der Evolution. Für sie war Fortpflanzung etwas ganz Ähnliches wie für euch. Wie ich euch schon gesagt habe, waren auch sie Menschen, allerdings vielleicht nicht unbedingt so wie eure irdische biologische Wissenschaft das klassifiziert, da es aufgrund der individuellen galaktischen Evolution der einzelnen Planeten feine Unterschiede gab.

Die Sternenmütter, die auf die Erde kamen, hatten auf ihren jeweiligen Planeten keinen Partner bzw. Gefährten, und sie kamen alle freiwillig, ja nicht nur freiwillig, sie wurden vielmehr aus Tausenden ausgewählt, die hierher kommen wollten. Wie fühlt sich das für euch an?

Gab es zwischen ihnen und den Männern, die hier auf der Erde ihre Gefährten waren, Liebe bzw. eine Bindung? Was meint ihr? Habt ihr euch mit den Prinzipien des Kundalini beschäftigt? Habt ihr euch das System der Fortpflanzung, bei dem dieser Prozess nicht rein mechanisch ist, einmal näher angeschaut?

Es war ein heiliger und wunderschöner Akt, und ja – es war auch Liebe. Jede Sternenmutter hatte einen ganz spezifischen, ausgewählten Partner, solange dieser Mensch lebte. Dann suchten sie sich einen weiteren Partner aus, denn die Menschen leben ja nicht sehr lange. Dieser Prozess war also voller Liebe, Integrität und Schönheit. Eine Geburt war etwas ganz Besonderes. Darüber haben wir ja teilweise schon gesprochen. Aber könnt ihr euch vorstellen, »wer« diese Babys waren? Sie waren die menschlichen Samen, die dann die veränderte DNA an diejenigen weitergaben, die sie sich in Zukunft als Partner bzw. Partnerinnen aussuchten. Schließlich gab es keine Menschen mehr, deren DNA nicht verändert war, und die Sternenmütter bekamen keine Kinder mehr und konzentrierten sich ausschließlich auf Lehre und Unterweisung.

Wer das berechnen und begreifen will, fragt sich: »Aber Moment mal, auch die Menschen ohne veränderte DNA bekamen doch immer noch Babys. Nahm ihre Zahl nicht auch zu?« Die Antwort darauf ist eigentlich ziemlich einfach und eingängig: Sie wurden mit der Zeit »herausgezüchtet«, ähnlich wie das bei euren Evolutionsprinzipien für niedere Tiere auf dem Planeten der Fall ist. Wenn es in einer Tierspezies zu einer bedeutenden Veränderung kommt und manche Tiere, die auf die Welt kommen, stärker sind oder besser überleben können, dann sterben die früheren, »schwächeren« nach und nach aus und irgendwann gibt es sie nicht mehr. Die Weibchen paaren sich mit ihnen auch nicht mehr. Das ist Instinkt und Überleben.

Die Menschen mit ihrem neuen Intellekt und Bewusstsein verfügten über Unterscheidungsvermögen und Wahrnehmung, sodass ein Mensch mit veränderter DNA sich nicht mit einem Menschen einließ, der mit 24 Chromosomenpaaren ausgestattet war. Das zeigt auch, dass sich Menschen mit veränderter DNA in vieler Hinsicht sehr stark von Menschen ohne veränderte DNA unterschieden.

Wir wollen etwas näher auf die DNA eingehen. Wie ich schon gesagt habe, konnte diese neue DNA nicht nach und nach »herausgezüchtet« werden, denn sie war so mächtig und stark, dass sie alles andere, was ihr von euren Ahnen geerbt hattet, verdrängte. Damit meine ich Folgendes: Ihr wisst ja, dass ihr im Körper dominante und rezessive Gene habt. Die Augenfarbe ist ein einfaches Beispiel dafür. Manche Gene überlagern bei der Zeugung und Vererbung andere, und bei der veränderten DNA war das ähnlich.

Die Kinder von Sternenmüttern kamen mit der veränderten DNA und mit 23 Chromosomenpaaren auf die Welt. Diese Änderung wurde nicht auf technische, hochwissenschaftliche Weise bewirkt, sondern fand aus dem von mir genannten Grund auf natürliche Weise im Mutterleib statt. Die höher entwickelte DNA der Sternenmutter ersetzte die DNA im Sperma des Mannes, und es wurde ein Kind mit den Attributen der mütterlichen DNA gezeugt. Bei diesem System war also das Ei der Träger einer profunden Veränderung.

Schaut man sich heute die menschliche DNA an, erkennt man nach und nach die äußerst interessanten inneren Verschmelzungen und Veränderungen, die einen Menschen mit 23 Chromosomenpaaren so sehr von den heute noch lebenden anderen Primatenarten mit 24 Chromosomenpaaren unterscheiden. Eure Wissenschaftler holen so weit auf, dass sie einen Blick auf das DNA-Innere werfen können, und stellen sich inzwischen einige sehr profunde Fragen dahingehend, wie und warum ihr euch von allem anderen auf dem Planeten unterscheidet.

All das wurde auf natürliche Weise durch die plejadische Biologie erreicht. Die höher entwickelte DNA der Sternenmütter war darauf programmiert, Kinder hervorzubringen, die mit derselben höher entwickelten DNA ausgestattet waren.

Frage:
Werden wir demnächst lemurische Artefakte entdecken?

Antwort:
Ihr Lieben, auf die Frage nach den Artefakten lautet die Antwort: Ja. Und wenn sie entdeckt werden, ergibt sich nur eine mögliche Antwort: Ihr wurdet von anderen Wesen besucht, die von den Sternen kamen.

Das Problem bei lemurischen Artefakten hat ganz offensichtlich mit der Geologie zu tun. Der Berg [von Lemurien, das heutige Hawaii] versank langsam, er wurde zerstört, von Wasser überflutet und jahrtausendelang unter Schlamm begraben. Dann war da der unglaubliche Druck der Tiefsee (vormals die Strände), der seinen Tribut forderte. Auch die Meeresbewohner und die Chemie sind außerordentlich gut darin, mit der Zeit alles im Meer, was da nicht hingehört, zu verdauen und auseinanderzunehmen. Hinzu kam, dass sich das Land beim langsamen Versinken geologisch deutlich unterschiedlich ablagerte. Das heißt, der Berg versank langsam, aber seine Form veränderte sich dramatisch und es kam zu vielen großen Erdbeben. Aus dem Gipfel des größten Vulkans trat aufgrund der vielen neu entstehenden Spalten neue Lava aus. Es war eine Zeit voller Angst und Unruhe, und der Großteil der Bevölkerung verließ das Land, schon bald nachdem der sich darunter befindliche Hotspot in sich zusammensackte (der Grund für das Absinken des Berges).

Alles, was unter der heutigen Wasserlinie liegt, ist verschwunden. Aber noch gibt es die Gipfel, besonders einen, den aktiven Vulkangipfel, auf dem der Tempel der Verjüngung stand, die Insel, die heute den Namen »Big Island of Hawaii« bzw. einfach nur »Hawaii« trägt, die größte Insel des Hawaiianischen Archipels. Die von uns durchgegebenen Informationen würden euch zu diesem Schluss führen, wenn ihr es denn verstehen würdet: Um zu funktionieren, waren für den Tempel sowohl extreme Hitze als auch extreme Kälte vonnöten. Das »Warum« haben wir euch schon früher durchgegeben. Das war nur auf dem aktiven Vulkangipfel möglich, wo als Wärmequelle immer geschmolzene Lava vorhanden war, aber auf einer kühlen Höhe von über 9000 Metern über dem Meeresspiegel.

Wir wollen uns einmal kurz die Zeitachse anschauen. Was heute an vulkanischer Aktivität auf Hawaii stattfindet, entspricht auch der damaligen Zeit. Die Plattentektonik beschreibt die langsame Verschiebung der »Landplatten« im Lauf von Jahrmillionen aufgrund der Konvektion der heißen, flüssigeren Innenschicht des Planeten. Aus dieser geschichtlichen Perspektive ist das, was mit Lemurien passiert ist, eigentlich noch nicht lange her. Was heute auf Hawaii geschieht, ist dem, was in Lemurien passiert ist, sehr ähnlich, auch im Hinblick darauf, wo sich die Lava befindet. Dieser hawaiianische Berg wurde zudem lange bevor es dort überhaupt Menschen gab nach oben gedrückt. Kein Mensch hat dieses »Aufsteigen« durch den emporsteigenden Hotspot also miterlebt. Doch beim Absacken waren die Menschen dabei.

Die lemurische Gesellschaft

Wie lebte es sich im alten Lemurien? Wie funktionierte die Gesellschaft? Wer hatte die Verantwortung? Wie war die Gesellschaft strukturiert? Bevor wir diese Fragen näher beantworten, wollen wir einmal einen Blick auf die Aborigines und das Inselvolk der Torres-Strait-Inseln werfen. Die Aborigines bewohnen Australien, wie archäologisch nachgewiesen wurde, seit mindestens 40.000 Jahren; DNA-Spuren lassen sich sogar für 50.000 Jahre nachweisen.

Damit bewegen sich die Aborigines und die Bewohner der Torres-Strait-Inseln im selben Zeitrahmen wie Lemurien. In Teilen Australiens hat sich die Kultur der indigenen Bewohner seit über 40.000 Jahren nicht verändert. Ein besseres Verständnis dieser einzigartigen Lebensweise kann uns helfen, auch das Leben in Lemurien zu verstehen. In der Aborigines-Gesellschaft wird alles von Gesetzen und Verhaltenskodizes regiert; sie werden als Teil der sogenannten »Traumzeit« verstanden. Die Traumzeit der Aborigines ist ihre heilige Welt und ihr Verständnis der Welt, ihrer Schöpfung und ihrer großen Geschichten. Die Traumzeit ist der Anfang des Wissens, aus dem sich die Gesetze der Existenz entwickelten. Die Traumzeit-Welt ist die alte Zeit der Ahnenwesen.

Die Gesetze der Traumzeit geben den Menschen vor, welche Tiere sie wann jagen können, welche Pflanzen sie essen bzw. für medizinische Zwecke verwenden können, zu welchen Orten sie gehen können, wen sie heiraten können, wie sie sich um ihr Land kümmern können und wie die verschiedenen Gruppen sich gegenseitig behandeln sollen. Werden diese Gesetze der Traumzeit befolgt, leben die Aborigines in Harmonie miteinander und mit dem Land, was sich auch in der seit Jahrtausenden fortwährenden Besiedlung zeigt. Die Traumzeit ist etwas zutiefst Spirituelles, sie kümmert sich aber auch um praktische Einzelheiten im Leben der Menschen und ist die Grundlage für Kunst und Kultur.

Kindern wurde die Traumzeit während ihrer ganzen Kindheit vermittelt. Die formale, tiefere Traumzeit-Ausbildung begannen sie als junge Erwachsene. Nach der Initiation wurde ihnen geheimes Wissen zuteil, über das sie nur mit anderen Eingeweihten sprechen konnten. Das ganze Leben lang wurde weiteres Traumzeit-Wissen dazugewonnen, und das hieß, die Ältesten wurden als besonders weise und kenntnisreich angesehen. Sie schlichteten Streitigkeiten oder besprachen sich dahingehend, wie man mit jemandem umgehen sollte, der das Gesetz gebrochen hatte.

Mit der Zeit änderten sich die Gesetze bei den Hunderten von Aborigines-Nationen, die in Australien vor der Besiedlung durch die Europäer existierten, in einzelnen Punkten, aber vieles blieb doch ähnlich. Manchmal wurden ihre Gesetze durch Geschichten und Zeremonien verknüpft und auf Gemeinschaftstreffen gestärkt. Im Wesentlichen ist die Traumzeit ihre Schöpfungsgeschichte; es geht um die Verbundenheit allen Lebens, die richtige Lebensführung und die Lehre von der bedingungslosen Liebe der Ahnen und von Spirit.

Die spirituelle Geschichte von Uluru (Ayers Rock) basiert auf der *Tjukurpa* des Volkes der Anangu. Tjukurpa wird oft als »Träumen« bzw. »Traumzeit« beschrieben, aber diese Übersetzung ist nicht ganz richtig. Tjukurpa bezieht sich auf die Zeit der Schöpfung, als die Ahnenwesen, die *Tjukaritja,* die uns heute bekannte Welt erschufen. Tjukurpa ist die Grundlage des Lebens und der Gesellschaft der Anangu und hat viele komplexe Bedeutungen. Tjukurpa ist auch das Gesetz der Beziehungen zwischen Menschen, Pflanzen, Tieren und dem Land. Es ist die Vergangenheit, Gegenwart und Zukunft. Es handelt von Liebe, Spirit bzw. der Seele, dem Schöpfungsglauben und der rechten Lebensführung.

2015 fand am Uluru in Australien eine Kryon-Veranstaltung statt, bei der Kryon Verblüffendes über die lokal ansässigen Anangu-Aborigines durchgab. Diese Botschaften erfordern es, kurz auf die Knoten und Nullpunkte der Erde einzugehen.

Die Plejadier erzeugten die Knoten und Nullpunkte der Erde vor ungefähr 200.000 Jahren zeitgleich mit den Bewusstseinsgittern von Gaia. An allen möglichen Stellen auf dem Planeten versetzten sie sich in einen Quantenzustand und schufen besonders zwölf Paare von Energiepunkten; diese befinden sich an 24 geografischen Orten – insgesamt 24 Knoten und Nullpunkte. Sie fungieren als polarisierte Paare, von denen jedes eine Zeitkapsel darstellt, in der sich Energie befindet. Sollte die Menschheit jemals eine bestimmte Bewusstseinsebene erreichen, würden diese Zeitkapseln Informationen sowohl für den einzelnen Menschen als auch für den gesamten Planeten freigegeben.

Seit 2012 wurden die Knoten und Nullpunkte des Planeten entdeckt, geöffnet und aktiviert. Langsam werden multidimensionale Informationen in die Gitter der Erde gesendet und ermöglichen ein höheres Bewusstsein, Erfindungen und die Weiterentwicklung der menschlichen DNA. Die Knoten und Nullpunkte sind im gütigen Design des Universums »eingeklinkt«. Für dieses Buch hat Kryon neun der zwölf Paare aus Knoten und Nullpunkten identifiziert:

KNOTEN		NULLPUNKTE	
1a	Maui, Hawaii	1b	Tibesti Mountains, Chad, Afrika
2a	Titicaca-See, Bolivien/Peru	2b	Kailash, Tibet
3a	Yucatan-Halbinsel, Mexiko	3b	Kilimandscharo, Tansania, Afrika
4a	Mount Shasta, Kalifornien, USA	4b	Berg Ararat, Türkei
5a	Uluru, Australien	5b	Mount Logan, Yukon Territories, Kanada
6a	Mount Ida und Hot Springs, Arkansas, USA	6b	Mount Fitz Roy, Patagonien, Argentinien
7a	Aoraki (Mount Cook), Neuseeland	7b	Ural-Gebirge, Russland
8a	Mont Blanc, Französische Alpen, Frankreich, Italien und Schweiz	8b	Mount Aconcagua, Argentinien
9a	Glastonbury, England	9b	Gunnbjørn Fjeld, Grönland

NICHT GEPAARTE KNOTEN		NICHT GEPAARTE NULLPUNKTE	
10a	Rila-Gebirge, Bulgarien	??	Meili Schneeberg, China
11a	Machu Picchu, Peru	??	Aneto, Pyrenäen, Spanien
12a	Tafelberg, Südafrika	??	Dschengisch Tschokusu (Siegesgipfel), Tienschan-Gebirge, Kirgisistan

Weitere Informationen über die Knoten und Nullpunkte finden Sie auf *www.kryon.com/nodes.*

Wie in der Tabelle zu sehen ist, stellt Uluru einen der zwölf großen Knoten auf dem Planeten dar, ebenso wie Maui/Hawaii, wo einst das alte Lemurien lag. Kryons nachfolgende Informationen helfen, die Verbindung zwischen Lemurien und dem Volk der Anangu herzustellen, die immer noch die traditionellen Eigentümer und Wächter von Uluru sind:

Die Vorstellung, die Menschheit stamme von einer anderen Rasse aus der Galaxie ab bzw. sei von ihr biologisch verändert worden, wird oft als verrückte Idee von Spinnern abgetan, doch sie ist keineswegs verrückt, sondern eine wunderschöne, akkurate Schöpfungsgeschichte; sie war auch bei vielen eurer alten Kulturen, die sich gegenseitig nicht kannten, bekannt. Es finden sich jede Menge konsistente Belege dafür – es kann also nicht nur ein »Zufall« sein. Wie ich früher schon vorgeschlagen habe, sollten eure Anthropologen und Forscher eine Studie durchführen, eine Befragung der indigenen Kulturen dieses Planeten, insbesondere an den Orten, die wir als »Knoten« bezeichnen. Fragt sie nach ihrer Schöpfungsgeschichte [eurer Geschichte von »Adam und Eva«].

Die Geschichten werden nach all den Jahren nicht identisch sein, aber sie besagen: »Wir kamen von den Sternen.« Dabei wird man oft auf M45 zeigen, den kleinen Sternenhaufen am Himmel – nicht der allerhellste oder der am besten sichtbare, aber jener, der die Heimat ist.

Genau das wird auch hier im Roten Zentrum von Australien (Uluru) in den sogenannten »Songlines« bzw. den »Traumpfaden«

der Aborigines zelebriert. Sie wissen, wer jene sind, »deren Namen man nicht aussprechen kann«, ebenso wie in Lemurien (Hawaii), am Mount Shasta und an vielen anderen Orten auf dem Planeten.

Wie kann es sein, dass diese Kulturen alle dieselbe Art von Geschichten erzählen? Sie benannten sogar die Formen am Himmel nach den mythologischen Figuren in der Schöpfungsgeschichte, und doch sind diese verschiedenen Kulturen nie aufeinandergetroffen.

In Kulturen auf unterschiedlichen Kontinenten, die Tausende von Kilometern voneinander entfernt sind, werden dieselben Geschichten über ein eher kleines Sternbild erzählt, das bei einem Blick gen Himmel nicht besonders ins Auge fällt. Warum? Darauf gibt es eigentlich nur eine einzige Antwort: Es ist vielleicht etwas Offensichtliches, der gesunde Menschenverstand sagt es uns. Vielleicht ist es der Akasha der Ahnen eingeprägt? Auf jeden Fall haben die Informationen über die Plejaden – die Sieben Schwestern – meistens einen gemeinsamen Nenner. Es ist die Schöpfungsgeschichte des Planeten, meine Lieben, und sie ist wunderschön.

Ihr Lieben, wir befinden uns hier auf heiligem Land (Uluru). Die Energie ist nicht nur heute heilig; vielmehr ist es eine uralte heilige Energie und für diejenigen, die hier leben, wird sie auch weiterhin heilig sein, und zwar zum großen Teil, weil die Energie dieses besonderen Gebietes auf diesem Kontinent viele Jahre lang nicht gestört worden ist. Die Anangu, die dieses Land als Wächter verwalten, bewahren einige große Geheimnisse. Doch seit 1987 werden einige der tiefsten Geheimnisse der indigenen Völker auf dem Planeten offenbart, manche von den Ältesten selbst, andere nicht.

Das ist kein Zufall, denn es ist der richtige Zeitpunkt, einige dieser Dinge bekannt werden zu lassen. Die Anangu werden die Geheimnisse noch nicht enthüllen, denn das ist nicht ihre Aufgabe. Auch ich werde sie nicht enthüllen, außer denen, die im Rahmen dieses Gesprächs von Relevanz sind und deren Offenbarung bewilligt worden ist. Diese Geheimnisse stehen für die Schönheit und Güte meiner Unterweisungen. Die Anangu wissen, was ich euch gleich sagen werde.

Es gab zwölf Knoten (Zentren zum Freisetzen von Informationen), die alle gleichzeitig auf diesem Planeten ausgebracht wurden. Wer in der Nähe wohnte, spürte ihre Energie und wusste um ihre Heiligkeit. Was meint ihr, was über die Jahrtausende mit den reinen Blutlinien der Wächter dieser Gebiete passierte? Jawohl, sie wurden verwässert und es kam zur Varietätenbildung und zu Vorkommnissen, die diese Blutlinien verunreinigten. Das ist etwas ganz Natürliches – aber nicht hier.

Ihr ureigenes Blut, das sie zu dem macht, was sie heute sind, ist nur einen Schritt weit vom plejadischen entfernt – nur einen Schritt! Keine andere Abstammungslinie auf dem Planeten hat das. Deswegen können sie mit ihrem Bewusstsein Dinge tun, die ihr nicht tun könnt, wenn sie sich dazu entscheiden, ihr Bewusstsein weiterzuentwickeln. Sie sind nur einen Schritt von ihren plejadischen Eltern entfernt.

Es gibt Dinge, die ich euch gerne erzählen würde, aber aus Respekt kann ich nur Andeutungen machen. Diejenigen, die dieses Land bewachen, sind Seher. Sie können die Energie, die die Plejadier repräsentiert, sehen – ihr aber nicht. Sie wachen über und beobachten den Felsen. Habt ihr euch einmal gefragt, wonach sie Ausschau halten? Warum wachen sie seit 44.000 Jahren darüber? Nur weil es Tradition ist? Ich werde es euch sagen – es ist keineswegs nur der Tradition zuliebe.

Es ist doch interessant, dass so viele dieser Knoten Anomalien aufweisen, nicht wahr? Kommt man zu einem Knoten, der leicht erreichbar ist und von vielen Menschen besucht wird, fällt einem vielleicht etwas auf: Die Leute sehen Dinge – seltsame Dinge. Manchmal werden in der Nacht Lichter gesehen, wo keine sein sollten. Manchmal sind unerklärliche Energien vorhanden. Die Anangu haben die Lichter gesehen. Manche Stellen im Felsen glühen, und die Beobachter wissen, dass sie jene repräsentieren, die nie weggegangen sind und immer noch mit uns kommunizieren.

Das Geheimnis? Das sind keine Lichter, sondern die Eltern der ganzen Rasse – die Plejadier. Dieser Felsen spricht zu den Anangu in ihren Schöpfungsgesängen und ihren Träumen. Sie singen ihre Songlines, die auf dem Planeten niemand außer ihnen kennt.

Noch müssen sie sie für sich behalten, denn sie mit anderen zu teilen würde die Wahrheit verwässern, und das wissen sie.

Ich werde nichts weitergeben, was einfach zu wertvoll ist. Stattdessen sage ich euch, warum sie Respekt verdienen und was sie wissen. Die Erde verändert sich. Sie haben Prophezeiungen, die sie allerdings noch nicht offenbaren und die die zweite Präzession der Äquinoktien als Zeit des Aufstiegs benennen. Wenn sie sehen, was in ihrem eigenen Mob (Stamm) passiert ist, kommen sie wohl nicht auf die Idee, dass dies die Prophezeiung des Tages ist.

Eines Tages werden die Songlines der Anangu nur noch im wunderschönen Lied des Windes zwischen den Felsen zu hören sein, nämlich dann, wenn alles, was geheim war, in der Lebenskraft des Felsens repräsentiert wird. Eines Tages wird der Fels mit dem Namen Uluru heiliger sein als heute, und ganz normale Menschen werden kommen und ihm Ehre erweisen, ihn aber weder berühren noch auf ihm herumklettern, denn sie erkennen, dass darin etwas Kostbares, Schönes und Reines steckt.

Die Anangu werden diesen Planeten niemals verlassen. Sie werden für immer zu den Wächtern ihres Landes. Auf die eine oder andere Art und Weise werden sie immer in der Schönheit, Reinheit und Stille dieses Gebietes hier sein. Das wissen sie. Das besingen sie. Sie sind die älteste menschliche Kultur, und auch das wissen sie. Sie tragen in sich tiefgründige Geheimnisse über ihre eigene Abstammung, auch auf biologischer Ebene. Würde sich ein Anangu mit einem Nicht-Anangu-Menschen paaren, gingen die Sehergaben nicht auf die Kinder über. Deshalb sind sie genetisch auf dem Planeten etwas ganz Ungewöhnliches, Reines und Besonderes.

Es kann wissenschaftlich nachgewiesen werden, dass sie anders sind. Sie sind wahrhaftig die Seher der Erde, nur eine Generation von ihren Sternenmüttern entfernt. Ein Teil der Erde ist mit ihrem Bewusstsein verschmolzen, und sie sind nicht so sehr von Gaia getrennt wie ihr.

Wenn ihr wieder einmal einem reinen Anangu begegnet, denkt bitte an das, was ich gesagt habe, und versteht, welcher Respekt und welche Schönheit hier herrschen. Dies ist seit Anbeginn der

Sternen-Unterweisung ihre Heimat. Die Lieder, die ihr in diesem Chor singt [dem Zirbeltöne- bzw. Quanten-Chor der Schöpfung] sind eine Verbindung zum Göttlichen. Auch sie kennen diese Töne, ihr Lieben, sie kannten sie schon lange vor euch. Aber ihr habt etwas Wichtiges gemein: Durch die Songlines versteht ihr die Schönheit der Schöpfung. Deshalb seid ihr hier.

Kryon Live-Channelling »Der Chor der Schöpfung«, durchgegeben am Uluru, Australien – 21. März 2015

Die Anangu sind eine der ältesten noch lebenden Kulturen der Welt und haben schon zu Zeiten von Lemurien existiert. Kryon hat uns einen Blick auf die Abstammungslinie der Anangu und die Attribute, die mit ihrem einzigartigen Bewusstsein zu tun haben, gewährt. Das erklärt teilweise, warum sie länger als jede andere Zivilisation auf dem Planeten in Harmonie miteinander und mit dem Land leben konnten. Leider hat ihnen die Ankunft der europäischen Siedler vor etwa 200 Jahren großes Leid zugefügt. Er jetzt erkennen wir dank unseres sich entwickelnden Bewusstseins, wie schlecht die indigenen Völker in aller Welt behandelt wurden. In manchen Fällen ist das immer noch so, doch endlich wird auch immer mehr erkannt, welche tiefe Weisheit und welch profundes Wissen die indigenen Völker bewahren.

Vergleicht man Lemurien mit den Anangu, sind Ähnlichkeiten zu finden, unter anderem hinsichtlich der Rolle der Frauen. Die Anangu kennen die Bezeichnung »Frauen-Angelegenheiten« bzw. »Frauen-Geschäft«, und das ist sehr ernst gemeint. Uluru ist beispielsweise ein Ort für Frauen, das nahe gelegene Kata Tjuta dagegen eine heilige Stätte für Männer. Die Anangu-Frauen statten Kata Tjuta niemals einen Besuch ab, ja sie werfen nicht einmal eine Blick darauf. »Frauen-Angelegenheiten« sind ein heiliges und geheimes »Geschäft«.

Ist Uluru wirklich ein Ort für Frauen? Was passiert mit Männern, die diesen Ort besuchen? Immerhin kommen jährlich Tausende von Touristen, sowohl Männer als auch Frauen, hierher.

Ein solcher Besuch am Uluru scheint sich auf Männer nicht negativ oder schädlich auszuwirken, aber eine persönliche Geschichte von Monika Muranyi bietet eine Momentaufnahme und zeigt, wie sich die Energie des Weiblich-Göttlichen in Uluru auf alles darum herum auswirkt.

2010 kam ich zum ersten Mal mit Lee Caroll zum Uluru. Das wollte ich schon immer einmal machen. Doch auf die ungeheure Schönheit und ätherische Aura, die der Fels ausstrahlte, war ich nicht vorbereitet. Auch die Kunstwerke von Frauen, die in einer der Galerien ausgestellt waren, waren für mich atemberaubend. Alle Gemälde handelten von den Sieben Schwestern, von ihrer Schöpfungsgeschichte. Das war ein Wink mit dem Zaunpfahl von Spirit und bestätigte, was Kryon uns über unsere Ursprünge gesagt hat.

Fünf Jahre später war ich wieder am Uluru, diesmal allerdings zusammen mit 400 alten Seelen, die sich hier für ein Kryon Gaia Global Consciousness Retreat eingefunden hatten. Uns wurde zudem angeboten, die Felsbasis des Uluru zu besuchen; dort sollte ein Kryon-Channelling stattfinden, falls es uns die Ältesten, die hier zuständig waren, genehmigten. Zum Glück erhielt Lee Carroll von einem der Anangu-Ältesten die Erlaubnis, ein Kryon-Channelling durchzuführen. So weit, so gut.

Wer die Kryon-Arbeit verfolgt, weiß, dass jede von Lee gechannelte Botschaft aufgenommen und auf die Kryon-Webseite hochgeladen wird, wo sie kostenlos zur Verfügung steht. Bevor Lee zum Kryon-Kanal wurde, war er ja ein preisgekrönter Toningenieur mit eigenem Studio. Er kennt sich wie kein anderer mit Audiogeräten aus; die Qualität der Kryon-Audiodateien bezeugt sein großes Können und sein Engagement im Bestreben, durchgängig die bestmögliche Klangqualität anzubieten. Es ist eine wahre Freude, sich diese Aufnahmen anzuhören. Vielleicht fällt das nicht jedem auf, aber wenn man erst einmal eine schlechte Aufnahme, ohne Bearbeitung, angehört hat, weiß man den Unterschied wirklich zu schätzen (Lächeln).

Doch zurück zu meiner Geschichte ... Da waren wir also, an der Felsbasis, und bereiteten uns auf die Durchgabe vor. Sowohl Lee als auch Jorge Bianchi, ein Mitglied des Kryon-Teams, richteten ihre Geräte für die Aufnahme her. Ohne dass sie es wussten, bereitete ich auch mein iPhone vor, um den Channel aufzuzeichnen. Das mache ich eigentlich nie – warum auch? Noch dazu, wenn zwei Jungs mit ihrer ganzen Profi-Ausrüstung bereitstehen. Doch meine Intuition gab mir ein, ich sollte das machen, also machte ich es. Zum Glück hörte ich auf meine Intuition, denn sowohl Jorges als auch Lees Aufnahme setzten in derselben Minute aus. Wie groß ist die Wahrscheinlichkeit, dass so etwas passiert? Wie können zwei unabhängig voneinander laufende Geräte genau zur selben Zeit ausfallen? Unheimlich! Die einzige erfolgreiche Aufnahme des Kryon-Channels – Sie werden es schon erraten haben – gelang mir, einer Frau! Uluru verhinderte die Aufnahme durch einen Mann. Man könnte das für einen bloßen Zufall halten, aber ich weiß es besser.

Und das sind Kryons Worte:

Grüße, ihr Lieben, ich bin Kryon vom Magnetischen Dienst. Hier [an der Basis des Uluru-Felsens] Botschaften über die Schöpfung durchzugeben, ist stimmig und angemessen. Doch bevor wir etwas sagen, bevor wir euch etwas durchgeben, bitten wir um Erlaubnis.

Auf dem Planeten gibt es ein paar besondere Orte, und wenn mein Partner dort channelt, ist eine Zustimmung des Landes und der Ahnen des Landes erforderlich, damit wir damit weitermachen können. Mein Partner sagt, energetische Gebiete führen oft zu technischen Problemen, was auch anzeigt, dass undefinierte Energie vorhanden ist, und euch außerdem zeigt, dass das, was hier ist und was ihr als den Erdboden bzw. den Felsen vor euch bezeichnet, seine ureigene Energie, Aufgabe und Regeln hat. Mit Erlaubnis der Ahnen möchte ich euch, die ihr hier buchstäblich an der Basis des Steines der Schöpfung sitzt, auf eine Reise der Erinnerung mitnehmen.

Hier vor euch, praktisch in Reichweite, befindet sich das Rote Zentrum von Australien [Uluru]. So nahe seid ihr der Geschichte.

Als wir euch nach Lemurien führten und am Vulkan eine Durchgabe machten, habt ihr die reine Schöpfung gesehen: austretende Lava. Ihr habt den Geist von Pele gesehen, und sie war so groß! Es ist doch interessant, dass die schöpferische Quelle dieses Ortes eine weibliche Kraftgestalt hat, oder nicht? Diese Mythologie hat sich nie geändert.

Als wir euch zu dem Berg führten, den ihr Mount Shasta nennt, fanden sich dort schöpferische Energien, Geschichten und Schöpfung. Es ging um die Sieben Schwestern. Diese beiden Orte stehen für Knoten auf dem Planeten, an die jene, welche die schöpferischen Samen waren, ihre Kernenergie brachten und wo sie blieben. Wer in der Nähe des Vulkans lebt, schwört, dass er lebendig ist, und wer am Mount Shasta lebt, kann in der Nacht hoch oben auf dem Berg die Lichter sehen und weiß, dass es da mehr gibt als nur Menschen.

Wir sind hier (Uluru) und berühren fast den wahren Stein der Schöpfung. Ihr alle brauchtet die Erlaubnis der Wächter dieses Ortes (Anangu), euch hier aufhalten zu dürfen. Aber habt ihr bemerkt, dass es nur Frauen sind? Seit 40.000 Jahren haben sich die Traditionen nicht verändert: Frauen von den Sternen brachten das Licht auf diesen Planeten, und genau hier sind sie immer noch, an dem Ort, an dem sie angefangen haben. Dies ist ein Gebiet des Weiblichen, ein Ort der Schöpfung und ein Ort, an dem es Profundes zu lehren gibt. Sogar Kryon ist hier ein Gast. Hier ist es anders.

Hier gibt es, im Gegensatz zu den anderen Orten, die ihr vielleicht besucht, eine Reinheit des Gleichen und eine Heiligkeit, die, wie man sagen könnte, seit Jahrtausenden gut durchgekocht worden ist und sich nicht verändert hat. Sie hat sich nicht von der ursprünglichen Schöpfungsenergie abgeseilt, und die Geschichten, die über diesen Ort erzählt werden, sind rein und bleiben rein, denn sie werden nicht aufgeschrieben, sondern von einem Menschen zum nächsten durch Bewusstsein weitergegeben, das sich in einem Lied ausdrückt. Das wird von jedem einzelnen Menschen so gemacht, der hier geboren wird und rein ist, der die Lieder und die Geschichten kennt und sie rein hält.

Es ist nicht meine Aufgabe, euch den Rest der Geschichte zu erzählen; stattdessen möchte ich euch Hinweise geben. Ihr sollt sie fühlen und etwas Kostbares verstehen. Die Songlines sind absichtlich weiblich gehalten. Das Wort »Schwester« wird mit Absicht verwendet. Wer Teil des Landes ist, versteht nämlich, dass Frauen-Angelegenheiten heilige Schöpfer-Angelegenheiten sind. Hier (an der Felsbasis) lehren sie das, was ich an anderen Orten der Erde durchgegeben habe. Jegliche Zivilisation nimmt ihren Weg durch den Schoß der Frau; die Vorstellung, die Schöpfungsenergie der Menschheit sei weiblich, ist also nicht bloße Mythologie. Diese Energie ist weich und schön, und sie ist die Mutter.

Es ist keineswegs ein Zufall, dass sich die Schöpfungs- und Lehrgeschichten hier alle um die Sieben Schwestern drehen. Also, ob es jetzt wirklich sieben oder mehr waren, ist für euch nicht von Belang. Doch die Zahl Sieben steht für die Göttlichkeit, und die Schwestern repräsentieren das Weibliche und die Mutterschaft. Das ist die Schöpfungsmetapher, und sie nahm ihren Anfang hier an diesem Felsen.

Wer die wahre Geschichte in 3-D zurückverfolgen kann, weiß, dass dieser Ort hier länger unberührt war als jeder andere Ort in der aufgezeichneten Geschichte des Planeten. Auch er ist ein Knoten. Ihr könnt euch jetzt einfach einmal umdrehen und ihn fast berühren. So nahe sind wir dem Felsen.

Jetzt möchte ich ein wenig erzählen, was sich hier wirklich befindet. Hier am Felsen gibt es eine sehr heilige Energie; sie steht für die ursprünglichen Saat-Schwestern. In früheren Durchgaben haben wir euch etwas erzählt, an das ihr euch jetzt bitte erinnern sollt, und manche von euch werden es spüren, andere nicht. Diejenigen, die vor so vielen Jahren die Saat in euch ausgebracht haben, sind nie weggegangen. Sie sind nie weggegangen.

Wie so etwas sein kann, könnt ihr mit eurer Logik oder im Rahmen eurer menschlichen Lebensspanne nicht nachvollziehen, aber es ist die Wahrheit. Diejenigen, die hier geblieben sind, befinden sich dazu in einem Zustand, in dem sie auf immer sein werden – bis zum Ende des Planeten bzw. zum Ende der Zivilisation. Sie leben auf den Knoten des Planeten. Doch Teile der Geschichte, die die Kinder später als Erwachsene erfahren werden, haben damit zu tun, wo diese besonderen Wesen sind und was sie zu sagen haben. Deshalb gibt es auf diesem Kontinent eine heilige und geheime Songline. Die Schöpfungsgeschichte und die Songlines sind voller tiefgründiger Inhalte, von denen ihr nie etwas erfahren werdet, denn nur die Reinen sind damit vertraut – aber ich kann euch ein bisschen etwas dazu sagen.

Ihr Lieben, jene, die auf diesem Planeten die Saat ausbrachten und immer noch hier sind, sind bekannt als »diejenigen, deren

Namen man nicht aussprechen kann«. Dieser Ausdruck kommt euch womöglich zu Ohren. Manche Stellen auf dem Felsen sind so heilig, dass kein Mensch dorthin geht, und auch Fotografieren ist dort nicht erlaubt. Warum? Weil dort diejenigen weilen, deren Namen man nicht aussprechen kann. Zu Zeiten, die von den Sternen bestimmt werden, kommen diese Alten womöglich auf größere Weise heraus, auf dreidimensionale Art. Doch diese Zeiten sind nicht geplant und es wird nicht darüber geredet. Sie werden von den Großmüttern (Führerinnen) der Familiengruppe der Anangu gespürt.

Nachts sind hier Lichter zu sehen, die es eigentlich nicht geben sollte, wegen dieser Alten. Ich spreche hier nicht von einem weit entfernten Ort. Ich rede von dem, was direkt hinter mir ist, während ich spreche. Ich rede von einem Knoten, den ihr nicht erklimmen müsst, um ihn zu beobachten, denn er befindet sich direkt hier vor euch. Um ihn zu fühlen, ist keine Mühe vonnöten, nicht wirklich. Wenn ihr wollt, könnt ihr euch nach dieser Durchgabe umdrehen, und einige von euch werden spüren, wie tiefgründig das alles ist [beim Channelling blicken die Zuhörer nicht auf den Felsen].

Bei dieser Energie geht es nicht nur um eure Schöpfungsgeschichte oder die Songlines dieses Gebietes, sondern um die Tatsache, dass es sich dabei auch um die Saat eurer Existenz handelt. Diejenigen, die hier sind und sich anscheinend im Felsen verbergen, stellen die Samen der gesamten Menschheit dar. Das ist real. Es ist keine Fabel. Was für ein Ort das doch ist!

Die ganze Geschichte hindurch hat die Mythologie Dinge geschaffen, die nicht so sind, wie sie am Anfang waren – oft aus geheimen Gründen, damit kein Wissen weitergegeben wird an Menschen, denen das nicht zu Ohren kommen sollte, weil es ihnen nicht zusteht. Diejenigen, die diese Geschichten kontrollieren, nutzen oft Totems und Tiere, machen aus etwas ein riesengroßes Ding, damit es größer erscheint, als es wirklich ist. Die Griechen haben das ebenso getan wie die Anangu, unter Verwendung von Metaphern, die etwas anderes bedeuten, um die Wahrheit zu verbergen. Euch werden die Informationen in einfachen mythologischen Geschichten erzählt. Doch für die Anangu sind das Geschichten ihrer Saat-Eltern. Die Erde hat die Reinen aufgezogen, und die Verantwortlichen sind immer noch da. Deshalb ist dieses Land so heilig.

Kryon Live-Channelling »Am Felsen«, durchgegeben am Uluru, Australien – 26. März 2015

Kryon spricht von den sogenannten »Songlines«; dabei bezieht er sich immer auf die Songline über die Sieben Schwestern – eine Songline, die über mehr als die halbe Breite des australischen Kontinents hinweg zu finden ist, von den Tiefen der Zentralwüste bis hin zur Westküste und in mehreren Sprachgruppen. In den verschiedenen Landesteilen werden unterschiedliche Teile der Geschichte erzählt. Songlines sind für die Aborigines so etwas wie ein kulturelles Netzwerk. Die Lieder zeichnen den Weg unserer plejadischen Ahnen nach und sind als »Tjukurpa Dreaming« bekannt. Diese Songlines entstanden schon zu Beginn der Schöpfung und werden auch heute noch gesungen.

Einer der Hauptunterschiede zwischen der Aborigines-Kultur und den meisten modernen Gesellschaften besteht im Fehlen jeglichen Privateigentums, und das gilt für alles! Traditionell wurden Aufgaben wie die Kinderbetreuung, die Werkzeugherstellung, die Jagd und die Errichtung von Unterkünften gemeinsam erledigt. Die Kinder betrachteten nicht nur ihre biologischen Mütter und Väter, sondern viele Erwachsene als ihre Eltern. Auch das Verwandtschaftssystem, ein integraler Bestandteil ihrer Kultur, ist extrem komplex und bestimmt die Verbindung zwischen Einzelnen, ihre Rolle, ihre Verpflichtungen und Verantwortlichkeiten, ihre Zeremonien und die Beziehung zu den Ahnen, zu Orten und zum Land.

Die Aborigines bauten zwar Unterkünfte, lebten aber nicht ständig an einem bestimmten Platz. Ihr Leben gestaltete sich in Harmonie mit dem Land, und je nach Verfügbarkeit von Nahrung und Wasser zogen sie von Ort zu Ort. Ihre Lebensweise war wirklich nachhaltig, und deshalb sind sie heute auch die älteste Kultur auf dem Planeten. Die Aborigines-Kultur zeichnet sich durch fortschrittliches Denken aus und erlaubt uns einen kleinen Einblick in die wahrscheinliche Struktur der lemurischen Gesellschaft, die sich allerdings trotz solcher Ähnlichkeiten von allen früheren und bestehenden Gesellschaften unterschied, und zwar aus einem Grund.

Laut Kryon entstand die Zivilisation von Lemurien vor 50.000 Jahren, es dauerte allerdings mehrere Tausend Jahre, bis die lemurische Gesellschaft sich entsprechend entwickelte und vor 35.000 bis 15.000 Jahren ihre Blüte erreichte. Lemurien hatte eine Aufgabe: die Voraussetzungen für das zu schaffen, was da kommen sollte. Deshalb war Lemurien eine einmalige Geschichte: Die Seele inkarnierte nur einmal hier. Die Lemurier hatten also keine umfangreiche Akasha-Chronik über das Leben in Lemurien, sondern ihnen wurden die ursprünglichen Kernlehren über den inneren Gott energetisch eingeprägt. Deshalb sind vielleicht an bestimmte Dinge und Erfahrungen keine Erinnerungen vorhanden, doch wie Kryon sagt: Lemuriern steckt es in der DNA. Viele Menschen, die auf dem Planeten erwachen und vielleicht nie ein Kryon-Buch gelesen haben, erleben eine *Rückkehr nach Lemurien.* Das heißt, sie werden multidimensional und führen deshalb ein ausgewogenes Leben voller Mitgefühl und größerer Weisheit.

Kryon erzählt über Lemurien weiterhin:

Langsam entstand die erste große Zivilisation auf dem Planeten: Lemurien. Ihr müsst dazu wissen: Diese Zivilisation war nicht das, was ihr unter »hoch entwickelt« versteht. Aber die Lemurier besaßen etwas, wovon ihr wissen solltet: Ihre multidimensionale DNA war zu 90 Prozent aktiv und nicht nur zu 30 Prozent wie die eure. Die Quantenhaftigkeit ihrer DNA war voll aktiv, das hatten ihnen die Plejadier »vererbt«. Lemurien war die älteste Zivilisation auf dem Planeten; außerdem überlebte sie am längsten und führte nie Kriege.

Sie ging schließlich nur deshalb unter, weil die Meeresfluten anstiegen. Wie ich schon früher beschrieben habe, entwickelten die Lemurier sich zu Seefahrern und zerstreuten sich auf der ganzen Erde. Manche gelangten auf weit entfernte Kontinente, die heute der Wissenschaft zufolge ironischerweise als ihre angestammte Heimat betrachtet werden; sie hat nicht erkannt, dass sie von woandersher angereist waren.

Die Lemurier waren die ursprüngliche menschliche Gesellschaft auf dem Planeten und lebten dort, wo einst die Plejadier gelandet waren: auf dem Gipfel des allerhöchsten Berges der Erde, gemessen von ganz unten, dem Meeresgrund, bis ganz oben … Heute ist das die größte der Hawaiianischen Inseln, wo die »Kanus« der Lemurier vergraben sind. Die hawaiianischen Stammesältesten erzählen heutzutage, dass die Hawaiianer von ihnen abstammen, dass die Plejadier hier landeten; das ist ihre Lehre von den Anfängen der Menschheit.

Die Lemurier verstanden das Leben auf quantenhafte Art, und in ihrer DNA wussten sie alles über das Sonnensystem. Eine multidimensionale DNA, die zu 90 Prozent aktiv ist, erzeugt ein Bewusstsein, das eins ist mit dem Universum. Eine der ältesten spirituellen Glaubenssätze auf dem Planeten besagt, ihr sollt mit allem eins sein. Das ist keineswegs ein Zufall …

… Ich gebe euch noch einen historischen Rat: Konzentriert euch nicht so sehr auf Atlantis. Das kam erst viel später. Eigentlich gab es sogar drei Atlantis, und über das, was es dort gab und was dort geschehen ist, herrscht große Verwirrung. Über welches Atlantis wollt ihr denn reden? Atlantis hat nicht im Entferntesten die große Rolle gespielt, die ihm von Metaphysikern und Esoterikern gerne zugeschrieben wird. Atlantis war durchaus wichtig, doch ein Atlantis ist überhaupt nicht alt. Es lag vor den Griechischen Inseln, und es wird davon sogar in der (angeblich) griechischen Geschichte berichtet. Die Menschen interessieren sich ungeheuer für Zivilisationen, die schnell zerstört wurden. Dadurch entstehen noch mehr Mythologien sowie die Vorstellung, Atlantis sei eine der am höchsten entwickelten Zivilisationen gewesen. Doch das stimmt nicht. Lemurien dagegen war wirklich sehr hoch entwickelt, allerdings nur hinsichtlich des Bewusstseins.

Lemurien verfügte über keine hoch entwickelte Technologie und keine technischen Fähigkeiten. Aber die Lemurier kannten sich mit Magnetismus aus; er war in ihrer DNA, in Form von intuitiven Informationen. Multidimensionale DNA erzeugt qualitativ hochwertige intuitive Informationen. Da die Lemurier eins mit dem Universum waren, wussten sie alles über die DNA. Wissen das nicht alle [Kryon lächelt]? Sie kannten sogar ihre Form – und zwar ohne Mikroskope. Das alles bewirkt Quanten-DNA.

Die Alten wussten es!

Aufgrund der ihnen innewohnenden DNA und dank der Plejadier verfügten die Lemurier über sehr viel Wissen. Sie wussten über das Sonnensystem und die Galaxie im Allgemeinen Bescheid. Sie schauten zu den Sternen empor und verstanden, was es dort gab. Dadurch entstand eine scheinbar hoch entwickelte Gesellschaft, die jedoch über keine eurer heutigen technischen Errungenschaften verfügte.

Kryon Live-Channelling »Die Geschichte der DNA und der menschlichen Rasse«, durchgegeben in Portland/Oregon – 29. August 2009

Frage an Kryon:
Die Kunst der australischen Aborigines ist die älteste kontinuierliche Tradition kreativen Schaffens der Welt. Felszeichnungen bzw. -ritzungen, Felskunst, Body Painting und Bodengestaltung lassen sich auf über 30.000 Jahre zurückdatieren. Gab es in der lemurischen Kultur so etwas wie Kunst? Und wenn ja, wird sie jemals entdeckt werden?

Antwort:
Es gab jede Menge lemurischer Kunst, die teilweise erstaunlich viel über die Sternenmütter und die lemurische Lebensweise aussagte. Nichts davon wird je gefunden werden, und zwar aus den bereits genannten und den nachfolgenden Gründen.

Zum einen wurden viele Zeichnungen auf organischen Materialien angefertigt und existieren schon seit Jahrtausenden nicht mehr. Zum anderen befanden sich die größeren Felszeichnungen dort, wo die Lemurier lebten, und sind demnach heute tief im Meer versunken und von Schlamm bedeckt, der sich seit Jahrtausenden dort abgesetzt hat.

Es gab auch »Lava-Zeichnungen« auf der vulkanischen Inselspitze beim Tempel, doch sie wurden ebenfalls schon vor langer

Zeit von neuerer Lava und Flankeneruptionen bedeckt, durch die sich Spalten auftaten oder geschlossen wurden; diese Vorgänge formen Hawaii auch heute noch immer wieder neu. Die Antwort lautet also: Nein.

Eventuell werden aber ein paar Artefakte gefunden oder Felsbilder entdeckt, die allerdings nicht von den Lemuriern, sondern von den alten Hawaiianern stammen, »denjenigen, die hier ankamen, nachdem der Berg versunken war«.

Frage:
Es ist oft von einem Königtum in der lemurischen Gesellschaft die Rede (siehe Kapitel 2: Die Frauen von Lemurien), ein Konzept, das zwar schon jahrhundertealt, bei den indigenen Stämmen aber nicht üblich ist. Kannst du erklären, worum es sich dabei in Lemurien handelte und warum es Könige gab?

Antwort:
Die meisten der indigenen Stämme auf dem Planeten hatten keine Könige, aber bei den alten Hawaiianern gab es bis vor Kurzem immer das Königtum. Man könnte also fragen: Ist das ein Überbleibsel von Lemurien? Ja, so ist es.

Dieses System entstand unter dem Einfluss der Sternenmütter und funktioniert für eine Insel ganz gut. Es gibt keine äußeren Einflüsse (Eroberer). Die Führer werden respektiert und üben ihr Amt lebenslang aus, und Königtum geht einher mit guter Stadtplanung und Gesetzgebung, wenn der König bzw. die Königin weise ist. Das System ist auch gut für eine sich neu entwickelnde Zivilisation geeignet, denn es ist ein absolutes System und verfügt über Regeln bezüglich der königlichen Nachfolge, und das baut Respekt auf. (Dazu gleich mehr.)

Dem könnte man entgegenhalten, dass das ganz sicher kein gutes System sei. Ein Blick auf die Geschichte zeigt: Die Königswürde, die vererbt, also an biologische Erben weitergegeben wird, wird durch Verwandtenehen, Dummheit, Unausgewogenheit, Machtspiele, schlechte Führung und Tyrannei geschwächt. Doch hier geht ihr von bestimmten Vermutungen aus. Vergesst nicht: Lemurien war der Anfang des Anfangs; es gab kein elegantes System, und die Menschen waren für das, was sich im Rahmen eurer heutigen Vorstellungen und Regierungen entwickelt hat, nicht bereit. Königtum war eine gute Lösung, und zwar wegen der ungewöhnlichen Regeln.

Die lemurische »Regel der königlichen Nachfolge« mag euch zeigen, warum es funktioniert hat: Nur direkte Nachkommen einer Sternenmutter konnten in das Königsamt gewählt werden, und damit meine ich »aus dem Schoß einer Sternenmutter«. Es erbte also nicht wie bei den Menschen der bzw. die nächste Angehörige den Thron, sondern es gab ein Auswahlsystem, nach dem ein Kind (männlich oder weiblich) einer Sternenmutter gewählt werden musste. Diese Kinder wurden oft als weibliche Priesterinnen oder männliche Führer angesehen.

Ich werde euch nicht das komplette System erklären, aber es funktionierte ungefähr so: Wenn der gerade herrschende königliche Führer bzw. die Führerin ein gewisses hohes Alter erreichte oder starb, wurde er/sie mit einer »Beförderungs«-Zeremonie, ob die Person nun noch lebte oder bereits verstorben war, in eine andere angesehene Gruppe »befördert« und es wurde eine neue Königin bzw. ein neuer König gewählt, und zwar auf Basis folgender Regeln: (1) Der neue Führer/die neue Führerin musste ein gewisses Alter erreicht haben und von einer Sternenmutter geboren worden sein. (2) Das Horoskop des früheren bzw. zurücktretenden Königs, zusammen mit den Merkmalen des betreffenden Tages, wurde mit dem Horoskop des Kandidaten/der Kandidatin abgeglichen, und darauf aufbauend wurden das Geschlecht und die Kompatibilität mit dem Berg bestimmt (Letzteres bezieht sich darauf, wie gut der Kandidat der Gaia-Schwingung entspricht). Der neue Herrscher/die neue Herrscherin war also nicht von vornherein bekannt, und die Position wurde auch nicht, wie man vielleicht denkt, einfach weitervererbt. Es war immer eine Überraschung.

Der royale Regent konnte ein König oder eine Königin sein, besaß aber immer die direkte Weisheit der Sternenmutter, die ja irgendwie die Mutter von ihnen allen ist. Dadurch waren sie gute Führer und keine dysfunktionale Familie. Alle königlichen Herrscher in Lemurien waren gut und voller Güte.

In manchen spirituellen Systemen gibt es heutzutage einen »verherrlichten« Führer bzw. eine Führerin, der/die diese Position bis zum Lebensende innehat. Noch bevor diese Person stirbt, wird die nächste für diesen Posten ausgewählt, und zwar auf Basis vergangener Lebenserfahrungen, astrologischer Merkmale und weil sie eine alte Seele ist …, vielleicht sogar ein Lemurier bzw. eine Lemurierin. Woher kommt das wohl?

Die Schulen von Lemurien

Die lemurische Gesellschaft war nicht so technikorientiert wie heutzutage, aber, wie Kryon gesagt hat, ungeheuer fortgeschritten. Wie funktionierte diese hoch entwickelte Gesellschaft? Uns heutzutage kommt sie unkonventionell vor, es gab kein »Schubladendenken«. Ihr Bildungswesen war beispielsweise völlig anders, als es heute der Fall ist. Kryon erklärt:

Ich möchte euch noch mehr von Lemurien und einigen charakteristischen Merkmalen der lemurischen Gesellschaft erzählen. Ihr sagt vielleicht: »Warum denn nur?« Damit ihr die Lücken schließen könnt dahingehend, was sonst so auf dem Planeten passiert. Ich spreche jetzt von den alten Lemuriern, in einem Land voller Schönheit, bevor es vom Meer bedeckt wurde. Ich möchte euch von ihren Kindern erzählen.

In Haupt-Lemurien war der Schulbetrieb völlig anders. Das war vor Atlantis, und es war folgendermaßen: Die Lehrer wurden als Älteste bezeichnet, und ihnen wurde sehr viel Respekt entgegengebracht, denn sie gaben das kulturelle Wissen weiter. Sie waren alle schon älter und verfügten über einige der höchsten Qualitäten der Gesellschaft. Aber sie leiteten die Schulen nicht wie eure Lehrer und hatten auch nichts mit dem Alltagsbetrieb zu tun. Es gab in den Schulen auch keine Verwalter oder Verwaltungsgebäude; alle Gebäude waren kleine, für sich stehende und nicht miteinander verbundene Klassenzimmer.

Und es gab auch kein lineares System. Vielmehr kamen die Ältesten zusammen und entschieden darüber, was die Kinder zu einem bestimmten Zeitpunkt lernen und wissen sollten. Die Eltern schickten ihre Kinder, wenn sie ein bestimmtes Alter erreicht hatten, in die Klassenzimmer vor Ort. Normalerweise entschieden in einem solchen Klassenzimmer die Kinder und der Älteste [Lehrer] gemeinsam, was zu lernen war. Dann übernahmen die Kinder die Führung, beschlossen gemeinsam, wie schnell sie das lernen konnten, und setzten den Ältesten davon in Kenntnis. Der Lehrer ging flexibel auf die Pläne der Kinder ein. Oft wählten die Kinder dann aus ihrer Mitte einen Leiter, oder Schülern wurde die Leitung turnusmäßig übertragen; diese Leiter halfen bei der Beibehaltung und Verwaltung ihrer jeweiligen Ziele mit.

Die Ältesten hatten also die Aufgabe, das Wissen weiterzugeben und zu gewährleisten, dass den Kindern das ihnen angemessene Wissen vermittelt wurde. Doch die Kinder hatten ein gutes konzeptuelles Vorstellungsvermögen und konnten oft die Lernkonzepte des gesamten Jahres an einem einzigen Tag begreifen. Auch wenn sie das eigentliche Wissen also noch nicht hatten, entwickelten sie die nach ihrer Meinung beste und schnellste Lernmethode und überlegten, wie sie das am besten in ihre Schulstunden einbauen konnten. Wenn sie das Gefühl hatten, sie hätten den Stoff gelernt, baten sie darum, entsprechend geprüft zu werden. Wenn die ganze Klasse die Prüfung schaffte, war die Schule zu Ende, und sie hatten sich die Ferien verdient (das war für die Kinder in diesem Alter das eigentliche Ziel).

Das Schulsemester dauerte also nicht immer gleich lang für alle; es begann zwar zur selben Zeit, aber das Ende war nicht festgelegt. Die Kinder selbst bestimmten, wie lange sie zum Lernen brauchten, also wie schnell sie lernten – ein Konzept, das ihr Verständnis dessen widerspiegelte, was gelernt werden musste, ohne die eigentlichen Informationen zu kennen. Es gab kein Schuljahr, keine Noten – das einzige Ziel bestand darin, ein bestimmtes Wissensniveau zu erreichen und das hinter sich zu bringen, damit sie spielen konnten. Die Kinder hatten das in der Hand, verstanden aber durchaus, dass sie das Erforderliche lernen mussten.

Da mögen viele ausrufen: »Nein, das ist gar zu ungewöhnlich und seltsam – das konnte doch nicht funktionieren! Die menschliche Natur steht dem entgegen!« Meine Antwort darauf lautet: Die 3-D-Natur des Menschen steht dem vielleicht entgegen, aber für ein konzeptuell begabtes, multidimensionales Kind wäre das ein Leichtes. Ich erzähle euch das, weil dies auch eines der ersten Merkmale der Indigo-Kinder ist, über die wir vor vielen Jahren Durchgaben machten. Das ist etwas sehr Lemurisches! Manche der »Etiketten«, mit denen die Indigo-Kinder bedacht wurden, hat man sogar als »multidimensional« bezeichnet.

Aber zurück zu Lemurien: Wenn manche Kinder in der Klasse eher langsam lernten, erkannten das die Kinder sofort und gaben ihnen Nachhilfe. Anstatt Hausaufgaben, wie ihr das nennt, hatte jeder Schüler die Aufgabe, einem anderen Kind Nachhilfe zu erteilen, sodass alle in der Klasse mitkamen. Das Einzige, was sie mit nach Hause nahmen, waren also andere Schüler. Je schneller sie lernten, desto schneller hatten sie Ferien. Für die Kinder ergab das einen Sinn.

Man könnte jetzt natürlich auch fragen: »Und wie war das mit den Störenfrieden? Gab es in diesem großartigen Land Lemurien etwa keine?« Natürlich gab es welche. Urteilt nicht, während ich euch erzähle, wie das alles gehandhabt wurde.

Die Kinder nahmen die Disziplin selbst in die Hand – allerdings nicht durch Schikanieren und Drangsalieren, denn das kommt im Bewusstsein eines verständig denkenden Kindes nicht vor. Erinnert euch: Bei dieser Art von Bewusstsein ist Überblick das Ziel der Gruppe, nicht die Macht des Einzelnen. Die Kinder gingen mit Logik vor. Wenn ein anderer Schüler ihren Ferien sozusagen im Wege stand, halfen sie ihm, so gut sie konnten. Wenn derjenige nicht darauf ansprach oder Unruhe stiftete, wurde er von den Schülern irgendwann ausgeschlossen. Passierte das jemandem durch den Konsens der Klasse, dann konnte derjenige nie wieder in die Klasse zurückkommen, sondern musste eine Klasse besuchen, die nicht in Haupt-Lemurien war. Dadurch entstand (natürlich) eine weitere, in sich geschlossene Gesellschaft, die nicht respektiert wurde und oft auch nicht sehr langlebig war, da diese Menschen nicht das Recht hatten, den Tempel der Verjüngung zu besuchen, der für das Gesundheitssystem von Lemurien eine sehr große Rolle spielte.

»Ganz schön hart«, mag da der eine oder andere sagen. Ja, das stimmt. Wenn man die weiterentwickelten Standards von heute anlegt, vielleicht. Doch so funktionierte das Schulsystem. Eure Gesellschaft hat gewisse Fortschritte gemacht, die die Lemurier nicht gemacht haben, weil ihr an anderen Teilen eurer Erleuchtung gearbeitet habt.

Diese Erklärungen helfen euch vielleicht zu verstehen, warum die Schule für die Indigo-Kinder eurer Zeit, die Kristallkinder und überhaupt alle Kinder der neuen Energie der Erde so schwierig ist. Sie verfügen über eine DNA-Schicht, die aktiviert und funktionsbereit ist. Und diese Schicht erinnert sich. Darüber erzähle ich euch gleich mehr.

Kryon Live-Channelling »Die lemurische Verbindung«, durchgegeben am Mount Shasta/Kalifornien – 20. Juni 2004

Was empfinden Sie, wenn Sie das lesen? Vielleicht haben Sie Kinder oder Enkel, die zur Schule gehen. Welche Erfahrungen machen sie? Elternschaft kann heutzutage eine unglaubliche Herausforderung sein, aber gleichzeitig steht uns eine strahlende Zukunft bevor. Nach und nach wird sich das Bildungswesen verändern und auf die Bedürfnisse unserer Kinder eingehen. Inzwischen gibt es Schulen, die mit Meditation statt Nachsitzen arbeiten, und die Ergebnisse zeigen, wie vorteilhaft und positiv dieser Ansatz ist. Die nachfolgenden Links zeigen beispielhaft, wie dieses neue Konzept an einer Schule in Baltimore, USA, umgesetzt wird:

Quellen: • http://www.newsweek.com/education-meditation-after-school-program-holistic-life-504747
• http://www.cnn.com/2016/11/04/health/meditation-in-schools-baltimore/
• http://www.parents.com/toddlers-preschoolers/everything-kids/what-we-can-learn-from-the-school-that-replaced-detention-with/

Zu wissen, dass es Bildungseinrichtungen gibt, die neue, die Kinder fördernde Ansätze verfolgen, ist ungeheuer ermutigend. Und wie sieht es bei den Kindern aus? Gibt es da Anzeichen für ein sich veränderndes Bewusstsein? Oh ja …, und Kryon sagt, wir sollten nach solchen Veränderungen bei Kindern Ausschau halten. Ein herzerwärmendes Beispiel kommt aus Boston/Massachusetts, wo sich mehrere Jungen für einen anderen Jungen, der schikaniert wurde, einsetzten.

Danny, ein Erstklässler, ist ein sogenannter »Waterboy«, ein Wasserträger für das Footballteam der Schule, und wurde wegen eines Sprachfehlers und seiner Vorliebe für Hemd und Schlips schikaniert. Als das Footballteam davon erfuhr, entschieden sie sich für eine positive Botschaft. Anstatt auf die Rüpel zu reagieren oder sie einzuschüchtern, standen sie einfach für Danny ein. Alle Jungs des Footballteams kamen ebenfalls in Anzug und mit Krawatte. Die Botschaft war klar: Sie mochten Danny, so wie er war. Die Geschichte ist auf YouTube unter dem folgenden Link zu finden:

https://www.youtube.com/watch?v=DNvOcK6UsIc

Ein weiteres Beispiel ist die Reaktion von Jungen, die merkten, dass ein Klassenkamerad mit einer Lernschwäche aufgezogen und schikaniert wurde. Auch sie beschlossen, etwas zu unternehmen; sie banden sich zusammen und schlossen ihn in ihrem Freundeskreis mit ein. Dieser wahrhaftige, mitfühlende Akt verwandelte das Leben eines einst schüchternen, zurückhaltenden Jungen von Grund auf; jetzt kann er es gar nicht erwarten, in die Schule zu kommen. Auch seine Geschichte ist auf YouTube zu sehen:

https://www.youtube.com/watch?v=xdeuivQYnas

Diese Videos stehen für ein neues Paradigma der menschlichen Natur – ein Paradigma der Einheit, Liebe und des Mitgefühls, das an die Stelle von Getrenntsein, Angst und Hass tritt. Kryon spricht auch von einem neuen Paradigma im Bildungs- und Schulwesen, das einen engen Bezug zum Schulbetrieb von Lemurien aufweist:

Ihr Lieben, es wird eine Zeit kommen, wo die Erziehung eurer Kinder vollkommen umgekrempelt wird und völlig anders als alles sein wird, was es heute auf dem Planeten gibt. Einige von euch werden sagen: »Nun, ich nehme an, so etwas könnte passieren, aber die damit verbundenen Herausforderungen sind beinahe unüberwindbar, denn die alte menschliche Natur wird solche Veränderungen nicht zulassen.« Dieser ganzen Vorstellung wird enormer Widerstand entgegengesetzt werden. Wenn ihr damit anfangt, die Art und Weise des Unterrichts zu ändern, wird dies Widerstand bei den Eltern auslösen, die dann sagen: »Wir wissen doch selber, wie wir unsere Kinder unterrichten sollen, also erzählt uns nicht, es sollte anders gehen.« Das sind Widerstände des Ego, des angeblich gesunden Menschenverstandes, der Versuche und der Misserfolge, der Dinge, die, wie wir euch gesagt haben, in eurer neuen Energie nicht mehr gelten.

Ihr Lieben, es muss ein System her, und es wird vor allem durch die Ergebnisse in Erscheinung treten, die es bei euren Kindern bewirkt, sodass kein Zweifel mehr daran besteht, dass das alte System nicht mehr zukunftsfähig ist. Das wird nicht auf einmal und plötzlich passieren und vielleicht auch nicht zuerst hier [in den USA].

Und los geht's [Kryons Art, anzudeuten, dass jetzt etwas Brisantes kommt]! Neue, revolutionäre Schulen werden entstehen, die den Kindern des neuen Bewusstseins genau das geben, was sie lieben und womit sie etwas anfangen können. Und wie die Pädagogen feststellen werden, führt das zu profunden Ergebnissen. Dieses System zeichnet sich durch folgende Merkmale aus: Die Kinder entscheiden selbst, was sie zuerst, wie schnell und wie lang lernen wollen. Dieses neue Paradigma sieht auch Vereinbarungen zwischen Kindern und Lehrern vor anstelle einer Hierarchie von Lehrenden und Pädagogen, die irgendwo anders sitzen und Entscheidungen treffen.

Dieses System wird komplett von denjenigen entwickelt, aufgebaut und betrieben, die auf den Stühlen sitzen und lernen müssen, anstelle eines für alle vorgeschriebenen Systems. Kinder und Lehrer arbeiten zusammen, denn mit ihrem aktuellen Bewusstseins- und Weisheitsstand wissen sie genau, was sie derzeit in welcher Geschwindigkeit erreichen können. Sie sind in der Lage, das, was sie bereits wissen oder konzeptuell begriffen haben, auszuklammern, und konzentrieren sich stattdessen darauf, das zu lernen, was sie noch nicht verstehen. Die Gruppen im ganzen Land sind alle unterschiedlich.

Es wird immer Außenseiter geben, zum Beispiel Schüler, die nicht so schnell lernen, wegen fehlender Disziplin nicht zur Gruppe gehören oder die von ihrer Art her noch eine ältere menschliche Energie aufweisen. Früher hätten solche Schüler die anderen oft ausgebremst. Doch im Rahmen des neuen Paradigmas erkennen die Kinder sofort, dass diese Schüler nicht auf ihrem Bewusstseinsstand sind und sie womöglich tatsächlich ausbremsen. Die Kinder selbst – nicht ein Rektor oder ein Berater – sondern diese Schüler dann aus. Die Betroffenen verstehen, dass die Entscheidung von ihresgleichen, also von anderen Kindern, getroffen wurde und nicht von Eltern oder aufgrund der Schulvorschriften. Das führt zu etwas völlig anderem als dem heutigen Förderunterricht, denn diese ausgesonderten Kinder entwickeln dann unter Umständen den Wunsch, mit den anderen mitzuhalten, anstatt einfach auszusteigen.

Der Unterricht wird kooperativ sein und nicht komplett von den Lehrern abgehalten. Es wird einen Bund des Wissens geben, das Gelernte wird gewürdigt, und nach bestandenen Prüfungen wird eine Party gefeiert – alles das genaue Gegenteil dessen, wie es heute abläuft. Stellt euch nur vor, die Schule wäre ein Ort, an dem sich alle umeinander kümmern. Und warum? Es macht Spaß und es entspricht dem Entwicklungsstand und der Intelligenz der Schüler in der jeweiligen Klasse. Was meint ihr?

Denkt einmal darüber nach. Ist das machbar? Die meisten von euch werden wohl sagen: »Nein, die menschliche Natur steht dem zu sehr im Weg.« Und das stimmt. Die alte menschliche Natur wird das niemals zulassen. Doch die neue menschliche Natur wird es nach und nach umsetzen.

Das große »Aha«-Erlebnis wird kommen, wenn die Schüler dieser besonderen Schulen ihren Abschluss machen und sie bessere Ergebnisse erzielen, als es je zuvor im Bildungswesen möglich war. Sie werden Prüfungen bestehen, die heutzutage für Kinder nicht machbar sind. Sie sind so hoch qualifiziert, dass es alle heute üblichen Eignungstests sprengt. Regierungen und Kommunen sehen das und sagen: »Diese Leute wollen wir unbedingt haben!« So funktioniert das, das wisst ihr. Wenige werden auf viele einwirken, und diese Wegbereiter verwirklichen eine Zukunftsvision.

So könnt ihr von der eleganten menschlichen Natur der Zukunft profitieren. Und genau an diesem Punkt werdet ihr Probleme haben. Die Leute werden sagen: »Das ist unmöglich!« Ihr ruft einen Freund oder eine Freundin an und sagt: »Du musst dir unbedingt diese Durchgabe von Kryon anhören, denn er spricht von einem Umdenken, und das interessiert dich doch.« Diese Freunde werden sich diesen Channel anhören und dann sagen: »Das ist ja echt lustig. Viel Glück damit.«

Hört zu, ihr Lieben, ich werde in fünfzig Jahren erneut zu euch sprechen, dann werden wir sehen, was ihr bis dahin macht, denn ihr werdet lachen und sagen: »Also, ich hätte es nicht für möglich gehalten, aber jetzt sehe ich ja, dass es passiert ist.« Denn womöglich geschieht das sogar früher, ihr Lieben. Wie schnell wollt ihr voranschreiten? Das ist ganz und gar eure Entscheidung.

Ihr alten Seelen, vereinigt euch! Vereinigt euch in Weisheit und Ausgewogenheit. Ihr alten Seelen, vereinigt euch! Fangt an, ins Gleichgewicht zu kommen. Fangt an, die Angst hinter euch zu lassen, dann wird euer Leben ganz anders laufen. Ihr reagiert nicht mehr so und behandelt andere Menschen nicht mehr so, wie die alte menschliche Natur es euch vorgegeben hat. Plötzlich handelt ihr auf schamanische Weise, habt weises Verständnis für das, was die Menschen sagen, und ihr könnt berichten: »In meinem Herzen herrscht Frieden, ich bin in Frieden mit mir und dem, was auf dem Planeten vor sich geht. Ich schlafe besser, und ich werde länger leben.« Das ist der Neue Mensch. Und das ist meine heutige Botschaft.

Kryon Live-Channelling »Neue Paradigmen«,
durchgegeben in Minneapolis, Minnesota – 22. Juli 2017

Die Zukunft des Bildungswesen, wie sie von Kryon dargestellt wird, ist wahrhaftig inspirierend. Doch manche Menschen warten nicht auf diese Zukunft. Stattdessen machen sie den Unterricht wieder zu etwas, das Spaß bereitet – mit spektakulären Ergebnissen. Hamish Brewer, gebürtiger Neuseeländer, beschreibt sich selbst als einen »Educational Disruptor«, also als jemanden, der das Bildungs- und Erziehungswesen auf den Kopf stellt. Er trifft Entscheidungen auf Basis einer Grundsatzfrage: »War ich heute für die

Kinder besser?« Mit seiner ansteckenden Energie und seinem einzigartigen Führungsansatz verwandelte er eine Schule, die schlechte Prüfungsergebnisse erreichte und ums Überleben kämpfte, in eine der besten Schulen von Virginia. In einem YouTube-Video kann man seine Arbeit an zwei Schulen nachverfolgen:

https://www.youtube.com/watch?v=VKt9CslbVsg

Das lemurische Gesundheitswesen

Bevor wir auf das lemurische Gesundheitssystem eingehen, wollen wir uns einmal die Heilpraktiken der australischen Aborigines ansehen – einer Kultur, die zeitgleich mit der lemurischen Gesellschaft existierte. Traditionell besteht die Heilkunst der Aborigines aus dem Wissen und der Weisheit, die sie dank der Ressourcen des Landes und der Unterweisungen der Ahnen (Plejadier) gewonnen haben. Die Ältesten der Anangu, die als Heiler angesehen werden, sind *Ngangkari,* ein Wort aus der Sprache der Pitjantjatjara (eines Stammes der Aborigines in Zentralaustralien), das wörtlich »traditionelle/r Heiler/in« bedeutet. Ngangkari stammen von einer Familienlinie ab, und das Wissen wird von einer Generation an die nächste weitergegeben. Man kann schon als Kleinkind zum Ngangkari werden, falls die Familie entsprechende Anzeichen für natürliche Heilkräfte erkennt.

Die traditionelle Heilkunst der Aborigines ist vollkommen ganzheitlich und bezieht Körper, Geist und Seele mit ein. Die Seele ist die höchste Weisheit, denn wenn es der Seele gut geht, geht es auch dem Körper gut. Deshalb heilen die Aborigines die Seele durch den Körper. Die Verbindung zur Seele erfordert tiefes, intuitives Gewahrsein durch Träume, Visionen, Zeichen und Symbole sowie von allem, was mit dem Leben einer Person zu tun hat, denn alles Leben ist miteinander verbunden. Hat jemand Schmerzen im Magen, dem Zentrum der Verdauung, fragt der Heiler bzw. die Heilerin womöglich: »Was verdaust du nicht?« Leidet eine Frau unter Menstruationsbeschwerden, fragt die Heilerin sie vielleicht nach ihrem Bedürfnis, ihrer Kreativität Ausdruck zu verleihen, denn die weiblichen Fortpflanzungsorgane sind das Zentrum weiblicher Kreativität.

Die Ngangkari gab es schon vor über 40.000 Jahren, aber ihre Heilkunst wird heute noch praktiziert. 2012 kam eine Gruppe von Ngangkari zusammen und gründete ANTAC, die »Anangu Ngangkari Tjutaku Aboriginal Corporation«. Seitdem waren diese Heiler auch in mehreren australischen Städten tätig. Diese gemeinnützige Organisation hat folgende Facebook-Seite:

https://m.facebook.com/antac.ngangkari/

Wie uns das Studium der uralten Heilkunst der traditionellen Aborigines zeigt, spielt das Bewusstsein eine große Rolle, wenn es um Ausgeglichenheit von Körper, Geist und Seele geht. Auch die moderne Wissenschaft und Medizin entdeckt diese Prinzipien erneut; Beispiele dafür sind Biologisches Dekodieren, Neuro-Linguistische Programmierung oder BioReprogramming.

Und die Lemurier? Kryon hat keine genaueren Informationen über lemurische Heiler durchgegeben, aber wir wissen von ihm, wie wichtig in der lemurischen Gesellschaft die Gesundheit jedes Einzelnen war:

Jetzt möchte ich euch etwas über das lemurische Gesundheitssystem sagen. Wie ihr wisst, verfügten die Lemurier über keine besonders hoch entwickelte Wissenschaft. Sie hatten keine Computer wie ihr. Stattdessen hatten sie eine hoch entwickelte multidimensionale Intuition. Wer sich unter einem intuitiven Arzt etwas vorstellen kann, wird das verstehen. Alle verfügten über dieses intuitive Wissen. Der Körper ist intelligent. Die lemurischen Körper waren – je nachdem, wie weit wir in der Zeit zurückgehen – viel größer als eure. Doch sie entwickelten sich zurück ..., wurden immer kleiner und kürzer. Die Lemurier waren sich dieser Entwicklung bewusst. Dadurch erfahrt ihr auch, dass die Plejadier größer waren als ihr und dass sie es noch immer sind.

Das Gesundheitswesen der lemurischen Gesellschaft funktionierte folgendermaßen: Fast alle Ressourcen Lemuriens wurden in die Vorsorge gesteckt, um zu gewährleisten, dass alle so gesund wie möglich waren. Niemand musste Krankenkassenbeiträge zahlen, denn dies war eine begreifende Kultur; ihre Intuition war viel höher entwickelt; sie verstanden das Gesamtbild, anstatt den einzelnen Menschen zu betrachten. Die lemurische Gesellschaft erkannte intuitiv, dass von einer höheren Gesundheit auch die Wirtschaft profitierte. Es gab Landbesitz, aber in ganz anderer Form. Das Land befand sich in Gruppenbesitz, und deshalb wurden auch immer Gruppenentscheidungen getroffen. Wenn eine Person ständig krank war, konnte sie bei der gemeinsamen Arbeit nicht mithelfen. Das schadete dem Ganzen, und so erkannten die Lemurier sehr schnell: Wenn alle gesund waren, lief es wirtschaftlich viel besser.

Jetzt will ich noch einmal sagen, warum ich euch einen Einblick in die lemurische Geschichte gebe: Genau das wird noch einmal auf eurem Planeten passieren!

Ganz plötzlich wird die Erkenntnis, dass Menschen, die nicht krank sind, Land kaufen und Steuern zahlen können, zu einer revolutionären Idee führen … Wenn eine Regierung ihre Bevölkerung heilen kann, kann sie der Gesellschaft Wohlstand verschaffen. Was für eine Vorstellung! Achtet darauf, wie in dieser Hinsicht Gelder und Hilfsmittel anders vergeben werden, wie sich der Fokus verlagert. Wie können wir mit möglichst wenig finanziellen Mitteln möglichst viele Menschen heilen? Wie können wir Geld von einem Bereich für etwas anderes einsetzen? Habt ihr euch jemals gefragt, wie ihr die Krankheiten des Planeten heilen könnt? Viele Menschen klagen darüber, dass die Menschheit nie den Punkt erreichen wird, an dem sie so erleuchtet ist, dass sie genug Geld in die Heilung der Massen investiert. Und das stimmt. Doch eine andere Methode, die für eure derzeitige menschliche Natur viel mehr Sinn ergibt, kann das!

Fällt kein Urteil darüber, sondern macht euch bewusst, dass euch eine neue Idee bevorsteht, bei der es um »ökonomisches Heilen« geht. Wie sonst könnte die Erde etwas bereitstellen, was derzeit so dringend benötigt wird? Die Antwort lautet: Findet eine Möglichkeit, das in die Pläne derjenigen einzupassen, die das meiste Geld für Investitionen haben. Heilen wird zu einer Investition in die globale Gesundheit werden. Und wie rentiert sich das für die Investoren? Sie erhalten einen Teil des Bruttoinlandsproduktes der Regierungen, mit denen sie zusammenarbeiten, basierend auf der Messung der »Heilungsrate« des jeweiligen Landes. Achtet darauf. Das ist unumgänglich und gerade schon am Entstehen.

Kryon Live-Channelling »Die lemurische Verbindung«, durchgegeben am Mount Shasta/Kalifornien – 20. Juni 2004

Was für ein großartiges Konzept und wunderbares Beispiel aus Lemurien dafür, dass eine gesunde Wirtschaft auf der Gesundheit des Einzelnen basiert. Wie kann ein solch fortschrittliches Denken unterbunden werden? Durch ein niedriges Bewusstsein, was sich beispielsweise in Angst, Kriegen, Drama, profitorientierten Entscheidungen und Gier im Gegensatz zu Mitgefühl und Integrität zeigt. Es mag den Anschein haben, unsere globale Situation werde sich nie ändern (Seht keine Nachrichten mehr an!), doch Kryon versichert uns, dass sich die Balance zwischen Licht und Dunkelheit auf dem Planeten verschoben hat. Langsam entwickelt sich ein neues Paradigma, das in allen Aspekten der Gesellschaft Integrität und Mitgefühl einfordert. Kryon hat sogar eine Prophezeiung gemacht …:

Die mächtige Pharmaindustrie [die amerikanischen Pharmafirmen] müssen sich schon sehr bald verändern oder sie werden zusammenbrechen. Eine Branche, die die Menschen weiterhin krank hält, um Geld zu verdienen, kann im neuen Bewusstsein nicht überleben.

In diesem geschlossenen Kreislauf steckt unheimlich viel Geld, und so nach und nach wird sich der Mangel an Integrität zeigen. Die Leben, die »um des Profits willen verloren« gingen, werden gezählt werden, und dann wird es verlegene Gesichter und sogar den einen oder anderen Selbstmord geben. Die Vorstellung von einer Branche, die die Menschen eigentlich heilen sollte und sie stattdessen weiterhin absichtlich krank macht, wird eine Wunde im Gewebe dessen sein, was richtig und zum Wohl der Menschheit ist.

Sie werden also fallen, und ihr werdet ihre Namen kennen, und sie werden ganz schön zu kämpfen haben, um mit dem Rest der Welt mitzuhalten, der vielleicht nicht so stark der Gier anheimgefallen ist, durch die sie gefallen sind. Dadurch verändert sich womöglich auch die Wahrnehmung dahingehend, welche Länder die besten Erfindungen und Lösungen für die Gesundheit haben, und viele Menschen aus diesem Land werden sich nach Übersee wenden, um Lösungen für ihre gesundheitlichen Bedürfnisse zu finden.

So lautet die Prophezeiung. Wenn es passiert, meine Lieben, was vielleicht durch den Film ausgelöst wird [der in Arbeit und geheim ist], dann erinnert euch bitte daran, von wem ihr das zum ersten Mal gehört habt. Vielleicht verfestigen diese Vorab-Informationen euren Glauben daran, dass das real ist – dass das Channelling, das ihr heute hört, von der Quelle kommt, aus der es, wie wir sagen, kommt: der Quelle in euch.

Kryon Live-Channelling »Die Rekalibrierung von Licht und Dunkelheit«, durchgegeben in San Antonio, Texas – 25. Februar 2012

Das lemurische Gesundheitssystem war voller Integrität und zeichnete sich durch die Weisheit einer Gesellschaft mit einem hohen Bewusstsein aus. Halten Sie nach solchen Veränderungen Ausschau – es sind Hinweise auf den Wandel der menschlichen Natur und des Bewusstseins. Eine Stadt in Kanada hat dieses neue Paradigma bereits in ihr Gesundheitssystem übernommen; sie hat das Schubladendenken aufgegeben und verfolgt unkonventionelle, kreative Ansätze.

Die kanadische Stadt Medicine Hat, Alberta, hat eine radikale »Housing First«-Politik eingeführt: Jeder Person, die zehn Tage auf der Straße gelebt hat, wird eine Unterkunft zugesagt. Dahinter steht folgender Denkansatz: Dies ist die billigste und humanste Art, Menschen zu behandeln, denn wie eine Studie ergeben hat, geraten viele Obdachlose in den Teufelskreis aus Drogen und Armut und damit auch in Notaufnahmen, Krankenhäuser, Haftanstalten und Notunterkünfte – all das wird mit Steuergeldern finanziert.

Seitdem diese »Housing First«-Politik umgesetzt wird, werden sowohl weniger Einlieferungen in die Notaufnahmen als auch weniger Eingriffe der Polizei verzeichnet; auch die Kosten sind gesunken.

Schätzungen zufolge kostet die Unterbringung eines Obdachlosen für ein Jahr 20.000 Dollar, verglichen mit 100.000 Dollar, wenn sie auf der Straße leben. Auch in einer anderen Stadt wurde ein ähnlicher Ansatz eingeführt, mit ähnlichen Ergebnissen.

Quellen: • *http://aplus.com/a/canada-solves-homelessness-problems?no_monetization=true*
• *http://sus.org/canadian-city-ends-its-homelessness-problem/*

Frage an Kryon:
Traditionell entstammen die Heiler und Heilerinnen der Aborigines einer Heiler-Familie. Weisheit und Wissen werden von einer Generation an die nächste weitergegeben. Was kannst du uns über die Heiler in Lemurien erzählen? An wen wandten sich kranke oder verletzte Lemurier und wie wurden sie geheilt?

Antwort:
Meine Lieben, die Antwort darauf sollte eigentlich offensichtlich sein. Die Frauen von Lemurien waren die schamanischen Heilerinnen und leiteten die ganze Gruppe. Sie wiesen die entsprechende Abstammung auf. Das Wissen wurde nicht überliefert, sondern jeder Generation durch Unterweisungen gelehrt.

Die Attribute des lemurischen Rades der Unterweisung geben euch Hinweise darauf, dass der fortgeschrittene Unterricht für die Frauen auch wirksames Heilen aller beinhaltete, mit den Mitteln, die ihnen auf dem Berg zur Verfügung standen. Man könnte also sagen, alle Frauen waren Heilerinnen, manche mehr, manche weniger, je nachdem, wie viel sie über Kräuterkunde wussten.

Stellt euch eine Gesellschaft vor, in der jede Familie viele ausgebildete Heilerinnen hatte! Auch heute noch kennt man den Spruch: »Die Heilmittel der alten Weiber sind die besten.« Das bedeutet, dank ihres ganz gewöhnlichen Menschenverstandes geben die Mütter den vernünftigsten Rat, unter Verwendung von ungewöhnlichen Heilmitteln, die oft besser wirken als die Arzneien, die der Arzt verabreicht. Dieser Spruch stammt aus Lemurien.

Frage:
Was waren die häufigsten Todesursachen in Lemurien? War die Kindersterblichkeit hoch und starben viele Mütter bei der Geburt?

Antwort:
Ihr Lieben, ein Kind zu gebären war in Lemurien normalerweise keine lebensbedrohliche Sache. Bedenkt: Die Lemurier waren alle reine Nachkommen der Sternenmütter; sie waren »frische«, neue Nachkommen der Saat-Quelle und verfügten deshalb über die »Reinheit der 23« bzw. eine Biologie, die höchst resistent gegen Gebärprobleme oder Missbildungen war. Es gab auch noch keine Krankheiten. Die Lemurier führten normalerweise ein außergewöhnlich gesundes Leben und hatten für die damalige Zeit eine hohe Lebenserwartung. Die direkten Kinder der Sternenmütter lebten dank ihrer Abstammung und Reinheit bis zu dreimal so lang wie ihre eigenen Kinder! Und denkt auch daran, was ich euch gesagt habe: »Das anfängliche Bewusstsein der Menschheit war zu Beginn viel höher als heute.«

Was euch nicht klar ist: Fast alles, was euch heutzutage das Leben kostet, wurde in euch »herangezüchtet«. Ich möchte noch einmal auf etwas zurückkommen, was eurem heutigen Denken komplett entgegensteht: Euer Bewusstseinsstand erzeugt eure biologische Verfassung. Wer ein niedriges Bewusstsein hat und entsprechend denkt, hat ein viel schwächeres Immunsystem, denn es spiegelt das Bewusstsein des Wirtes wider! Eine Menschheit mit einem niedrigen Bewusstsein ist anfällig für Seuchen, Krankheiten, einen frühen Tod und auch Unfälle.

Ein hoch entwickeltes Bewusstsein zeichnet sich unter anderem durch eine höhere Widerstandsfähigkeit im Leben im Allgemeinen sowie gegen alle möglichen Krankheiten aus, auch die schlimmsten heute anzutreffenden Krankheiten. Kommt es in eurer Zivilisation zu einem starken Rückgang an Krebserkrankungen, werden Medizinhistoriker sich am Kopf kratzen und sagen: »Na ja, so ist das halt gelaufen.«

Doch in Wirklichkeit kann sich Krebs bei Menschen, die das nicht zulassen, einfach nicht breitmachen. Bewusstsein ist der

Schlüssel zu so vielem, was ihr derzeit nicht damit in Verbindung bringt.

Denkt daran: Krankheit ist oft etwas sehr Lebendiges. Heißt das womöglich, sie verfügt über so eine Art Bewusstsein? Kann ein Virus oder ein heranwachsender Krebs ein Bewusstsein haben?

Eure derzeitigen Wissenschaftler werden niemals zugeben, dass Krankheit über ein eigenes Bewusstsein verfügt; das ist einfach keine logische Option. Doch aufgrund höchst überzeugender Beweise werden sie das in Zukunft wohl einsehen müssen. Und dann werden sich die Dinge verändern.

Der Tempel der Verjüngung

Bereits Anfang der 1990er-Jahre begann Kryon mit den ersten Beschreibungen des Tempels der Verjüngung, der, wie der Name schon sagt, den Körper verjüngte und den Alterungsprozess circa drei Jahre lang aufhielt – was wohl wirklich beeindruckend ist. Daraus ergibt sich eine wichtige Frage: Gibt es den Tempel der Verjüngung auch heute noch? Laut Kryon: Ja! Allerdings nicht in Form eines Gebäudes; vielmehr sind die Menschen in der Lage, anhand der neuen, durch das neue Gittersystem verliehenen Fähigkeiten und einer neuen spirituellen Realität auf der Erde ihre DNA von innen heraus zu verändern. Kryon hat mehrmals über die Kontrolle der Physik durch das Bewusstsein gesprochen, und diesen Weg wird letztendlich auch die Medizin beschreiten, anstatt sich auf Chemie zu verlassen.

Laut Kryon entwickeln wir ein Verständnis einer neuen medizinischen Physik bzw. »Mediphysik«, die zu unserer Zellstruktur spricht und ihr Anweisungen gibt, und das ohne jegliche Chemie. Bei der Stammzellenforschung geht die Arbeit dahin, anhand der Physik die Stammzellen an eine bestimmte Stelle im Körper zu leiten, um Reparaturen vorzunehmen. In Zukunft werden Gesundheit und Heilung auf Bewusstsein und Physik basieren, und die entsprechenden Lösungen ersetzen auf elegante Weise den Tempel der Verjüngung.

Ein Hinweis: Einige der nachfolgenden gechannelten Botschaften von Kryon sind sehr technisch und gehen beispielsweise auf Magnetik, DNA, Verschränkung, Physik und höchst wissenschaftliche Themen ein. Spirituell Suchende, die dieses Buch aus Interesse an den Frauen von Lemurien lesen, bekommen womöglich glasige Augen, wenn sie denselben Absatz immer wieder lesen, um zu verstehen, was Kryon da sagt. Geht es Ihnen auch so? Entspannen Sie sich! Sie müssen nicht alles voll und ganz verstehen oder können diesen gesamten Abschnitt auch einfach überspringen und vielleicht später lesen. Bitte tun Sie sich keinen Zwang an und lesen Sie einfach weiter!

Der Tempel der Verjüngung zeigt uns, wie quantenhaft die Lemurier waren. Dank ihrer ihnen von den Plejadiern verliehenen dimensionalen Wahrnehmung »wussten« und »sahen« sie Dinge. Der Tempel der Verjüngung änderte anhand der Magnetik die innere Uhr bzw. »Körperuhr«. Kryon hat beschrieben, wie es funktionierte:

Ich nehme euch mit zum Tempel der Verjüngung …, in eine Zeit vor der Eiszeit. Eine Zeit, die einige von euch nicht noch einmal erleben möchten, eine Zeit, in der manche von euch starben. Aber während dieser Zeit gab es hoch entwickelte Wissenschaften. Welche Ironie, dass dies nun wieder auftaucht. Jetzt sollt ihr wieder dieselbe Wissenschaft erhalten, diesmal aber ohne die Angst vor der Auslöschung. Löst euch von dieser Angst, denn sie ist ein Phantom! Besucht noch einmal mit mir diesen wunderbaren Verjüngungstempel. Nehmt den Tempel in seiner ganzen Schönheit wahr und lernt die Feier kennen, die mit seiner Benutzung verbunden war.

Hier werden die Menschen repolarisiert. Hier ist die Beschreibung: Während ihr aus einiger Entfernung den Tempel betrachtet, bemerkt ihr eine Spirale, die gen Himmel weist, und eine andere Spirale, die zur Erde zeigt. Die Komposition ist in der Mitte umgürtet und wird von fünf geneigten Beinen getragen. Die Farbe ist Schwarz. Der Grund? Die meisten Wände bestehen aus einem Material, das nicht magnetisiert werden kann. Es ist kein Metall, so wie ihr es kennt. Zusätzlich ist das meiste der

Konstruktion weich und leicht (mit geringem Gewicht). Einige der Kompositionsteile bestehen aus zerkleinerten Kristallen. Erinnert euch an diese Komposition, denn dasselbe Material wird euch auf Flügen abschirmen (Weltraumreisen).

Die fünf Beine sind hohl. Sie neigen sich zum Bereich des Zentrums, in der die Arbeit vollbracht wird, und sind dort befestigt. Das erste Bein enthält den Strom, der vom Boden aus in den Apparat geleitet wird. Das zweite Bein ist ebenfalls hohl und dient als Ein- und Ausgang für die Behandelnden. Das dritte Bein enthält den Ein- und Ausgang für die an diesem Tag dienende Priesterin. Das vierte Bein enthält nur den *Eingang für die Person, die geheilt und wieder balanciert sein wird.* Das fünfte Bein dient ausschließlich als *Ausgang für die geheilte und balancierte Person.* Ihr habt mich die Botschaft channeln hören, dass Spirit Zeremonien liebt. Spirit erfreut sich an Zeremonien aus Gründen, die euch nicht bewusst sind. Spirit will nicht verehrt werden ..., wohl kaum! Spirit kennt eure Menschlichkeit, und eine Zeremonie gewinnt durch Wiederholung. Ihr erkennt, Wahrheit ist und bleibt beständig die Wahrheit. So geschieht es immer wieder, unveränderlich. Die Zeremonie ist der Partner der Wiederholung. (Dies überwindet die menschliche Gewohnheit, immer wieder etwas Neues haben zu wollen, und hilft, den notwendigen Vorgang immer wieder sorgfältig und akkurat zu vollziehen. Oftmals werden genaue, wahre Prozesse durch den Schleier der Religion verborgen. Wenn ihr über euer eigenes Atmen nachdenken solltet, hättet ihr schon längst aufgegeben.)

Es ist ein Symbol, dass es einen Eingang und einen Ausgang gibt, der einzig der Person, die geheilt werden soll, vorbehalten ist, denn der Eingang repräsentiert den Aufstieg und die Farbe des Todes. Die Röhre abwärts, die den Ausgang aus der Kammer bildet und zurück zur Erde führt, repräsentiert die Wiedergeburt und trägt die entsprechende Farbe. Zeremonie und Symbolik vom Feinsten *(noch mehr kosmischer Humor)*.

Ich nehme euch nun in die innere Kammer mit. Während ich euch vorher Einblick in das Ereignis gab, werde ich euch jetzt über das »Wie« aufklären. Dort stehen zwei Tische, die sich beide drehen. Ihr werdet erkennen, dass beide Tische vollkommen synchron arbeiten; das bedeutet, wenn sich ein Tisch in die eine Richtung dreht, tut dies der andere Tisch ebenfalls. Sie drehen sich auch in derselben Geschwindigkeit. Um den einen Tisch herum – ich erzählte es bereits zuvor – befindet sich eine Gruppe Behandelnder, die ihre Hände auf etwas halten. Ich beschrieb ebenfalls, wie die Person, die wieder ausbalanciert werden soll, nur von einem Behandelnden begleitet, alleine auf dem anderen Tisch liegt. Nun werde ich klar beschreiben, was dort geschieht. Am Tisch mit der Gruppe steht eine Frau etwas abseits. Ihre Hände liegen auf zwei Kugeln (sie ist die Priesterin). Die Kugeln sind mit der Maschine verbunden, die mit großer Aktivität über und unter dem Raum arbeitet und sich in den Spiralen befindet. Die Spiralen verkörpern die beiden Pole der Maschinerie, sozusagen das Positive und Negative. Die Maschine misst die Person, deren Hände auf den Kugeln liegen. Für ihre Finger sind Einbuchtungen auf den Kugeln vorhanden. Jene, die um sie herumstehen, verstärken ihr Gleichgewicht aus denselben Gründen, aus denen sich die hier Anwesenden als Gruppe gegenseitig ausgleichen – mehr, als es eine Person allein tun könnte. Die Priesterin dieses Tages verfügt über die höchstmögliche Balance ..., wie durch die Maschine gemessen wird. Die Maschine misst die ausgeglichenen Organe des Menschen (einschließlich aller korrekten Polaritäten), interpretiert die Ergebnisse und speist die Information in die gigantische Maschine oberhalb und unterhalb des empfangenden Menschen ein ... Dabei wird die Polarität der Organe des Empfängers rebalanciert.

Habt ihr das Bild? Erkennt ihr, wie die Polarität wirkt? Ein balancierter Mensch mit einer korrekten Polarität wird keine Krankheit erlauben. Ein balancierter Mensch wird lange leben. Aus diesem Grund nannten sie es »Verjüngung«.

Der Tisch für den behandelten Menschen enthält viele physikalische Ebenen – vertikal, horizontal, mit einer leichten Neigung. Die dem zu behandelnden Menschen am nächsten stehende Person ist ein Arbeiter mit der Aufgabe, sich um das Wohlbefinden des Menschen zu kümmern und darauf Acht zu geben, dass der Mensch fest mit dem Behandlungssystem verbunden bleibt. Dieser Vorgang vollzieht sich in dreidimensionaler Wissenschaft.

Mit der Interaktion der Maschine und der menschlichen, balancierten (ausgeglichenen) Priesterin erhält die Maschine die Informationen für das Ausbalancieren der zu behandelnden Person. Nach Beendigung der Verjüngung erhebt sich der behandelte Mensch vom Tisch – die Feierlichkeit im Raum ist groß. Alle im Raum Anwesenden sind von Freude erfüllt und applaudieren zu diesem Ereignis. Während der Zeremonie wird ein besonderes Gewand getragen, und dann steigt der Mensch durch die Röhre der Wiedergeburt hinab zur Erde. (Das Gewand wird für drei Tage getragen, damit es alle erkennen und mit dem Menschen feiern können.)

Nun wisst ihr, was sich in diesem Tempel zugetragen hat. Es ist in der Tat ein Tempel mit einer Priesterin ..., und es ist reine Wissenschaft (Biologie und Technik gepaart mit Intelligenz). Einiges mag verrückt klingen. Dennoch, die Wahrheit bleibt die Wahrheit, unabhängig vom Grad eures Verstehens.

Kryon Live-Channelling »Kennzeichen von Gesundheit und Heilung«, Kryon-Band 2, »Denke nicht wie ein Mensch« – 17. August 1994

Im Kryon-Band 3, »Alchemie des menschlichen Geistes«, wurde über den Tempel der Verjüngung die folgende Frage gestellt:

Lieber Kryon, wenn ich das Drei-Jahres-Programm der Erfrischung und Verjüngung betrachte: Welche Aspekte des Programms gab es, falls überhaupt, die nicht die Technologie des Tempels benötigten und die denkbar wären, nun ausgeführt zu werden? Und warum brauchte es drei Jahre? Bedurften die im Tempel stattfindenden Prozesse mehrerer regelmäßiger Besuche im Gegensatz zu einem großartigen Prozess am Ende des Programms?

Antwort:

Das eigentliche »Programm« dauerte weniger als einen Tag. Die Ergebnisse des Programms hielten nur drei Jahre an, und dann wurde ein erneuter Besuch erforderlich. Obwohl die Technologie für einen erneuten Aufbau des Tempels bereits heute vorhanden ist, fehlen noch die biologischen Kenntnisse. Es mag noch einige Zeit vergehen, bevor ihr euch entscheidet, diese Vorrichtung zu bauen, und es gibt andere fortgeschrittene Verjüngungsmöglichkeiten, die den Tempel der Verjüngung für euch wie einen Dinosaurier aussehen lassen mögen. Ihr Lieben, es wurden bezüglich des Tempels der Verjüngung umfangreiche versteckte Informationen gegeben.

Die Frage, die ihr alle stellen solltet, lautet: »Warum brauchen Menschen überhaupt eine Verjüngung?« Eure Körper sind so konzipiert, sich selber zu verjüngen! Warum ist die Biologie nicht effizienter, sich zu hundert Prozent in dem, was verloren ging, zu verjüngen? Wie und was ist der Prozess?

Die wahre Antwort ist spirituell. Eure Biologie ist in dieser kosmischen Energie mangelhaft und kreiert daher den Tod. Es war ursprünglich nicht in dieser Art konzipiert, entwickelte sich aber im Lauf der Zeiten in dieser Weise, um die Eigenschaft von Geburt-Tod-Geburt-Tod entstehen zu lassen, welche der wichtige »Motor von Karma« wurde und euch erlaubte, die Schwingung der Erde zu erhöhen. Lange bevor auch nur ein Mensch einen Fuß auf die Erde setzte, betrug das Biologie-Energie-Verhältnis weniger als hundert Prozent, was bedeutete, dass alle Biologie dazu bestimmt war, nur für eine kurze Zeit zu leben und dann durch Reinkarnation erneut zu entstehen.

Die wissenschaftliche Antwort mag euch überraschen, denn die »Maschinerie« des Körpers reagiert auf einen Energiequotienten des Kosmos. So wie diese Energie sich in eurem Universum über Äonen verringerte, so wurde die innere Maschine entsprechend weniger wirksam (da weniger Energie vorhanden ist). So war es kein Zufall, dass euer Planet und eure Biologie zu einem Zeitpunkt erstellt wurden, als dieser Energiequotient ineffizient war. Denn andererseits hättet ihr alle für immer auf dem Planeten leben können, und die karmische Arbeit, die die Arbeit für den gesamten Planeten bedeutete, wäre niemals auszuführen möglich gewesen.

Nun, die spannende, aufregende Nachricht ist die: Die Werkzeuge, die eurer individuellen Biologie einen »Schub« von zehn

Prozent für wirkliche Verjüngung geben, haben immer existiert. Wahre Verjüngung ist hundertprozentige innerkörperliche Verjüngung, in der die aktuelle Biologie vollständig in der Lage ist, mit allen durch menschliches Leben verursachten Verlusten Schritt zu halten. In den Tagen von Atlantis und Lemurien wurde der »Schub« durch Magnetismus ausgelöst. Die Verantwortlichen der damaligen Zeit verstanden den Magnetismus der Erde und der menschlichen Biologie. Sie waren fähig, der Biologie eine externe »Einstellung« zu geben, um der magnetischen DNA-Struktur des biologischen Wesens für mindestens drei Jahre das volle Potenzial ohne jegliche Verschlechterung, jeglichen Zerfall zu geben. In dieser Zeit fing die Biologie den Alterungsprozess auf, und das Immunsystem war zu 100 Prozent wirksam. Wenn sich der Magnetismus der DNA langsam wieder auf die Spiegelung des niedrigeren Energiequotienten des Kosmos einstellte, trat der Alterungsprozess wieder ein, und ein weiterer Besuch des Tempels war angesagt. Diese rein wissenschaftliche Heilung war in eine Zeremonie eingehüllt und wurde von den Mächtigen geheim gehalten.

Ihr solltet wissen, dass euch das gesamte Channelling über den Tempel der Verjüngung Einsichten darin gibt, was wirklich in euch vorgeht. Die Information für eure Gesundheitswissenschaft ist folgende: Es gibt innerhalb eurer derzeitig sehr wohl produzierbaren Kapazitäten mindestens drei Wege für die Realisierung eines vollständigen Verjüngungsprozesses für Menschen. Einer ist magnetisch, einer ist biologisch, und einer ist spirituell. Überrascht es euch, dass wir wieder das Dreier-Team von physisch, biologisch und mental (spirituell) haben?

(1) Die magnetische Methode befasst sich mit dem Tempel der Verjüngung (wie im Kryon-Band 2 gechannelt). Der Stand eurer heutigen Wissenschaft in dieser Zeit erlaubt euch, wenn ihr es wollt, den Tempel in einem Bruchteil seiner ursprünglichen Größe wieder zu erschaffen. Diejenigen, die mit diesen Informationen arbeiteten, haben diese Tatsache bereits erkannt. (2) Die biologische Methode wird gerade jetzt entdeckt und gebraucht vitale Essenzen-Medizin. Sie wird große Kontroversen innerhalb eurer medizinischen Gemeinschaft hervorrufen. Die Kontrover-

sen entstehen um die Tatsache, dass die neuen Informationen die grundsätzliche Basis, wie der menschliche Körper auf der zellulären Ebene funktioniert, infrage stellen. (3) Die spirituelle Methode ist die »Aufstiegstechnologie«, an der viele von euch täglich arbeiten.

Der Tempel der Verjüngung lag auf dem Gipfel des Berges, der, wie Kryon erzählt, 10.000 Meter hoch war. Der Mount Everest ist etwa 8800 Meter hoch, und wer diesen Berg zu erklimmen versucht, weiß, welch extremes Wetter auf solchen Höhen herrscht und dass der Aufstieg nur in einem sehr begrenzten Zeitrahmen möglich ist. Außerdem enthält die Luft in solcher Höhe nur ein Drittel so viel Sauerstoff wie auf Meereshöhe, weshalb die meisten Bergsteiger in so großen Höhen zusätzlichen Sauerstoff benötigen. Die Lemurier verfügten über keine solchen Möglichkeiten – oder doch? Kryon hat uns offenbart, wie die Lemurier den Aufstieg praktisch bewältigten:

Der Mount Everest, meine Lieben, ist ja vor allem auch für seine grimmigen Witterungsverhältnisse bekannt. Das Wetter ändert sich stündlich dramatisch, der Aufstieg ist also tückisch, und wer hinaufsteigen will, muss immer darauf gefasst sein, tagelang darauf zu warten, dass sich das Wetter wieder zu seinen Gunsten wendet.

Treffen auf einen Berg, der noch viel höher ist als der Mount Everest und zur Zeit der Lemurier mitten im Pazifik lag, dieselben Attribute zu? Nein. Denn am Berg von Lemurien herrschte kein grimmiges Wetter. Der Himalaja bzw. die entsprechende Gegend erzeugen ihre ganz individuellen Witterungsverhältnisse und Probleme. Doch mitten im Pazifik gab es keine größeren Probleme mit dem Wetter, nur weil ein Berg so hoch war. Außer den auch heute noch auftretenden Passatwinden gab es nur sehr wenig Wind und keinerlei grimmiges Wetter. Der Aufstieg auf den Berg war ganz einfach; es gab keine Witterungsprobleme wie am Mount Everest, allerdings war es kalt, weil es in solchen Hochlagen einfach kalt ist.

Wir haben euch ja schon vom Tempel der Verjüngung auf dem Gipfel des Berges erzählt. Die meisten Lemurier lebten nicht auf dem eigentlichen Berg, sondern an der Küste. Sie waren ein Tropenvolk, bis auf ein paar wenige, die auf den Berg stiegen, um Dienst im Tempel der Verjüngung zu leisten.

Ich habe euch bereits von diesem Tempel erzählt und dem, was dort vor sich ging, und bei vielen von euch Verwirrung ausgelöst. »Wie konnte damals ein Mensch auf achteinhalbtausend Metern Höhe leben? Wie konnte Wärme erzeugt werden? Auf dieser Höhe wachsen keine Bäume, es gab also kein Holz. Und selbst wenn Holz hinauftransportiert wurde, dann war das schnell verbraucht, weil man ständig heizen musste. Und wo haben sie ihren Sauerstoff besorgt? Da oben kann man ohne eine konstante Sauerstoffversorgung doch nicht leben.«

Ich will euch zu beiden Fragestellungen etwas sagen. Die Antwort auf die eine Frage ist einfach und vollkommen verständlich, die andere nicht. Die Insel war ja vulkanisch und ist es heute noch. Es gab jede Menge Wärme. Es gab einen Vulkankrater, ähnlich wie heute, und wie heute trat beständig Lava aus. Bereits vor dem langsamen Versinken dieses Berges war er ein Vulkan, es gab viele Dampfschlote und es stand immer jede Menge Lava zur Verfügung. Da habt ihr die Wärmequelle für den Berggipfel. Jetzt versteht ihr also, warum in dieser Kälte Menschen leben und eine kleine Gemeinschaft, die im Tempel der Verjüngung arbeitete, versorgt werden konnte. So viel zum Thema Wärme. Und der Sauerstoff? Das ist eine ganz andere Sache.

Ich sage euch jetzt etwas, was ihr eines Tages entdecken und besser verstehen werdet. Wie soll ich euch das nur erklären, ihr Lieben? Wie kann ich euch Informationen vermitteln, die zu diesem jetzigen Zeitpunkt fantastisch klingen? Es ist so: Als der Berg von der Blase nach oben gedrückt wurde, wurden eine Menge alter Ablagerungen freigelegt. Und in diesen Ablagerungen entdeckten die Lemurier Felsgestein, in dem Sauerstoff gespeichert war. Das entsprechende Gestein war ganz einfach zu erkennen und zu nutzen. Wurden diese Felsstücke geschmolzen, setzten sie Sauerstoff frei.

Die Lemurier entdeckten also dieses Gestein und brachten es ganz langsam auf den Berggipfel. Es musste allerdings geschmolzen werden. Wie schmilzt man Felsgestein? Ganz einfach: Dazu braucht man die Hitze eines »anderen Gesteins«, das von Natur aus geschmolzen ist: Lava! [Kryon lächelt.] Damit will ich Folgendes sagen: Die Felsen wurden in einem begrenzten Gebiet anhand von vorhandener, geschmolzener Lava eingeschmolzen und setzten Sauerstoff frei.

Das könnt ihr euch nur schwer vorstellen …, so etwas habt ihr noch nicht gesehen: Formationen auf dem Planeten, die Sauerstoff einfangen, bevor sie erstarren. So schafften sie es, auf dem Berggipfel genügend Sauerstoff zu bekommen. Eines Tages wird das auch eure Wissenschaft entdecken, und dann wisst ihr, dass das, was ich euch sage, korrekt und wahr ist.

Lemurien war also anders, als ihr vielleicht denkt: Es gab keine widrigen Wetterverhältnisse am Berg, der noch höher als der Mount Everest war. Aber es gab jede Menge Schnee, Feuer, Eis und einen wunderschönen Tempel der Verjüngung.

Kryon Live-Channelling, durchgegeben am Kopan-Nonnenkloster in Kathmandu, Nepal – 16. Oktober 2017

Gibt es Belege für das von Kryon beschriebene »Sauerstoffgestein«? Ja, die gibt es. Interessanterweise wurden sie jedoch erstmals auf dem Mond gefunden. Brian Handwerk hat für die Zeitschrift »National Geographic« einen Artikel geschrieben: »Oxygen-Rich Moon Minerals May Help Astronauts Breathe« (»Sauerstoffhaltige Mondmineralien könnten für die Gewinnung von Sauerstoff für Astronauten genutzt werden«). Hier ein Auszug:

»Das Hubble-Weltraumteleskop hat auf dem Mond sauerstoffhaltige Mineralien entdeckt, die eines Tages von Astronauten im Weltraum dazu genutzt werden könnten, Sauerstoff zu gewinnen.

Mithilfe der ersten hoch auflösenden UV-Aufnahmen des Mondes konnten mehrere vielversprechende Ilmenit-Vorkommen nachgewiesen werden. Ergiebige Fundstellen dieses Mondgesteins könnten in der Zukunft im Rahmen von bemannten Mondmissionen eine wichtige Sauerstoffquelle darstellen. Ilmenit besteht aus Titan- und Eisenoxid bzw. Rost und enthält relativ leicht zu extrahierenden Sauerstoff. Titanoxid kommt auf der Erde in Gebirgsregionen und Sedimentablagerungen vor. Auf dem Mond könnte diese chemische Verbindung unter Umständen umgewandelt und in Beatmungsgeräten oder für die Produktion von Energiequellen wie beispielsweise Raketentreibstoff zum Einsatz kommen.

Anlässlich einer Pressekonferenz sagte Jim Garvin, leitender Wissenschaftler am Goddard Space Flight Center der NASA in Greenbelt, Maryland, heute: ›Erste Funde deuten [an bestimmten Stellen auf dem Mond] auf Vorkommen besonderer Varianten von sauerstoffhaltigen glasartigen Erden hin.‹

›Es ist denkbar, dass sowohl Roboter als auch Menschen hier entsprechende Forschungen anstellen können, um zu lernen, wie man den Mondboden zum Leben nutzen kann‹, fügte er hinzu.

Sauerstoffabbau

Der Mond hat keine Atmosphäre, deshalb müssen Astronauten bzw. Roboter auf der staubigen Mondoberfläche nach sauerstoffhaltigem Gestein und Boden suchen. Sauerstoff kann auf unterschiedliche Weise aus Ilmenit extrahiert werden; es wurde bereits mit elektrischem Strom, Hitze und anderen Gasen gearbeitet. Die Wissenschaftler wissen noch nicht, welche Methode sich auf dem Mond als die effektivste erweisen wird, sprechen aber von hochinteressanten Möglichkeiten. Sie erhoffen sich von den UV-Bildern neben der Entdeckung der Ilmenit-Vorkommen noch viele weitere Entdeckungen.«

Quelle: • https://news.nationalgeographic.com/news/2005/10/1019_051019_moon_oxygen.html
[Hinweis: Zum Zeitpunkt der Drucklegung von »Die weibliche Kraft von Lemurien« war diese Quelle nicht mehr einsehbar.]

Die NASA führt bereits Feldtests mit Instrumenten und Ausrüstung durch, mit deren Hilfe Astronauten vielleicht eines Tages Sauerstoff extrahieren können. Ironischerweise finden diese Experimente auf dem Vulkan Mauna Kea auf Hawaii statt. Gründe dafür sind das vulkanische Gelände, der Boden und seine Abgeschiedenheit. Und wer weiß, vielleicht werden irgendwann die von Kryon beschriebenen »Sauerstofffelsen« auf Hawaii entdeckt.

Quelle: • https://www.space.com/6294-moon-dust-yield-oxygen-fuel-water.html

Wegen der Höhenlage war der Tempel der Verjüngung auch kalt, und diese Kälte war unverzichtbar für den Verjüngungsprozess und wurde zusammen mit Magnetik eingesetzt. Bestimmte Materialien werden bei Superkälte zu Supraleitern; der Tempel der Verjüngung nutzte also die Grundsätze der Kryomagnetik. Und wie genau arbeiteten Kälte und Magnetik zusammen, um den Körper zu verjüngen?

Die Antworten auf diese Frage gibt Kryon im nachstehenden Channel und einem Gespräch mit Dr. Todd Ovokaitys, den Kryon »Yawee« nennt.

Der Tempel der Verjüngung

Als Yawee leitete Todd den sogenannten Tempel der Verjüngung in Lemurien. Viel, viel später versuchte man in Atlantis, ihn wieder zu errichten, aber das funktionierte nicht, weil Yawee nicht dabei war. Yawee hatte ein Attribut, das, wie die Lemurier wussten, ungewöhnlich war: Er lebte dreimal so lange wie sie. Er trug in sich also ein paar Geheimnisse, die mit Energie, insbesondere der DNA, zu tun hatten. Im Tempel der Verjüngung hatte er etwas entdeckt, was ihr gerade wieder am Entdecken seid. Ich habe keine Uhr. Wie bald? Ihr werdet es schon sehen.

Jetzt spreche ich also zu Yawee, um mit den Weisungen weiterzumachen: Guten Morgen, Yawee. [Hinweis: Die Tageszeit spielt keine Rolle, bei diesem Treffen ging es auf 17 Uhr zu. Viele haben das gar nicht gemerkt. Das ist Kryons Humor.]

Todd: Guten Tag, Meister vom Magnetischen Dienst.

Wir haben schon früher miteinander gesprochen, so wie jetzt und auch im Privaten. Du wirst nicht unter Zugzwang gesetzt, denn diese Gespräche geschehen immer mit stimmiger Liebe, vielleicht um Themen anzusprechen, die bereits »im Raum« stehen, damit das zeitlich für euch passt [wieder bezugnehmend auf die 4-D-Zeit]. Was weißt du noch über den Tempel der Verjüngung, von dem bestimmte Aspekte in dir hochkommen? Erinnerst du dich, welche Energien dort waren?

Todd: Es wurde der innere Magnetkern der Erde eingesetzt, der in bestimmten Gegenden besonders hoch konzentriert war und durch Höhe weiter verstärkt werden konnte.

Wie ihr euch erinnert, ihr Lieben, die ihr hier zuhört und diese Zeilen lest, befand sich der Tempel der Verjüngung auf dem Gipfel des lemurischen Gebirges. Lemurien ist der höchste Berg des Planeten, auch heute noch, allerdings liegt er inzwischen unter Wasser und wird Hawaii genannt. Die Hawaiianischen Inseln sind lediglich die Gipfel eines riesigen Gebirges. Vom Fuß bis zur Spitze gemessen ist es der höchste Berg auf dem Planeten. Auf dem Gipfel liegt Schnee, sogar heute noch. Könnt ihr ihn euch 20.000 Fuß höher vorstellen? Könnt ihr euch vorstellen, wie er aus dem Weltraum betrachtet aussah? Diesen Berg haben die Plejadier für ihre erste Ankunft auf der Erde ausgewählt. Er war so augenfällig.

Yawee, vielleicht erinnerst du dich daran, dass dir immer kalt war. Immerzu war dir kalt, denn der Tempel konnte nicht beheizt werden, die Heizung funktionierte nicht. Als du gesehen hast, was heute die Wissenschaftler machen, auf dem Bildschirm, den mein Partner mitgebracht hat [es geht um ein Video über Makroverschränkung, das Lee vorher gezeigt hat], hast du da etwas Interessantes gesehen, an das du dich womöglich erinnerst?

Wir sprechen von Temperatur, von einer so großen Kälte, dass dadurch dem Fluss der Energie tatsächlich weniger Widerstand entgegengesetzt wird. Das ist der Katalysator, wodurch alles, was magnetisch ist, um das Zehnfache, Hundertfache, ja sogar Tausendfache verstärkt wird, je nach Temperatur. Das war eines der Attribute, das es euch ermöglichte, ohne technische Ausrüstung das zu tun, was ihr in jenem Tempel getan habt.

Ich möchte dich etwas fragen: Wie viel weißt du noch von dem physischen Apparat, der dazu nötig war? Ich frage dich all das nur, um zu sehen, was deine Akasha vorhat. Wie wir gesagt haben, gab es den sogenannten Zielmenschen.

Todd: In diesem Moment ist das wesentliche Attribut ein Magnetantrieb mit einer speziellen Geometrie sowohl unter als auch über dem sogenannten Zielmenschen. Es gab also beide Formen der Magnetik: Es gab einen Nullzonenpunkt, der die Verschränkung erzeugt, und es gab den Einfluss einer Gegenrotation bzw. Gegendrehung.

Sehr gut, beeindruckend! Und jetzt die große Frage: Der Mensch ist also verschränkt, oder? Womit ist der Mensch quantenhaft verschränkt? Erinnerst du dich daran? Lass mich eine Frage stellen: Wie viele Menschen sind im Raum?

Todd: Ungefähr zehn.

Genau. Und gibt es darunter einen besonderen Menschen?

Todd: Den Vorlagen-Menschen.

Richtig! Ja, genau. Erinnerst du dich noch an irgendein anderes Attribut des Vorlagen-Menschen, das bemerkbar wäre, wenn du ihn hier sehen würdest? So weit bist du noch nicht. Und das werden wir heute in dein Gedächtnis zurückholen, wenn das für dich okay ist.

Todd: Klar.

Ich komme auf dich zurück, Yawee, aber jetzt muss ich einen Prozess mit euch allen durchgehen, damit ihr versteht, was passiert. Dieser Prozess beinhaltet Offenbarungen. Ich nehme euch jetzt mit zur grundlegenden Atomstruktur. Das habe ich ja schon früher gemacht, aber nie bis zu dieser Phase. Ich möchte, dass ihr euch mit mir zusammen ein Elektron anschaut, als ob ihr dort wärt, so klein wie dieses Elektron. Mach jetzt langsam, mein Partner [Kryon an Lee gewandt], denn darin bist du nicht ausgebildet, und es ist wichtig, dass du die Botschaft so empfängst, wie sie dir präsentiert wird, und sie nicht ausweitest.

Laut der Physiker drehen sich die Elektronen schnell im Kreis. Doch das tun sie nicht und können sie auch nicht. Sie haben keine Oberfläche, denn sie sind Energie. Sie drehen sich nicht, sondern haben vielmehr ein elektrisches Potenzial. Jedes einzelne Partikel auf diesem Planeten, alles was ihr sehen könnt, alles im Universum, wird mit Polarität erzeugt. Das sind jetzt neue Informationen. Alle Dinge werden mit Polarität erschaffen und sind auf Selbstbalance ausgerichtet. Und wegen der Polarität dessen, was ihr »Plus« und »Minus« nennen würdet, bewegen sie sich und versuchen, sich innerhalb eines Feldes in Balance zu bringen – alle Dinge, physische und auch andere.

Doch alle Polaritäten sind anfällig für einseitige Tendenzen, etwas, was ich »Gruppendruck« nennen will. Elektronen, die eine, wie ihr das nennen würdet, bestimmte Ladung tragen (bzw. sich mit einer Polarität drehen) – sagen wir einmal, eine positive –, werden zu denen hingezogen, die negativ sind, sodass sie sich gegenseitig aufheben bzw. annullieren. Sie suchen sich gegenseitig, um die Null der Balance zu erzeugen. Sie wollen ausgeglichen werden, und wenn das nicht passiert, sind sie nicht glücklich. Ich verwende dieses Wort nur, um auf den Zustand eines physikalischen Partikels hinzuweisen, der seine Balance nicht findet. Auch für Nichtwissenschaftler ist das nachvollziehbar.

Doch auch in Atomen gibt es nicht immer zusammenpassende Elektronenpaare, denn es gibt keine Atom-Regel, die besagt, dass Elektronen immer in geraden Zahlen erzeugt werden. Es gibt da also oft das »eine, überzählige«, wie ich es nenne, und in diesem Fall hat das gesamte Atom eine positive bzw. negative Ladung, je nachdem, um welchen »Außenseiter« es sich handelt. Dann sucht dieses Atom nach einem anderen Atom, das einen Außenseiter mit der entgegengesetzten Ladung hat. Das Ganze hat einen Namen: Magnetismus. Ich habe euch also gerade den Magnetismus erklärt. Ein Teil davon ist der Wissenschaft bereits bekannt. Doch sie haben noch nicht erkannt, dass alle Dinge eine Dualität besitzen. Sie vermuten es, und es gibt Theorien, die das schon bald nachweisen werden, und ich habe euch das heute erzählt, weil es schon immer im Kopf von jemandem existiert.

Vom Allerkleinsten bis hin zum Allergrößten hat also alles Dualität, sogar die Galaxie. Im Zentrum eurer Galaxie, das ihr »das schwarze Loch« nennt, befindet sich eine quantenhafte Zug-Druck-Maschine, und gleich erzähle ich euch, warum das so ist.

Jetzt kommt eine große Frage, und ich werde sie auch gleich beantworten: Warum hat alles eine Polarität? Warum wurde alles so erschaffen, bis hinunter zum Elektron? Selbst die allerwinzigsten Dinge, sogar das sogenannte Higgs Boson [Gottespartikel] und die Quarks – alles hat Polarität. Ihr werdet in der Natur nichts finden, was keine Polarität hat. Warum? Ich sage euch warum: Die Physiker werden lachen. Nicht weil sie es lächerlich finden, sondern weil sie dem zustimmen. Wenn es nicht so wäre, wäre das Universum ein langweiliger, uninteressanter Ort zum Leben. Denn durch das Erzeugen einer Dualität in jedem einzelnen Partikel entsteht ein aktives Universum, das sich selbst ausbalanciert und nie zur Ruhe kommt. Wenn es nicht so wäre, wäre es etwas Statisches, Unveränderliches, Nicht-Schöpferisches.

Ohne Polarität würde es also kein Leben geben. Leben entsteht durch Dualität, eine Polarität in atomaren Teilchen. Das Universum braucht Leben, um existieren zu können. Ohne Leben gäbe es keinen Grund für eine Physik – und ihr dachtet, es wäre genau umgekehrt, nicht wahr? Dass Leben per Zufall auf einem einzigen Planeten entstand. Oh, wie dreidimensional ihr doch seid! Leben ist das DESIGN.

Wir wollen mit unserem Gespräch fortfahren, denn es wird uns an eine bestimmte Stelle führen. Yawee, du hast gerade beschrieben, wie im Tempel Makroverschränkung erzeugt wurde. Was du beschrieben hast, waren Magnetik und Nullpunkte. Sehr gut! Versteht du vielleicht auch, dass Magnetik und Nullpunkte sogar im Zentrum eurer Galaxie vorhanden sind?

Todd: Natürlich.

Das bedeutet also, die Galaxie ist mit sich selbst verschränkt. Das erklärt, warum alle Konstellationen und Sonnensysteme nicht den Newton'schen Bewegungsgesetzen folgen, sondern sich stattdessen alle mit derselben Geschwindigkeit als eins um das Zentrum drehen, denn sie sind verschränkt. Gerade habe ich euch den Grund dafür genannt, und die Wissenschaft wird das schon bald verstehen. Bislang war das ein Mysterium, doch jetzt wisst ihr darüber Bescheid.

Es gibt da also Makroverschränkung. Das Allergrößte, was ihr euch vorstellen könnt, die Galaxie, ist mit sich selbst verschränkt. Gibt es womöglich weitere Verschränkungsprobleme, die ihr nicht seht oder erkennt oder über die ihr nichts wisst, an jedem einzelnen Tag eures Lebens? Die Antwort lautet: Ja. Lasst uns also anfangen.

Oh, ihr lieben Menschen, was ich euch als Nächstes durchgeben werde, ist wunderschön, und es hat mit der DNA zu tun, und Yawee wusste das. Er wusste, wie er etwas Magisches tun konnte.

Die Blaupause der DNA ist perfekt. Der gute Doktor hier wird euch das in seiner derzeitigen Inkarnation [als Todd] sagen. Ich habe euch das schon früher mitgeteilt. Sie ist perfekt in euch vorhanden, und doch sitzt ihr hier mit einer DNA, die nicht so gut funktioniert. Das scheint ein Widerspruch zu sein, denn sie ist perfekt und für ein längeres Leben konzipiert, und doch tut sie etwas, was dem entgegensteht.

DNA ist als Informationsquelle konzipiert, um die sie umgebende Energie aufzunehmen, die vom Bewusstsein der Menschheit erzeugt wird. Dann reagiert sie auf stimmige Weise auf die Energie, in der sie sich befindet. Anders ausgedrückt: Wenn der Planet niedrige Energie hat, hat auch die DNA niedrige Energie. Sie ist eine Quantenmaschine, und wenn die vom menschlichen Bewusstsein erzeugte Quantenenergie niedrig ist, dann funktioniert sie schlecht.

Ich möchte euch eine Definition des Lebens geben – nicht des biologischen Lebens, sondern des spirituellen Lebens. So weit, so gut für all die Intellektuellen unter euch; bleibt dabei, denn vielen wird das nicht gefallen. Spirituelles Leben, wie es von Spirit gemessen wird, bedeutet, dass ein Mensch einen freien Willen hat. Wann ist das der Fall? Sobald der Mensch seinen ersten Atemzug macht. Nicht im Uterus. Manche werden sagen: »Das ist falsch, ganz falsch. Die Seele im Körper der Frau ist lebendig!« Einen Moment, bitte. Ich rede von Spiritualität – das was Spirit sieht, wenn ihr von der anderen Seite des Schleiers kommt und euren ersten Atemzug macht.

Ein Kind im Mutterleib hat keinen freien Willen und keine freie Wahl. Dieses Kind ist bis zu seiner Geburt an die Entscheidungen der Mutter gebunden. Es ist eine Seele, die sich auf den freien Willen vorbereitet, und es gibt viele spirituelle Attribute, über die wir bereits gesprochen haben, dahingehend, wie diese Seele reagiert. Doch jetzt rede ich vom Leben in der Polarität [Dualität], von freiem Willen.

Wir wollen kurz auf das »Kind im Mutterleib« eingehen, denn da gibt es einen Prozess, den ich euch nahebringen möchte. Ich möchte über die Schwangerschaft nach den ersten 240 Tagen reden. Von diesem Zeitpunkt an verfügt das Kind über perfekte DNA. Es hat seinen ersten Atemzug noch nicht getan. Die DNA hat noch nicht die Energie auf dem Planeten gemessen, denn sie ist noch eingekapselt. War euch das klar? Im Mutterleib ist ein perfektes Kind. Die DNA des Kindes hat alle Attribute der Akasha und auch des Elternteils, aber auf eine andere Weise, von der euch nichts gesagt wurde. Die DNA ist zu 100 Prozent so, wie sie entworfen wurde.

Die Quantenanweisungen in der DNA sprechen zur Biologie des Kindes, das sich auf seinen ersten Atemzug vorbereitet. Jetzt enthülle ich dir, Todd, Yawee, was du bereits weißt.

Erklärung des Tempels der Verjüngung

Im Tempel der Verjüngung werden zwei Menschen quantenhaft verschränkt. Einer ist das »Ziel«; der andere ist die »Vorlage« oder das »Muster«. Lebensverlängerung durch das Wissen um die DNA, welches Yawee hatte, bedeutete, das Ziel mit der Vorlage zu verschränken und bestimmte Attribute vom einen auf den anderen zu übertragen. Das könnte nur mit einer DNA mit einem Quantenattribut funktionieren, und so ist es. All unsere Unterweisungen seit über zehn Jahren drehten sich darum, dass die 90 Prozent der DNA, die nicht codiert sind und als »DNA-Müll« betrachtet werden, ein Satz von Quantenanweisungen sind. Deshalb muss das DNA-Molekül Quantenattribute haben, die noch zur Entdeckung ausstehen; aber sie sind sehr real und haben mit Instruktionen für die Chemie der über drei Milliarden Teile des DNA-Moleküls zu tun. Das gilt insbesondere für die genproduzierende Chemie der proteinkodierten Teile. Zwecks Vereinfachung sage ich, die DNA ist aktiv dynamisch und kann die Realität von allem, was ihr für »normal« haltet, verändern.

Yawee, du hast die Attribute des Ziels, das sich mit dem »Vorlagen«-Menschen verschränkt, sehr gut erklärt. Jetzt enthüllen wir, dass die Vorlage (1) eine Frau war und dass diese Frau (2) schwanger ist. Ihr habt …

Todd unterbricht: … die Quelle der perfekten DNA-Vorlage!

Das ist richtig! Das Geheimnis des Tempels der Verjüngung besteht also aus zwei Geheimnissen: (1) Die DNA auf der Erde ist im ungeborenen Kind perfekt, und ihr könnt einige Attribute dieser Perfektion übertragen, bevor das Kind die Energie des Planeten assimiliert. (2) Ihr könnt durch Quantenkommunikation mit dem DNA-Molekül das Leben verlängern und besser heilen. Seht ihr, was das impliziert? Das weise, göttliche Feminine, das ein Kind trägt, ist das Einzige, was auf dem Vorlagentisch liegen könnte. Versteht ihr allmählich die Schönheit, die darin liegt, die Implikationen und wohin das führt?

In der Mainstream-Wissenschaft wird alles Mögliche passieren. Erstens findet ihr einige Geheimnisse der DNA heraus, und sie haben mit dem Embryo zu tun. Achtet darauf: Die Wissenschaftler werden die Embryozellen und die ihnen innewohnende Magie entdecken. Wie ihr bereits wisst, gibt es in der Plazenta ungewöhnliche Stammzellen. Und euch ist auch bekannt, dass sich die vorprogrammierten Stammzellen von Erwachsenen nach wie vor im Körper befinden. Doch wie steht es um die DNA des ungeborenen Kindes? (Ihr Intellektuellen, bitte lest weiter, denn wenn ihr jetzt aufhört, werdet ihr nicht mehr zur Ruhe kommen.) Zweitens: Deine Arbeit heute, Yawee, wird für die »perfekte Vorlage« stehen, ohne den Einsatz dessen, was du in Lemurien eingesetzt hast. Deshalb bist du der Mensch, der das tun wird. Das ist ein weiterer Grund, warum du hierher gekommen bist, perfekt für das Jahr 2012 und darüber hinaus.

Diese Embryozellen des ungeborenen Kindes sind außerhalb der Reichweite der Gesellschaft, sie könnten sich genauso gut auf dem Mars befinden, denn keine Wissenschaft wird versuchen, diese Zellen auf dreidimensionale Weise zu nutzen, und das ist derzeit ja alles, was ihr könnt. Und wenn sie es versuchen, wird es ohnehin nicht funktionieren. Es gibt Quantenprozesse, über die ihr etwas erfahrt, die nicht nur nicht-invasiv sind, sondern auch hilfreich und nützlich, und die es möglich machen, Attribute von einer biologischen Zelle auf eine andere, von einem Menschen auf einen anderen zu übertragen. Denkt einmal »drahtlos« [Kryons Humor]. Was eurer Meinung nach einmal 1000 Kilometer lange Kabel benötigte, wird nun über Satelliten erledigt. Das ist eine Analogie, die aufzeigt, dass ihr zu einem ganz neuen Verständnis der Energieübertragung gelangt. Wir wollen kurz über die Mutter in dieser Vorlage sprechen.

Die Frau auf dem Tisch damals, die die »Vorlage« ist, hat sozusagen in der »lemurischen Lotterie« gewonnen [Kryon witzelt], denn sie weiß, ihr Baby, das mit einem anderen Menschen verschränkt ist, egal wie alt oder wie krank dieser Mensch ist, erzeugt eine Erweiterung dessen, wer das Baby sein wird. Das ist kompliziert, aber der Prozess der Hilfestellung für den anderen Menschen wird in die Akasha des Babys eingeprägt, und das Kind wird mit einem Heiler-Attribut geboren werden. All das ist komplex und kontrovers und auch überintellektuell, denn eure 3-D-Hirne werden wie wild versuchen, daran etwas Falsches oder Fehler zu finden. Alles, was ich euch sagen kann, ist: Ein Quantensystem ist nicht linear, und eure Logik wird in die Knie gehen, wenn ihr versucht, das alles zu analysieren. Könnt ihr euch Zeit in einem Kreis vorstellen? Könnt ihr euch vorstellen, wie ihr an zwei Orten gleichzeitig seid oder sogar eure Molekularstruktur willentlich verändert, um Teil eines anderen Objektes zu sein? Wenn nicht, dann ist euch nicht erlaubt, euch vernünftig darüber zu äußern. Denn all diese Dinge sind Teil der Quantenmöglichkeiten der DNA. Wenn ihr mir nicht glaubt, fragt einfach einmal einen Plejadier [wieder kryptischer Kryon-Humor].

Nun also, Yawee, verstehst du, was du damals gemacht hast? Brauchst du weitere Antworten?

Todd: Na ja, brauche ich welche? Ja!

[Gelächter.]

Yawee, wovon träumst du? Was träumst du zu wissen, was du nicht weißt?

Todd: Ich träume von der Rekalibrierung der DNA und der kohärenten Ausrichtung, die es uns ermöglicht, uns freier zu bewegen, so, wie sich meiner Vermutung nach die Plejadier im Quantenzustand von einem Ort zum anderen bewegen.

Natürlich würdest du diese Frage stellen, denn du siehst ein viel umfassenderes Bild aufgrund dessen, was deine Akasha-Chronik sieht und erinnert. Und du weißt auch, dass es möglich ist. Doch in der Zwischenzeit fragen sich alle hier das Gleiche in Bezug auf das, was sie gerade gehört haben: »Wo können wir eine schwangere Frau finden und das jetzt hier machen?«

[Gelächter.]

Es geht weit darüber hinaus, und die Plejadier wussten das. All diese Informationen kamen ursprünglich von ihnen und wurden an dich, Yawee, weitergegeben. Das war für damals, nicht für die Jetzt-Zeit. Die Plejadier brauchen keine schwangere Frau, um zu tun, was sie heute tun. Auch sie haben DNA, aber sie ist in einem voll ausgebildeten Quantenzustand – einem Zustand, der das Potenzial der menschlichen Rasse darstellt.

Ich möchte euch daran erinnern, dass mein Partner euch in der Vergangenheit Botschaften über die Haltung der Physik durchgegeben hat. Jetzt sind wir wieder bei der Polaritätsdiskussion zu Beginn dieses Channellings. Diese »Haltung«, Yawee, ist der natürlichen Erfindung, die du entdeckt hast, eingeprägt. Physik ist aktiv und sucht nach Balance. Das heißt, jedes von dir mit deinem Prozess erzeugte Feld hat die Attribute – Achtung! – einer perfekten DNA. Es sieht bereits die Attribute der Blaupause des ungeborenen Kindes. Du brauchst keine schwangere Frau. Die Attribute können auf den Menschen übertragen und von diesem Menschen empfangen werden in einer beliebigen Position, die seine Zellstruktur absorbieren kann.

Du hast in deiner Arbeit ein Quantenfeld mit diesen plejadischen Attributen erzeugt, und die Zellen lauschen, wenn sie ihnen ausgesetzt sind. Das ist noch nicht feinjustiert, aber du wirst schließlich herausfinden, wie das geht. Und dann hast du die Regenerierungsmaschine der Zukunft, ohne einen »Vorlagen-Menschen«, sondern stattdessen mit den Attributen des Vorlagen-Menschen.

Dieser und weitere Prozesse werden auch von der Wissenschaft erkannt werden. Du wirst nicht allein sein. Es ist nicht stimmig, dass du als Einziger das Geheimnis des Lebens kennst, es wird also noch andere geben. Studien an Tierembryonen werden unternommen werden, um das zu enthüllen, was die Menschen in die Lage versetzt, Gliedmaßen nachwachsen zu lassen, und viele weitere Dinge, über die wir seit 23 Jahren sprechen.

Kryon Live-Channelling »Die Rekalibrierung des Wissens«, durchgegeben in Boulder, Colorado – 14. Januar 2012

Frage an Kryon:
Der Tempel der Verjüngung lag auf so großer Höhe, weil man die Kälte brauchte. Die meisten Nachweise für die Existenz von Lemurien sind im Meer begraben, doch angesichts der Höhenlage des Tempels müsste er theoretisch immer noch

irgendwo auf Hawaii über dem Meeresspiegel zu finden sein. Die Beschreibung des Tempels lässt plejadisches Design vermuten. Haben die Plejadier den Tempel entfernt bzw. demontiert? Und falls nicht, wird er jemals gefunden? Kannst du uns darüber mehr sagen?

Antwort:
Ich möchte euch etwas über den Tempel der Verjüngung erzählen. Er ist nie versunken, man könnte also meinen, Teile davon könnten gefunden werden. Als Erstes solltet ihr wissen: Den Tempel der Verjüngung gab es wirklich, und er wurde auf Basis plejadischer Technologie entworfen, aber in jahrelanger Arbeit von ausgewählten Lemuriern erbaut. Das war für die Betroffenen eine interessante Zeit, denn sie mussten in einem künstlich erzeugten Umfeld und mit Gerätschaften (für das Heben) arbeiten, die sie nie zuvor gesehen hatten, sowie den Tempel Stück für Stück anhand von sehr viel früher von plejadischen Männern aufgezeichneten Anweisungen errichten. Diese wenigen Auserwählten verbrachten ihr ganzes Leben hier und hatten dort oben auf dem Berggipfel auch ihre Familien bei sich. Wie konnte das gehen? Zu kalt! Kein Sauerstoff! Meine Antwort lautet: Ja. [Kryons Humor, das heißt so viel wie: »Diese Frage beantworte ich nicht.«]

Die Eleganz des Designs übertraf alles, was die lemurische Zivilisation hätte selbst entwerfen können. Die Baumaterialien wurden auf Basis einer hoch entwickelten Physik künstlich hergestellt – irgendwann werdet auch ihr dazu in der Lage sein.

Gibt es davon noch etwas zu finden? Ja. Wird es gefunden werden? Dazu muss zweierlei passieren: (1) Es müssen Gelder für Forschungsarbeiten auf der Hauptinsel von Hawaii bereitgestellt werden. Nicht alle finden eine solche Suche wirklich sinnvoll und nützlich. (2) Neue Technologie ist erforderlich, um im Berg deutlich Dinge »sehen« zu können, die seit Jahrtausenden tief unter der Lava begraben sind.

Das »Feld der Möglichkeiten« umfasst folgende Optionen: Die Finanzierung wird nur aufgrund einer zufälligen Entdeckung bereitgestellt, und diese Entdeckung wird ironischerweise von den Weltraumobservatorien gemacht werden, die sich ebenfalls auf diesem Gipfel befinden. Eine neue Technologie, die für einen bestimmten Zweck gedacht ist, führt zur Entdeckung einer weiteren Technologie. Die Stoffe, aus denen die Artefakte des Tempels bestehen, werden auffallen und passen überhaupt nicht zur Lava. Ich habe genug gesagt. Wie so oft müssen die Menschen das selbst herausfinden.

Frage:
Was war der wahre Zweck des Tempels der Verjüngung? Ging es nur um Lebensverlängerung oder war da noch etwas?

Antwort:
Da ihr noch nie danach gefragt habt, wurde euch nie offenbart, dass das Gebäude auf dem Berggipfel nur den Tempel der Verjüngung umfasste. Das komplette Bauwerk war viel größer, lediglich ein Teil davon war für den Tempel der Lemurier vorgesehen; der Großteil wurde von den plejadischen Sternenmüttern genutzt.

Zunächst einmal wurde der Teil für die Verjüngung der Lemurier als »Tempel« bezeichnet, um ihnen die Vorstellung von etwas Heiligem zu vermitteln. Heilig deshalb, weil Prozesse zur Verlängerung des Erwachsenenlebens eingesetzt wurden, die das embryonische Leben würdigten. Weitere Prozesse stammten komplett von den Sternen, sind aber auch heute noch von irdischen Wissenschaften nutzbar.

Zudem brauchten auch die plejadischen Sternenmütter so eine Art Verjüngung; dabei handelte es sich allerdings um »Kommunikation und Trost« aus der Heimat. Diese Struktur wurde von den Plejadiern als »Haus des Mitgefühls« bezeichnet, und ein Teil davon umfasste den Tempel. Über dieses Haus des Mitgefühls konnten sie mit den Heimatplaneten sprechen und so ihr Bedürfnis nach Verbindung mit ihren Lieben befriedigen, aber auch an vielem teilhaben, was ihnen ihre Heimat näherbrachte. Vergesst nicht, sie waren Menschen wie ihr. Sie gingen nicht einfach »von zu Hause fort« und hatten dann keine Verbindung mehr. Sie brauchten Trost, Mitgefühl und Liebe von ihresgleichen. Sie befanden sich auf einem Planeten mit einem niedrigen Bewusstseinsstand, auf dem sie als hoch entwickelte Menschen mit einem hohen Bewusstsein lebten. Könnt ihr euch das vorstellen?

Die Energieversorgung dieser Gebäude erfolgte komplett über sogenannte »Streifenmagnet-Einheiten« (das war die Bezeichnung in ihrer Sprache für diese Technologie). Sie konnten anhand von Magnetkraft unbeschränkt so etwas wie Elektrizität erzeugen und Sauerstoff aus der dünneren Luft in dieser Höhenlage herausziehen. Die Hitze der Lava und das »Sauerstoff-Gestein« (von dem vorhin die Rede war) wurden nur von den Lemuriern eingesetzt. Für irdische Projekte waren keine außerirdischen Prozesse erlaubt, außer sie wurden von den direkten Kindern einer Plejadierin eingesetzt, und zwar um sicherzustellen, dass diese hoch entwickelten Technologien, wie sie damals nötig waren, mit der Zeit ausstarben und nicht zweckwidrig von Menschen mit einem niedrigen Bewusstsein in der bevorstehenden Geschichte der Erde eingesetzt werden konnten.

Und jetzt kommt die nächste (und größte) Offenbarung: Diese Strukturen waren in allen plejadischen Knoten auf dem Planeten zu finden. Es gab zwölf, die allerdings allesamt nur vorübergehend existierten, bis zu der Zeit, als die Plejadierinnen sich von einer körperlichen Form in ein »Bewusstseinspaket« verwandelten.

Schließlich waren all diese Strukturen auch biologisch abbaubar und hatten eine Halbwertszeit von mindestens 10.000 Jahren. Das war ganz absichtlich so aufgesetzt worden, damit sie nicht im Schutt der Geschichte auffindbar waren. Dennoch sind Spuren vorhanden und werden womöglich auch nicht verschwinden, weil sich nicht alles hundertprozentig auflösen konnte. Teile der Streifenmagnet-Einheiten existieren immer noch, sind aber verborgen, weil ja auch viele Gesteinsarten magnetisch sind und damit genau zu dem passen, was da tief im Planeten vergraben ist und was von den Sensoren der Zukunft vielleicht aufgespürt werden könnte, allerdings von Sensoren, die explizit nach einem »magnetischen Konzept« suchen, und auch das ist absichtlich so konzipiert worden. Denn wenn diese Art von Sensoren irgendwann den Menschen zur Verfügung steht, werdet ihr euch bereits darüber im Klaren sein, dass diejenigen, die von den Sternen kamen, hier waren, und eine solche Entdeckung wird keine Offenbarung sein, sondern vielmehr ein weiterer Beweis.

Die lemurischen Zirbeldrüsentöne

Die lemurischen Zirbeldrüsentöne wurden erstmals im Jahr 2001 vorgestellt, als Dr. Todd Ovokaitys die Pineal Toning Technique™ entwickelte. Im Lauf der nächsten Jahre lernten Tausende Menschen diese Töne, um damit ihre persönliche Entwicklung und Heilung zu unterstützen. Berichten zufolge kam es dabei zu Visionen, Heilungen und einer sehr starken Bewusstseinserweiterung. Bei diesem sogenannten »Toning« oder »Tönen« erzeugt die Stimme mit nur einem Vokal lang anhaltende Klänge. Es gibt keine Melodien, keinen Text, keinen Rhythmus, nur den Klang des vibrierenden Atems. Toning synchronisiert die Gehirnwellen, entspannt und gibt Geist und Körper Ausgewogenheit und Harmonie zurück. Anfangs war Dr. Todd gar nicht klar, wie profund diese Töne waren und welche Rolle sie in der Esoterik des Planeten spielen würden.

Im November 2010 übermittelte Kryon weitere Informationen über die Zirbeldrüsentöne und wies Dr. Todd [Yawee] an, was er mit ihnen machen sollte. Die Töne sollten paarweise gesungen werden, um Kohärenz zu erzeugen. Die eine Hälfte des Tonpaars ist der Träger, die andere der Modulator. Die Tonpaare gehen so in Quantenkommunikation mit der Zirbeldrüse; sie wird zu einem Quantentransmitter, der mit der Galaxie verschränkt ist. Die von den Tönen erzeugte Energie kann von Gaia, den Plejadiern und jeder Zivilisation in der Galaxie, die mit Quantensicht ausgestattet ist, gesehen werden.

Yawee wurde angewiesen, einen lemurischen Chor zu gründen, der eine bestimmte Tonkombination singen sollte, und zwar am 21. Dezember 2012, entweder auf Hawaii oder am Mount Shasta. Vielleicht waren Sie auf Hawaii dabei und haben die Energie dieser unglaublichen Veranstaltung gespürt. Oder womöglich haben Sie an einem ähnlichen energetischen Event woanders auf dem Planeten teilgenommen. Egal, wo Sie waren und was Sie gemacht haben – das kollektive Bewusstsein der Menschheit hat an diesem bedeutsamen Tag eine alte Prophezeiung über den Adler und den Kondor erfüllt. (Davon ist später im Buch noch ausführlicher die Rede.) Kryon beschrieb Yawees Erinnerung an die Kombinationen von Zirbeldrüsentönen, die 2012 vom lemurischen Chor gesungen wurden, als »erschreckend genau«. Doch warum wies Kryon Yawee an, die lemurischen Zirbeldrüsentöne an einem bestimmten Datum und zu einer bestimmten Zeit zu singen? Die Antwort auf diese Frage ist untrennbar mit dem alten Lemurien verbunden:

In Lemurien kamen die Menschen einmal im Jahr am 21. Dezember [Sonnenwende] zusammen und sangen die zwölf Zirbeldrüsen-Tonpaare. Sie aktivierten alles, was bei allen in der Zirbeldrüse ist, und Hunderte von menschlichen Quantentransmittern sendeten gleichzeitig. All diese Transmitter, die jeweils von einem Menschen ausgingen, ergaben zusammen etwas, was ein einzelner Mensch nicht tun konnte ..., ein Quantensignal mit Massenbewusstsein. Und das Signal wurde durch die Galaxie gesandt, sodass es jeder hören konnte, aber, ihr Lieben, nur ein Paar Ohren hat gelauscht: jene, die die Saat ausbrachten, die Sieben Schwestern, die Plejadier.

Ihr könntet sagen, das war ein Anruf nach Hause [Kryon lächelt]. Und einmal im Jahr sandten die Lemurier in Erinnerung an diese Ahnen, die die Saat der Erleuchtung auf dem Planeten pflanzten und von Anfang an unter ihnen lebten, eine Botschaft an den Heimatplaneten – als Dank für die jahrelangen Unterweisungen, ein Dank für das Ausbringen der Saat, die, wie wir – ihr und ich – heute wissen, die Göttlichkeit in eurer DNA darstellt. Einmal im Jahr ging die folgende Botschaft hinaus: »Es geht uns gut, und wir sind dankbar für alles, was ihr für uns getan habt.« Die Botschaft besagte: »Wir sind hier, und wir wissen, wer ihr seid. Wir lieben euch. Wir danken euch, dass ihr uns diese Ahnen gegeben habt, die immer noch unter uns wandeln.«

Die Botschaft wurde seit sehr langer Zeit nicht mehr durchgegeben. Doch nun sendet ihr die Botschaft bald erneut, das erste Mal in über 26.000 Jahren [bezieht sich auf den lemurischen Chor, der auf Maui, Hawaii, stattfand].

Zum »Buchstabieren« der Unmengen an Frequenzen brauchte man sozusagen zwölf Zirbeldrüsen-Tonpaare, die die Botschaft an die Sieben Schwestern übermittelten. In Lemurien funktionierte das nur am 21. Dezember [und in ihrer Zeitzone]. In Australien funktioniert es nicht zu diesem Zeitpunkt, denn es ist einen Tag später. Am 21. Dezember nur in Lemurien. Eigentlich können die Menschen die Botschaft von fast überall senden, aber sie wurde nur von einem Ort aus jemals gesendet: Lemurien. Das Zeitzentrum der Erde liegt hier, nicht in London [neue Informationen von Kryon, die darauf hinweisen, dass GMT (die mittlere Greenwich-Zeit) bzw. UT (Universal Time bzw. Weltzeit) nur ein maritim bestimmtes Produkt der Kultur und nicht die wahre »mittlere Zeit« des Planeten darstellen].

Im Jahr 2012 findet an diesem Tag die galaktische Ausrichtung statt; dabei dreht sich der Axialschlag der Erde [Präzession] durch die Äquinoktien. Alles ist da, und zu dieser Zeit hören sie zu. Und das wirklich Profunde daran ist: Sie haben von der Menschheit seit 26.000 Jahren nichts mehr gehört ... bis jetzt.

Yawees Haus wird 2012 fertig sein [bezieht sich auf den lemurischen Chor], und ich wünsche mir, dass ihr, die ihr in dieser Energie sitzt und in dieser Energie schwingt, es fühlt: dass die Zirbeldrüse aktiviert wird, die Übertragung stattfindet und es in dieser Konstellation, die den Namen »die Sieben Schwestern« trägt, viel Jubel und Freude auslöst. Dadurch werden andere Wesen auf dem Planeten, die darauf gewartet haben, aktiviert, denn die Übertragung besagt: »Wir erinnern uns daran, wer ihr seid. Wir erinnern uns daran, wer wir sind. Wir sind bereit, weiterzugehen, um das zu tun, wozu wir hierhergekommen sind.« Und was ist das? Wir bringen die Saat des Friedens auf der Erde aus, sodass dieser Planet schließlich eines Tages in der Lage sein wird, einen anderen Planeten zu fördern, so wie sie euch gefördert haben, und in einem quantenhaften Zustand woandershin zu gehen und die Saat auszubringen.

Kryon Live-Channelling »Seminar zur Probe des lemurischen Chors«, durchgegeben in Sedona, Arizona – 14. Juni 2011

Hoffentlich wissen Sie jetzt zu schätzen, wie wichtig der lemurische Chor 2012 war und was er bedeutete. Und die Bedeutung der Töne? Welche mechanische Wirkungsweise steckt dahinter? Bevor wir auf die von Dr. Todd entwickelten lemurischen Zirbeldrüsentöne zu sprechen kommen, wollen wir noch einmal auf das Tönen bzw. Toning eingehen. Tönen kann man als die universale Sprache des Klangs beschreiben. Anders als bei einer Melodie mit Wörtern, Rhythmus und Harmonie ist ein Ton ein anhaltender, nichtverbaler Klang; oft handelt es sich um einen vokalen Klang auf einem einzigen Vokal. Beim Tönen stimmen Sie sich auf die heiligen Energien der Heilklänge ein, was zu einer hoch transformativen, expansiven Erfahrung führt. Die Schwingung der menschlichen Stimme ist eine mächtige Heilkraft, die unser gesamtes physisches System stimuliert. Tönen kann unser Selbstgefühl erwecken und vertiefen.

Die Macht des Tönens liegt in den Vokalen bzw. Selbstlauten (sowie der persönlichen Intention) und nicht in der Tonhöhe. Jeder Vokal stellt eine einzigartige Erfahrung der Energie, Emotion und Wirkung dar. Der Akt des Tönens erhöht unser Gewahrsein und stimmt uns auf unsere inneren Energien und Schwingungen ein. Tönen ist eine hoch intuitive Erfahrung. Wir haben das fast alle seit unserer Geburt gemacht. Keine zwei Menschen tönen auf genau die gleiche Weise – eines der wunderbaren Attribute des Tönens. Beim Tönen geht es nicht um die Klangqualität, sondern um das Erfahren der produzierten Schwingung und die Auswirkungen auf unseren Körper. Deshalb gibt es beim Tönen kein Richtig oder Falsch, und das heißt wiederum: Jeder kann tönen!

Zu den lemurischen Zirbeldrüsentönen hat Kryon Folgendes gesagt:

Aus esoterischer Sicht verfügen die Tonarten über eine multidimensionale Oberton-Struktur; sie erzeugt in eurem DNA-Feld Licht sowie ein Muster, das von einer Quantenmaschine gesehen werden kann. Das stimmt, und Yawee ist sich dieser Definition bewusst.

Doch es ist noch mehr als das. Es ist die Rückkehr zur Urkommunikation, zur grundlegendsten Kommunikation, die ihr je gekannt habt. Manche der Töne kommen euch seltsam vor. Wie viele Töne kann der Doktor [Todd] erzeugen? Wie viele lustige Geräusche gibt es dabei? Wie schnell kann man das machen? Für den dreidimensionalen Beobachter ist das sehr komisch. Alles was er sehen und hören kann, sind seltsame Geräusche und Bewegungen.

Stellt euch einen wunderschönen Regenbogen in der Sonne vor, mit einem Dunstschleier, sodass er zu leuchten beginnt ... Die Farben sind wunderschön, fast surreal. Nimmt man die farbige Ansicht weg, sieht man ihn in Grauschattierungen. Nimmt man nun auch noch die meisten Grautöne weg, erscheint er als eine schwarze Linie. Und der dreidimensionale Mensch schaut auf die eine schwarze Linie und sagt: »Ich versteh's nicht, aber es fühlt sich okay an. Ich weiß nicht, was das ist, aber irgendwie erinnert es mich an etwas anderes.«

Ich möchte euch nun sagen, worauf ihr metaphorisch gesprochen wirklich schaut. Ihr schaut auf einen Regenbogen mit unendlich vielen Farben, die ihr euch nicht einmal vorstellen könnt und die nur Gott mit seinen Quantenaugen voll und ganz sehen kann. Wenn ihr euch mit Intention auf den Handschlag, den es da gibt, einlasst, in Kommunikation mit diesen Quantengeräuschen und -klängen und -rhythmen, so erweckt ihr in eurer Quanten-DNA die Erinnerung. Und schließlich wird diese Erinnerung das Gewebe der quantenhaften Teile eures Körpers durchströmen, und der Lemurier bzw. die Lemurierin in euch wird wiedererweckt.

Und was bedeutet das für euch, ihr alten Seelen? Wir wollen mit einigen grundsätzlichen Informationen auf der Zellebene anfangen. Wenn Struktur in Balance ist und »einrastet«, lebt ihr länger. Und als ob das nicht schon gut genug wäre, ihr lebt länger, und zwar mit einer besseren Haltung und Einstellung, denn durch die Balance werden die Kerninformationen darüber, warum ihr hier seid, wieder zum Leben erweckt. Mütter werden zu besseren Müttern und Väter zu besseren Vätern. Dem, was in eurem Leben verbessert werden kann, sind keinerlei Grenzen gesetzt. Das Mitgefühl nimmt zu.

Ich möchte mit euch in der Zeit zurückreisen. Nur 30.000 Jahre. Lemurien lag noch in großer Höhe, das Wasser war noch nicht gestiegen [die Blase in der Erdkruste am Hotspot namens Hawaii war bis dahin nicht in sich zusammengefallen]. Ich nehme dich mit in ein Stadium, Yawee, in dem fast 800 Menschen anwesend sind, die ausgewählt wurden, hier zu sein, ausgewählt aufgrund ihrer Stimmen und ihres Wissens. Ich möchte dich mit dorthin nehmen, damit du das fühlst ... Vierhundert sitzen auf der einen Seite, ihnen gegenüber vierhundert auf der anderen Seite. Du, Yawee, befindest dich in der Mitte, und sie singen Zirbeldrüsen-Tonpaare und erzeugen quantenhafte Magie.

Es gibt 24 individuell aufeinander abgestimmte Töne, die paarweise zusammengehören und beim Singen zwölf Energien erzeugen. Das wird zu einer Sprache, und deshalb sind manche ein Klang, andere ein Summen, und wieder andere erscheinen wie ausgespuckt. Doch sie sind nichts von alledem, denn die Obertöne sind reich, wie Satzzeichen innerhalb der anderen tonal gesungenen Töne.

Bevor ich zum Abschluss komme, möchte ich euch etwas zeigen. Es gab da einen Lemurier namens Steven Spielberg, der machte einen Film*, den viele von euch gesehen haben. [*Bei dem von Kryon beschriebenen Film handelt es sich um »Unheimliche Begegnung der Dritten Art«.] In der Geschichte geht es um Wesen aus dem Weltall, die mit Tönen vom Himmel herabgerufen wurden. Erinnert ihr euch an den Film? Und wisst ihr noch, was geschah? Es gab nicht nur Tonsequenzen, über die mit den Wesen am Himmel kommuniziert wurde. Als sie herunterkamen, spielten sie die Töne miteinander. Das heißt, einer spielte, dann ein anderer, und das ergab eine Zweiheit, nicht wahr? Ein Duett. Ein Energien-Paar. Und wenn ihr euch an den Film erinnert und die Intention des Drehbuchautors ... Es handelte sich nicht einfach nur um Tonsequenzen, sondern sie wurden immer schneller und schneller, oder nicht? So lange, bis ein einziger donnernder Ton entstand, der alle anderen in sich enthielt. Der Lemurier erinnerte sich, stimmt's? Und das werdet auch ihr lernen und erinnern. Klingt das vertraut?

Warum nun saßen wohl 400 Lemurier auf der einen Seite den 400 Lemuriern auf der anderen Seite gegenüber? Es wäre egal, wenn es nur jeweils 200 wären ..., aber warum sitzen sie da und tönen in diesen Paaren, die, wie wir euch gesagt haben, zusammengehören? Ich sage es euch: Dadurch wird nicht nur die innere DNA aktiviert, es aktiviert den plejadischen Teil der DNA. Es aktiviert die allerheiligste Saat, die euch mitgegeben wurde, ihr Menschen, damals zu Beginn dessen, was ihr »die Schöpfung« bzw. »Erschaffung« nennen würdet und wodurch ihr die Teile und Stücke eurer DNA erhieltet, die mit Gott in ein Lied einstimmen können. Dadurch beginnt ein Prozess der Kommunikation im Sinne des Schöpfers.

Kryon Live-Channelling »Informationen zu den Zirbeldrüsentönen«, durchgegeben in San Diego, Kalifornien – November 2010

Seit dem lemurischen Chor 2012 hat Dr. Todd viele weitere Chöre an wichtigen Orten weltweit versammelt (meistens dort, wo sich die Knoten und Nullpunkte des Planeten befinden). Weitere Informationen über die Zirbeldrüsentöne und eine Audioaufzeichnung dieser Chöre finden Sie unter *www.pinealtones.com.*

Die lemurische Sprache

Über die lemurische Sprache sagte Kryon, dass die Lemurier …

»… lange genug hier waren, sodass sich ihre Sprache weiterentwickeln und stark verändern konnte, um die Saat für einige der profundesten heute bekannten Sprachen auszubringen …: die Sprache der Ägypter, der Israeli [Hebräer] und der Polynesier … All das sind Ableitungen der von uns als ›Solara Maru‹ bezeichneten Ursprache. Diese Sprache enthielt Grundwahrheiten, mit denen ihr sogar heute noch zu kämpfen habt, und zwar wegen etwas, was die Lemurier hatten, ihr aber nicht.«

Die Lemurier hatten eine weitere Wahrnehmungsdimension. Sie wandelten auf dieser Erde und verfügten über dimensionale Attribute, die weit über das hinausgingen, was wir heute haben. Sie kannten sich mit Multidimensionalität aus und waren sich der Devolution (das heißt des Gegenteils von Evolution), die mit der Zeit vor sich ging, und des Verlustes bestimmter Fähigkeiten sehr bewusst. Ihnen war zudem klar, dass ihre Zeit auf dem Planeten begrenzt war, als sie merkten, wie ihre Insel versank. Viele Lemurier wurden zu Seefahrern und ließen sich an anderen Orten nieder, aber nicht alle. Manche blieben auf der Insel, und wieder andere unterliefen eine Transformation und wurden zu einem multidimensionalen Teil von Gaia. Wie kann so etwas passieren? Kryon erklärt:

So manche haben sich gefragt, wie physische Wesen wie die Menschen damals [in Lemurien] auf einmal beschließen konnten, multidimensional zu werden, in einen Berg einzugehen und dort mit den Attributen einer Zeitkapsel zu verbleiben [die lemurische Geschichte von Telos und Shasta]. Das ist einfach gar zu unglaublich. Das könnt ihr nicht begreifen, und wer diese Information hört, rollt mit den Augen. Doch es ist wahr! Denn den Lemuriern war von den Plejadiern eine Wahrnehmung verliehen worden, und dadurch verfügten sie verglichen mit euch über eine weitere Dimension.

Wir wollen an dieser Stelle dazu ein paar Informationen preisgeben. Wir wissen ja, eine sich neu entwickelnde Menschenrasse mit einer »außerdimensionalen« Wahrnehmung ist eine verrückte Idee. Doch es gibt dafür durchaus Belege, und ich gebe euch jetzt etwas zum Nachdenken. Die nächstälteste Rasse, für die Artefakte vorliegen, sind die Sumerer. Sie waren viel jünger als die Lemurier, aber sie verfügten immer noch über ein wenig dieses Gewahrseins, das der lemurischen Kultur innewohnte. All das geschah im Lauf von Jahrtausenden. Die Herausforderung: Betrachtet euch einmal die sumerischen Artefakte. Als Erstes werdet ihr sehen, dass ihre Berechnungen alle eine Sechser-Grundlage hatten (welche sich von der 12er-Mathematik ableitete, die überall in der Natur und in der realen Physik vorkommt). Zweitens zeigt das Berliner Siegel, dass sie sich sehr gut mit eurem Sonnensystem auskannten. Sie wussten um die Bewegungen eurer Planeten, sogar um deren Ringe ..., und das, obwohl sich für diese Kultur keine Teleskope nachweisen lassen. Eure Wissenschaft lacht darüber und verwirft völlig die Vorstellung, die Sumerer hätten sich mit so etwas ausgekannt. Ihrer Meinung nach waren das eben nur gut geratene Zufallstreffer. Doch wie wahrscheinlich kann man auf Basis eines Zufallstreffers ein akkurates Sonnensystem abbilden, in dem sogar die Ringe des Saturns sichtbar sind? Das ist ja wohl weit hergeholt. Und vergesst nicht: Auch eure Wissenschaft postuliert, dass die Atomstruktur multidimensional ist und eure menschliche Vorstellung von Realität nicht einmal die Hälfte von dem ausmacht, was es da wirklich gibt. Wie ja auch bekannt ist, verlieren beim Studium anderer Dimensionen sowohl Zeit als auch Entfernung fast komplett ihre Gültigkeit; sie sind verschränkt und werden zu etwas Quantenhaftem.

Doch zurück zu den Sumerern. Sie hatten keine Teleskope, wussten aber alles über den Kosmos, und zwar durch ihre »multidimensionale Sicht«. Dank ihrer Wahrnehmung »wussten« sie absolut intuitiv, was sich um sie herum befand. Das »Sehen« des Sonnensystems hatte mit Zeit und Entfernung nichts zu tun. Ihnen wurde das Wissen, für das ihr [moderne] Technologie braucht, intuitiv zuteil. Das Gleiche, nur noch mehr, gilt für die Lemurier. Sie verfügten nicht nur über diese Fähigkeit, sondern wussten auch intuitiv über die Multidimensionalität der DNA Bescheid, wodurch es für sie ganz einfach war, den Tempel der Verjüngung zu errichten und anhand der Magnetkraft ihre innere Uhr bzw. »Körperuhr« zu verändern.

Ihr solltet also verstehen: Keine dieser sumerischen Funde erforderte hohe Wissenschaft, wie ihr womöglich meint, sondern lediglich eine einfache Wahrnehmung, die die Sumerer im Gegensatz zu euch hatten. Man könnte es vergleichen mit einer Gesellschaft aus lauter Blinden, die über eine Gesellschaft stolpert, die sehen konnte. Für eine Kultur, die seit Jahrhunderten blind ist, wäre es höchst verblüffend, eine uralte Kultur zu finden, die sehen konnte. In der Realität der Blinden müsste man hingehen und herausfinden, was es denn mit einem weit entfernten Berg auf sich hatte, doch die »Sehenden« konnten den Berg aus der Ferne erblicken. Die Situation hier ist ganz ähnlich: eine Wahrnehmung gegen eine andere.

Kryon Live-Channelling »Die lemurische Verbindung«, durchgegeben am Mount Shasta, Kalifornien – 20. Juni 2004

Sehen Sie nun, wie eine außerdimensionale Wahrnehmung zu einer einzigartigen lemurischen Sprache führte? Das erklärt auch, warum die lemurischen Zirbeldrüsentöne eine Art Quantenkommunikation darstellen.

Im Kryon-Band 10, »Die 12 Stränge der DNA«, sind weitere Informationen zu finden; dieses Buch erklärt eingehend die zwölf Schichten bzw. multidimensionalen Energien der DNA. Was hat nun die DNA mit alldem zu tun? Nicht viel – wenn wir nur die chemische Ebene betrachten. Doch über die dreidimensionale Chemie hinaus ist die DNA der Knotenpunkt, an dem Gott und der Mensch aufeinandertreffen und wo sich Quantenhaftes und Nicht-Quantenhaftes vermischen. Die DNA schwingt mit der Essenz der Wahrheit des Universums und trägt in sich die gesamte Geschichte der Schöpfung, unter anderem auch der Galaxie, in der wir uns befinden.

Im Rahmen seiner esoterischen Unterweisungen über die DNA hat Kryon den Energien der DNA-Schichten die Zahlen Eins bis Zwölf unseres Zahlensystems zugeordnet und sie außerdem in vier Dreiergruppen unterteilt, damit wir besser verstehen können, wie diese zwölf Schichten zusammenwirken. Die siebte, achte und neunte Schicht bilden die dritte DNA-Gruppe – die lemurischen Schichten. Warum lemurisch? Weil die anderen menschlichen Arten auf dem Planeten mit der Zeit ausstarben, die Menschen mit plejadischer DNA dagegen überlebten und ihre eigene Kultur begründeten. In Bezug auf die lemurischen Schichten hat Kryon Folgendes offenbart:

Die Sprache der Lemurier ist verloren gegangen, hat aber im Kern und in etwas abgewandelter Form in der »Sprache der Altvorderen von Hawaii« überlebt, denn die Lemurier sind die Vorfahren der Hawaiianer und derjenigen, die den Großen Berg wegen des steigenden Wasserspiegels verlassen, sich in alle Richtungen zerstreut und ihre Gene über die ganze Erde verteilt haben. Zunächst ließen sie sich von den Stürmen forttragen, später segelten sie gegen den Wind.

Immer wieder werde ich gefragt: »Kryon, klingt das heutige Hawaiianisch wie Lemurisch?« Ein bisschen schon, aber nicht so sehr, wie man meinen könnte. Wie das halt so ist, verändert sich Sprache mit der Zeit, einiges kommt dazu, manches fällt weg. Das ist nicht ungewöhnlich, und aus Menschensicht ging ja auch ziemlich viel Zeit ins Land. Heute klingt nichts mehr wie echtes Lemurisch, am nächsten käme dieser Sprache vielleicht noch eine Kombination aus Hawaiianisch und Japanisch. Die lemurische Bevölkerung verstreute sich in alle Winde, schuf viele neue Kulturen und beeinflusste viele Sprachen auf der Erde.

»Kryon, wissenschaftlich ist Lemurien nicht anerkannt; angeblich stammt die menschliche Zivilisation aus dem Nahen Osten. Was sagst du dazu?«

Nun ja, ich sage, Wahrheit ist Wahrheit. Wie ich schon erzählt habe, verteilten sich die plejadischen Gene auf allen Kontinenten. Was die Wissenschaft entdeckt hat, schafft die entsprechenden Fakten. Wird etwas anderes entdeckt, ändern sich auch die Fakten. Mit ihren Entdeckungen wandelt sich die Wissenschaft. Doch die Wahrheit bleibt immer die gleiche – nämlich dass mitten im Nordpazifik die am höchsten entwickelte und älteste stabile menschliche Zivilisation der Geschichte lebte.

Noch etwas sollte hier klargestellt werden: Bevor die Plejadier ihre Arbeit am Menschen auf diesem Planeten vollbrachten, gab es nichts Göttliches in der menschlichen Struktur. Ihr hattet keinen inneren Schöpfer und auch kein System von Göttern, die kamen und wieder gingen. Ihr wart so ziemlich wie alles andere Leben im Universum. Die Menschen gehen davon aus, dass alles Leben dasselbe ist, doch das stimmt nicht. Nur ein Bruchteil des Lebens im Universum ist »mit der Göttlichkeit des Schöpfers im Bunde«, und ihr gehört dazu. Dank eurer Brüder und Schwestern, die mit dafür gesorgt haben, stammt ihr von ihnen ab und gehört zu dem, was der Sinn ihres Planeten ist.

Übrigens, das heißt auch, dass es an einem Punkt »einen Ersten« gab: den ersten Menschen, der in sich den Schöpfer trug. Das war nicht einfach, und seine Mitmenschen waren noch nicht so weit. Es hat Jahrhunderte gedauert, die gesamte Menschheit auszurichten und sie mit der DNA zu versehen ...

... Als die Plejadier auf die Erde kamen und einer Menschenart ihre spirituellen Quantenmerkmale in deren DNA einpflanzten, folgten sie der Intuition und der Synchronizität des Geistes/Spirit. Bevor sie zu euch kamen, hattet ihr diese Merkmale einfach nicht.

Die siebte und achte Energie (Schicht) heißen die »lemurischen Schichten 1 und 2« und spielen in der spirituellen Geschichte des Menschen eine ganz besondere Rolle. Deshalb gebe ich euch nicht nur die hebräischen Namen, sondern auch die kompletten lemurischen Namen und Bedeutungen. Denn für mich gibt es die lemurische Sprache noch immer.

[Anmerkung der Autorin: An dieser Stelle werden nur die Namen und Bedeutungen aufgeführt; die gesamte Durchsage ist im Kryon-Band 10, »Die 12 Stränge der DNA«, zu finden.]

HOA YAWEE MARU ist der Name für die siebte Schicht. »Hoa Yawee Maru« bedeutet auf Lemurisch »Enthüllte Göttlichkeit«. Ohne sie ist alles dunkel, aber mit ihr habt ihr einen Grund, hier zu sein. Sie bedeutet das Ende der Zeit der Unschuld, kommt also der Erkenntnis Gottes gleich. Hier geht es um die Konzepte von Licht und Dunkelheit, um die bewusste Wahrnehmung von Integrität versus Nicht-Integrität und um das, was andere euch als »Gut und/oder Böse« darstellen. Doch wie ihr bereits wisst, nennen wir es »Das, was Gott im Menschen enthüllt«.

AKEE YAWEE FRACTUS ist der lemurische Name für die achte Schicht und bedeutet »Weisheit und Verantwortung«. Und das ist typisch lemurisch, denn hier geht es schließlich um die erste große Gesellschaft von Menschen, die wussten, dass sie anders waren, irgendwie spirituell, mit Quantenhaftigkeit ausgestattet [interdimensionale Bewusstheit] und dafür verantwortlich, ihren spirituellen Sinn herauszufinden. Sie gaben ihre Weisheit an die anderen Menschen weiter und säten die Saat des Wissens, die sich schließlich über die ganze Welt verbreitete.

Heute sind fast alle Menschen auf der Erde auf der Suche nach dem Schöpfer, sobald sie alt genug dafür sind. Das rührt daher, dass ihr »die andere Seite vermisst«. Ihr wisst intuitiv, dass ihr ein Teil Gottes seid, dass eure Seelenessenz nicht nur biologischer Natur ist. Selbst der Atheist ruft nach Gott, wenn er auf dem Totenbett liegt und dabei ist, die Erde zu verlassen – manchmal einsam, manchmal auch nicht. Denn auch seiner DNA, den zwölf Energien, ist eingeprägt, dass er Gott in sich trägt und mit ihm in Verbindung steht …

… »Akee Yawee Fractus« hört sich wie eine Formel an, nicht wahr? Und das ist es auch, denn es ist ein lemurisches Sprichwort. Es stand über dem Tempel der Verjüngung, einem Ort, an dem die Lemurier ihr Leben anhand der magnetischen Kräfte der Geologie verlängern konnten. Es lautete: »Die Lösung deiner Probleme liegt zu Füßen des Praktischen.« Das war nicht sehr elegant formuliert, denn wie ihr wisst, war diese Zivilisation selbst noch nicht sehr weise. Aber es war ein Grundsatz voller Weisheit, der die Leser aufforderte, sich um die praktischen Dinge des Lebens zu kümmern, bevor sie sich mit Esoterischem beschäftigten.

Diese Worte sind so eine Art Vorläufer für viele heutige Ideen, die besagen: »Lerne erst einmal dich selbst kennen, dann wird alles gut.« Das ist nichts sehr Hochgeistiges oder Esoterisches, sondern praktisches Denken im Sinn von: »Schau nach innen, wenn du äußere Probleme lösen willst« – eine der Kernüberzeugungen der Lemurier. Dadurch waren sie auch aktiver und erfinderischer als andere, auf sie folgende Gesellschaften; für sie waren praktische Angelegenheiten und spirituelle Werte sehr stark aufeinander ausgerichtet.

Das lemurische Wort »Yawee« taucht im Namen für beide lemurischen Schichten auf, denn in der lemurischen Sprache ist es so eine Art Platzhalter für das Wort »Weisheit«. Sobald es verwendet wurde, bedeutete dies: Alles Nachfolgende enthält Weisheit. Damit wurde auch dem großen lemurischen Wissenschaftler Yawee Ehre erwiesen; er entwickelte die Technik für fast alles, was sie heilte.

Die lemurische Sprache bestand aus linearen Wörtern mit einer Syntax (wie ihr sie auch jetzt lest) und »Wortsymbolen« wie Yawee. Deshalb konnte sie nicht linear gelesen werden (was ihr jetzt gerade tut), sie war eher etwas Konzeptuelles. Die Wortsymbole entwickelten sich zu bloßen Zeichen, fast wie eine Art Steno, und Yawee war eines dieser Zeichen. Noch heute gibt es Sprachen, die das Yawee-Zeichen verwenden. Geht einmal auf die Suche und lächelt, wenn ihr daran denkt, woher dieses Zeichen kommt …

… Die Lemurier hatten etwas, das ihr nicht habt. Sie trugen die »frische« Saat der plejadischen Kultur in sich. Multidimensionalität war eine Lebensart, und Quantenzustände, die scheinbar chaotisch waren, verstanden sie problemlos. Verfügten sie über eine hoch entwickelte Wissenschaft? Nein, sie hatten weder Computer noch Teleskope. Aber sie wussten Bescheid über die DNA, über das Sonnensystem und sogar die Galaxie … Habt ihr euch schon einmal gefragt, wie so viele der alten Kulturen über die galaktischen Bewegungen Bescheid wissen konnten? Als dagegen der moderne Mensch mit seinen modernen Instrumenten anfing, Reisen zu unternehmen, hatte er Angst, über den Rand der Erde zu fallen. Die Menschen hatten noch nicht einmal erkannt, dass die Erde rund ist. Sie hatten anscheinend alles Wissen über die Sterne verloren und fingen ganz von vorne an – genau das ist passiert.

Je mehr die moderne Wissenschaft fortschritt, desto dreidimensionaler wurde sie. Das Quantendenken wurde in den Bereich von Religion und Spiritualität abgeschoben, manches galt als okkulte Wissenschaft oder sogar Hexerei. In Wirklichkeit wurde es nicht als solide Wissenschaft anerkannt, weil es nicht vorhersehbar und nicht sichtbar war und auf dreidimensionaler Ebene auch keinen Sinn ergab. Und jetzt erforscht die Wissenschaft die Welt der Quanten, wo Partikel sich chaotisch verhalten und an zwei Orten gleichzeitig sein können. Die Wissenschaft hat herausgefunden, dass das Universum unglaublicherweise anscheinend auf der »Seite des Lebens« steht. Und die Wissenschaft wird irgendwann entdecken, wie elegant die multidimensionale Energie ist, ironischerweise mit der Hilfe von »Esoterikern«, die seit Jahren damit arbeiten.

Die Lemurier hatten also ihre Tempel der Verjüngung. Die »Maschinen« dort waren eigentlich keine »Maschinen«, wie ihr sie kennt, sondern eher »Orte mit einem erhöhten Bewusstsein«. Interessanterweise wurden sie »Tempel« genannt. Später in der Geschichte war ein Tempel ein Ort der Verehrung, doch die Lemurier verehrten hier nichts; sie kümmerten sich um den »inneren Tempel«, Orte mit unglaublicher, verstärkter Energie und Informationen. All das wurde von einem berühmten lemurischen

Wissenschaftler entwickelt, der sie fast alle überlebte, und er nutzte dazu das menschliche Bewusstsein und die Magnetkraft.

Kryon-Channelling »Die dritte DNA-Gruppe: Die Schichten 7, 8 und 9« aus Kryon-Band 10, »Die 12 Stränge der DNA« – 2010

Interessanterweise ist »Yawee« eine Art Platzhalterwort für »Weisheit«. Und »zufällig« ist es auch der Name, den Kryon Dr. Todd Ovokaitys gegeben hat. Der lemurische Name von Yawee besteht eigentlich aus neun Bildzeichen. Ganz ähnlich wie das Sumerische, welches Teil der asiatischen Kultur und der Indus-Kultur wurde, bestand die lemurische Schrift aus Bildzeichen. Die Buchstaben hatten in sich eine Bedeutung, standen für Konzepte, nicht nur einen Laut. Der Name Yawee setzte sich aus neun solcher Glyphen zusammen.

Frage an Kryon:
Wie gesagt wurde, verfügten die plejadischen Frauen über einen Muskel in den Stimmbändern, womit sie Laute erzeugen konnten, wie es uns Menschen nicht möglich ist. Man könnte nun vermuten, die plejadische Sprache unterscheide sich von der lemurischen, was vielleicht auch erklärt, warum die Anangu aus Australien die Plejadier als diejenigen bezeichnen, »deren Namen man nicht aussprechen kann«. Kannst du uns etwas über die Dynamik der Kommunikation zwischen den Plejadiern und den Menschen sagen?

Antwort:
Alles, was ihr aus den euch durchgegebenen Informationen abgeleitet habt, stimmt. Überall in der Galaxie enthält die humanoide Art – wie ihr – »das Abbild Gottes« in sich. Das erklärt auch, warum euer menschlicher Körper weit, weit über das hinausgeht, was willkürliche und zufällige Evolution hervorbringen könnte. Er wurde so geplant und ist seit Millionen von Erdenjahren das Gefäß intelligenten Lebens auf erwachenden Planeten. Man könnte auch sagen, der Mensch ist ein interplanetarisches Konstrukt und stammt überhaupt nicht von der Erde. Ihr stammt einfach nicht von etwas ab, was von hier (der Erde) kommt.

Von einem Planeten zum nächsten erzeugte der evolutionäre Teil die feinen Unterschiede in Aussehen und Funktionsweise. Manche Humanoiden auf anderen Planeten hatten anfangs zum Beispiel ein gut funktionierendes Organ, und als es nicht mehr gebraucht wurde, wurde es abgelegt. Andere verfügen aufgrund der leicht unterschiedlichen Atmosphären über eine besser oder schlechter funktionierende Sauerstoffverarbeitung, doch insgesamt bewegen sich die Planeten alle im »Bereich« der Erdenattribute.

Alle Humanoiden bestehen grundsätzlich aus Kohlenstoff, haben eine DNA und existieren zusammen mit anderen Lebewesen, wie sie im Rahmen der Evolution ihres jeweiligen Planeten entstanden sind.

Die Unterschiede bei den Stimmbändern bildeten sich auf dem ursprünglichen Heimatplaneten in ihrem Neun-Sterne-System heraus. In der Abstammungslinie eurer Sternenfamilie haben nur die Plejadier dieses Attribut.

Ihr ursprünglicher Heimatplanet liegt in dem Sonnensystem, das sie (natürlich) als »Erster Stern« bezeichnen. Auch dieser Planet hat einen Namen, aber er lässt sich hier nicht so einfach aufschreiben. Sie entwickelten Raumfahrt und später Körper-Bewusstseins-Reisen (von ihnen als »Phasenverschiebung« bezeichnet), entdeckten aber auf keinem der anderen Planeten in ihrem Sternenhaufen humanoides Leben. Im Lauf von über tausend Jahren besiedelten sie schließlich die wenigen anderen Planeten, auf denen Leben in der »Zone« um die anderen nahe gelegenen Sterne möglich war.

Mit den Sprechmöglichkeiten der irdischen Menschen kann man ihre Sprache nicht nachmachen. In dieser Sprache muss man zwei Töne gleichzeitig aussprechen, und ihr Vokabular im Rahmen dieser Laute war hochkomplex. Interessanterweise führte das zu einer fast komplett konzeptuellen Schriftsprache anstatt zu einer Sprache, bei der Buchstabengruppen einen Klang ergaben. Deshalb verwendeten sie Symbole, die Konzepte umfassten, und das tun sie immer noch. In der Schriftsprache der Plejadier sind keine Buchstaben zu finden.

Frage:
Wie erwähnt, waren die Sprachen der Ägypter, Israeli und Polynesier von der Ursprache Solara Maru abgeleitet. Kannst du uns mehr über diese Sprache erzählen?

Antwort:
Um die letzte Antwort weiter auszuführen: Ja, die konzeptbasierte Sprache der Plejadier wurde zu den hoch entwickelten symbolbasierten Konzeptsprachen eures Planeten. Hier ist die Rede von allen Sprachen, die zur Kommunikation hauptsächlich Symbole verwenden. Manche dieser irdischen Sprachen wurden zu Hybridsprachen, die sowohl konzeptuelle Symbole als auch lautbasierte Buchstabengruppen beinhalten.

Betrachtet euch einmal die dahinterstehende Logik: Auf allen plejadischen Planeten passierte mit ihrer Sprache im Lauf der Zeit genau das Gleiche wie auf der Erde. Trennt man Kulturen über lange Zeit ab, entwickeln sie sich zu etwas ganz Individuellem und Einmaligem, und die Sprache wandelt sich; Akzente verändern sich, neue Wörter entstehen. Auch bei ihnen verlief das so. Um eine Art Grundkommunikation aufrechtzuerhalten, wurde die konzeptuelle, symbolbasierte Sprache entwickelt, damit über die Schriftsprache eine volle Kommunikation stattfinden konnte, egal was mit den vielen plejadischen Sprachen passierte. Das funktionierte auch, allerdings kamen bei jeder Kultur ein paar spezielle konzeptuelle »Buchstaben« dazu, die von anderen Kulturen bei Bedarf erlernt wurden. Das hieß auch, dass für Bedienungsanleitungen, Ausrüstung und Unterweisungen alle dieselben Symbole verwenden konnten und Bezeichnungen und Beschriftungen verständlich waren.

Ihr seid eigentlich gerade dabei, das mit euren »Icons« entsprechend zu entdecken, um manche Prozesse oder Schilder international verständlich zu machen.

Lemurien und Atlantis

Nicht jeder hat schon einmal von Lemurien gehört, aber so ziemlich alle von Atlantis, auch außerhalb der metaphysisch interessierten Gemeinschaft. Die mythische Insel von Atlantis ist so etwas wie ein populäres Kulturgut und genießt in Film und Literatur einen legendären Status. Weltweit gibt es Menschen, die meinen, sie hätten in einem früheren Leben in Atlantis gelebt. Warum erinnern wir uns so gut an Atlantis, während Lemurien scheinbar in Vergessenheit geraten ist? Die Antwort auf diese Frage ist komplex und auf mehrere Faktoren zurückzuführen.

Ein wichtiger Grund für unsere gute Erinnerung an Atlantis hat mit der Wirkweise unserer Akasha zu tun. Sie umfasst sozusagen eine Suppe aus all unseren vergangenen, gegenwärtigen und zukünftigen Erfahrungen. Wir fühlen und erleben unsere Akasha-Erinnerungen auf energetische und nicht auf lineare Weise. Manch einer erinnert sich beispielsweise an ein früheres Leben im alten Ägypten, aber nicht an die ganzen Einzelheiten wie Name, Namen von Familienmitgliedern, exakte Jahresangaben, den genauen Ort und all die Details der Ereignisse jenes Lebens. Wir Menschen neigen zur Singularität; unsere Akasha sieht die wichtigen Ereignisse und Erfahrungen als »eine Vergangenheit und eine Geschichte«. Unsere Zellstruktur erinnert sich daran als ein einziges Ereignis. Lee Carroll und Kryon haben das als das »Versinkende-Insel-Syndrom« beschrieben.

Viele alte Seelen hatten mehrere Erfahrungen mit »versinkenden Inseln«. Wodurch entstand dieses Muster? Die Antwort auf diese Frage hat mit den tiefgreifenden Auswirkungen der einmaligen lemurischen Erfahrung zu tun. Das Leben in Lemurien prägte sich der Akasha ein und gab der reinkarnierten Seele auf Akasha-Ebene den starken Wunsch ein, auf einer Insel mit Gleichgesinnten zu leben. Dank ihres freien Willens machten sich viele reinkarnierte Lemurier auf die Suche nach einer Insel mit einer erleuchteten Gesellschaft. Angesichts der Dynamik von Inseln und ihrer Anfälligkeit für Naturkatastrophen stieg die Wahrscheinlich einer »Sinkenden-Insel-Erfahrung« für diejenigen, die immer wieder an solchen Orten leben wollten, stark an. Deshalb gab es laut Kryon im Lauf einer sehr langen Zeit mehr als nur eine Zivilisation, die unter dem Namen Atlantis bekannt war.

Wir sprachen bereits davon, wie der Minikontinent von Lemurien langsam versank und die Lemurier sich zu einer Seefahrernation entwickelten (siehe Kapitel 1: Das alte Lemurien: Die Geschichte von Lemurien). Bei mehreren Treffen der Lemurischen Schwesternschaft gab Kryon weitere Informationen über die Erinnerungen von alten Seelen an Lemurien und Atlantis durch. Die folgende gechannelte Botschaft von Kryon bestärkt Lemuriens einzigartige Rolle bei der Einrichtung der Akasha des Planeten sowie die Verbindung zu Atlantis:

Ihr Lieben, Lemurien hat eine sehr reiche Geschichte und unterscheidet sich vielleicht von den anderen Zeitkapseln [Knoten], die sich auf dem Planeten befanden und wo die Zivilisation und die Ausbringung der Saat in der menschlichen Rasse ihren Anfang nahm. Ich spreche hier von der Erschaffung des Menschen, der um Licht und Dunkelheit wusste. Das sind uralte Orte, Zehntausende von Jahren alt. Aber Lemurien war anders als der Rest.

Mein Partner [Lee] spricht über Lemurien und etwas, was geologisch nicht nachgewiesen wurde. Ich jedoch sage euch: Eines Tages werdet ihr den Beweis dafür finden, dass der geologische Hotspot unterhalb von Hawaii diesen Berg so weit hochgedrückt hat, dass er der höchste Berg der Erde und so groß war, dass man ihn als einen Minikontinent betrachten könnte. Über die Blase dieses Hotspots haben wir schon gesprochen. Was wir euch noch nicht gesagt haben, ist Folgendes: Geologisch betrachtet dauerte sowohl das Hochdrücken als auch das Versinken eine lange Zeit.

Als die Plejadier hier ankamen, meine Lieben, war der Berg komplett hochgedrückt. Doch als er versank, ging er nicht ganz unter, sondern nur bis zu den Spitzen des Gebirgszugs; dadurch entstand die heutige Hawaiianische Inselkette.

Die »Jahre des Versinkens« von Lemurien, wie ich das nenne, umfassten also viele Lebzeiten, die für viele sehr beängstigend waren, denn die Insel versank immer weiter. Vielen war aber auch klar, dass sie Zeit hatten. Dennoch entstand durch die »Jahre des Versinkens« in der Akasha derjenigen, die dabei waren, etwas Neues.

Anfangs war Lemurien so eine Art Startrampe für die Akasha des Menschen. Damit meine ich: Ihr verbrachtet nur ein Leben [Inkarnation] in Lemurien und kamt dann woanders auf dem Planeten zurück. Vielleicht versteht ihr nun, warum der Tempel der Verjüngung so wichtig war? Ihr wusstet damals über Reinkarnation und diesen speziellen Akasha-Prozess in Lemurien Bescheid, denn es wurde euch mit aller Sorgfalt gelehrt. Dieses Wissen wurde an alle weitergegeben.

Ihr Lieben, die ganze Menschheit weiß intuitiv um diese Vorstellung von der Akasha. Die ersten organisierten spirituellen Glaubenssysteme auf diesem Planeten glaubten an die Reinkarnation, weil sie auf Zellebene wussten, dass es das gibt. Erst später, in Zeiten der modernen Spiritualität, wurde euch das ausgeredet. Es ist also eine Art erster intuitiver Gedanke. Die plejadischen Lehrerinnen erzählten euch Wort für Wort von dieser Akasha-Startrampe.

Und noch einmal: Ihr hattet nur eine Lebensspanne in Lemurien; die nachfolgenden Leben verbrachtet ihr in anderen Gegenden des Planeten.

Lemurien war ein Dampfdrucktopf der Weisheit. Niemand konnte die Insel verlassen, und niemand konnte auf die Insel kommen, da sie von Wasser umgeben und isoliert war. Ihr habt keine neuen Leute kennengelernt, und die Traditionen haben sehr lange überlebt. Auf diesem Planeten kommt vielleicht höchstens die Aborigines-Kultur in Australien dem nahe. Eine Kultur, die jahrtausendelang erhalten bleibt, baut Weisheit auf, und ihr wart ein Teil davon.

Wir sprechen hier von den Jahren, in denen Lemurien versank, und den Leben, die zu dieser Zeit dort verbracht wurden. Ihr wart nicht alle gleichzeitig dort, ihr Lieben, aber ihr nahmt an den gleichen Ritualen, Ehrungen und Geburtszeremonien teil, denn sie veränderten sich nie. Ich spreche hier nicht von Familienkameradschaft, ihr alle zusammen an einem Ort. Vielmehr geht es darum, dass ihr in dem Leben, das ihr dort verbracht habt, alle an denselben Dingen teilnahmt und teilhattet.

Ihr wusstet also über Reinkarnation Bescheid: Ein menschliches Leben kam an, eine Seele startete von Lemurien aus, und sie hatte keine Akasha, bis sie woandershin kam. Nun hört gut zu: Viele reinkarnierten in Europa, und ihre Akasha erinnerte sich an eine »versinkende Insel«. Willkommen beim »Versinkende-Insel-Syndrom« – woraus sich die heutige Legende von »Atlantis« entwickelte. Deshalb denken so viele Menschen, Atlantis habe im Pazifik gelegen, wo es doch in Wirklichkeit vielleicht im Atlantik lag. Die tatsächlichen Orte namens Atlantis (es gab drei davon) befanden sich an unterschiedlichen Stellen, und bei allen hallt die Akasha-Erinnerung von der versinkenden Insel der Lemurier nach.

Dieses Atlantis ist hochkomplex, denn es bezieht sich auf viele Akasha-Energien, die ihr in einem Gefühl zusammenführt und als »Atlantis« bezeichnet. Doch all das nahm in Lemurien seinen Anfang. Die Lemurier, die in der »Zeit des Versinkens« lebten, hatten also einen Einfluss, den viele von euch jetzt in ihrer Akasha tragen: eine Erinnerung an das, was eurem Gefühl nach Atlantis ist.

Wir sprechen hier über die Traditionen, darüber, wer ihr wart und was ihr gemacht habt. Damit habt ihr das Fundament geschaffen für die Person, die ihr heute seid, das solltet ihr wissen.

Das habt ihr womöglich nicht verstanden? Meine lieben Damen, ihr wart damals die Akasha-Startrampe der Erde; es ging um Fortpflanzung und Vermehrung. Jedes Kind, das ihr jemals hattet, hatte kein weiteres Leben in Lemurien, und ihr auch nicht. Es veränderte eure Art und Weise zu lehren und auch eure Sicht eures Lebens. Manches davon prägt euch auch heute noch und ist der Grund dafür, dass ihr heute meinen Worten lauscht [und sie lest].

Kryon Live-Channelling, durchgegeben anlässlich eines Treffens der Lemurischen Schwesternschaft in Calgary, Kanada – 23. Mai 2015

Frage an Kryon:
Im Kryon-Band 11, »Recalibration«, ging es um den Beginn einer Neuen Erde aufgrund der Rekalibrierung des Selbst, der Gitter des Planeten und der Rekalibrierung von Dunkelheit und Licht. Wie wird diese Rekalibrierung und das Umschreiben unserer Zukunft die Akasha-Erinnerung an die versinkende Insel und die damit zusammenhängenden Geschehnisse verändern?

Antwort:
Ihr müsst ein Grundkonzept verstehen, das wir euch zu vermitteln versucht haben, seit wir über die DNA sprechen: In dem Maße, wie sich die Funktionalität der DNA entwickelt, entwickelt sich auch die Funktionalität von allem um euch herum, auch Gaia (Natur). Wir wollen es das »Prinzip des Erwachens« nennen.

Das bedeutet: In dem Maße, wie ihr euch weiterentwickelt, entwickeln sich auch einige Prozesse und Attribute um euch herum weiter, die ihr nie in Verbindung mit euch gebracht habt. Dieser Planet hat sich bereits von der Pest befreit. Überlegt einmal: Immer mehr Menschen leben zusammen, und die Bevölkerung wächst dramatisch an; logischerweise sollte das zu einer immer größeren Brutstätte für biologische Mutationen bei Mikroben führen, die wiederum sich rasant ausbreitende Seuchen und Krankheiten zur Folge haben müssten. Doch das ist nicht passiert und wird auch nicht passieren. Auch mehr Sauberkeit hat diese Seuchen nicht ausgemerzt – euer Bewusstsein hat das getan.

Mit eurer zunehmenden Weiterentwicklung und dem Überwiegen von Licht gegenüber der Dunkelheit reagiert Gaia auf diese Entwicklung der Menschen auch anderweitig. Nahrungsmittel werden besser wachsen, und das Interesse der Insekten wird abnehmen (ihr werdet schon sehen). Krankheiten verlaufen nicht mehr so tödlich bzw. virulent, und selbst die aggressivsten Krebsarten werden zurückgehen.

Das Kristallgitter und eure Akasha werden bessere Erinnerungen liefern. Das »Versinkende-Insel-Syndrom« ist eine Metapher für Lemurier, die sich nur an den Schrecken und die Verzweiflung aufgrund ihrer versinkenden Insel erinnern, und für eine Akasha, die sich nur an Schlechtes erinnert. Das verändert sich.

Sprengt das eure Glaubensüberzeugungen? Dann denkt an die profunden Vorstellungen derjenigen, die dem ursprünglichen intuitiven spirituellen System auf dem Planeten anhängen: »Einssein mit allem« war die Idee, und es gab keinen Propheten. Dies ist das Konzept einer Kernwahrheit, und das Konzept ist wahr.

Diesen Planeten gibt es, damit die Menschen sich dem Test von Licht und Dunkelheit unterziehen, um die Entwicklung der Galaxie weiter voranzutreiben. Ein Planet nach dem anderen hat das gemacht. Zunächst wird in den Bewohnern dieser Planeten die Saat ausgebracht (die DNA verändert); sie erfahren vom Schöpfer und erkennen, dass sie nicht allein sind. Dann lernen sie, dass es nicht viele Götter, sondern nur den einen Gott gibt. Und dann vernichten sie sich entweder gegenseitig, weil sie über die Ressourcen uneins sind oder unterschiedliche Vorstellungen davon haben, wie der »eine Gott« wirkt, oder sie verstehen das Einssein von allem. Und falls sie die Kriegsphase überleben, erwachen sie schließlich für die Vorstellung, dass sie Teil einer größeren galaktischen Familie sind, und entwickeln sich als Planet weiter.

Im Lauf dieser Entwicklung begreifen sie auch das Prinzip des Erwachens und erwarten, dass ihre Akasha ihnen höchst gütige Hilfe zuteilwerden lässt. Wir haben euch das Konzept vom »Schürfen in der Akasha« gelehrt, damit ihr das »Prinzip des Erwachens« und auch den wahren Grund für die Akasha-Chronik versteht.

Der wahre Grund für die Existenz der Akasha-Chronik besteht darin, den Menschen die Erinnerungen an die Erfahrung und Weisheit ihrer Leben zu geben, damit sie während ihrer Leben wachsen und sich entwickeln, anstatt gestört durchs Leben zu waten und Kriege zu führen und jedes Mal, wenn sie hier ankommen, wieder von vorne damit anzufangen, Rätsel zu lösen und ihre Zivilisationen zu vernichten.

Was wäre, wenn ihr an jedem Geburtstag alles vergessen würdet und erneut lesen lernen und zur Schule gehen und eure

Lebenslektionen lernen müsstet? So war das bis jetzt; die Menschen hatten eine mysteriöse Akasha und erinnerten sich nur ab und zu an etwas Negatives, und zwar aufgrund der sehr schlecht funktionierenden DNA, in der eure Akasha gespeichert ist.

Jetzt wisst ihr es. Eure Akasha erwacht, bringt euch gute Erinnerungen zurück und hilft euch, das zu nutzen, was ihr euch verdient habt: viele Leben voller Wissen, Weisheit und menschlichem Know-how.

Kapitel 2

Die Frauen von Lemurien

Die Frauen von Lemurien standen für das spirituelle Bewusstsein der Gesellschaft. Ähnlich wie die Anangu am Uluru stellten die lemurischen Frauen die Schamaninnen und gaben ihrer Gemeinschaft Orientierung und Führung. Dieses schamanische Wissen war bekannt, sehr hoch angesehen und absolut überlebensnotwendig. Die Männer wie auch die Kinder verließen sich darauf; so wurde das einfach gemacht. Die Frauen stellten das spirituelle Zentrum und die Verbindung zur schöpferischen Quelle dar.

Die Lemurier wussten, sie waren Teil der Erde. Jeden Tag ehrten und begrüßten sie Gaia, denn das entsprach ihrer Grundausbildung durch die Plejadierinnen. Sie verstanden, dass Gaia den ihr erwiesenen Respekt zurückgab. Die Männer verließen sich auf die Verbindung der Frauen zu Gaia. Sie vertrauten den Frauen, wenn diese mit ihrem Quantengewahrsein das Wetter vorhersagten und änderten, vertrauten auf den Rat und die Führung der Frauen hinsichtlich ihrer Fisch- und Jagdgründe. Die Männer verstanden die den Frauen innewohnenden schamanischen Energien und verließen sich darauf in allem.

Die göttliche Führung, die den Frauen intuitiv zuteilwurde, ermöglichte es ihnen, sich um die Männer zu kümmern. Mit Zustimmung der Männer agierten die Frauen als spirituelle Führerinnen, denn sie verfügten über Intuition und die Verbindung zur schöpferischen Quelle. Das war völlig natürlich und normal – so wie es normal war, dass die Frauen und nicht die Männer Kinder auf die Welt brachten. Sie waren dafür »ausgerüstet«. Hätte man einen lemurischen Mann über die spirituelle Führungsrolle der Frauen befragt, hätte er geantwortet: »Ist das denn nicht überall so?« Die lemurische Gesellschaft kannte und verstand geschlechtsspezifische Aufgaben.

Heute werden die schamanischen Lehren der lemurischen Frauen wieder gelehrt, dank des Akasha-Erwachens von Mele'ha (siehe Kapitel 4: Die Lemurische Schwesternschaft). Mele'ha ist laut Kryon der lemurische Name von Dr. Amber Wolf; wie er auch offenbart hat, war Mele'ha im alten Lemurien während der letzten 500 Jahre der lemurischen Zivilisation eine Lehrerin und Führerin der Frauen. 2011 gründete Dr. Amber (Mele'ha) Wolf die Lemurische Schwesternschaft für die modernen Vertreterinnen der uralten Lehren der plejadischen Sternenmütter. Auf Dr. Ambers Frage an Lee Carroll zur Lemurischen Schwesternschaft gab Kryon Folgendes durch:

Die ursprüngliche Lemurische Schwesternschaft praktizierte überall in Lemurien, sowohl auf dem Mutterberg (Hawaii) als auch auf den davon abstammenden Inseln und in Besiedlungen auf dem Festland (beispielsweise Rapa Nui bzw. die Osterinsel, Neuseeland und Mount Shasta). Sie bestand noch lange nach den »Jahrhunderten der Akasha-Entwicklung« und verbreitete sich über die ganze Erde, bis sie irgendwann aufgrund von Überlebensattributen und den beginnenden Zeiten der Eroberungszüge in eurer Geschichte fast komplett in Vergessenheit geriet.

Sie überdauerte die Attribute des »exklusiven Ausdrucks« des ursprünglichen Lemurien und hielt Einzug in einige der höchst geheimen Gesellschaften überall auf der Erde. Sie wurde umbenannt und selbst von Frauen, denen diese Schwesternschaft lieb und teuer war, verleugnet, und schließlich starben die Priesterinnen wegen des Ungleichgewichts, das die Menschheit überrollte, aus. Doch in der Akasha der alten Seelen war die Schwesternschaft immer zugegen, wie das Flüstern einer alten Liebe immer bereit, wieder aufzutauchen und sich mit dem Feuer des Mitgefühls erneut zum Wohl der ganzen Menschheit zu entzünden.

Die Schwelle wurde überschritten, und die neuen Kalender werden vorbereitet.

Jetzt ist die Zeit gekommen, sich der heiligen, ausgleichenden Methoden der Vergangenheit zu besinnen, sie wieder zum Leben zu erwecken und in die Zukunft zu bringen.

In mehreren gechannelten Botschaften bezieht sich Kryon immer wieder auf die Schwesternschaft von Lemurien. Wie in den nachfolgenden Durchgaben klar wird, wurde der Begriff der »Lemurischen Schwesternschaft« damals jedoch überhaupt nicht verwendet. Kryon würdigt die Akasha-Erinnerungen von Mele'ha und erkennt an, dass die moderne Lemurische Schwesternschaft und die Schwesternschaft im alten Lemurien ein und dasselbe sind. Kryon hat anlässlich von Treffen der Lemurischen Schwesternschaft viele Informationen über Lemurien übermittelt, besonders über die Rolle der Frauen. Ihr Interesse an diesem Buch über die Frauen bzw. weibliche Kraft von Lemurien sagt sehr viel darüber aus, wer Sie sind und was Sie für sich in diesem Leben erschaffen wollen. Der einzige Sinn und Zweck der ursprünglichen Schwesternschaft bestand darin, es denen, die daran teilhatten, zu ermöglichen, eine bestimmte Energie zu bewahren, sodass in zukünftigen Inkarnationen die weibliche Weisheit an andere weitergegeben werden konnte. Kryon erklärt:

Ihr seid alte Seelen. Ihr seid zu diesem heutigen Treffen gekommen, um einige alte Erinnerungen wachzurufen, die ihr tief in euch verspürt. Eure Akasha resoniert damit – mit der Wahrheit und Schönheit, die darin enthalten sind. Wie wir euch gesagt haben, ist die Schwesternschaft etwas Einzigartiges. Sie hat mit der Kultur von Lemurien und darüber hinaus mit den Anfängen und der Aufstellung der eigentlichen menschlichen Natur zu tun. Zu Beginn und bei einigen indigenen Völkern bis heute steht die Erkenntnis und Anerkennung, dass diejenigen, die Kinder gebären, auch das spirituelle Zentrum des Stammes darstellen. Dabei geht es um das Schenken von Leben, wodurch das Weibliche womöglich einen Vorsprung bzw. einen Vorteil hat, ein Bewusstsein, welches Leben hervorbringen und verstehen kann. Der spirituelle Teil des Lebens in Lemurien wurde also oft an euch weitergegeben, nicht vollständig, aber um die Bühne zu bereiten. Genau das habt ihr in Lemurien getan. Ihr habt das Ganze spirituell in Balance gebracht.

Ich möchte die Informationen, die ich heute Abend bereits durchgegeben habe, weiter ausbauen. Die Zeremonien, die ihr damals abgehalten habt, waren sehr primitiv. Sie dauerten sehr lange und waren ein Anfang.

In diesem heutigen Zeitalter bitten wir euch, die Intention und den Sinn, die Spiritualität und die Schönheit neu zu entfachen. Der Planet entwickelt mehr mutterähnliche Eigenschaften, mehr Fürsorge, mehr Mitgefühl, und die ganze Erde braucht diese Intention und die Erdung, die ihr bewirkt. Aber ihr macht das auf neuartige Weise. Dieses Mal wird es von Mele'ha sozusagen passgenau zugeschnitten; sie ist eine moderne Frau mit uralten Erinnerungen. Mele'ha hat in Lemurien über viele Lebensspannen anderer Lemurier hinweg gelebt, und darüber haben wir bislang noch nicht gesprochen.

Sie lebte als Mele'ha in der Gesellschaft sehr lange, buchstäblich dreimal so lange, wie die meisten von euch lebten. Das erreichte sie dank ihrer Verbindung zum Tempel der Verjüngung auf dem Berggipfel. Dorthin wurde im Rahmen eines sozial primitiven Systems die Elite gebeten, ob das nun richtig oder falsch war. Aber es erforderte menschliche Lehrer, die mehrere Generationen lang dort verblieben, und sie gehörte zu jenen, die von der ursprünglichen plejadischen Quelle unterwiesen wurden. Das verlieh ihr die Fähigkeit der Verjüngung, und genau das passierte mit ihr. Sie war also eine sehr lange Zeit Lehrerin, und viele, viele Frauen standen unter ihrer Führung. Sie unterrichtete die ursprüngliche Intention, nicht einfach nur Zeremonien, sondern Weisheit. Mele'ha war weise. Ihre Lehrerin war eine reine Plejadierin. Diese Verbindung wurde nur einer Generation von Menschen zuteil, die dann woanders inkarnierten.

Ich möchte euch nun Informationen übermitteln, durch die ihr würdigen und schätzen lernt, was in der Schwesternschaft geschah. Verwerft die Vorstellung, ihr wärt einfach ein paar Frauen gewesen, die sich gesellschaftlich zu Zeremonien trafen, um dem Stamm, Lemurien, zu helfen. Das war vielmehr der Sinn eures Lebens, eure Lebensaufgabe. Nicht alle Frauen waren in der Schwesternschaft, ob das nun richtig oder falsch war. Es gab ein System, das festlegte, wer dabei sein konnte und wer nicht. Darauf möchte ich an dieser Stelle nicht weiter eingehen. Es war ein Kreis von Frauen, die gewisse Gefühle verspürten und die

Energie hatten, danach zu suchen, wie die Weisheit des Lebens fortgeführt werden konnte.

Der einzige Sinn und Zweck der Schwesternschaft bestand darin, diese spezielle Energie in späteren Inkarnationen zu bewahren und diese weibliche Weisheit an andere weiterzugeben – eine sanfte Weisheit, die sich auf alle anderen im Umfeld einer solchen Frau auswirkte. Das war die Intention, aber mit freiem Willen. Die Erde konnte gehen, wohin sie wollte. Doch ihr hattet die Fähigkeit, die Saat für viele kommende Generationen auszubringen, und das habt ihr gemacht. Man könnte sagen, dafür wart ihr ausgebildet worden.

Wie sieht eure individuelle Erinnerung aus? Könnt ihr euch eine Gruppe von Frauen auf Meereshöhe [am Meer] vorstellen, die wunderbare, schöne Zeremonien ausführten? Könnt ihr die sanften Passatwinde spüren, die bei Sonnenuntergang wehten, und euch daran erinnern, wie der Mond hervorkam, ohne kalte Abende? Welches Bild stellt ihr euch vor? Seid ihr euch bewusst, dass ihr dunkle Haut und schwarzes Haar hattet? All ihr Lemurier wart die Vorgänger der Hawaiianer.

Was ich euch sagen will, geht über Zeremonien und Spiritualität hinaus und hat mit weiblicher Verbundenheit zu tun. Ihr werdet das zu schätzen wissen. In Lemurien umfasste die Schwesternschaft alles, was euch wichtig war. Alles in eurem Leben und das, was ich euch noch nicht erzählt habe, waren wunderbare Erfahrungen, die jenseits eures Verständnisses liegen. Stellt euch vor, die Schwesternschaft war dabei, wenn ihr euer erstes Kind auf die Welt brachtet. Ihr alle hattet Kinder, außer jene, die unfruchtbar waren. So war das Leben einfach in einer primitiven Kultur. Ihr alle habt Kinder geboren, und dafür gab es eine Art Ablaufprotokoll. Die Schwestern waren anwesend. Bei jedem Kind, das auf dem kleinen Kontinent Lemurien geboren wurde, waren die Schwestern dabei. Stellt euch nur das Aufwachen des Kindes und das Bewusstsein vor, alle Frauen hatten daran teil. Ihr fasstet die Hände oder den Körper der Gebärenden. Ihr wart dabei, als sie schrie oder Schmerzen hatte oder vielleicht sogar starb. Gab es Komplikationen, war die Schwesternschaft zur Stelle.

Ihr alle wusstet um diese Unterstützung. Falls es bei der Geburt Probleme gab bzw. ihr es nicht überlebtet, das Kind jedoch schon, war die Schwesternschaft da. Die Schwesternschaft übernahm die Verantwortung für das Großziehen des Kindes – diejenigen mit weiblicher Energie und Mitgefühl, die in sich den spirituellen Samen trugen. Sterben war eine friedliche und keine verzweifelte Angelegenheit. Aber der Tod war die Ausnahme, denn die meisten waren sehr gesund und bekamen in diesen Momenten wunderbare Hilfe von erfahrenen Frauen.

Stellt euch nur vor, wie es ist, ein Kind zu gebären und gemeinsam mit den Schwestern dieses profunde Ereignis voller Freude zu erleben, anstatt so, wie es heute ist. Ihr alle hieltet in einem Kreis die Hand einer anderen Frau, ihr hieltet euch bei den Händen, und letztendlich hielt die Gebärende euch bei den Händen. Wenn das aus irgendeinem Grund nicht möglich war, berührtet ihr ihren Körper. Es fand immer in einem Kreis statt. Im Moment der Geburt war der Kreis vollständig, und ihr tatet etwas höchst Ungewöhnliches und Spektakuläres. Wenn das Kind geboren war, habt ihr die Hände losgelassen, geklatscht und gesungen: »Willkommen auf der Erde!« Das war der erste Klang, den das Kind vernahm: Es tat seinen ersten Atemzug und hörte die Schwesternschaft applaudieren und singen.

Wenn eine Schwester verstarb, ihr um ihren bevorstehenden Übergang wusstet und es irgendwie möglich war, verließ sie die Erde genau so, wie sie gekommen war: Ihr habt sie bei den Händen gehalten und gesungen. Es war ein freudvolles, mitfühlendes Ereignis – eine Abschiedszeremonie mit der Schwesternschaft.

Es geht hier nicht nur um Spiritualität, sondern um mitfühlende Kameradschaft – Leben und Tod, Sinn und Schönheit. Wenn ihr das später dem Planeten vermachen könntet – könnt ihr euch vorstellen, wie sanft das wäre? Alle lernten auf diese Art und Weise, die Geburt und den Tod zu ehren. Es geht darum, dass das Leben an sich sanft, mitfühlend und schön ist. Das ist die Schwesternschaft mit allem, was sie umfasst. Das ist die Schwesternschaft, und ich war dabei.

Spürt in diesem Augenblick im Geiste die Brise, die durch euer langes schwarzes Haar weht, während ihr hier sitzt und die

Füße im Wasser habt, so wie damals, und erinnert euch daran, wie das war.

Kryon Live-Channelling, durchgegeben anlässlich eines Treffens der Lemurischen Schwesternschaft in Atlanta, Georgia – 14. Februar 2015

Was für eine wunderbare Wertschätzung und Ehrung von Geburt und Tod! Und der Geburtsprozess? In Lemurien waren Wassergeburten üblich. Im alten Ägypten stellen einige Felszeichnungen angeblich die Wassergeburt von Pharaonen dar. Und in der minoischen Zivilisation auf der Insel Kreta wurden Tempel für Wassergeburten gebaut. Auf den Hawaiianischen Inseln herrscht die Überzeugung vor, Tausende von Generationen seien durch Wassergeburt auf die Welt gekommen. Auch in vielen anderen indigenen Kulturen wurden Wassergeburten vollzogen. In der folgenden Durchgabe liefert Kryon weitere Erklärungen zu unseren plejadischen Müttern und dem Fest der Geburt:

Die Plejadierinnen waren in Lemurien die Lehrerinnen, und oft konnte man sie nur schwer von den damaligen Menschen unterscheiden, denn manche von ihnen waren so etwas wie Hybriden; ihre Mütter waren von den Sternen, ihre Väter aber nicht. Bei Yawee war das ähnlich. Einer seiner direkten Elternteile war plejadischer Abstammung und er war eine der ersten menschlichen Seelen auf dem Planeten mit einer Mutter und einem Vater, die im wahrsten Sinn des Wortes aus verschiedenen Welten kamen. Dies war Teil der »Ausbringung der Saat« im Menschen, wodurch für alle zukünftigen Generationen die DNA verändert wurde. Der plejadische DNA-Einfluss war in eurer Biologie bzw. euren Genen dominant. So geschah das überall, wo die Plejadier bzw. Plejadierinnen auf den Planeten kamen.

Noch ein paar Informationen: Letzte Woche beschrieben wir, wie die Lemurischen Schwestern in einem Kreis Tod und Geburt feierten. Bei dieser Durchgabe hat mein Partner nicht erkannt, wie wichtig das war, was da geschah, deshalb wollen wir diese Informationen jetzt ausweiten. Beim Channeln unterscheidet sich sein Bewusstsein manchmal von eurem, und er berichtet von dem, was er sieht, wie es durch seine Filter geht. Er sah euch um einen Geburtsteich herum, erkannte aber nicht die Bedeutung einer Unterwassergeburt. So wurde das in Lemurien gemacht, denn damals wie heute war das Wasser warm. Eine Unterwassergeburt steht symbolisch für vieles und war auch für das Kind sehr gesund. Das Salzwasser hatte eine heilende Wirkung; es hat die richtige Temperatur, und dieses Wasser, in das das Kind hineingeboren wird, ist einfach wie eine Erweiterung der mütterlichen Flüssigkeit. Das Kind fühlt sich bei der Geburt wohl und schwebt im Wasser, bis es an der Zeit ist, die Nabelschnur zu durchtrennen. Dann wird es hochgezogen, und sein erster Schrei ist vernehmbar. Diese Erfahrung ist sanfter, und ihr hattet daran teil.

Vielleicht interessiert es euch auch zu erfahren, dass nicht alle Frauen in Lemurien der Schwesternschaft angehörten. Ob nun richtig oder falsch, die Zivilisation und die Gesellschaft waren als beginnendes Bewusstsein angelegt; für euch heute entspräche das einer »unentwickelten« Gesellschaft. Ihr wurdet von den verschiedenen Familien ausgewählt, sie in der Schwesternschaft zu vertreten; die Schwesternschaft bestand also eigentlich aus denjenigen, die später zu den Ältesten wurden. Es handelte sich um eine besondere Gruppe von Frauen, die für die spätere Rolle als Älteste ausgebildet wurden.

Spiritualität war »Frauensache«; ihr habt vielleicht gedacht, ihr wärt einfach eine von all den Frauen gewesen, doch das stimmt nicht. Lemurien war größer, als ihr denkt. Die Bevölkerung nahm zu, die Schwesternschaft aber nicht, denn es war eine Elite, eine auserwählte Gruppe, eine gewählte Gruppe. Die Wahl erfolgte durch diejenigen, die am stärksten die Plejadierinnen repräsentierten. Es gab Bewusstseinsmodelle [die Plejadierinnen], und ihr habt ihre Engelhaftigkeit, ihr Mitgefühl und ihre Güte euch gegenüber genossen – ein nachhaltiges und langlebiges Muster des Weiblichen.

Kryon Live-Channelling, durchgegeben anlässlich eines Treffens der Lemurischen Schwesternschaft in Sacramento, Kalifornien – 21. Februar 2015

Wie funktionierte die »Schwesternschaft« von Lemurien? Welche Rollen hatten Männer und Frauen inne? Wer war verantwortlich? Kryon erklärt:

Als eine der ersten menschlichen Zivilisationen hatte Lemurien Lehrer von den Sternen – das war etwas Ursprüngliches, Neues und eher noch in den Grundzügen. Aber ihr hattet bereits die geschlechterspezifischen Aufgaben in eurer Kultur anerkannt. Es gab keine Abstimmung über das, was ihr machtet; vielmehr handelte es sich um ein euch innewohnendes Verständnis, Intuition und euer aller gesunden Menschenverstand.

Die Frauen teilten den Männern Rat von den Sternen mit; sie verfügten über die dazu erforderliche Intuition. Niemand stellte je infrage, ob die Frauen das, was sie machten, wirklich tun sollten, genauso wenig wie ein Mann jemals hinterfragte, ob die Frauen gebären sollten – und dabei geht es nicht unbedingt um die weibliche Biologie; es hatte mit der Vernetzung des Gehirns zu tun.

Das weibliche Gehirn war nährend, fürsorglich und intuitiv. Die Frau war darauf »programmiert«, die Kinder großzuziehen, und sie war »in Verbindung«. Auch die Männer hatten in anderen Bereichen klare Aufgaben und Verantwortlichkeiten, aber in der lemurischen Kultur waren sie stark auf die Frauen angewiesen. Die Frauen verrichteten aufgrund ihrer erweiterten spirituellen Intuition tatsächlich mehr Arbeiten als heute.

Die Frauen hatten die Aufgabe, zu wissen, was potenziell geschehen würde. Sie wussten intuitiv, wann das Wetter passte, wann es günstig war, im Meer zu fischen, und vieles mehr. Dieses Bild habe ich euch ja schon früher durchgegeben, aber jetzt sage ich euch etwas, was sich vielleicht von eurer Vorstellung unterscheidet.

Ihr lebt in einer eleganten Gesellschaft, die dank ihrer Geschichte und Erfahrung und jahrelang ausgereiften Praxis viele Fähigkeiten hat. Lemurien war dagegen eine sehr elementare bzw. primitive Gesellschaft. Zunächst einmal hatte Lemurien keine Geschichte, und es gab keine Versuche mit etwas, was einer Demokratie auch nur annähernd gleichkäme. Demokratie ist eine fortgeschrittene Idee, die auf jahrelangem Leben in anderen Systemen basiert. Damals gab es nichts, was ihr heute als »normal« empfindet. Die lemurische Kultur war extrem linear, wie man es ja auch von etwas Elementarem bzw. sich in den Anfängen Befindlichem erwarten würde.

Treffen der Frauen: Ihr findet das vielleicht lustig, aber es gab bei der Schwesternschaft keinen Kreis. Im Kreis wurde lediglich unterstützend bei Unterwassergeburten gearbeitet; das war alles. Bei sämtlichen Treffen saßen die Frauen in gerade angeordneten Reihen. Die Ältesten saßen in der vordersten Reihe und die Jüngeren hinten. Die Gruppe hatte eine Leiterin; sie durfte als Einzige sprechen, ohne Ausnahme. Die Vorstellung, einige Frauen würden aufstehen und ihre Meinung kundtun, lag noch ein paar Tausend Jahre in der Zukunft.

Bei den Männern war es das Gleiche. Die Ältesten hatten die Verantwortung, und die Jüngeren saßen hinten. Die Jüngeren befanden sich ständig in Ausbildung und wurden nicht einmal als Teil der Gruppe betrachtet, bis sie schließlich in die vordere Reihe rückten. Diesen Sitz in der ersten Reihe musste man sich durch jahrelange Arbeit als guter, effizienter Leistungserbringer, der beim Aufbau der Kultur mithalf, »verdienen«.

Auf so etwas trefft ihr in primitiven Gesellschaften. Als Erstes möchte ich euch sagen: Was ihr jetzt habt, ist viel, viel großartiger und eleganter. Ihr könnt in eurem heutigen modernen Kreis Dinge steuern, wie das in Lemurien nie möglich gewesen wäre. Wir bitten euch demnach nicht, sie oder das, was ihr erinnert, nachzuahmen, zu einer weniger eleganten Zeit zurückzukehren und sie auszuprobieren, sondern aufzusteigen von dem, was war, zu dem, was ist.

Bei der Lemurischen Schwesternschaft geht es also darum, in den Frauen der Erde eine stimmige Art des Schamanentums wiederaufleben zu lassen. Meine lieben Damen, das ist keine Revolution, sondern ein sanftes Wiederaufleben, das die Männer anzieht, weil das, was ihr tut und habt, außergewöhnlich und anders ist. Die Sanftheit zieht die Männer an. Es ist anders, als ihr vielleicht meint. Ihr könntet fragen: »Und wer hatte in der Schwesternschaft denn nun die Verantwortung?« In dieser linearen Gesellschaft war das immer die oberste Leiterin. Es gab keine Führungspersonen für diesen oder jenen Bereich. Es gab »die Führerin«, und sie traf über vieles in der Kultur die Entscheidung. In dem Zeitraum, von dem die Rede war, oblag die gesamte Führungsarbeit Mele'ha.

Nun könntet ihr fragen: »Und wie waren die Frauen involviert? Nahmen sie Einfluss auf Mele'has Entscheidungen? Sie konnte doch nicht einfach alles und jedes machen.« Ja. Sie stimmten nicht ab, sondern »nahmen Einfluss«. Ihre Art der Entscheidungsfindung war interessant. Nur die Frauen in der ersten Reihe waren daran beteiligt, und sie gaben Handzeichen, um kundzutun, wer bereit war, etwas Bestimmtes zu tun, oder nicht. Vergesst nicht: Das war elementar und einfach. Nur die erste Reihe mit den Ältesten antwortete und reagierte kollektiv, und Mele'ha konnte sie alle überstimmen. Das war keine Demokratie, sondern vielmehr ein sehr primitives kulturelles Verhalten. Später entwickelte sich das so, wie ihr es von einer Königin und ihrem Hofstaat kennt, wo der Führerin durch sehr subtile Signale übermittelt wurde, was die Frauen sich vorstellten.

Heute ist das anders. Heute habt ihr die Möglichkeit, das, was ihr euch verdient habt, in die Schwesternschaft einzubringen: die Fähigkeiten, die Entscheidungsfindung, die Weichheit und die Gleichheit, die ihr spürt. Doch eigentlich wollte ich euch Folgendes erzählen: In dieser ursprünglichen Kultur nahmen die Frauen ihre Kraft und Macht in Anspruch, und den Männern gefiel das, sie brauchten und erwarteten es. Es war die Spezialität der Frauen, das zu tun.

Auf die Frage »Wie hat sich das angefühlt?« würden die damaligen Frauen antworten: »Was meinst du damit? Wie fühlt es sich denn an, mit dem Mund zu essen? Es fühlt sich richtig und normal an, es ist richtig. Warum stellst du eine so ungewöhnliche Frage?« Keine hatte Angst davor, eine Schamanin zu sein – heute dagegen habt ihr Angst davor. Das ist also der nächste Schritt, meine Damen: das Amt der Vergangenheit anzunehmen; das Amt einer weisen und reifen Ratgeberin anzunehmen.

Wenn ihr nun diese lemurische Vergangenheit nachahmen wollt, dann versucht euch bitte daran zu erinnern, wie es ist, sich voll ermächtigt zu fühlen, und wisst: Ihr gehört hierher mit dem, was ihr tut. Denkt daran, euer Apfelkarren kippt nicht um, wenn ihr zu eurer Meisterschaft findet. Hört gut zu: Frauen haben etwas, was Männer nicht haben, nämlich natürliche Meisterschaft und Eleganz. Jemand mit einem schönen Angesicht und beispielhafter Fürsorge und Mitgefühl kann alles und jeden für sich gewinnen. Ihr wisst, dass ich recht habe.

Ihr Frauen, nehmt eure Macht an! Denn die Macht, von der wir hier sprechen, ist dieselbe, von der wir ständig reden. Sie ist die Liebe, das Mitgefühl, die Vernunft und Einsicht, sie mit Weisheit und Sanftheit zu nutzen.

Kryon Live-Channelling, durchgegeben anlässlich eines Treffens der Lemurischen Schwesternschaft in Phoenix, Arizona – 16. Januar 2016

Ein charakteristisches Kennzeichen der lemurischen Frauen ist die Macht der Liebe. Ihre Liebe basiert auf mitfühlendem Handeln, Fürsorge, Freundlichkeit, Geduld, Toleranz und Weisheit. Diese Attribute werden von anderen bemerkt, ganz unabhängig vom Geschlecht, und stehen zur Verfügung, egal ob Sie ein Leben in Lemurien gelebt haben oder nicht. Und wie sieht es mit anderen Aspekten in Lemurien und mit den von den Schamaninnen gegebenen Unterweisungen aus? Waren daran alle Frauen beteiligt? Gab es für Frauen eine Initiation? Auf diese und weitere Fragen antwortet Kryon in der folgenden Durchgabe:

Jetzt wollen wir von profunder weiblicher Weisheit sprechen, die in Lemurien kollektiv auftrat. Das heißt, es war etwas, was über alles, was man heutzutage normalerweise auf dem Planeten findet, hinausging. Lemurien war anders als alles, was man in der Geschichte unserer Tage studieren kann.

Wie wir gestern Abend gesagt haben, war »das Land Mu« die Startrampe der Akasha. Das heißt, bei der Geburt der Seelen über eure Lenden wart ihr euch immer bewusst, dass ihr »Neulingsseelen« auf die Erde brachtet, die zum ersten Mal auf diesen Planeten kamen. Und diese Seelen würden in keinem zukünftigen Leben erneut nach Lemurien zurückkehren. Ihr habt mitgeholfen, ihnen eine ursprüngliche menschliche Prägung zu verleihen, die sie bei jeder Reinkarnation woanders auf dem Planeten als Erstes erinnern würden. Das war bei ihrer Ankunft in einem zukünftigen Leben ihr »Anfangsbewusstsein«.

In früheren Durchgaben haben wir euch ja schon Einzelheiten darüber mitgeteilt, wie das Leben an diesem Ort namens Lemurien so war. Wie wir euch auch gesagt haben, steht ihr, die ihr hier sitzt und zuhört, nicht unbedingt für eine Familie oder eine Gruppe, die zur selben Zeit in Lemurien lebte. Die Schwesternschaft praktizierte viele Generationen lang in Lemurien, aber wir neigen dazu, uns auf die letzten paar Hundert Jahre zu konzentrieren, da Lemurien zu dieser Zeit am weitesten entwickelt war. Ihr tragt also gemeinsame Erinnerungen an viele Schwesternschaften bzw. die Akasha-Energie dieses Zusammenseins in euch. So ist das mit der Akasha-Chronik: Sie erinnert Energie, nicht eine bestimmte Zeit. Ihr seid also eigentlich Teil von etwas, was sich über eine sehr lange Zeit hinzog, etwas Heiliges, was sich nie veränderte.

Es gibt viel über eure Zeit in Lemurien zu berichten, und die Geschichte ist für euch vielleicht interessant. Manches davon mag in euch Resonanz erzeugen, und ihr erinnert euch womöglich tatsächlich an etwas. Doch heute Abend wollen wir mit etwas anderem beginnen. Wir werden im Channel mit Mele'ha, Kind einer Sternenmutter, Schwester von Yawee und eine der letzten Priesterinnen von Lemurien, interagieren. Nur durch ihr Akasha-Erwachen gibt es dieses Treffen derzeit überhaupt. Ich werde sie fragen, worüber sie in diesen wenigen Augenblicken, die uns zur Verfügung stehen, sprechen möchte, und das gibt die Richtung dieser besonderen, kurzen Botschaft vor, die wir für euch haben.

Mele'ha: Ich spüre die Fragen derjenigen, die hier vor uns sitzen: War ich dabei? War ich nicht dabei? Was habe ich gemacht? Wie war das? Wer waren wir, als Schwestern? Haben wir unterrichtet? Haben wir gelernt? Wo waren unsere Kinder? Wie ging es mit uns Frauen weiter, die ein Leben, nur eines, in Lemurien verbrachten?

Kryon: Das ist eine gute Richtung; viele dieser Fragen werden wir zu diesem Zeitpunkt nicht ansprechen, aber wir werden euch ein paar Antworten auf die häufigsten Fragen in dieser Gruppe geben, Antworten auf die Frage, was ihr in diesem Land »eines einzigen Lebens« eigentlich gemacht habt.

Meine Lieben, die Schwesternschaft folgte keinem Lehrplan. Ihr wart Frauen in einer Gesellschaft, die ähnlich wie die meisten Gesellschaften funktionierte. Diese Kultur war nicht so heilig, dass alle mit Kleidung in derselben Farbe herumliefen oder sich vor Führungspersonen verneigten oder darauf achteten, was sie sagten und taten. Es war ein gutes und ganz normales Leben.

Wo waren eure Kinder? Sie wurden von Frauen versorgt, die nicht in der Schwesternschaft waren. Ihr wart sehr beschäftigt! Gerade haben wir euch neue Informationen übermittelt: Die Schwesternschaft umfasste nicht unbedingt alle Frauen in den Dörfern. Und für den Fall, dass es euch trotz der vielen entsprechenden Durchgaben noch nicht klar war: Alte Menschen beiderlei Geschlechts wurden sehr respektiert und hoch verehrt. Haltet einmal kurz inne und überlegt: In den meisten indigenen Gesellschaften der modernen Welt stehen die Ahnen und die Ältesten im Mittelpunkt. In Lemurien gab es keine Ahnen und Vorfahren, sondern nur einen Generationen-Familienbaum. Die alten Abstammungslinien betonten also nicht so sehr die alten Vorfahren und Ahnen wie die heutigen indigenen Völker. Wahre Ehrerbietung und Weisheit wurden nur denjenigen in unterschiedlichen Lebensphasen zuteil.

Die jungen Frauen wurden erst Teil der Schwesternschaft, wenn sie ein bestimmtes Alter erreicht hatten. Wie ihr euch vielleicht schon gedacht habt, hatte es mit der ersten Monatsblutung zu tun. Dieses Ereignis war ihre Initiation in einen hoch angesehenen Fortpflanzungszyklus, der mehr verehrt wurde als ein weibliches Wesen, das lediglich potenziell ein Kind austrug. Er stand für eine Verantwortung, neue Seelen mit der neuen DNA der Sternenmütter, der DNA des Lebens für die Menschheit (die 23 Chromosomenpaare), auszustatten. Alle wussten das, denn so wurde es gelehrt, sogar den Kindern; es war eine der »Speichen« des lemurischen Rades der Unterweisung.

Nach der ersten Menstruation wurdet ihr mehrere Jahre lang ausgebildet und bekamt Kinder; erst danach konnten diese jungen Frauen zu »Schwestern in Ausbildung« werden. Wie ihr euch vielleicht schon gedacht habt, bestand die wahre Schwesternschaft von Lemurien aus hoch entwickelten, schamanisch ausgebildeten Frauen; sie alle erhielten ihre abschließenden Lektionen von den Sternenmüttern und deren direkten weiblichen Kindern (wie Mele'ha).

Ihr Lieben, alle Frauen, die dazu in der Lage waren, brachten saisonabhängig (wie es die Kultur vorschrieb) ihr ganzes Leben so lange Kinder auf die Welt, wie sie konnten. Sie hatten nicht ein Kind pro Jahr, sondern gestanden ihrer Biologie zwischen zwei Kindern zwei bis drei Jahre Ruhepause zu. Es gab auch Jahre, in denen überhaupt keine Kinder empfangen wurden, aus allen möglichen Gründen, zum Beispiel wegen Ressourcenmangel oder extrem harten Wetterbedingungen. So etwas wirkte sich auf die gegenwärtige oder die zukünftige Lebensqualität aus. Ihr hattet beispielsweise auch Jahre, in denen ihr keine Kinder bekamt, um die Bevölkerungszahl niedrig zu halten. Ihr wusstet intuitiv, wie viele Ressourcen längerfristig für die Zukunft verfügbar waren oder dass ein Wetterzyklus mehrere Jahreszeiten lang anhielt. Dennoch gab es im Dorf viele Kinder. Selbst als »Älteste« der Schwesternschaft brachtet ihr weiterhin Kinder auf die Welt. Im Lauf eurer geburtsfähigen Lebenszeit hattet ihr im Durchschnitt wohl jeweils acht Geburten. Doch als »Mitglieder der Schwesternschaft« gabt ihr eure Kinder tagsüber zumeist in die Obhut von jüngeren Frauen.

All ihr Frauen, die ihr euch hier (in diesem Raum) befindet, seid nicht zufällig bei diesem Treffen. Was hat euch heute Abend hierhergezogen? In einer Stadt nach der anderen hat Mele'ha alle Frauen zur Teilnahme eingeladen, die auf die Schwesternschaft ansprechen würden. Es ist also nicht total unwahrscheinlich, dass ihr alle zu dieser Gruppe von Lemurierinnen gezählt habt, denn sie sammelt auf diesen Treffen alte Seelen um sich. Alte Seelen, die in diesem Leben Frauen sind, haben dieses Geschlecht, weil es ihnen so bestimmt ist und weil das so geplant ist. Dieser Plan, meine Lieben, sieht vor, dass ihr die Worte vernehmt, die

Energie spürt und euch erinnert, wenn ihr das möchtet. Das ist kein Zufall.

Diejenigen von euch, die diesem esoterischen Ruf nachkamen, waren Teil dieser Geschichte. Ich habe also die Frage beantwortet: »War ich mit dabei?« Ja! An diesem Wochenende wart ihr am richtigen Ort zur richtigen Zeit, um diesen Akasha-Ruf zu vernehmen.

Was dieser Vorstellung noch Glaubwürdigkeit verleiht, ist die Tatsache, dass über die Jahrhunderte Tausende von euch in Lemurien waren. Es sprechen also viele darauf an. Ihr alle hier hattet an einem lemurischen Leben teil, über viele Jahre. Ihr alle, die ihr heute Abend hier seid, wart Teil einer Gruppe der Schwesternschaft in der letzten Pachakuti-Periode (500 Jahre) in Lemurien. Das ist eigentlich gar nicht so unlogisch.

Noch einmal möchte ich betonen, dass die Traditionen im Gegensatz zu euren heutigen Gesellschaften ziemlich statisch waren. Das heißt, sie veränderten sich kaum. Neues hatte nicht diese Energie, ebenso wenig wie der Wunsch, alles anders haben zu wollen, der in eurer Kultur heute so stark ist. Generationenlang war alles immer gleich; dafür sorgten die Sternenmütter. Sie wussten auf empathischer Ebene, dass Lemurien eine Akasha-Schule war und dass sich die Kernwahrheiten im Lauf der Zeit nicht veränderten. Und das heißt, ihr erinnert euch kollektiv an dieselben Arten von Dingen und dieselben Arten von Energie.

Eine der Fragen lautete: »Was haben wir denn den ganzen Tag gemacht?«

Ihr habt das gemacht, was Frauen schon immer in der Gesellschaft machen. Doch als Mitglieder der Schwesternschaft gab es für euch spezielle Zeremonien und Aktivitäten, an denen ihr teilhattet, und das mag euch überraschen. Und eure Männer, was machten sie? Was meint ihr? Sie waren Fischer. Auf Hawaii (in Lemurien) war Fisch die Hauptnahrungsquelle. Die Männer standen in aller Herrgottsfrühe auf und machten sich bereit, Fische zu fangen und andere essbare Meeresbewohner zu jagen, und die Schwesternschaft war mit dabei, um sie auf See hinauszuschicken. Warum? Es war Teil der Weisheit, für die ihr Frauen bekannt wart: Leben und Nahrung in ihre Netze zu bringen.

Ihr wart an allen sozialen Aspekten beteiligt, auch denen, bei denen die Männer involviert waren. Keines der Geschlechter hatte erniedrigende Positionen inne. Die Männer gingen fischen und brachten euch ihren Fang, und ihr habt das Essen zum Fisch vor- und zubereitet (inklusive Ernten, Vorbereitung und Lagerung). Die Männer kochten den Fisch und waren stolz, diese Aufgabe erfüllen zu dürfen. Das Kochen des Fisches wurde gemeinsam erledigt und nicht einzeln für jede Familieneinheit. Die »Fischgruben« zum Kochen waren etwas Besonderes, und die Männer beherrschten diese Kunst, die ihnen von ihren Großvätern überliefert wurde. So war das seit Generationen. Ihr durftet diesen Kochgruben nie nahe kommen. Das war den Männern vorbehalten.

Eure Zeremonien waren außerschulisch, und ihr hattet eine Menge zu tun. In einer Gesellschaft, die sich ernähren musste, wart ihr von Sonnenaufgang bis Sonnenuntergang am Arbeiten und kümmertet euch um die Probleme des Lebens. In Lemurien bedurften viele dieser Probleme eurer Ratschläge und Intuition. Die Schwesternschaft hatte die Aufgabe, die Gesellschaft anzuleiten, und dazu zählte auch alles Spirituelle. Doch wir sind noch gar nicht bei dem angekommen, was Spaß bereitet hat.

Es gab besondere Zeiten, in denen auch die Männer mit dabei waren und die ihr mit einer Zeremonie eingeleitet habt. Es wurde viel getanzt und viel musiziert. Immer gab die Schwesternschaft zu Beginn ihren Segen, das ist interessant zu wissen. So wurdet ihr von der Gesellschaft wahrgenommen: als die Frauen von Lemurien.

Die Gesellschaft wusste um die Bedeutung der weiblichen Weisheit und erkannte sie voll und ganz an. Es waren die Frauen, die die Kinder austrugen und sich um sie kümmerten, die das Gemüse ernteten und einlagerten, die Mahlzeiten bereiteten und der ganzen Gesellschaft als Ratgeberinnen dienten. Und die Männer standen voll und ganz hinter dieser Vorstellung der weiblichen intuitiven Führung. Es gab ein Zusammenfließen von Bewusstsein, das wusste, wer die Schwesternschaft war.

Die Gesellschaft kannte die Rollen der Männer und Frauen und respektierte ihre Talente und wer was am besten konnte.

Die Männer verließen sich auf euch, um die Energie des Tages zu bestimmen und in den Teichen mit Ehrerbietung und Weisheit die Kinder zu gebären; ihr wart die sanften Frauen, die sie liebten. Ihr kümmertet euch gut um die Kleinen, brachtet sie zu den Schulen des Lehrrades und wusstet sogar, wann eine Geburt stattfinden sollte und wann nicht (wie bereits erläutert). Doch wisst, auch die Männer kooperierten dabei voll und ganz. Sie verstanden, dass das Leben durch diese Art von Rat für alle besser würde, und die Frauen hatten diese Gabe des »Wissens«.

Ihr wart diejenigen, die den Männern den Rat gaben, nicht zu fischen, wenn Stürme bevorstanden, die man noch nicht sehen konnte. Ihr wusstet, wo die Fische tagtäglich zu finden waren, und die Männer fanden das toll. Ihr habt in einer Gesellschaft, die alle am Leben erhielt, Weisheit geschaffen und habt den Kernwahrheiten des Schöpfers Ehre erwiesen. Ganz Lemurien war für Geburtszeremonien, Spaß, Hochzeiten, Heiliges, Nahrung und sogar für den Tod auf euch angewiesen. Ihr wart die Priesterinnen der Akasha.

Kryon Live-Channelling, durchgegeben anlässlich eines Treffens der Lemurischen Schwesternschaft in Regina, Kanada – 24. Mai 2015

Plejadische Mütter

Zu einem bestimmten Zeitpunkt, als die Menschheit dafür bereit war, kamen die Plejadierinnen auf die Erde, um den Menschen Göttlichkeit zu verleihen. Laut Kryon geschah das vor 200.000 Jahren, als die Plejadierinnen sich hier mit Menschenmännern auf der Erde paarten und fortpflanzten. Eine solche Aussage klingt fantastisch und hört sich fast wie ein Science-Fiction-Film an, und doch ist dies die Schöpfungsgeschichte, wie sie von Kryon und vielen indigenen Stämmen überall auf dem Planeten erzählt wird. Gibt es Belege für dieses Eingreifen der Plejadier?

Der international anerkannte Wissenschaftler Gregg Braden hat überzeugende mögliche wissenschaftliche Beweise für unsere spirituelle Saat vorgelegt. Sein neuestes Buch »Mensch:Gemacht – Von der gelenkten Evolution zur bewussten Transformation« dokumentiert verblüffende Entdeckungen über unsere DNA, vor allem das menschliche Chromosom 2. Dieses Chromosom ist für unser größeres Gehirn verantwortlich und zuständig für Emotionen, Sympathie, Empathie, Mitgefühl sowie Gedächtnis- und Lernprozesse. Das Mysteriöse an diesem Chromosom 2 ist: Es ist ein Überbleibsel einer alten Verschmelzung von Telomeren zweier Chromosomen unserer Vorfahren. Wie Gregg Braden beschreibt, weist der Zeitpunkt, die Genauigkeit und das Ergebnis dieser alten DNA-Verschmelzung auf etwas hin, was über die uns bekannte Evolution hinausgeht.

Wann erfolgte diese alte DNA-Verschmelzung? Sie werden es sich schon gedacht haben: vor 200.000 Jahren. Die Plejadierinnen brachten die Saat des Göttlichen aus und veränderten dabei unsere DNA. Sie kamen auf die Erde und brauchten Männer, die sie schwängerten – einer der Gründe, warum fast nie von männlichen Plejadiern die Rede ist. Die Schöpfungsgeschichten, die mit den Plejaden zu tun haben, sprechen immer von den Sieben Schwestern. Die Ausbringung der Saat wurde ausschließlich von den Plejadierinnen erledigt, und das verlief über viele, viele Generationen. Die plejadischen Frauen hatten über eine sehr lange Zeitspanne viele Kinder und unterwiesen in dieser Zeit die Menschenfrauen hinsichtlich der heiligen Geburt und des plejadischen Bewusstseins. Die Kinder plejadischer Mütter, sowohl männliche als auch weibliche, trugen in sich die »Saat« des Göttlichen und gaben sie über die normale menschliche Fortpflanzung weiter. Dieses Konzept ist für viele schwer zu glauben, doch genau das passierte in der ganzen Galaxie immer wieder: Ein aufgestiegener Planet brachte auf einem anderen Planeten die Saat aus – einer nach dem anderen.

Die lemurische Erfahrung war etwas Besonderes und die »reinste« Erfahrung, denn sie war auf den abgeschiedenen Minikontinent (MU) im Pazifik beschränkt. In Lemurien passierte vieles, was an den anderen Orten, an denen die Schöpfersaat ausgebracht wurde, nicht möglich gewesen wäre, denn in Lemurien gingen die Menschen nicht auseinander; sie »verließen« ihren Wohnort nicht, um sich woanders neu anzusiedeln. Dadurch verfügten Generationen von Lemuriern über die ursprünglichen (plejadischen) Informationen und über dieselbe Kultur. Die plejadischen Mütter und Lehrerinnen blieben auf physischer Ebene ungewöhnlich lange Zeit in Lemurien, und auf multidimensionaler Ebene sind sie immer noch dort. Die einmalige lemurische Lebenserfahrung erzeugte somit höchst wichtige, heilige Informationen und Erinnerungen in der Akasha. Kryon berichtet Folgendes über diejenigen, die die ursprüngliche Saat ausbrachten:

Ich möchte über die Plejadier sprechen. Dieses Thema mag scheinbar mit der heutigen Realität nichts zu tun haben, aber es ist auch nicht weiter davon entfernt als Lemurien. Ihr tragt in euch die Saat der Plejadier, und dadurch wurde eure DNA verändert. Das habe ich euch bereits gesagt. Und wie ich auch mitgeteilt habe, wäre es töricht, auch nur einen Moment zu denken, eure Expressionen [Lebenszeiten] auf der Erde seien eure einzigen Leben in dieser Galaxie. Denn viele von euch waren auf anderen Planeten und fast alle waren Plejadier. Deshalb möchte ich heute Abend die Akasha ein bisschen kitzeln und sehen, ob ihr mit dem, was ich sage, etwas anfangen könnt.

Die Ahnen berichteten von der Ankunft der Sieben Schwestern, und wie so vieles in der Geschichte kamen dabei mehrere Geschichten zusammen, wurden vermischt, und es entstand eine scheinbare Mythologie. Wie zu erwarten, stimmen die Fakten nicht ganz, und der Zeitrahmen ist komprimiert. Das passiert in der Geschichte immer wieder; die Essenz des Geschehens bleibt erhalten, aber die eigentlichen Geschichten werden ausgeschmückt. Im Falle der Geschichte von den Sieben Schwestern entsprechen die Geschichten nicht ganz dem, was tatsächlich passiert ist. Doch ein Teil ist voll und ganz wahr und entspricht genau den Tatsachen: Diese Reisenden waren Frauen.

Ich möchte kurz auf das plejadische Bewusstsein eingehen. Ihre DNA war zu 80 Prozent der Maximaleffizienz aktiv, und damit hatten sie das gemeistert, was ich als »Bewusstsein der Physik« bezeichnen würde. Sie waren in der Lage, durch ihr Bewusstsein Dinge für sich zu manifestieren, die erforderliche Energie zu erzeugen und eine friedliche Gesellschaft zu kreieren.

Und sie waren Forschungsreisende. Sie hatten allerdings auch gelernt, dass ein zu 80 Prozent aktiviertes Bewusstsein sie zu Dingen befähigte, die in eurer Realität überhaupt nicht vorkommen. Euer menschliches Bewusstsein hat das Fernsehen erschaffen. Doch wenn ihr das einem Ahnen vorführen würdet, würde er es für Zauberei und Magie halten; doch es ist keinesfalls Zauberei, sondern es ist der Mensch, der Dinge auf ganz normaler physischer Ebene erschafft, nur mit einem höheren Bewusstsein und mehr Erfindungsgeist. So ungefähr müsst ihr euch die Plejadier vorstellen.

Eine dieser Fähigkeiten bestand darin, ein Schatten-Selbst zu haben; ich würde es beschreiben als die Fähigkeit, an zwei Orten gleichzeitig zu sein. Die Plejadier hatten einen Körper, so wie ihr auch. Das ist simple Biologie, und das hat sich auch nie geändert. Sie haben immer noch einen Körper. Doch durch ihre spirituelle Weiterentwicklung wurden ihre Körper gesünder und besser. Deshalb sind sie Berichten zufolge auch größer als ihr. Ihre Größe ist ein Resultat einer perfekt ausgewogenen Ernährung für die Knochenstruktur. Es gibt keine übergewichtigen Plejadier. Eure gesundheitlichen Probleme haben mit eurer Akasha zu tun, ihr lieben [Licht-]Arbeiterinnen. Darüber solltet ihr einmal nachdenken. Sie haben mit Bewusstsein und nicht mit Ernährung zu tun. Finden sich womöglich heutzutage auf diesem Planeten die Geheimnisse einer guten Gesundheit in eurer Akasha versteckt? Was sie gegessen haben, gibt es hier auf der Erde nicht, doch in Lemurien gab es ein gesundes Bewusstsein, das auf die Systeme des Menschen Anwendung fand. Was könnt ihr daraus schließen? Ihr könnt durch euren Geist einen vollkommenen Körper erschaffen, und irgendwann könnt ihr sogar an zwei Orten gleichzeitig sein.

Normalerweise haben Plejadier eine helle Haut, denn sie müssen sich nicht so wie ihr dem Einfluss der Sonne aussetzen. Auf ihren Planeten – es gab insgesamt drei – ist die Sonne etwas weiter weg. Sie haben auch meistens eine etwas niedrigere Körpertemperatur als ihr. Und wie ihr feststellen werdet, machten die Aborigines mit den Sieben Schwestern eine etwas andere Erfahrung, als berichtet wird, und zwar hauptsächlich, weil es für die Frauen von den Sternen sehr unangenehm war. Es war einfach zu heiß. Doch diese Reisenden waren tatsächlich Frauen.

Ihr führt hier die Tradition der Sieben Schwestern fort. Auf dem ganzen Planeten kamen Frauen an. Ähnlich wie heute, wo hauptsächlich Männer ausgesandt werden, war es bei ihnen genau andersherum, denn Forschung und spirituelle Begegnung waren Frauensache. Sie kamen mit ihrem Körper und nicht als Schatten-Selbst. Das Reisen war für sie nicht schwierig; ihr würdet es als »Realität der verschränkten Objekte« bezeichnen. Ja, sie hatten Fahrzeuge und ein paar Maschinen, aber es waren Frauen.

Die plejadische Gesellschaft verfügte über ein sehr hohes Bewusstsein; die Plejadier verstanden und erkannten intuitiv die Rolle der Frauen in Bezug auf ein höheres Bewusstsein. Selbst bei euch gibt es einen weisen Spruch: »Würden Frauen die Erde regieren, würden sie niemals ihre Söhne in den Krieg schicken.« Das stimmt nicht so ganz, denn es gab viele Frauen, die als Königinnen und Führerinnen ihr Land in den Krieg schickten. Doch die Grundprämisse gilt nach wie vor, aus denselben Gründen, warum die plejadischen Frauen als Besucherinnen auf die Erde kamen: Ihnen wohnt die Biologie der Schöpfung inne, und deshalb wird ihnen eine größere Nähe zu Gott zugeschrieben. Dies ist ein echtes Überbleibsel einer Binsen- bzw. Grundwahrheit, und die Plejadier wussten das.

Man könnte nun fragen, wie sie in sich die biologischen Samen für den Planeten tragen konnten, wenn doch keine Männer für die Fortpflanzung da waren; denn biologisch funktioniert ihre Fortpflanzung sehr ähnlich wie bei euch. Die Antwort lautet: Diejenigen, die zuerst kamen und auf euch trafen, mussten Frauen sein wegen dem, was sie in sich trugen, nämlich die veränderte DNA, die ihr brauchtet. Eure zukünftigen Kinder waren eine Mischung aus Mensch und Plejadier.

Die Männer kamen dann später dazu. In ihrer Gesellschaft, in einem höheren Bewusstsein, erkannten sie die höhere Rolle der Frau gegenüber dem Mann. Ein höheres Bewusstsein war immer auch sanfter, und immer übernahmen die Frauen die Führung. Heutzutage sind bei euch auf körperlicher Ebene die Gehirnhälften bei Männern und Frauen unterschiedlich miteinander verbunden. Bei ihnen war das auch so. Ihr habt zwischen den Gehirnlappen eine Verbindung, die die Männer nicht haben und die euch bessere Einsicht gibt, wie ihr Kinder großziehen solltet, und genau darum geht es. Die Frauen kamen zuerst hierher, um die Ausbringung der Saat auf der Erde zu würdigen. Zuerst kamen die Mütter. Wir möchten hier aber etwas klarstellen: Hier im Raum sind Frauen, die in diesem Leben keine Kinder geboren haben; mit dem, was ich euch als Nächstes sagen werde, können deshalb nicht alle so viel anfangen. Doch in eurer [Akasha-] Geschichte habt ihr alle Kinder auf die Welt gebracht.

Die Energie des Gebärens ist etwas durch und durch Weibliches, und kein Mann kann das jemals verstehen oder wertschätzen. Selbst wenn er neben dem Bett steht, kann er das nicht spüren. Das hat nichts mit der Freude oder den Schmerzen zu tun, sondern vielmehr mit dem Prozess des Gebärens an sich. Aus euren Lenden bringt ihr eure eigene Biologie hervor! Es gibt nichts Vergleichbares, und ihr wisst, was ich meine, meine Damen. Es gibt nichts Vergleichbares. Entsprechend dieser Zeremonie und Logik wurde das Sternbild der Sieben Schwestern eben auch »Die Sieben Schwestern« genannt. Ohne etwas über die wahre Schöpfungsgeschichte zu wissen, sahen die Astrologen das Weibliche, als sie den Sternen einen Namen gaben.

Die profunde Energie von Geburt und Wiedergeburt wurde voll und ganz von der Saat-Zeremonie über Lemurien bis in die heutige Zeit weitergegeben. Heute Abend, wenn ihr euch hier versammelt, geht es, wenn auch vielleicht nur metaphorisch, um die Wiedergeburt der Energie der Erde; und es geht vielleicht auch darum, sie an die ursprüngliche Intention des freien Willens zurückzugeben, wobei die Frauen zuerst ankommen, Zeremonien abhalten und so den Weg ebnen für die Sanftheit der Liebe von Spirit und der schöpferischen Quelle. Damit wird das Land eines neuen Planeten mit Intention gefüllt, sodass es über die Sanftheit und das Verständnis für die Geburt eines Kindes verfügt.

Es gibt da etwas Interessantes, was ihr wissen solltet. Für Frauen stellt sich womöglich die Frage: »Gelangten die Plejadierinnen im Zuge ihrer Weiterentwicklung jemals an einen Punkt, an dem eine schmerzlose Geburt möglich war?« Überraschenderweise lautet die Antwort: Ja ..., aber sie verwarfen das und kehrten zum natürlichen Geburtsprozess zurück. Wie ihnen klar wurde, veränderte die ganze Technologie, mit deren Hilfe die Schmerzen des Gebärens aufgehoben wurden, auch die Erfahrung. Es war nicht dasselbe. Ein höheres Bewusstsein war in der Lage, die chemischen Probleme zu beseitigen, aber dadurch wurde die Erfahrung eine andere. Und so entschieden sie, dass die Schmerzen notwendig seien. Bevor man schwanger wird, macht man sich entsprechende Gedanken, und sie gehen mit einem echten biologischen Effekt einher: *Willst du das wirklich?* Dadurch wird die Intention stärker und die Erfahrung zwar schmerzlich, aber auch profunder. Das mag bei euch ein Kopfschütteln auslösen, aber so definiert sich wahre Weisheit.

Euer Planet erleidet derzeit Schmerzen, denn er gebiert eine neue Energie. Für diese Zeit sind die Zeremonien, die ihr ausschließlich unter Frauen abhaltet, stimmig und korrekt, denn ihr liefert die Energie, mit der sich nur Frauen auskennen: was es heißt, etwas zu gebären und auf die Welt zu bringen. Nicht in Bezug auf die Schmerzen, sondern auf die Liebesverbindung.

Euch ist die Biologie der Schöpfung zu eigen, und das wird auch mit der Geburt des neuen Menschen und der neuen Energie so bleiben. Das neue Bewusstsein dieses Planeten wird den Lenden der weiblichen alten Seelen entspringen. Ich denke, ihr versteht, was ich meine.

Kryon Live-Channelling, durchgegeben anlässlich eines Treffens der Lemurischen Schwesternschaft in Madison, Wisconsin – 26. Juli 2014

Hinsichtlich der unterschiedlichen Verbindung zwischen rechter und linker Gehirnhälfte spricht Kryon über den Unterschied zwischen den Geschlechtern. Das bezieht sich auf das Corpus Callosum, was auf Lateinisch so viel wie »robuster Körper« heißt, denn es ist der größte Verbindungspfad im Gehirn und besteht aus über 200 Millionen Nervenfasern. Man hört oft, Frauen seien im Multitasking besser als Männer, und viele führen das auf das im

Vergleich zu den Männern größere Corpus Callosum der Frauen zurück. Es gibt allerdings auch Wissenschaftler, die diese Behauptung anfechten.

Gibt es Belege dafür, dass das Gehirn von Frauen andere Verbindungen aufweist als das von Männern? In einem Artikel mit dem Titel »Wie die Gehirne von Männern anders vernetzt sind als die von Frauen« auf der Webseite »Live Science« scheint die Antwort offensichtlich zu sein; in diesem Artikel heißt es:

»Wie Untersuchungen anhand der Bilder von fast 1000 Erwachsenengehirnen ergeben haben, verfügen männliche Gehirne über mehr Verbindungen innerhalb der Hemisphären, während weibliche mehr Verbindungen zwischen den Hemisphären aufweisen. Entsprechend diesen Ergebnissen, die sich auf die Grundgesamtheit der Studie und nicht auf einzelne Personen beziehen, sind männliche Gehirne womöglich auf motorische Fähigkeiten hin optimiert, weibliche hingegen auf die Zusammenführung von analytischem und intuitivem Denken.«

Quelle: • https://www.livescience.com/41619-male-female-brains-wired-differently.html

Der Artikel warnt davor, die Ergebnisse auf Einzelpersonen (ob männlich oder weiblich) zu übertragen, und möchte sie eher als Generalisierung und nicht als definitive Wahrheit verstanden wissen. Denn es ist wissenschaftlich nicht quantifizierbar, wie viele »männliche« oder »weibliche« Muster der bzw. die Einzelne in den Gehirnverbindungen aufweist. Lesen Sie diese Zeilen als Mann? Dann haben Sie wahrscheinlich eine starke Verbindung zwischen den Hemisphären. Dies könnte auch erklären, warum Frauen als Geschlecht insgesamt die Spiritualität als Erste für sich annehmen, es aber auch einzelne höchst spirituelle und intuitive Männer gibt.

Kryon lädt uns wirklich ein, die Energie des Göttlich-Weiblichen auf neue Weise zu betrachten. Das Auftauchen einer neuen Energie auf unserem Planeten kann man in Form der Mutterenergie des Mitgefühls sehen und spüren. Mit dem Eintritt in dieses neue Paradigma gewinnt die Rolle der Mütter eine noch größere und entscheidendere Bedeutung als jemals zuvor. Die nährende Fürsorge, Liebe, Unterstützung und Führung der Mütter wird darüber entscheiden, wie schnell die Evolution des Bewusstseins vor sich gehen wird. Auf mehreren Treffen der Lemurischen Schwesternschaft hat Kryon diese Attribute hervorgehoben, besonders in den beiden nachfolgenden Durchgaben:

Dies ist eine ganz besondere Zeit. Bitte atmet tief ein und entspannt euch. Ich bin mir bewusst, wer hier ist, und weiß auch, dass das – wie ihr das nennen würdet – eine geschlechterspezifische Gruppe ist. Ich möchte mit euch noch einmal durchgehen, was ich früher schon über den Zusammenhang von Reinkarnation und Geschlecht gesagt habe, denn das zeichnet für euch ein Bild dieses Abends und darüber hinaus.

Wenn ihr auf diesen Planeten kommt, ein Leben nach dem anderen: Woher wisst ihr, welches Geschlecht ihr haben werdet? Und ist das überhaupt wichtig? Die Antwort lautet: Ja. Das weibliche Geschlecht ist auf diesem Planeten das sanfte Geschlecht, welches Kinder gebiert. Die ganze Menschheit wird von der Mutter unterwiesen. Das ist wichtig. Ich habe euch erklärt, was Reinkarnation und Geschlecht miteinander zu tun haben, und ich erkläre es noch einmal. Ihr nehmt abwechselnd beide Geschlechter an, aber welches Geschlecht ihr habt, wann ihr dieses Geschlecht habt und wie oft ihr es annehmt, folgt einer Logik.

Das System der Menschwerdung bedingt, dass ihr oft dasselbe Geschlecht immer wieder hintereinander habt. Ihr alle, die ihr hier in diesem Raum seid, wart die letzten beiden Male Frauen, und das wisst und spürt ihr auch. Als ihr dieses Mal hier angekommen seid, habt ihr euch mit eurem Geschlecht wohlgefühlt, und hier müsst ihr unbedingt etwas verstehen. Selbst wenn ihr euch mit eurem Körper nicht wohlgefühlt habt, habt ihr zumindest gewusst, was ihr wolltet, und zwar aufgrund eines vergangenen Bewusstseins als Frau. Damit will ich einfach sagen: Ihr seid genau da, wo ihr als weibliche Energie dieses Mal hingehört. Das habe ich schon früher mitgeteilt, aber was ich noch nicht gesagt habe, ist Folgendes: Ihr alle wart mehrmals hintereinander Frauen. Und auch im nächsten und im übernächsten Leben werdet ihr Frauen sein. Das ist ein System, und ihr macht euch dieses Geschlecht für eine Weile zu eigen. Es hat in Wahrheit mit dieser Zeit zu tun, mit dem, was wir euch über den Planten gelehrt haben und was wir euch heute lehren: über einen Planeten, der verstärkt zur Mutterenergie wird. Eure Aufgabe sollte also eigentlich offensichtlich sein.

Was ihr heute macht, könnte Einfluss darauf haben, was in eurem nächsten Leben hier passiert und womöglich auch im übernächsten, und zwar weil ihr nicht nur euer Geschlecht mit ins nächste Leben nehmt, sondern auch euer Bewusstsein.

An diese Mitnahme eines veränderten Bewusstseins und größerer, sanfterer Weisheit solltet ihr euch erinnern. Auch die Veränderungen, die ihr heute bewirkt, werden erinnert werden. Und ihr erwacht erneut in dem von euch bevorzugten Geschlecht, dem Geschlecht, an das ihr gewöhnt seid, das ihr euch wünscht, das für eure Haltung einen Sinn ergibt: das weibliche Geschlecht. Und wenn ihr mit diesem Geschlecht erwacht, werdet ihr euch damit sogar noch wohler fühlen als in diesem Leben.

Was ihr als Nächstes auf diesem Treffen macht, wird sich von nun an viele Jahre lang auf euch auswirken, sogar in der nächsten Inkarnation. Was werdet ihr eurem Angeborenen [dem intelligenten Körper] heute Abend sagen? Ich möchte euch ein paar Hinweise geben. Bitte denkt einmal über das Konzept der Grenzenlosigkeit nach. Egal, was ihr euch wünscht, und egal, was ihr meint zu wollen – stellt euch das Zehnfache vor. Ihr neigt dazu, euch zu beschränken auf das, was ihr eurer Meinung nach sein könnt, basierend auf dem, was ihr in vergangenen Leben wart. Das spiegelt die Haltung des heute vorherrschenden Bewusstseins der Unterschiede zwischen Männlich und Weiblich wider. Mit anderen Worten: Ihr schränkt euch ein, weil ihr ein voreingenommenes Bild davon habt, wer ihr in der Kultur seid, zu der ihr, wie ihr meint, gehört.

Wie viele Filter in euch schränken euch ein, wenn ihr überlegt, was ihr tun könnt, basierend auf den Erwartungen, die an eine Frau in eurer Kultur gestellt werden? Geht ihr das mit dieser Perspektive an, ist es nicht gut genug. Es ist einfach nicht gut genug. Das Weibliche trägt in sich die Vollkommenheit der Geburt. Jeder Mensch auf dem Planeten ist eurem Schoß entsprungen. Jeder Mensch – vergesst das nicht! Es geht nicht nur darum, dass ihr Frauen seid und es das ist, was ihr eben tut. Vielmehr tragt ihr in eurem Körper das Bewusstsein dessen, wer ihr seid, und übertragt es auf euer Baby. Das ist die Bewusstseins-Engramm-Programmierung eines jeden Menschen, der von nun an auf der Erde geboren wird.

Was also übertragt ihr in diesem und im nächsten Leben auf die Menschen um euch herum? Was gebt ihr den Babys mit, die eventuell auf die Welt kommen? Es ist die mögliche Vorstellung eines grenzenlosen Bewusstseins für die Männer und Frauen, die eure Kinder sein werden. Es ist die Vorstellung davon, wer ihr sein könnt und was es bedeutet, ein Mensch zu sein. Und das genau dann, als ihr dachtet, das sei's gewesen mit dem Bemuttern! Hier geht es nicht nur um den Prozess der Geburt, denn das habt ihr in diesem Leben vielleicht schon hinter euch. Es ist das »Bemuttern«, das Hegen des Mitgefühls. Ihr könnt eure Familie bemuttern oder euren Nachbarn. Es geht um Mitgefühl für alle Menschen um euch herum – wahres Mitgefühl in Aktion.

Als die größten Meister dieses Planeten auf der Erde wandelten, kam in ihrer Männlichkeit das Weibliche zum Vorschein. Sie waren sanft – was man in ihren Augen sehen konnte. Sie spiegelten wider, was von ihrer Mutter kam. Das Nachahmen des süßen Geistes des Weiblichen des Planeten ist das Geheimnis für den Frieden auf Erden. Und das wisst ihr auch. Schränkt euch mit den in den Zeremonien bevorstehenden Affirmationen nicht ein. Wisst, dass ihr alles sein könnt. Das ist eine einfache Botschaft für die Frauen, die der Schlüssel für die Sanftheit des Planeten sind.

Kryon Live-Channelling, durchgegeben anlässlich eines Treffens der Lemurischen Schwesternschaft in Portland, Oregon – 22. November 2014

Zunächst einmal Folgendes: Als wir das letzte Mal bei euch waren, haben wir etwas gesagt, was ich nun noch einmal aufgreifen möchte. Wir wollten euch in Erinnerung rufen, dass die gesamte Menschheit ihren Weg durch euren Leib geht. Manch einer sagt vielleicht: »Na, das ist doch nichts Besonderes. Das ist einfach tierische Energie, und so funktioniert es einfach.« Das hättet ihr tatsächlich vor Äonen sagen können, doch in einer heiligen Energie ist das etwas anderes.

Als die Plejadier auf diesem Planeten die Saat ausbrachten, verließen sie sich auf einen Prozess, der euch nicht mehr zur Verfügung steht. Dieser Prozess verlief durch den Mutterleib. Das heißt, als die Plejadier diesen Planeten mit den von ihnen benötigten Hybriden bevölkerten, die sich schließlich zu den Menschen mit der neuen DNA entwickelten, verließen sie sich auf einen Prozess, der euch verloren gegangen ist. Ich sage euch, was das war: Während der menschliche Fötus neun Monate im Mutterleib verbringt, teilt ihr euch denselben Blutkreislauf. Im Rahmen dieses Prozesses existieren diese Vor-Menschen auch in eurer Merkabah und in jedweder sanften, weichen Energie, die ihr als Frauen habt und die aus eurer DNA in ein Quantenfeld ausstrahlt.

Damals musste das verstärkt werden, damit diese Kinder bei der Geburt anders waren als die Menschen der Vergangenheit. So wurde auf dem gesamten Planeten die Saat ausgebracht, und das ist eure Schöpfungsgeschichte – das allgemeine Gewahrsein von Licht und Dunkelheit. Die Schwestern waren nicht nur für die eigentliche Geburt zuständig, sondern hatten auch die Aufgabe, das damalige plejadische Bewusstsein an die Menschheit weiterzugeben. Am meisten Erfolg hatte das in Lemurien.

Ich möchte nun das, was ich euch heute bereits erzählt habe, noch ausweiten. Das reale menschliche Leben wird gerade um neue Prozesse erweitert. Teilweise kehrt ihr zur lemurischen Einstellung zurück. Hört mich bitte an: Was fehlt derzeit auf dem Planten? Ich spreche jetzt hier zu euch als ein geschlechtsloser Anteil Gottes. Was fehlt? Das Mitgefühl der mütterlichen Energie. Der Planet ist voll des Gestanks von Draufgängertum und Brustklopferei.

Doch ihr wisst auch: Hätten die Menschen auf dem Planeten mehr Mitgefühl, würden sie sich nie gegenseitig töten! Sie würden niemals ihre Söhne in den Krieg schicken. Hier kommt es auf dem Planeten gerade zu einem Ausgleich, und genau das soll mein Partner euch lehren. Doch noch etwas anderes ändert sich. Ihr wendet euch wieder einem Prozess zu, dem Prozess, wie Weisheit an ein Kind weitergegeben wird, und das geschieht vor der Geburt, im Mutterleib, mit den alten weiblichen Seelen. Es gibt für euch noch viel Arbeit zu erledigen, für die ihr verantwortlich seid, ihr Frauen. Und zwar die Weitergabe eures Bewusstseins an das Kind, ob nun männlich oder weiblich. Die Kinder werden dieses Bewusstsein empfangen, weil sie mit euch den Blutkreislauf teilen, weil sie neun Monate lang euer Bewusstsein betrachten, das Feld, das ihr seid, was ihr als die »heilige Merkabah« bezeichnet. Das wirkt sich auf den Fötus aus.

Das ist eines der Attribute der »gemeinsamen Seele«, und über dieses Attribut haben wir bereits gesprochen. Habt ihr euch vielleicht gefragt, wie die spirituelle Evolution vor sich ging? Sie verläuft über eure Mutter! Deshalb wird dieses Treffen abgehalten, deshalb gibt es eine Lemurische Schwesternschaft. Deshalb gab es auch in Lemurien eine Schwesternschaft. All das wird die Menschheit womöglich erst einmal nicht glauben, aber irgendwann wird sie es erkennen.

Bei den Christen spielt heute die Mutter Christi eine äußerst wichtige Rolle – sie ist womöglich wichtiger, als andere es gerne hätten. Wir sprechen das jetzt an, einfach damit ihr wisst, warum das so ist: weil ihr selbst in eurer organisierten Religion mit all den männlichen Meistern eine weibliche Energie brauchtet! Es war seine Mutter, die Christus das weitergegeben hat, was und wer er war!

Das ist also womöglich der Anfang von etwas vollkommen Neuem. In diesem Leben werdet ihr das nicht erkennen, und das wisst ihr auch. Viele von euch, wenn nicht sogar die allermeisten, tragen keine Kinder mehr aus. Aber wenn ihr zurückkommt, werden fast alle von euch wieder als Frauen geboren werden. Und das ist eine Ehre, wir haben ja schon früher darüber gesprochen. Ihr seid keineswegs zufällig Frauen in diesem Leben. Und wenn ihr zurückkommt, werdet ihr wieder Frauen sein. Das ist der Plan, und dieser Plan ist tröstlich und beruhigend. Ihr wisst also, wie es sich anfühlt, ein Kind auszutragen. Auch aus diesem Grund kommt ihr auf solchen Treffen zusammen: um einen neuartigen Einfluss zu feiern, den ihr auf die gesamte Menschheit haben werdet.

Wenn ihr über euren Tod als Mensch hinausdenken könnt, wenn ihr euch als ewig wahrnehmen könnt, dann versteht ihr, dass ihr eine lange Zeit hier sein werdet. Und mit dieser Wahrnehmung gebt ihr Weisheit an all die Menschen weiter, die durch euren Leib in die Welt gehen. Die Menschheit ist bereit für das, was ihr ihr geben werdet. Gesegnet seid ihr, die ihr diese Aufgabe angenommen habt, heute hier seid und wisst, dass ich euch die Wahrheit sage.

Kryon Live-Channelling, durchgegeben anlässlich eines Treffens der Lemurischen Schwesternschaft in San Rafael, Kalifornien – 13. Dezember 2014

Kryon vermittelt uns neue Einsichten über die Übertragung von Energie, Bewusstsein und Weisheit während der Schwangerschaft. Wie wir herausgefunden haben, fanden Geburten in Lemurien im Wasser statt; die Schwesternschaft begleitete die Geburt und stand im Kreis um die Gebärende herum.

Gab es sonst noch etwas Besonderes und Einzigartiges im alten Lemurien, wenn Plejadierinnen und Lemurierinnen ein Kind gebaren?

Ja, und Kryon bietet weitere Erklärungen:

Ich möchte euch jetzt einiges mitteilen, was ich noch nie zuvor angesprochen habe, und mein Partner hat keine Ahnung, in welche Richtung das geht. Ich möchte über die Bedeutung der menschlichen Fortpflanzung sprechen und wie sie gewürdigt wird und auch kurz auf einige Attribute eingehen, die ihr womöglich nicht erwartet.

Die Geburt war etwas ganz Besonderes, und zwar wegen der Saat, die die Plejadierinnen in eurer DNA ausgebracht hatten, und ihrer Bedeutung in einer »ersten Akasha« des Planeten. Meine Damen, anders als heute hattet ihr darüber die Kontrolle auf Basis eines weisen und wunderschönen Systems des »gesunden Menschenverstands«.

Geburten erfolgten in Lemurien saisonabhängig. Die Fortpflanzung war keine ständig ablaufende Angelegenheit, 24 Stunden am Tag, wie hier, sondern etwas Saisonales, vielleicht dank eines instinktbasierten Hinweises aus dem Tierreich. Und zwar nicht aus Ernährungsgründen, denn das Grundnahrungsmittel Fisch war reichlich vorhanden, sondern aus intuitiver Planung heraus, wodurch das Bevölkerungswachstum in Schach gehalten wurde. Das ergab für die ganze Kultur einen Sinn. Stellt euch nur vor: weise Fortpflanzung! Auch die Männer kooperierten da, denn sie hatten das gleiche Verständnis wie die Frauen.

Aber ich möchte euch etwas sagen, was ihr nicht wisst. Ich möchte über etwas sprechen und, wie schon gesagt, mein Partner hat keine Ahnung davon. Er ist zur Seite getreten. Ich möchte über die Menstruation, die monatliche Blutung, sprechen.

Manche der heutigen Gesellschaften verbieten Frauen »in einem bestimmten Zustand« den Zutritt zu bestimmten Orten – genau deswegen. Im Lauf der Zeit entwickelten sich die Ansichten und Einstellungen gegenüber der Menstruation im Vergleich zu Lemurien zu etwas Archaischem voller Ignoranz. Denn das Privileg der Menstruation war Teil des Mystischen an Frauen. Vergesst nicht, die Fortpflanzung wurde hoch respektiert und nahm im Denken der Kultur eine ganz besonders wichtige Rolle ein.

Meine Damen, wenn ihr in diesem Zustand wart, wurdet ihr noch höher als Göttinnen erhoben! Ihr saßt gemeinsam mit den Ältesten in der ersten Reihe. Ihr trugt eine königliche Farbe, und alle wussten das. Dadurch wurde euer aktueller Zustand angezeigt. Selbst in Zeiten, die für eine saisonale Geburt nicht stimmig waren, war das immer noch immens wichtig. Könnt ihr sehen warum? Versteht ihr das? Fortpflanzung war etwas Wichtiges.

Lemurien war die Startrampe für die Akasha der Menschheit, und ihr wart fürsorglich und habt das gewürdigt. Es war etwas so Ehrerbietiges, Mele'ha, dass dies einer der Hauptgründe für die Errichtung des Tempels der Verjüngung war: Ihr solltet immer jung bleiben und eure Menstruation haben. Bei der Verlängerung des Lebens ging es also nicht nur um euren Wunsch, länger zu leben, sondern darum, weiterhin eure Menstruation zu haben.

Das ist heutzutage ein bisschen anders, nicht wahr? Denkt einmal darüber nach. Denkt darüber nach, das Weibliche zu ehren, und denkt darüber hinaus.

Kryon Live-Channelling, durchgegeben anlässlich eines Treffens der Lemurischen Schwesternschaft in Calgary, Kanada – 23. Mai 2015

Auch die Anangu-Frauen am Uluru setzten die Schwangerschaft aus, wenn die Ressourcen begrenzt waren. Was für eine elegante Lösung: nur dann ein Baby zu bekommen, wenn das Umfeld sein Überleben unterstützt! Viele Kulturen weltweit haben Probleme mit der Familienplanung. Dank eines höheren Bewusstseins kann sich schließlich eine elegante Gesellschaft entwickeln, die das Thema »Familienplanung« mit Weisheit angeht.

Die plejadischen Frauen in Lemurien waren nicht nur Mütter, sondern auch Lehrerinnen, und ihre Unterweisungen erzeugten in der Akasha ihrer lemurischen Schülerinnen eine profunde Energie. Deshalb kommen so viele Frauen heute auf den Treffen der Lemurischen Schwesternschaft zusammen. Deshalb lesen Sie dieses Buch. Bei diesen Treffen von Frauen geht es um mehr als nur um das Geschlecht. Es geht darum, die Akasha-Erinnerungen an die plejadischen Mütter zusammenzuführen:

In den Zeiten, als ihr in Lemurien wart, waren diejenigen, die bei euch waren, eure Lehrerinnen. Ihr Lieben, es gab nichts Vergleichbares. Auf der Erde gab es nichts Vergleichbares. Die plejadischen Mütter unterwiesen die lemurischen Mütter. Wie wir euch schon gesagt haben, hatte Yawee, der Mann, der hier anwesend ist, der Arzt, der hier anwesend ist, eine plejadische Mutter, die ihm Wiegenlieder vorsang. Doch in ihrer Rolle als Lehrerinnen unterrichteten die plejadischen Mütter Frauen. Das Kind einer plejadischen Mutter oder eine Schülerin zu sein, war also zweierlei. Ihr wart nicht alle Babys von plejadischen Müttern. Die meisten von euch, die hier sind, waren die Töchter lemurischer Mütter. Wir wollen das also klarstellen. Die Plejadierinnen waren Lehrerinnen, und manche brachten auch Kinder auf die

Welt. Auf jeden Fall gaben diese plejadischen Mütter neben dem eigentlichen kulturellen Unterricht die Meister-Unterweisungen.

In eurer Akasha tragt ihr die Erinnerung daran, wie ihr vor einer plejadischen Mutter-Lehrerin sitzt und ihre ganz besondere, einzigartige Stimme vernehmt – keine menschliche Stimme, aber wunderschön, und diese Stimme gab euch Anweisungen für euer Leben.

Ich habe ja schon gesagt, ihr trugt in euch die spirituellen Attribute der Menschheit. Ihr wart die Alltags-Schamaninnen. Und euch wurde das Schamanentum des täglichen Lebens gelehrt.

Jetzt wollen wir auf die früher durchgegebene Botschaft eingehen, die manche von euch gehört haben. Sie lautete: »The Great Escape – Das große Entkommen«. Ich möchte auf eure Filter eingehen. Wenn ihr euch an diese ursprünglichen Unterweisungen erinnern könntet – wie war das mit dieser plejadischen Stimme? Vor wie vielen Jahren war das? Vor wie vielen Lebensspannen? Könnte diese Erinnerung tatsächlich noch in euch schlummern? Die Antwort lautet: Erinnert ihr euch an die Stimme eurer Mutter aus diesem Leben? Ja! Sie ist da, in der Akasha. Auch wenn die Mutter nicht mehr da ist, werdet ihr sie nie vergessen, ebenso wenig wie die plejadische Mutter-Lehrerin. Auch ihre Stimme ist in der Akasha.

Sie sang Lieder, auch für ihre Schülerinnen, und auch diese singende Stimme ist noch da. Wenn ihr damit in Verbindung geht, sogar auf esoterischer Ebene, dann bringt sie euch Ausgewogenheit und verbindet euch wieder mit dem Wissen eurer schamanischen Unterweisungen. Doch welche Filter tragt ihr heute mit in dieses Treffen, die euch dabei womöglich im Wege stehen? Es sind dieselben Filter, von denen früher heute Abend in dem Channel die Rede war, als wir darüber sprachen, was die Akasha in sich trägt.

Ihr hattet eine ganz besondere Lebensspanne unter der Führung und Anleitung einer reinen Lemurierin – einer Plejadierin. Nur wenige Menschen, die derzeit auf der Erde leben, haben diese Anweisungen empfangen. Genau das wird von der Schwesternschaft gefeiert: die Erinnerung an dieses Leben.

Was danach kam, hat eure Akasha mit anderen Erinnerungen gefüllt und trübt das Ganze komplett. Könnt ihr Frauen alle hier sitzen und euch so weit klären und reinigen, dass ihr diese erste Stimme spüren und erneut vernehmen könnt? Was sagt sie euch? Auf metaphysischer Ebene rufen euch die Anweisungen in Erinnerung, dass ihr etwas Besonderes seid. Sie rufen euch ins Gedächtnis zurück, dass ihr auf dem Planeten eine Abstammungslinie tragt, die eines Tages zu etwas Größerem erwacht. Eines Tages werdet ihr in einer neuen Energie wiedererwachen, und das, was in Lemurien gelehrt wurde, wird benötigt werden.

Diese Stimme wird euch sagen, dass es das Potenzial einer neuen Erde gibt, ihr alten Seelen, und wenn ihr erkennt, dass ihr dabei seid, dann müsst ihr euch an bestimmte Attribute erinnern; dann gibt es eine Liste unter anderem dahingehend, wie ihr den Planeten in Balance bringen und euch um ihn kümmern könnt. Doch eure Akasha steckt voller Erinnerungen an das, was seit Lemurien geschehen ist. Nur wenige von euch können sich derzeit klar an die Unterweisungen erinnern, denn ihr musstet euch durch den Rest der Geschichte rackern. Was ist seit Lemurien passiert? Die Antwort lautet: So gut wie alles.

Da sind Negativität und Dunkelheit, all das Fürchterliche, was immer wieder geschah, ein Leben nach dem anderen, auch in diesem Leben. Ich weiß, wer hier ist. Ihr Lieben, ihr seid immer noch dabei, all das zu verdauen, was in diesem Leben passiert ist. All das steckt in eurem Gedächtnis, eurem Bewusstsein, ist eurer Akasha eingeprägt. Wie kann man all das überwinden? Früher lautete die Antwort: »Das ist schwierig.« Doch inzwischen stimmt das nicht mehr.

Es gibt jetzt eine Energie, die euch alle unterstützt, vor allem die Frauen, denn sie werden als Erste erwachen und die Wahrheit erkennen; sie werden als Erste erkennen, was damals geschah, sich daran erinnern, wer ihr seid und was als Nächstes kommt. Ihr stellt die Fragen, wenn ihr wirklich »eine von denen« seid.

Meine lieben Damen, ihr hättet an alldem kein Interesse, wenn ihr nicht »eine von denen« wärt. Ihr befindet euch auf einem Treffen der Schwesternschaft. Ihr nehmt an diesen Zeremonien, den Gesängen und den Meditationen teil. Ihr singt und meditiert nicht einfach bloß, um es euch gut gehen zu lassen; genau das ist die Arbeit!

Dahinter steht die Idee, dass ihr durch Intention alles bereinigt, was nicht zu eurer Großartigkeit passt, ihr Schamaninnen. Alles, was nicht rein und nicht mitfühlend ist, auch Dinge, die in diesem Leben passiert sind, kann identifiziert und für nichtig erklärt werden. Was bringt ihr heute Abend auf die Party mit? Wie wär's mit den Vorurteilen und Neigungen, die ihr gesehen, gefühlt und erlebt habt und die für euch nicht mehr stimmig sind? Diese Schwesternschaft ist eine »Bereinigungsschaft«!

Die Zeit ist gekommen, das aufzugeben, was in jüngeren Zeiten mit Frauen assoziiert wurde, und stattdessen direkt zum Anfang zurückzugehen, als das Frausein rein war, respektiert und verehrt wurde und dies in der ganzen lemurischen Zivilisation bekannt war. Das seid ihr heute, und alles andere ist nur Drumherum, davon gibt es allerdings eine Menge. Meine Damen, ihr könnt das bereinigen, und es muss bereinigt werden.

Macht euch die nächsten Augenblicke, nachdem ich euch verlasse [den Raum verlasse] daran, das auszugraben und wegzuwerfen. Alles, was ihr heute mitgebracht habt und was eurer Großartigkeit nicht angemessen ist, wird weggeworfen. Es passt nicht zu euch. Habt ihr in diesem Leben Erfahrungen gemacht, die weniger als rein waren, werden auch sie aufgegeben. Betreibt das ernsthaft, damit ihr euch rein fühlt, weder Lasten noch Enttäuschungen mit euch tragt, wenn ihr geht. Die »Wutknöpfe« werden nicht mehr gedrückt.

Das ist der Anfang einer neuen Frau, die einen neuen Menschen auf diesem Planeten darstellt. Die Aufgabe der Schwesternschaft wird also immer klarer: die Rückkehr zur Reinheit der ursprünglichen Zeit. Die Rückkehr zu einer Erinnerung daran, wer ihr wart, was ihr tatet, und die empfangenen Unterweisungen. Was ist das für eine wunderbare Botschaft: Das aufzugeben, was für euch nicht stimmig ist, und es nie wieder in euren Träumen oder in eurem Bewusstsein zu haben. Das ist euer Potenzial, das Potenzial von jeder von euch, und es ist wunderschön.

Ihr Frauen, ihr werdet als alte Seelen auf diesem Planeten benötigt, die zu ihrer ursprünglichen Quelle zurückkehren, zu dem, was ihr ursprünglich getan habt und wer ihr wart. Das ist kein Affront gegen die Männer, meine Lieben; vielmehr stärkt es die Familie, und das haben die Männer von einer weisen Schamanin auch erwartet. Sie lieben euch dafür umso mehr, denn ihr gewinnt Ausgewogenheit, habt wunderbare Gedanken und seid unglaublich hilfreich. Das seid ihr.

Kryon Live-Channelling, durchgegeben anlässlich eines Treffens der Lemurischen Schwesternschaft in Boston, Massachusetts – 11. März 2016

Plejadische Lehrerinnen

Die Plejadierinnen kamen aus zwei Gründen auf die Erde: (1) um uns Göttlichkeit zu verleihen und (2) um uns durch ihre Unterweisungen ihre Weisheit und ihr Wissen weiterzugeben. Die plejadischen Mütter waren auch Lehrerinnen – ein der Mutterschaft innewohnendes Attribut. Das Hauptanliegen aller Mütter weltweit besteht darin, ihren Kindern Liebe, Nahrung, Unterkunft, Fürsorge und Schutz zu geben. Werden die Kinder größer, lernen sie von ihrer Mutter auch Sprechen, Handeln und Benehmen und übernehmen deren Werte und Überzeugungen. Die Plejadierinnen in Lemurien waren also sowohl Mütter als auch Lehrerinnen. Sie unterrichteten allerdings nicht nur die Kinder; vielmehr vermittelten sie der ganzen Menschheit die Lehre vom inneren Gott.

Deshalb war Lemurien nicht nur die Startrampe für die Menschheit als Ganzes, sondern vor allem auch für jene Menschen, die dort wohnten (siehe Kapitel 1: Das alte Lemurien: Lemurien und Atlantis). Egal, wie lange eine Seele in Lemurien war, sie verweilte dort nur ein Leben lang und verbrachte das nächste Leben woanders. Wenn die erfahrene lemurische Seele an einem anderen Ort auf der Erde reinkarnierte, trug sie in sich eine machtvolle Akasha-Erinnerung, eine Blaupause der Göttlichkeit, wodurch – nach der Schöpfung bzw. der Erschaffung der Welt – (weltweit) eine erleuchtete Menschheit ihren Anfang nahm. Warum war die Erfahrung dieses »einen Lebens« in Lemurien so tief in die Akasha eingeprägt? Weil dieses »eine Leben in Lemurien« voller schamanischer Energie steckte, die direkt von den plejadischen Lehrerinnen stammte. Solange Lemurien existierte, waren das immer dieselben Lehrerinnen:

Wirft man einen Blick auf Lemurien als Startrampe, dann ist das eine wirklich profunde Idee. Ihr Lieben, egal wie lange ihr dort wart, es spielte sich für euch nur eine einzige Lebensspanne ab. Im nachfolgenden Leben wart ihr nicht in Lemurien, sondern woanders. Doch als ihr »woanders« ankamt, trugt ihr in eurer Akasha die reine lemurische Erinnerung. Das war der Beginn einer erleuchteten Menschheit. Damit nahm das Geschehen nach der Schöpfungsgeschichte seinen Anfang – nach der Geschichte von Adam und Eva.

Ihr lebtet [euer nächstes Leben] nicht unbedingt mit anderen Schwestern, die sich erinnerten, so wie ihr euch erinnertet. Womöglich verbrachtet ihr euer zweites oder drittes Leben allein. Doch ihr trugt in euch eine Erinnerung an die Schwesternschaft und was ihr dort gelernt habt. Auch wenn ihr euer Leben ohne andere Lemurier verbrachtet, hattet ihr in euch doch diese Ausbildung. Und worin bestand sie? Die Frauen waren die Schamanen!

In Lemurien wart ihr ihm wahrsten Sinn des Wortes eine Gruppe, die für die nachfolgenden Leben vorbereitet und ausgebildet wurde. Jetzt, während des Wandels, ist für euch die Zeit gekommen, euch an bestimmte Teile der Ausbildung zu erinnern. Wir haben euch ja gesagt, wer eure Ausbilderin war und warum. Mele'ha war eine lange Zeit anwesend, aber jetzt sage ich euch etwas, was ich noch nie zuvor gesagt habe: Wer war ihr Ausbilder? Es gab eine Plejadierin, mit der sie in Liebe verbunden war, die sie unterwies, und gelegentlich hattet ihr mit ihr zu tun. Und worin bestand wohl die Ausbildung? Sie wurde zur Schamanin ausgebildet!

Erstens: Eine Frau zu sein war das Wichtigste. So ist es einfach und so ist es immer noch. Noch einmal sage ich euch: Die Frauen sind mit Intuition ausgerüstet. Sie ziehen die Kinder groß und unterweisen sie. Sie wissen über Dinge Bescheid. Sie verfügen über eine erhöhte Intuition. Wer wäre besser geeignet als die Lebensspenderinnen des Planeten, dies in sich zu tragen und dem Rest des Planeten regelmäßig mit Liebe und Mitgefühl als Ratgeberinnen zu dienen dahingehend, wie man leben sollte?

Meine Damen, alle Männer haben euch so gesehen. Auch für sie war es eine Ausbildung. Habt ihr jemals überlegt, ob auch Männer sich an diese Zeit erinnern? Es gab keine Probleme mit eurem Schamanentum. Meint ihr, das könnte wieder so sein? Meint ihr, das wird schwierig? Doch was wäre, wenn auch die Männer sich erinnerten? Denn es gab ja auch lemurische Männer, und sie erwachen wieder als Männer. Versteht ihr das?

Ich komme noch einmal auf Folgendes zurück: Was war eurer Meinung nach der wichtigste Teil eurer schamanischen Ausbildung? Wir haben euch gesagt, um welche Übungen es sich handelte und was ihr gemacht habt, als ihr dort wart. Doch ihr wart buchstäblich Gruppen von Frauen, die eine schamanische Ausbildung für ihre nächsten Leben durchliefen.

Stellt euch einmal vor, ihr steht vor einer Meisterlehrerin, einer Plejadierin, die euch gleich Informationen über euch als Frau vermittelt. Was wird erwartet? Wie funktioniert ihr in dieser Energie? Was, meint ihr, würde sie über Intuition sagen? Blättert für mich eine »Seite« weiter: Stellt euch vor, ihr seid jetzt in eurem zweiten oder dritten Leben und seid tatsächlich die Führerin einer Gruppe von Menschen, nicht von Frauen, die sich an euch wenden, um den Stamm intuitiv zu führen. Was ist zu tun?

Ihr würdet anfangen, ihnen Informationen darüber zu geben, was ihr in Lemurien gelernt habt. Ihr würdet euch daran erinnern. Manche kommen vielleicht zu euch und sagen: »Liebe Führerin«, ja vielleicht würden sie sogar vor euch niederknien und sagen: »Ich brauche Führung. Was soll ich machen?« Wie würde eure Antwort lauten? Würdet ihr sagen: »Ich weiß nicht, was meinst du denn?« Nein, bestimmt nicht! Ihr würdet auf eure Ausbildung und die Intuition zurückgreifen, aus der ihr schöpfen könnt, wie ihr es von eurer wunderbaren Lehrerin gelernt habt. Hört ihr, was ich sage?

Meine lieben Damen, die Zeit ist gekommen, euch an diese Lektionen zu erinnern. Wie sieht der nächste Schritt in eurem Leben aus? Darf ich einen Vorschlag machen? Fragt nicht, fühlt!

Denn der nächste Schritt, den ihr hier zu tun habt, besteht darin, nachzudenken und euch zu fragen: Was ist das Intuitivste und Glorreichste, was meine Großartigkeit auf diesem Planeten noch erhöht? Die Antwort: Sucht danach nicht in einer Quelle im Außen! Zieht stattdessen eure lemurische Ausbildung heran, Schamaninnen! Beginnt euch zu erinnern!

Das soll hier als Erstes gelehrt werden. Zuerst müsst ihr euch erinnern. Ihr habt die Kontrolle und die nötige Intuition für eure Aufgabe. Wenn ihr stattdessen all die anderen befragt, gebt ihr eure Magie weg. Meine Damen, wollt ihr das praktisch angehen oder wollt ihr einfach zusammenkommen und Lieder singen? Das ist die Frage, nicht wahr? Diese Durchgabe hier hat einen Grund: Meine Lieben, ich möchte, dass ihr euch an Dinge erinnert. Es ist hier drin [in eurer Vergangenheit]. Es ist egal, vor wie langer Zeit es passiert ist, denn Zeit ist für die Akasha irrelevant.

Für euch verläuft die Energie eurer vergangenen Leben linear, nicht wahr? Ihr sagt: »Wie sollte ich mich an etwas erinnern können, was vor 40.000 Jahren geschehen ist? Das ist doch viel zu lange her!« Ihr habt ja keine Ahnung, wie multidimensional die Akasha-Chronik ist. Sie speichert Erinnerungen nicht nach Jahren, sondern entsprechend den energetischen Erfahrungen und ihrer Tiefe ab, nicht linear. Deshalb seid ihr hier – um euch an eure wunderbare, wunderschöne Kraft zu erinnern: Intuitivität, Erinnern der schamanischen Lehre und das Wissen darum, wie ihr aus der Quelle schöpfen könnt.

Diese Erinnerung wird nicht nur euch selbst, sondern auch den Menschen in eurem Umfeld als Orientierungshilfe dienen. Sie alle erkennen, dass sie genau, wahr, liebevoll und integer ist. Dafür seid ihr hier, meine Lieben. Fangt an, euch zu erinnern …, aber nicht nur die Gesänge oder was Mele'ha gesagt hat oder die Erfahrung der Zusammengehörigkeit. Erinnert euch vor allem daran, was ihr gelernt habt.

Kryon Live-Channelling, durchgegeben anlässlich eines Treffens der Lemurischen Schwesternschaft in Asheville, North Carolina – 17. Juni 2017

Die plejadischen Lehrerinnen gaben ihre Weisheit und ihr Wissen an die Lemurierinnen weiter, und die Frauen der Schwesternschaft erhielten von ihnen eine besondere Ausbildung. Daran hatten nicht alle Frauen in Lemurien teil (siehe dieses Kapitel).

Worin genau bestand nun der Unterricht der plejadischen Lehrerinnen? Kryon hat von »Schamanenschaft« gesprochen und beschreibt diese Schamanen-Schule im folgenden Channel:

Meine Damen, ihr meint vielleicht, bei der Schwesternschaft gehe es nur um Zeremonien. So ist es aber nicht. Zeremonien wurden eigentlich nur sparsam abgehalten. Wir haben über die schamanischen Prinzipien gesprochen, die von den Frauen an die Männer weitergegeben wurden [siehe Kapitel 2: Die Frauen von Lemurien: Zeremonie zum Valentinstag], doch wie können alle Frauen Schamaninnen sein? Die Antwort lautet: Das ist nicht möglich.

Es gab eine schamanische Schule, liebe Damen. Mele'ha war die Lehrerin, und auch sie hatte eine Lehrerin. Sie hat die Generationen von Frauen, die von ihr unterwiesen wurden, hauptsächlich das Schamanentum gelehrt. Wir haben das schon früher gesagt, aber jetzt gehen wir näher darauf ein. Die Frauen halfen, die Männer und die Stämme zu führen, aber nicht alle Frauen. Die meisten waren »am Lernen«, denn das war der Sinn und Zweck von Lemurien.

Falls die Plejadier eine Hauptunterweisung für die Menschheit hatten, dann dies: Das weibliche Geschlecht ist sehr spezialisiert und großartig. Es umfasst das Sanfte, Mitfühlende und Weise. Das weibliche Geschlecht kann andere Menschen viel leichter unterweisen als das männliche Geschlecht. Der Geist der Frauen ist entsprechend eingerichtet, denn sie unterrichten die Kinder. Deshalb seid ihr, wer ihr seid. Das wisst ihr auch heute noch. Ein Blick auf moderne Schuleinrichtungen zeigt euch: Die Lehrerschaft in den Grundschulen besteht zum großen Teil aus Frauen. Das ist etwas absolut Natürliches.

Und diese Schamanenschule? Die Frauen, die dort lernten und hervorragend waren, wurden in die Reihe der Ältesten aufgenommen und unterrichteten schließlich andere Frauen. Mele'ha? Sie konnte nur die Kerngruppe, bestehend aus diesen hervorragenden Ältesten, unterweisen [diese spezielle Gruppe wurde von der Gesellschaft bestimmt]. Ein paar von euch waren dabei.

Worin bestanden nun die Lektionen? Was wird gelehrt, um eine Schamanin zu werden? Ihr Lieben, ich sage es euch: Es sind keine Informationen, sondern mentale Prozesse. Letzte Woche saßen wir vor euch und übermittelten euch einen solchen Prozess, und wir sagten, einer dieser Prozesse, der umgehend gelernt werden muss, ist das Vertrauen auf eure Intuition. Entwickelt eure Intuition weit genug, um zu wissen, dass ihr recht habt, und geht darauf aufbauend weiter, anstatt misstrauisch zu sein und infrage zu stellen, ob ihr wohl recht habt, und alle anderen zu fragen, was sie darüber denken. Hört sich das nach einer Schamanin an? Nein, eine Schamanin macht das nicht. Die Menschen kommen zu euch, der Schamanin, um euch um Rat zu bitten. Ihr müsst wissen: Ihr verfügt über euer Wissen und ihr *wisst*.

Und nun weiter zur nächsten Lektion. Übrigens: Mele'ha kann sich in diesem Leben an vieles aus ihrer lemurischen Zeit erinnern. Ich habe sie gefragt: »Wo war die Schwesternschaft?« Jetzt haben wir eine. Ich habe sie gefragt: »Wo waren die Gesänge?« Jetzt habt ihr ein paar davon. Sie wurde gefragt: »Wo waren die Codes und manche der Geheimnisse des Heilens und Lernens?« Und jetzt hat sie auch das. Jetzt sage ich: »Wo sind die Lektionen?« Und sie ist dabei, sie zu entwickeln. Es gab eine Schule und es gab einen Lehrplan. Es musste Lektionen geben. Was lehrt man am Anfang stehenden Schamaninnen? Nicht das Singen und nicht das Abhalten von Zeremonien. Vielmehr wird ihnen das Wesen des Schamanismus vermittelt, und als Erstes lernen sie, Vertrauen zu haben und Intuition zu entwickeln.

Meine Damen, während ihr hier sitzt und lernt – was macht ihr mit euren intuitiven Gedanken, außer ihnen zu vertrauen? Nun ja, die Alternative besteht darin, ihnen nicht zu vertrauen und sie vielleicht sogar auf Eis zu legen. Vielleicht denkt ihr im Stillen: »Darüber denk ich später nach.« Oder: »Ja, das stimmt. Ja, das stimmt, aber derzeit nicht für mich.« Ich möchte euch in dieser neuen Energie etwas fragen: Wenn euch ein intuitiver Gedanke kommt, meint ihr wirklich, ihr solltet ihn in der Schublade ablegen? Natürlich nicht. Das ist die Lektion. Und der zweite Teil lautet so: Vertraut eurer Intuition nicht nur, sondern handelt auch entsprechend, und zwar jetzt! Das ist wichtig, besonders in dieser neuen Energie.

In einer älteren Energie hättet ihr alle, die ihr hier sitzt, eine Idee; ihr würdet sie euch vielleicht durch den Kopf gehen lassen, euch darüber womöglich mit anderen austauschen, sie dann noch einmal überdenken und anderen vorlegen. Und wer weiß, vielleicht würdet ihr sie auch für später in einer Schublade ablegen. Seht ihr den Widerstand? Es gab Widerstand, denn es waren Handeln und Veränderung erforderlich, und vielleicht wäre dadurch die Norm durcheinandergebracht worden. Das war damals, doch nun ist jetzt.

Ich bin hier, um euch zu sagen, dass Intuitionen, die euch und jeder Frau, die diesen Worten lauscht, eingegeben werden, reif sind für diese Zeit, sonst hättet ihr sie nicht.

Einige von euch sitzen gerade auf Projekten. Ich frage euch: Warum schiebt ihr sie vor euch her? Meint ihr vielleicht, es sei nicht die richtige Zeit? Es ist die richtige Zeit dafür! Deshalb hattet ihr ja die Idee. Es gibt Bücher, die von Frauen in diesem Raum und von Frauen, die zuhören und dies lesen, geschrieben werden wollen. Es gibt Projekte, die in die Wege geleitet werden wollen. Es gibt Unterricht, der gehalten werden will.

Wir sprechen hier speziell von Aktionspunkten, die viele von euch derzeit im Gefühl haben. Manche von euch hatten vielleicht schon vorher dieses Gefühl und handelten daraufhin vor der Wende des Jahres 2012 – und es hat nicht funktioniert? Wir haben bereits erwähnt: Dinge, die in der alten Energie nicht funktioniert haben, funktionieren heute. Ich rüttle gerade diejenigen auf, die hier im Raum sind ..., die zuhören ..., die dies lesen, nicht wahr? Ihr denkt womöglich schon eine ganze Weile über diese Ideen nach? Die Zeit ist gekommen, sie genau unter die Lupe zu nehmen und demgemäß in einem angemessenen Zeitrahmen zu handeln. Legt sie nicht in der Schublade ab.

Einige werden sagen: »Ich bin zu beschäftigt.« Ihr Lieben, das ist eure Entscheidung. Was heißt »beschäftigt«? Etwas, was ihr euch ausdenkt, damit ihr mit dem Konzept nicht voranschreiten müsst? Das hält euch auf Trab. Oder vielleicht etwas, was ihr gerne macht? Und das hält euch auf Trab? Es ist eure Entscheidung. Wisst, wer ihr seid, und falls ihr tatsächlich Teil der einstigen Lemurischen Schwesternschaft seid, dann habt ihr heute eine Aufgabe. Es gibt viele wunderbare Dinge, die euch einfallen und die ihr tun könntet.

Könnt ihr andere Frauen zusammenführen und ihr Selbstbild erweitern? Ist die Zeit gekommen, über mehr nachzudenken als das, was ihr in der Vergangenheit getan habt? Wenn ihr das intuitiv denkt, meine lieben Frauen, dann ist die Zeit gekommen. Diese spezielle Lektion läuft auf Folgendes hinaus: Vertraut nicht nur eurer Intuition, sondern lernt, dementsprechend schnell zu handeln, nicht wie in der Vergangenheit, als ihr das beiseitegeschoben habt. Ich spreche hier mehrere von euch an, die hier anwesend sind, und viele, die zuhören und dies lesen.

Heute ist das anders als früher, vor allem für jene, denen ihre Akasha sagt: »Ich bin Teil der Kerngruppe, die alles begann.« Ihr lieben Frauen, es geht nicht darum, eure Macht für euch zu beanspruchen, sondern eure Weisheit für euch in Anspruch zu nehmen und sie weiterzugeben.

Kryon Live-Channelling, durchgegeben anlässlich eines Treffens der Lemurischen Schwesternschaft in Buffalo, New York – 24. Juni 2017

In diesem Buch war schon von den Knoten und Nullpunkten des Planeten die Rede (siehe Kapitel 1: Das alte Lemurien: Die lemurische Gesellschaft); sie repräsentieren die ursprünglichen Landeplätze der Plejadier. Man kann sie sich als die Geburtsorte der Menschheit (mit einem spirituellen Kern) vorstellen. Die Plejadier gaben den Menschen nicht nur ihre Göttlichkeit, sondern blieben hier, um die nachfolgenden Generationen zu unterweisen. Langsam, über sehr lange Zeit hinweg, übertrugen die plejadischen Lehrerinnen ihre Energie aus ihren physischen Körpern in die Gitter von Gaia. Das meint Kryon, wenn er sagt: »Die Plejadier haben die Erde nie verlassen, sie sind immer noch da.«

Die Anangu-Aborigines in Australien verstehen dieses Konzept. Es ist verboten, bestimmte Orte am Uluru, ihrem heiligen

Felsen, zu betreten, denn dort ist die Heimat, »wo diejenigen, deren Namen unaussprechlich sind«, nach wie vor leben. Für die Anangu wird das Land immer noch von Wesen bewohnt, die unsere Ahnen sind. Das meinen die Anangu vielleicht mit dem Spruch *»Kulilaya, ngura milmilpatjara; Tjukurpa alatjitu!«* (»Höre, dieses Land ist heilig; lebendige Traumzeit!«).

Auch am als »Mount Shasta« bezeichneten Knoten haben viele Menschen die profunden plejadischen und lemurischen Energien gespürt. Laut Kryon gingen viele Plejadierinnen und Lemurier bzw. Lemurierinnen dorthin und versetzten sich im Berg in einen Quantenzustand. Aurelia Louise Jones, eine Geistführerin, zog 1997 nach entsprechender Führung durch Adama an den Mount Shasta. Adama ist ein Hohepriester und spiritueller Führer in der heiligen lemurischen Stadt des Lichts, Telos, tief im Mount Shasta. Die Beschreibung dieser lemurischen Stadt im Berg ist eine lineare Interpretation einer multidimensionalen Energie, die wir aufgrund unserer menschlichen Neigung zur Singularität und unserer menschlichen Filter beim Empfang von gechannelten Botschaften noch nicht vollständig begreifen. Stellen Sie sich Mount Shasta nicht als lemurische Stadt, sondern als Quantenportal vor, welches in Verbindung mit all den anderen gepaarten Knoten und Nullpunkten jetzt die Informationen eines hohen Bewusstseins in die Gitter von Gaia und die Akasha der alten Seelen aussendet.

Und wie sieht es mit dem Knoten auf Hawaii im Vergleich zu Uluru und Mount Shasta bzw. den anderen Knoten aus? Dieser Knoten war auffallend anders, denn Lemurien war der eine Ort auf der Erde, wo die plejadischen Lehrerinnen während der ganzen Zeit, die diese Zivilisation und Gesellschaft bestand, verweilten. Jede Seele mit einer lemurischen Erfahrung wurde direkt von den Plejadierinnen unterwiesen. Deshalb wurden immer reine Informationen empfangen, ohne die Verzerrungen oder Verwässerungen, wie sie durch die Weitergabe der ursprünglichen Informationen von einer Generation an die nächste üblich sind. Diese Unterweisungen wurden gegeben, bis die Insel schließlich versank, was nicht nur für die Lemurier ein Zeichen war, ihr Land zu verlassen, sondern auch ein Signal für die Plejadierinnen, sich auf multidimensionale Weise mit dem Planeten zu verschränken.

Die Plejadierinnen waren in Lemurien immer körperlich anwesend. Stellen Sie sich nur vor, wie das gewesen sein muss …, wie es war, spirituelle Kernwahrheiten von denjenigen zu lernen, die bereits seit über tausend Jahren den Aufstiegsstatus in der Zivilisation ihres eigenen Planeten erreicht hatten. Wie sahen diese Kernwahrheiten aus und wie wurden sie von den Plejadierinnen gelehrt? Wie würde eine hoch entwickelte Rasse einer sich neu entwickelnden Menschheit Unterweisungen über den inneren Gott geben oder darüber, wie Bewusstsein die Physik verändert? Während der »Rückkehr nach Lemurien«-Konferenz 2017 beantwortete Kryon die Frage, wie das geschah:

Ich möchte eine Botschaft übermitteln, die bislang noch nie durchgegeben wurde. Ich möchte von Attributen sprechen, von denen noch nie die Rede war. Ich sitze an diesem Ort [bezieht sich auf Hawaii] und möchte eine ganz bestimmte Botschaft übermitteln, die nur hier durchgegeben werden kann. Es ist an der Zeit, diese Botschaft zu kommunizieren, denn hier sind diejenigen anwesend, die sie aufnehmen, verstehen und damit arbeiten.

Die Botschaft ist wunderbar, denn in ihr geht es besonders um die Unterweisungen der plejadischen Mütter, darum, wie sie lehrten, was sie lehrten und wer gelernt hat.

Ich konnte diese Botschaft erst jetzt übermitteln, da ich an diesem Ort auf diesem Berg bin, wo das geschah. Nicht auf dem Gipfel, aber an bzw. nahe der Küste. Doch dies ist der Berg und ihr seid hier und ich bin hier.

Ich konnte diese Botschaft erst jetzt durchgeben, wo ich auf beiden Seiten von lemurischen Lehrerinnen umgeben bin [bezieht sich auf Dr. Amber (Mele'ha) Wolf und Kahuna Kalei'iliahi, die auf der Bühne neben Lee sitzen]. Ich nutze auch ihrer beider Akasha, um euch die Informationen auf verständliche Weise zu vermitteln. Ihr Lieben, was ich in diesem Moment darlege, wird studiert werden, und manches davon ist kryptisch. Manches wird nur von den Lehrern der heutigen Lehrer verstanden. Und manches wird nur von Physikern verstanden werden, ob ihr das nun glaubt oder nicht.

Wo fange ich an? Dieser Berg diente als Startrampe der Akasha für die Wahrheit. Und wie sahen die ersten Unterweisungen einer Sternenmutter für einen Menschen aus? Diese Sternenmutter und ihre Gruppe sind ja verantwortlich für die 23 – die Anzahl der Chromosomenpaare mit dem modifizierten Paar, welches der Menschheit heute zu eigen ist. Welche Informationen kamen aus dieser Quelle? Wie rein und einfach waren sie?

Alles Gelernte wurde durch Reinkarnation mit in das nächste Leben genommen. Diese reinen, anfänglichen Informationen blieben auch im Lauf des nächsten und übernächsten Lebens erhalten. Diese Unterweisungen nahmen die Menschen über ihre Akasha überall mit hin in die Welt. Sie wussten darum, erinnerten sich daran, und dank ihres freien Willens nutzten sie sie oder auch nicht. Doch das waren die ersten, ursprünglichen Informationen aus den ersten Unterweisungen von den Sternen.

Mit der Weiterentwicklung des Menschen nahm manches zu, manches wurde verworfen. Das ist der freie Wille. Doch ich sage euch die unverfälschte, ursprüngliche Wahrheit, die direkt am Anfang Kindern wie auch Erwachsenen gelehrt wurde. Ich sage euch, was es war und warum sie gelehrt wurde.

Die Informationen und Unterweisungen waren anders, als ihr vielleicht meint, und in allem, was ich euch weitergebe, steckte höchste Weisheit, übermittelt von einer hoch entwickelten Rasse von den Sternen. Vielleicht könnt ihr euch vorstellen, wie Menschen sich versammelten, so wie es hier gerade geschieht – wo Menschen sitzen und einen Lehrer beobachten. Doch so war es damals überhaupt nicht. Die Unterweisungen begannen frühzeitig; alles was sie lernten, wurde ihnen in einer bestimmten Form beigebracht. Egal, ob Kinder oder Erwachsene, diese Form blieb die gleiche.

Die Unterweisungen waren komplex, denn innerhalb der Form entwickelten sie sich weiter. Lasst mich das von Anfang an erklären. Erstens – und das war das Komplizierteste – war die Form ein Rad, ein Kreis mit Speichen, die zur Mitte verliefen. Es gab fünf Speichen. Mein Partner, mach langsam. Ich erzähle euch das jetzt, und du hast noch nie davon gehört. Ich übermittle dir Visualisierungen, die du dann mittels der Akasha der beiden, die neben dir sitzen, erweitern wirst: wie das aussah …, was passierte und wie es sich anfühlte.

Die Erziehung und Ausbildung begann im Kindesalter. Die lemurische Lehrerin, die immer eine plejadische Mutter war, stand beim Unterrichten nicht in der Mitte, sondern lief um den Kreis herum, es gab also nie einen erhöhten, besonderen Platz. Und das bedeutete, es gab keinen Platz auf dem Rad, der für wichtiger gehalten wurde als andere.

Der Kreis hatte einen Namen, aber zunächst möchte ich erklären, warum das Rad fünf Speichen hatte: Der Name und die Zahl gehen Hand in Hand, und es handelt sich nicht bloß um Numerologie. Das war lange bevor es Numerologie überhaupt gab und lange bevor der Mensch die Energie der Zahlen und der Systeme erkannte. Dies war etwas Ursprüngliches, Unverfälschtes. Ihr könnt das, wenn ihr es studiert, auch heute anwenden, und die Zahlen geben euch erweiterte Bedeutungen. Doch damals war es sehr einfach. Fünf Speichen verliefen zur Mitte des Rades. Das Rad hatte einen Namen, nämlich »Suche nach Ausgleich«. Das war der Name des Rades; es wurde vor den Schülern auf den Boden gestellt, um von ihnen studiert zu werden. Stellt es euch also als einen Kreis auf dem Boden vor, der fünf Speichen hat. Warum fünf? Das ist eine gute Frage; die Fünf ist nämlich nicht das, was man erwarten würde, denn alles in der Natur ist paarweise ausgewogen. Die Paare sind die Druck-Zug-Energie der Galaxie, das Yin und Yang jeglicher Energie, Licht und Dunkelheit und die Gesetzmäßigkeiten eurer Physik mit ihren starken und schwachen Kräften. Alles kommt in Paaren – aber nicht bei einer Fünf.

Suche nach Ausgleich war das Thema dieses heiligen Rades, und auch die fünf Speichen hatten jeweils einen Namen. Diese Namen wurden den Kindern und den Erwachsenen erklärt. Warum fünf? Jetzt kommen wir zu dem, was die Plejadier in diesen ursprünglichen Unterweisungen an Wissen verständlich machen wollten: Magnetfelder.

Meine Lieben, es wird nicht lange dauern, also bitte nicht abschalten [eure Aufmerksamkeit abziehen], falls ihr Wissenschaft nicht sonderlich mögt. Die Grundlagen der Magnetik sind der Kern jeglicher Information und in diesem Zusammenhang supereinfach zu erklären. Liebe Physiker, verzeiht mir das bitte [Kryon lächelt]. Trifft ein Atom mit zu vielen Elektronen auf ein Atom mit zu wenigen Elektronen, entsteht ein Druck und Zug aus Plus und Minus, wenn sie versuchen, sich miteinander zu verbinden und auszugleichen. Durch diesen Prozess entsteht ein Magnetfeld mit Plus- und Minus-Polaritäten.

Magnetismus ist eines der Dinge in der herkömmlichen Physik, das normalerweise beständigen Wandel ermöglicht. Magnetismus bettelt praktisch um Veränderung und Ausgleich. Magnetkraft entsteht im Rahmen der Beziehung zwischen den Teilen der Atommechanik. Atome mit zu vielen Elektronen versuchen immer, sich mit Atomen mit zu wenigen Elektronen zu verbinden. Man könnte also sagen, die eigentliche Atomstruktur »sucht immer nach Ausgleich«.

Dieses Rad steht für die Fünf, denn es verlangt nach Ausgleich, auch in der Form des Rades der Unterweisung: fünf Speichen mit fünf Wahrheiten. Durch die fünf Speichen entsteht eine Form mit sechs Flächen. Ihr werdet das sehen, wenn ihr das Rad erstellt, dank weiterer Informationen, die durchgegeben werden. Schon bevor es die Numerologie gab, war die Sechs als eine Zahl hoher Ausgeglichenheit bekannt.

Noch einmal: Die Lehrerin war immer eine Sternenmutter – wunderschön und ein lieblicher Anblick. Die Unterweisungen wurden immer voller Güte und Mitgefühl gegeben, und die Kinder liebten diese ganz besonderen und großartigen Wesen. Bei jeder Unterrichtseinheit mit Erwachsenen waren diejenigen dabei, die als Kinder mit dem Rad begonnen hatten. Kinder, die jünger als sieben Jahre alt waren, hatten Spielräder. Erst wenn sie sieben Jahre alt waren, durften sie von einer plejadischen Mutter lernen und ein echtes Rad sehen, berühren und darum herum spielen.

Kinder erhielten Unterricht im Alter von sieben bis dreizehn Jahren. War ein Kind dreizehn, wurde eine Zeremonie abgehalten, und danach wurden Mädchen und Jungen getrennt unterrichtet. Ab dreizehn wurden die Informationen des Rades den Männern getrennt und anders gelehrt als den Frauen. Mit dreizehn bekamen die Frauen durchschnittlich ihre erste Menstruation. Die Mädchen wurden zu Müttern, und das veränderte alles. Denn nun waren sie bereit für die Heiligkeit der schamanischen Lehre, welche die Männer nicht unbedingt kennen wollten oder mussten. Die Männer verstanden und ehrten die natürliche kulturelle Aufteilung zwischen ihnen und den »Frauen von Lemurien«.

Die Aufgaben für Männer und Frauen waren sehr unterschiedlich. Es gab keine Klassentrennung, sondern eine Trennung entsprechend dem, was sie gut konnten. Männer wurden nicht gebeten, Kinder zu bekommen. Frauen wurden nicht gebeten, fischen zu gehen. Ich sage euch, wie das funktionierte: Die Frauen blieben zu Hause und studierten, sie hatten ihre Kinder und machten mit ihrer sehr speziellen Ausbildung weiter. Sie hatten die meiste Intuition, sie lernten zu führen und Intuition zu lehren, und das bedeutete auch, sie konnten den Männern sagen, wo sie auf Fischfang gehen sollten. Das wurde von den Männern erwartet. Es war eine kulturelle Norm, und die Männer setzten sich hin und hörten auf die weiblichen Ältesten, weil es funktionierte.

Die Frauen wollten nichts mit dem Fischen zu tun haben. Sie waren gut in dem, was sie taten: Sie gebaren Kinder, unterrichteten und lernten, Schamaninnen zu werden [Spezialistinnen für spirituelle Energie]. Die Frauen erhielten die fortgeschrittenen Informationen vom Rad.

Ich möchte euch noch etwas über die Männer und Frauen erzählen. Die Männer hätten nie im Leben jemals daran gedacht, hinaus aufs Meer zu fahren, Fische zu fangen und sie dann einer Frau zum Kochen zu geben. Es waren ihre Fische. Die eigenen Fische selbst zu kochen, ergab absolut Sinn.

Die lemurischen Männer erzählten Witze über die Frauen, und die lemurischen Frauen erzählten Witze über die Männer. Ist es stimmig, sie jetzt zu erzählen? Ich richte diese Frage an die lemurischen Vorfahren, die hier zu meiner Linken vertreten sind [Kahuna Kalei'iliahi sitzt links neben Lee]. »Liebe Ahnen, ist es angebracht, diese Witze zu erzählen?« [Pause ...] Die Ahnen haben Nein gesagt. [Pause ...] Ich bin Kryon, und ich muss den Ahnen nicht Rede und Antwort stehen! Hier sind die Witze – sie sind ganz kurz.

Die Männer trafen sich und spaßten: »Gib bloß nie einer Frau einen Fisch. Sie würde nicht wissen, was damit zu tun ist, und der Fisch wird am Ende einfach nur gesegnet und für eine Zeremonie verwendet.« Die Männer wussten das.

Die Frauen kamen zusammen und ulkten: »Lasst bloß nicht zu, dass die Männer die Elemente der heiligen Kreise entdecken. Sie werden bloß versuchen, sie zu kochen.« Die Frauen wussten das. Das waren die Witze.

Zurück zu den Kindern ..., zurück zum Kreis ..., zurück zum Unterricht. »Suche nach Ausgleich« war der Name des Rades mit fünf Speichen. Die Kinder saßen um das Rad herum und erhielten anfangs Grundinformationen. Darüber will ich mit euch sprechen, denn das Rad entwickelte sich weiter und veränderte sich. Wie kann man ein Rad ein Leben lang unterrichten? Das werde ich euch schließlich zeigen und euch davon erzählen, und dann beginnt ihr die Komplexität zu verstehen. Doch der Anfang ist extrem einfach.

Die Kinder sitzen in einem Kreis, und eine plejadische Lehrerin geht um das Rad herum. Als Nächstes kommt etwas Wichtiges, was den Kindern Spaß bereitet: Im Rad gibt es keine Position, die bedeutsamer wäre als irgendetwas anderes auf dem Rad. Die Lehrerin ist also immer in Bewegung, damit der Mensch den Prozess nicht linearisiert und einer bestimmten Unterweisung eines bestimmten Teils eine höhere Bedeutung beimisst.

Die biologischen Mütter der Kinder von sieben bis dreizehn Jahren waren immer anwesend – immer, und das aus einem sehr guten Grund, der in eurer heutigen modernen Gesellschaft fast in Vergessenheit geraten ist. Kinder lernen nicht in einem Vakuum. Indem auch die Mütter dabei waren, konnten sie das Gelernte immer auf intelligente Weise diskutieren und noch einmal Revue passieren lassen. Die Frauen hatten also zusätzlich zu ihren Unterweisungen [als erwachsene Frauen, die eine schamanische Ausbildung durchliefen] auch diese Unterrichtszeiten und waren ziemlich beschäftigt. Auch aus diesem Grund übernahmen die Männer das Kochen und fast alle körperlichen Arbeiten und Aufgaben in der lemurischen Gesellschaft.

So war das, meine Lieben. Schaut es euch an und auch die Gründe dafür, denn – noch einmal – die Frauen hatten die erforderliche Intuition, um Kinder großziehen zu können, und gaben den Männern Orientierungshilfe und Führung. Die Männer hatten die Intuition und die Fähigkeiten, um die Dörfer zu errichten, alles zu beschaffen, was fürs Überleben notwendig war, und sicherzustellen, dass ihre Familien gut versorgt waren. Sie mussten zudem in einem sich ständig verändernden Meer Nahrungsquellen finden. Deshalb lauschten sie täglich den weiblichen Ältesten, um zu wissen, wo sie einen guten Fang machen konnten.

Die Mitte

Nun möchte ich etwas über die Mitte des Rades offenbaren. Dieses Rad stand für die gesamte Lehre aller Plejadier für die Lemurier. Es handelte sich um ein auf dem Boden liegendes, ziemlich großes Rad, und die Schüler saßen darum herum. Alle Speichen verliefen zur Mitte.

Die Mitte war nicht klein und schien eigentlich sogar übergroß zu sein. Sie trug den Namen »Die Große Mitte«. In diese Mitte konnte ein Mensch legen, was er visualisieren oder repräsentieren wollte. Allen kam es in den Sinn, dass sie sich die Sonne vorstellen könnten, denn die Sonne befand sich im Zentrum des Sonnensystems. Seht ihr, Teil des Rades der Unterweisung war einfache Astronomie, die von den Sternenmüttern gelehrt wurde. Sogar die Kinder verstanden, dass die Mitte bzw. das Zentrum metaphorisch als Sonne dargestellt werden konnte.

Nachts, wenn besondere Unterweisungen gegeben wurden, entzündeten sie mit Fischöl eine Flamme, die die Sonne repräsentierte. Schon bald hatte die Mitte des Rades einen Spitznahmen: die Große Zentralsonne. Wer meine Unterweisungen der letzten 28 Jahre verfolgt hat, weiß nun, woher dieser Ausdruck kam. Doch die Mitte des Rades steht nicht für etwas in eurer Galaxie oder eurem Universum. Es ist nichts, was ihr umkreist. Vielmehr repräsentiert es das Zentrum allen Lernens, das Zentrum jeglicher Wahrheit, und alle Speichen gehen von diesem Zentrum aus und verlaufen zurück in dieses Zentrum. Das ist die Große Zentralsonne.

Die Anfänge der Unterweisungen

Die Speichen hatten Namen, und jede Speiche hatte bestimmte Unterweisungen. Bevor ihr die Insel verlasst, werde ich euch alle Namen nennen. Die Kinder lernten die Namen auswendig, denn die Namen ergaben eigentlich keinen Sinn – wie wenn man in der Schule anfangs etwas auswendig lernt, das erst später sinnvoll erscheint. Noch bevor ihr das Einmaleins und seine Bedeutung in der Mathematik verstanden hattet, habt ihr es auswendig gelernt. Bevor ihr die Grammatik verstehen konntet, habt ihr manchmal die Regeln auswendig gelernt. Kinder können das gut. Sie lernten die fünf Namen der Speichen auswendig, weil sie sie später brauchten.

Diese Namen haben für ein siebenjähriges Kind eine Bedeutung und für ein vierzehnjähriges Kind eine andere. Und dann … bedeuten sie für einen dreißigjährigen oder einen vierzigjährigen Erwachsenen so viel mehr. Sobald du ausgelernt hast, erwartest du, dass das Rad aufsteigt, voll der großen Wahrheit, für die es steht. Wenn sich die einfachsten Bedeutungen und Namen der Speichen weiterentwickeln, werden die Unterweisungen viel profunder. Die Kinder haben von Anfang an eine Vorstellung von der Bedeutung der Speichen, doch die meisten dieser Vorstellungen sind falsch. Die Energie der Speichen geht eigentlich in beide Richtungen: von der Mitte zur Peripherie und von der Peripherie zur Mitte. Doch so werden sie anfangs nicht wahrgenommen. Es sind einfach Speichen mit Namen.

Ich will euch die Namen nennen, doch zuerst möchte ich euch erzählen, wie sie jedes Mal präsentiert wurden – was vor allem für die Kinder lustig war. Wenn die plejadische Lehrerin begann, sagte sie: »Wir wollen mit dem Zahlenspiel anfangen.« Es gab nämlich ein kurzes Spiel mit Zahlen, an dem alle teilnahmen und das entsprechend der Regel ganz plötzlich endete. Egal, ob es sich bei den Schülern um junge Leute, Kinder oder Erwachsene handelte – das Spiel war immer das gleiche. Wann immer das Zahlenspiel unterbrochen wurde, kam die Speiche, die der betreffenden Person am nächsten und im Laufe des Unterrichts noch nicht behandelt worden war, an die Reihe und wurde behandelt. In ihrer Weisheit vermittelte die Lehrerin dadurch, dass es bei den Speichen keine Hierarchie gab; keine war wichtiger als die andere. Es gab keine Zeremonie für einen bestimmten Teil des Rades, wo es losging oder aufhörte. Es gab überhaupt keine Hierarchie, sondern das Zahlenspiel entschied darüber, wo mit dem Unterricht des Tages begonnen wurde. Seht ihr, wie weise das ist? Nichts war wichtiger als etwas anderes, denn der Unterricht drehte sich um einen Kreis ohne Anfang und Ende.

Die Speichen

Wir wollen nun einmal so tun, als wären wir mit den Zahlen durch [das heißt, als wäre das Spiel zu Ende gespielt worden]; jetzt machen wir uns daran, die Speichen zu identifizieren. Sie unterliegen keinerlei hierarchischen Ordnung. Ich werde euch ihre Namen nennen und euch sagen, welche Bedeutung sie nach Meinung der Kinder hatten. Und dann sage ich euch, was sie wirklich bedeuteten. Vielleicht seht ihr dann, wie ein Schüler oder eine Schülerin eine Speiche das ganze Leben lang studierte und dennoch nie wirklich die ganze damit zusammenhängende Wahrheit erfasste.

Einfache Namen für die Speichen

Ich umschreibe die Namen, denn ich kann sie euch nicht in der damaligen Sprache [Lemurisch] nennen. Ich mache das so gut, wie ich kann, und sage euch, was die Sprache für die Kinder bedeutete. Damit will ich beginnen. Ich bezeichne die Speiche als »Speiche eins«, aber nur im Rahmen der heutigen Unterweisung.

Die erste Speiche, von der wir euch erzählen, wird »Zentrum Rückkehr« genannt. Die Kinder hatten das Gefühl, sie wüssten auf der Stelle Bescheid. Sie sagten: »Na ja, das ist die Heimat unserer plejadischen Mütter von den Sternen. Es muss ja einen Ort geben, an den wir gehen, wenn wir hier fertig sind.« Ihr seht also, die Vorstellung einer Seelenessenz war ihnen von Anfang an vertraut, und sie alle sagten: »Wenn wir hier fertig sind, kehren wir zum Zentrum zurück, zur Großen Zentralsonne, aus der alles hervorgeht. Das Zentrum, das wunderschöne Zentrum.« Und sie prägten sich den Namen »Zentrum Rückkehr« ein. Die Kinder wussten eben nicht Bescheid.

Ich nenne euch die Namen der restlichen Speichen, und dann nenne ich euch ihre Bedeutung, die wirkliche Bedeutung.

Die zweite Speiche trägt den Namen »Sternenlenkung«. Das war für die Kinder sehr aufregend, denn sie wussten ja, dass die Plejadier von den Sternen gekommen waren. Um hierher zu kommen, mussten sie irgendwie den Weg finden und gelenkt werden. Sie sagten: »Bei dieser Speiche lernen wir, wie wir zwischen den Sternen steuern und lenken können. Wir werden das tun, was die Sternenmütter getan haben.« Hatten sie damit recht? Darauf werden wir zurückkommen.

Die nächste Speiche ist schwierig, ziemlich schwierig: »Kinderleben«. Was könnte das bedeuten? Die Kinder sagten: »Dieser Name wird der Speiche heute gegeben, und er wird sich morgen, wenn wir älter sind, ändern.« Sie sagten: »Das ist für uns. Wir sind Kinder, und es geht um unser Leben als Kind. Uns wird beigebracht, wie das funktioniert – Kinderleben.«

Die nächste Speiche heißt »Menschlicher Gott«. Die Kinder hatten diese Namen bereits auswendig gelernt, und während ihres ersten Gesprächs nahmen sie an, es gäbe womöglich einen Propheten oder eine Mutter, einen Menschen, der zu Gott wird. »Das ist für die Zukunft«, sagten sie. »Das verstehen wir jetzt noch nicht.«

Die letzte Speiche war nicht so einfach; sie trug den Namen »Der Spiegel«. Die Kinder hatten keine Ahnung, was das bedeuten könnte.

Es gibt also fünf Speichen mit seltsamen Namen, die die Kinder sich einprägten. Und mit der Zeit ging es dann los: Langsam, methodisch, einfach und elegant begannen die Sternenmütter ihnen beizubringen, was die Speichen waren – kinder-, jugend- und erwachsenengerecht. Die kindlichen Vorstellungen wurden langsam für die Kinder ausgebaut, und mit jeder Unterrichtssitzung und jedem Jahr wurde es ein bisschen schwieriger und vollständiger.

Erst im dritten Jahr wurde den Kindern klar, dass die Speichen in beide Richtungen arbeiteten. Die Energie des Unterrichts verlief von der Mitte nach außen und von außen zur Mitte. Aber anstatt euch die Lektionen und die ganzen Ausprägungen und

Varianten durchzugeben, will ich euch lieber einfach das Wahre und Reine der Speichen nennen und was die Plejadier die Menschen wissen lassen wollten.

Die Bedeutungen

Die Speichen standen für die fünf folgenden Grundwahrheiten:

Zentrum Rückkehr

Bei dieser Speiche ging es um Reinkarnation. Die Unterweisung handelte davon, dass es in beide Richtungen ging. Ihr kommt von der Großen Zentralsonne und geht dorthin zurück: der Mittelpunkt bzw. die Nabe. Habt ihr das heute gelernt [im Seminar]? Habt ihr gesehen, welche Schönheit, Eleganz, Komplexität, Ehrerbietung und Liebe in ein System einflossen, das es euch erlaubt, von dem, was ihr als »schöpferische Quelle« bezeichnet, zu kommen und dorthin zurückzugehen? Die Plejadier wussten nämlich alles über das, was ihr »Gott« nennt.

Die Kinder, die älter wurden, verstanden schon bald, dass die Große Zentralsonne, dieser Mittelpunkt, in dem manchmal ein Feuer brannte, Gott bzw. Spirit war. Dort war alles, was war. Dies wurde zur schöpferischen Quelle. Kindern von der schöpferischen Quelle zu erzählen ist sehr schwierig, außer sie werden Jahr für Jahr auf elegante Weise so unterrichtet, dass verschiedene Ebenen des Verstehens angesprochen werden.

Bei dieser Speiche ging es um die Schönheit der Rückkehr zum Zentrum und dann vom Zentrum nach außen [jenseits des Schleiers] und zurück. Es ging um die wunderbare Wahrheit, dass eure Seele niemals stirbt. Das wurde gelehrt. Der Tod ist ein Übergang, und ihr braucht keine Angst davor zu haben. Die Essenz eures Selbst kommt zurück. Der Körper nutzt sich ab, die Seele aber nicht.

Sternenlenkung

Oh, was jetzt kommt, werdet ihr lieben! Hier geht es darum, wie euer Leben von den Sternen gelenkt werden kann; es geht um Astrologie. Das wurde als »Sternenlenkung« bezeichnet. Von Anfang an haben wir ja erklärt, wie Astrologie funktioniert, und wir werden das jetzt nicht noch einmal tun. Sagen wir einfach, es funktioniert, weil es mit Physik und nichts mit Esoterik zu tun hat. Es hat mit dem Magnetfeld eurer Sonne und der Erde zu tun und damit, in welcher Beziehung sie zueinander stehen. Es hat damit zu tun, wie sich der Zug der Schwerkraft der Planeten, die die Kinder als Sterne betrachten, auf die Sonne auswirkt. Für sie sind diese Planeten einfach Lichter am Himmel.

Doch wie ich euch ja schon gesagt habe, wird das Muster der Schwerkraft der Planeten um die Sonne herum durch den Sonnenwind diesem Planeten »aufgedrückt« und von eurem Magnetfeld abgefangen. Habt ihr schon einmal die Aurora Borealis gesehen? Das sind die Funken, dort wo der Sonnenwind und euer Magnetfeld aufeinandertreffen und dem Planeten Informationen über astrologische Energie zugetragen werden.

Als Sternenlenkung wurde die Vorstellung bezeichnet, das, was man am Himmel sah, könnte sich darauf auswirken, wer ihr auf der Erde seid und was ihr womöglich tut, und zwar in Abhängigkeit von eurem Geburtsdatum [Ankunft auf dem Planeten in dieser Inkarnation]. Die Kinder und die Erwachsenen erhielten zudem so eine Art Navigationshilfe. Auch wenn sie sich nicht weit von der Insel entfernten, wussten die Lehrerinnen doch, dass sie das eines Tages tun mussten. Deshalb wurden Unterweisungen für die Navigation in *beiden* Hemisphären gegeben, anhand von Sternen, die man in Lemurien gar nicht sehen konnte.

Kinderleben

Die dritte Speiche wurde »Kinderleben« genannt. Oh, das werdet ihr nicht verstehen, und einige von euch werden sich wegen dieser Informationen am Kopf kratzen. Dies ist eine der Grundspeichen des Lebens, und sie ist so wichtig! Hier kommt es, meine Lieben: Je länger ihr die Haltung des Kindes mit seiner Freude und seinem natürlichen Humor einnehmen könnt, desto länger werdet ihr leben.

Kinderleben – verliert das nicht! Den Kindern wird von Geburt an beigebracht, dass das »kindliche Staunen« mit der Zeit verloren geht, wenn man nicht aufpasst. Verliert es nicht, denn sobald ihr das tut, beginnt ihr zu sterben. Das war die Lehre.

Krankheiten könnt ihr euch viel leichter einfangen, wenn ihr das »innere Kind« habt fallen lassen, doch solange ihr die Freude und Begeisterung des kleinen Kindes bewahrt, werdet ihr sehr lange leben. Das verändert eure Chemie und euer Immunsystem.

Gebt das nicht auf, erinnert euch daran, wie es sich anfühlt. Ganz egal, was passiert, ganz egal, welches Leid ihr erlebt, und ganz egal, was ihr später als Erwachsene durchmachen müsst – vergesst es nicht. Kinderleben ... Es wirkt sich auf eure Lebensspanne aus, und sobald das verschwindet, fangt ihr an zu sterben.

Was meint ihr, wie wichtig diese Speiche ist, meine Lieben? Es geht hier um die Gesundheit des Menschen und darum, dass sich euer Bewusstsein auf eure Biologie auswirkt. Könnt ihr euch vorstellen, wie lange man diese Speiche studieren könnte? Verliert nicht euer inneres Kind – das ist die Botschaft der plejadischen Mutter. Vergesst das nicht, es ist lebenswichtig. Lacht euch durchs Leben!

Menschlicher Gott

Bei dieser Lehre geht es darum, dass die Große Zentralsonne, der Mittelpunkt bzw. die Nabe, nicht nur über die Speiche »Rückkehr zum Zentrum« verbunden ist. Bei »Rückkehr zum Zentrum« ging es um eure Seelenreise. Bei dieser Speiche geht es um die Tatsache, dass Gott im Menschen wohnt. Du bist Gott. Gott ist Du. Du bist heilig.

Diese Namen wurden von Anfang an von den Kindern auswendig gelernt. Doch die Eleganz der Lehre wurde nicht verstanden. Später wurde im fortgeschrittenen Unterricht gelehrt, wie es ist, zu wissen, dass ihr Teil dieses Mittelpunktes seid, und deshalb reinkarniert ihr. Der Mittelpunkt und die Speichen stehen in Bezug zueinander, und das ist Teil der Lehre für die Erwachsenen.

Es gibt eigentlich nicht fünf oder sechs, sondern vielmehr eine einzige, denn die Informationsschichten der fünf sprechen zueinander. Vier spricht zu eins, und zwei spricht zu drei. Darin besteht die Eleganz und Komplexität des Rades der fünf. Dein innerer Gott geht niemals weg, und den Kindern wird beigebracht, dass es eine Beziehung zur Nabe gibt, eine wunderbare Beziehung, über die sie mehr lernen, wenn sie älter sind – aber gewöhnt euch schon mal daran. Sie lernen: »Ich bin die Nabe«, und später heißt es dann: »Ich bin heilig ... Ich bin Gott.« Wie wunderschön!

Der Spiegel

Die fünfte Speiche, die allergeheimnisvollste: »der Spiegel«. Die Kinder verstanden den »Spiegel« erst, wenn sie ein bisschen älter waren. Dann sagten sie: »Ja, wir denken, wir wissen Bescheid. Wir denken, wir verstehen das. Du musst einen genauen Blick auf dich selbst werfen, Ordnung in dein Leben bringen, dich deinen Eltern gegenüber besser benehmen. Schau dich selbst im Spiegel an. Reflektiere und denke über dich nach.« Doch damit lagen sie falsch.

Ich will euch etwas sagen: Der Spiegel ist ... – wie kann ich euch das nur erklären? Im Spiegel seht ihr euch selbst und Gott zusammen. Ihr seht euch allerdings nicht so, wie ihr meint. Ihr seht Gott. Dann wird euch gelehrt, dass jeder Mensch für euch ein Spiegel ist, und wenn ihr einen anderen Menschen anschaut, ist der Spiegel in ihnen. Deshalb haltet ihr nach euch selbst und nach Gott in anderen Ausschau. Das ist nur die erste Ebene der Ausbildung und der Lehre: in anderen nach Gott und nach dir selbst Ausschau halten.

Damit beginnt die Lehre vom Einssein. Es geht um die Gemeinsamkeit von allem, um das Einssein in allem. Dann beginnt der Spiegel, Gaia – die Natur – zu reflektieren. Er beginnt, den Menschen zu reflektieren, und der Mensch spiegelt das in Form von Mitgefühl, den Systemen und wie sie funktionieren. Man könnte sagen, der Spiegel ist eine Art Studium für Fortgeschrittene, und das stimmt, aber er ist allen anderen Speichen gleichgestellt, er steht nicht über ihnen.

Bis heute wird der Spiegel missverstanden. Es geht dabei um die Einheit von allem, um das Studium des »Einen«. Es ist die Ableitung – Achtung, jetzt kommt's! –, die Ableitung von »Ich bin der ich bin«. Das ist die fünfte Speiche.

Könnt ihr sehen, warum die Lehre an einem bestimmten Punkt in die Schwesternschaft, wie ihr sie nennt, überging? Die Frauen wurden später getrennt von den Männern im Rad der Unterweisung unterrichtet. Ihnen wurden erweiterte, fortgeschrittene Informationen vermittelt, denn sie würden ja zu den spirituellen Führerinnen und Ratgeberinnen für die Gruppe bzw. zu Schamaninnen werden. Die Männer verstanden das gut genug, um zu wissen, dass sie nicht unbedingt über die Intuition verfügten, die für die Schamanenschaft nötig war, und sie hatten damit kein Problem. Höhere spirituelle Unterweisungen waren Sache der Frauen, das wussten sie, und sie waren froh, dass sie nichts damit zu tun hatten. Meine Lieben, die ganze Gesellschaft verstand das – wirklich alle.

Das, ihr Lieben, ist also die Geschichte von den Anfängen der Unterweisungen, die hier auf diesem Berg durch jene von den Sternen stattfanden. Das ist hier geschehen, und zwar jahrtausendelang. Die Grundwahrheiten der Liebe und der Schöpfung wurden hier gelehrt, die Wahrheiten, durch die Menschen erschaffen wurden, deren Akasha das dann auf immer von einer Inkarnation zur nächsten in sich trug. Alle erhielten die Chance, eines Tages zu erwachen und mit dem Studium des Rades weiterzumachen.

Willkommen also zur Fortsetzung des lemurischen Rades der Unterweisung! Ihr könnt das nennen, wie ihr wollt. Alles, was ihr heute gelernt und gesehen habt, ist Teil davon. Alles. Bitte nehmt euch einen Moment Zeit und beglückwünscht euch dafür, dass ihr es geschafft habt, eine Zeit hinter euch zu bringen, die viele nicht hinter sich gebracht haben [hier ist die Rede von Kulturen und Gesellschaften, die nicht so weit gekommen sind]. Ihr seid dabei, mit den Knoten und Nullpunkten und der Rückkehr der plejadischen Mütter zu erwachen. Ihr erwacht für Gefühle und Dinge, von denen ihr nicht dachtet, ihr würdet sie fühlen. Ihr erwacht für Einsichten, von denen ihr nicht dachtet, ihr würdet sie verstehen. Es gibt viel zu wissen und zu erinnern, ihr lieben Lemurier. Das reicht für den Moment.

Kryon Live-Channelling »Das Rad der Unterweisung«,
durchgegeben auf der Großen Insel, Hawaii –
20. Dezember 2017

Im Rahmen derselben Veranstaltung griff Kryon ein paar Tage später das Thema des lemurischen Rades der Unterweisung erneut auf:

Ich möchte noch einmal kurz auf die Unterweisungen der plejadischen Sternenmütter eingehen, von denen ich ja schon gesprochen habe. Vor zwei Tagen stellte ich euch den Kreis mit den fünf Speichen vor, das sogenannte lemurische Rad der Unterweisung, und gab euch grundsätzliche Informationen durch, die den Kindern vermittelt wurden. Wie wir euch gesagt haben, schmückten die Kinder die Mitte oft aus und hatten als Kinder keine Ahnung, was dieses Zentrum eigentlich war. Manchmal stellten sie sogar ein Licht hinein – eine Kerze, die entweder mit Fischöl oder mit Baumblättern angezündet wurde. Sie nannten das »die Sonne«, und nachts sah das auch wie eine Sonne aus, vor allem in einem Kreis, der das Sonnensystem darstellte – auch darüber wurden sie unterrichtet. Wenn sie dreizehn Jahre alt waren, war das alles vorbei und sie begannen, so viel mehr zu entdecken.

Jetzt erhaltet ihr von uns Informationen, die wir bislang nicht durchgegeben haben. Sie sind nicht so wichtig für die Unterweisung, aber sie sind eine Erweiterung. Wir möchten, dass ihr das selbst einmal visualisiert und euch vielleicht sogar daran erinnert, wie das Rad auf dem Boden womöglich ausgesehen hat. Es ist zweidimensional auf dem Boden [es steht nichts hoch]. Wir wollen langsam die Flächen zählen und die Form untersuchen.

Der Radteil war dick und fest. Die Form und die Größe der Speichen und der Rand waren breiter, als ihr vielleicht denkt. Das Rad sah nicht so aus wie die Räder an euren Fahrzeugen. Hier sind die Abmessungen; es wird vom Rand des Rades bis genau zur Mitte gemessen: Von der Außenseite des Rades entsprach die Breite des Randes einem Drittel der Entfernung zur Mitte. Von der Innenkante des Randes gingen die Speichen ab, ihre Länge entsprach einem weiteren Drittel dieser Entfernung. Damit sind wir beim äußeren Ring der Nabe angelangt. Die Nabe nahm das restliche Drittel der Fläche ein.

Wenn ihr das aufzeichnet, dann seht ihr, dass die Fläche der Nabe wirklich ziemlich groß ist; alles, was man in die Mitte legen würde, wäre also ziemlich klein, verglichen mit der Fläche in der Nabe. Für jene unter euch, die sich seit der letzten Durchgabe die Zeit genommen haben, einen Kreis mit fünf Speichen zu zeichnen, war das vielleicht verwirrend. Denn wie ihr seht, sind zwischen den Speichen nur fünf Flächen. Wir werden gleich von der sechsten Fläche sprechen, aber erst wollen wir euch an die heilige Geometrie erinnern. Diejenigen von euch, die das verstehen, werden es erkennen.

Ihr seid an Geometrie mit geraden Linien gewöhnt. Der Großteil der heiligen Geometrie ist so, nicht jedoch die fünf Flächen zwischen den Speichen. Sie stellen ein sehr, sehr seltsames Dreieck dar. Denn die Grundseite [der Rand des Rades] ist gekrümmt. Wir haben also fünf Dreiecke, die ungewöhnlich sind, weil ihre Grundseiten nicht geradlinig sind. Kurven werden oft als eine »unendliche Anzahl an geraden Linien« definiert – selbst die Form der Fläche beinhaltet also eine Botschaft, fünf davon. Doch wo ist die sechste Fläche?

Die Antwort lautet: Das ist die Nabe. Sie ist Nummer sechs. Ein lernendes Kind würde das nie erkennen, und das wird ihnen auch nicht beigebracht. Die Frauen lernen es. Wenn die Geschlechtertrennung beim Unterricht stattfindet, beginnen die Mädchen mit dem Studium der Flächen und bestimmten sie. Wie ich schon gesagt habe: Was unsichtbar ist, ist schwerer verständlich. Ein Studium der sechs Flächen ist sehr fortgeschritten. Den Frauen wird das gelehrt, weil sie es brauchen werden, um die Heiligkeit einer höheren, tiefen Beziehung zur Nabe in der Mitte zu lehren, die Gott und Liebe ist.

Auch die Kinder lernen, dass die Mitte Gott ist. Die Große Zentralsonne ist Gott, und darum herum ist das Leben. Die Speichen erzählen von der Beziehung zur Mitte. Alle Speichen berühren die Mitte, und so berühren sich auch alle Speichen gegenseitig. So wird auch die Erkenntnis gewonnen, dass das Leben weder Anfang noch Ende hat. Egal, wie lang sie das studieren, es hört nie auf.

Schließlich werden sie das Konzept des »Kein Anfang und kein Ende« und die Beziehung zur Essenz des Menschseins verstehen.

Ich möchte noch einmal auf die sechste Fläche, die Nabe, eingehen. Die Nabe beginnt sich zu zeigen. Diese Speichen verlaufen in beide Richtungen, und noch einmal lautet die Lehre, dass keine der Speichen eine bestimmte Richtung hat. Die Rahmen weisen untereinander keine Hierarchie bzw. Priorität auf. Sie sind alle auf die gleiche Weise mit dem Zentrum verbunden, und das Zentrum verbindet sich nach außen. Entfernt man eine Speiche, ist das System geschwächt.

In der fortgeschrittenen Lehre heißt es, das gesamte Rad sei so in sich verbunden, dass es in Wirklichkeit keine einzelnen Teile gibt. Die Speiche, der Außenrand und die zentrale Nabe schwingen alle auf derselben Ebene. Deshalb ist alles mit der Mitte verbunden und alles ist eins.

Hier kommt eine fortgeschrittene Unterweisung, die mein Partner nicht entwickeln muss, denn sie war speziell für die Art der Dualität der Lemurier. Doch es gab auch eine Lehre, der entsprechend es in der Mitte einer jeden Speiche eine Art Trennung gab. Diejenigen, die das Rad aus Holz herstellten, verwendeten für die Speichen unterschiedliche Arten von Holz, sodass sich in der Mitte die Farbe änderte. Im Rahmen der fortgeschrittenen Lehre wurde das Rad mit Farben versehen, und die Aufteilung einer jeden Speiche sowie die Namensgebung hatten mit dieser beginnenden Dualität und dem freien Willen zu tun. Vergesst nicht, Dualität war etwas Neues.

Dualität ist das Trennende, anstatt die Außen- und die Innenseite einer Speiche, die in beide Richtungen funktionierte, zusammenzubringen. Die Basislehre begann damit, dass die Menschen auch im Kreis des Lebens die Farben des Holzes überqueren müssten – die Trennung zwischen den Speichen –, etwas, was ihnen nicht von Gott gegeben worden war. Das war das Konzept des komplett freien Willens: Glaube und freier Wille. Es gab sogar eine Übung, bei der sie die Speichen ganz mit einer Farbe anstatt zwei Farben bemalten. Im graduierten Lernstadium hatten sie später alle Speichen immer in einer Farbe.

Manche von euch werden das verstehen, andere nicht. Bei dieser Lektion ging es darum, die Energie der Erkenntnis des komplett freien Willens zu erschaffen, das heißt, sie konnten eine vollständige Verbindung in beide Richtungen für alle Speichen hin zur Nabe und von dort zurück erzeugen. Heute macht ihr das automatisch, denn ihr hattet von Anfang an diesen freien Willen.

Auch einige der alttestamentarischen Propheten sahen das Rad am Himmel. Ezechiel sah viele Räder, auch Räder in Rädern. Ich habe meinen Partner gebeten, das zu finden. Diese Lehre, die in Lemurien unterrichtet wurde, verbreitete sich schließlich durch die Akasha in allen Kulturen. Sie ging in einige der wichtigsten Glaubenssysteme des Planeten ein.

Was hat das alles nun mit euch zu tun? Könnt ihr euch etwas vorstellen, was so einfach ist wie diese Art von Lehre und doch so komplex dahingehend, wie ihr diese Richtlinien jetzt auf euer Leben anwendet könntet?

Ab und zu machen wir eine spontane Durchgabe für nur wenige im Publikum. Drei von euch, die hier vor mir sitzen, haben eine Depression. Ich kenne eure spirituellen Namen, nicht aber eure Geburtsnamen.

Ihr Lieben, ich kenne euch, und ich möchte euch etwas sagen. Ihr wartet darauf, dass sich etwas klärt, damit ihr aus dem Loch herauszukommt, das ihr euch selbst gegraben habt und das so schwarz und dunkel ist. Ich möchte euch etwas geben. Ich möchte euch jetzt gleich Informationen von der anderen Seite des Schleiers durchgeben: Ich kenne eure Namen, und wir brauchen euer Licht! Ihr seid Lichtarbeiter und deshalb seid ihr hier. Ich dachtet, nach drei Tagen auf Hawaii würde sich die Depression lichten? Aber das ist nicht passiert, deshalb wollen wir jetzt alles klären.

Ich möchte euch an der Hand nehmen und aus dem Loch herausziehen. Ich möchte, dass ihr Licht seht und Freude spürt. Ich möchte, dass euch bestätigende Schauer erfassen, wie ihr sie vielleicht seit Wochen in diesem hässlichen schwarzen Loch der Depression nicht gespürt habt. Ich kenne euch. Ich kenne euren Namen, und es ist an der Zeit für euch, aus dem Loch herauszukommen. Wir brauchen euer Licht. Hört ihr das? Wir brauchen euer Licht, und es ist wichtig für uns, dass ihr langsam aus dieser Dunkelheit herausklettert. Jetzt in diesem Augenblick habt ihr den freien Willen und die Wahl, zu offenbaren, wer ihr in alldem seid. Vielleicht könnt ihr euch sogar an die Kindheit erinnern, als ihr jede Menge herumgekichert habt oder einfach aus Spaß herumgerannt seid, obwohl sich eure Eltern nicht gekümmert haben.

Ich weiß, wer hier ist, und ihr tragt in euch immer noch diese kindliche Haltung. Ihr kennt euch mit dem Spielen aus, also lasst uns dahin zurückkehren. Ihr habt die Wahl. Jetzt in diesem Moment könnt ihr die Farbe in einer der Speichen aufbrechen und sie mit dieser Farbe füllen, um ganz zu sein, eine Zwei-Wege-Kommunikation von Spirit zu euch und von euch zu Spirit. Einer der Gründe für eure Depression ist eure Weigerung, die Majestät eures wahren Namens und wer ihr wirklich seid zu erkennen.

Vierzehn von euch kamen mit gesundheitlichen Problemen hierher. Es gibt etwas Wunderbares in der Physik und Chemie, was sich um eure DNA herumwindet, etwas, was genau heute gelehrt wurde. Die Sternenmütter schenkten euch das bei der Geburt. Eure DNA hat keine ungerade Zahl von Chromosomenpaaren. Ihr habt 24, auch wenn ihr nur 23 seht. Das Paar Nummer 24 ist für euch nicht sichtbar, da es quantenhaft ist.

Die DNA ist nachgewiesenermaßen multidimensional. Bei einem bestimmten Experiment kann durch die Anwesenheit von DNA der Spin eines Elektrons in einem Quantenfeld verändert werden. Ihr Lieben, das schafft nur ein anderes Quantenelement. Eure DNA ist also nicht dreidimensional wie bei anderen Säugetieren, sondern ist mit der schöpferischen Quelle verknüpft und bereit, mit voller Kraft zu arbeiten. Sie muss nicht aktiviert werden. Nur euer Glaube muss aktiviert werden.

Ich möchte keinem Heilungsprozess auf die Füße treten, der derzeit mit DNA-Aktivierung arbeitet, aber diese Bezeichnung ist eigentlich falsch. Die DNA in einem Menschen ist aktiviert und bereit. Sie liegt da buchstäblich für euch bereit, bis ihr erwacht und euch darauf einstellt. Ihr müsst eure Vorstellungen darüber umdeuten und euch darüber klar werden, dass ihr Teil davon seid. Ein Heiler, der eure DNA »aktiviert«, hilft euch, mit einem bereits aktivierten Attribut *eins* zu werden.

Vierzehn von euch sind dazu bereit. Wusstet ihr, dass alles, was ihr gerade erlebt, worüber ihr euch Sorgen macht, was eurer

Überzeugung nach euer Leben verkürzt, umgedeutet und damit geheilt und wieder in Ordnung gebracht werden kann? Dies kann im Bewusstsein des Mitgefühls und des Einsseins in eurem Geist erfolgen. Dazu müsst ihr verstehen, wer ihr seid.

Ihr könnt euch selbst heilen, ohne einen Arzt und ohne exotische Substanzen, sogenannte Medikamente. Das betreffende Muster ist aktiviert und steht bereit zu arbeiten. Die Vorlage für eine Spontanremission ist immer vorhanden. Ihr habt das gesehen! Warum zweifelt ihr daran? Warum betrachtet ihr es als von Gott vollbrachtes Wunder, wenn ihr doch Anspruch darauf erheben könntet, es selbst bewirkt zu haben? Wenn es im Krankenhaus passiert, sollte man eine Party veranstalten. Dann könnt ihr um das Bett herumstehen und Siegeslieder singen und dem Menschen zu seiner großen, wunderbaren Tat gratulieren. Dann kann sich das jeder anschauen und sagen: »In diese Richtung gehe auch ich, wenn ich das will. Dahin gehe ich!« Ihr habt das verdient! Ich kenne eure Namen, ich weiß, wer ihr seid, die ihr hier sitzt.

Andere fragen sich immer noch: »Was soll ich denn machen?« Mein Partner hatte so eine Ahnung, aufgrund einer Frage, die ihm während der Seminarpause gestellt wurde, also schaute er etwas nach, etwas, was ich durchgeben wollte, aber er war schneller. Das macht er oft, damit er besser vorbereitet ist.

Vor zwei Jahren gaben wir ein informatives Channelling mit einem sehr interessanten Namen, auf Basis von allem, was ich euch gesagt habe. Der Titel war »Fünf im Kreis«. Die Informationen drehen sich darum, welche Aufgaben Menschen übernehmen bzw. wie sie sich spezialisieren. Es geht um eine Art von spezialisierten Gruppen, der viele von euch angehören, und das hat damit zu tun, für welche unterschiedlichen Aufgaben und Rollen sie sich entscheiden.

Manche sind spirituell introvertiert; andere sind spirituell extrovertiert. Manche meditieren viel, andere umarmen Bäume. Die Informationen handeln von der unglaublichen Vielfalt der Möglichkeiten, was Menschen mit dem Anteil Gottes, der ihnen innewohnt, machen. Manche sind alles auf einmal! Sie arbeiten zusammen.

Der Grund für die fünf im Kreis hat mit derselben Lehre der plejadischen Mütter zu tun. Alles, was du tust und was heilig ist, wofür du deinen Anteil Gottes nutzt, ist für dich stimmig. Du musst das nicht aufteilen; Aufteilen ist etwas für eine lineare Menschenschule. Schon früh im Leben sagen eure Eltern zu euch: »Na, was willst du im Leben machen? Du musst dich für etwas entscheiden. Wähle aus, was du sein willst, und das machst du dann für den Rest deines Lebens.« So seid ihr aufgewachsen, meine Lieben. Das waren die Fragen eurer Kultur.

Und wenn ihr darauf geantwortet habt: »Alles«, dann gaben sie zurück: »Gut, mein Kleines ..., wir werden sehen.« Und sie kicherten miteinander über eure Naivität. Nun ja, einige von euch machen tatsächlich alles. Und ihr solltet wissen, das ist vielleicht etwas vom Fortschrittlichsten, was ihr machen könnt. Ihr möchtet euch aufteilen und sagt: »Also ich renne herum und mache alles Mögliche, aber ich nütze niemandem etwas, weil ich so fragmentiert bin.« Nein, das seid ihr nicht; ihr seid nicht fragmentiert. Ihr betreibt Multitasking mit der Gottesenergie in euch, und das ist etwas sehr Hochentwickeltes, meine Lieben.

Ich hoffe, ihr könnt einige eurer Vorstellungen als Mensch in einer alten Energie umdeuten, sodass sie ganz anders zutage treten und gesehen werden. Es sind neue Paradigmen vorhanden. Ihr alle, jeder Einzelne auf der Bühne, alle, die zuhören und dies lesen und hier sitzen, tragen in sich noch ein Überbleibsel, das es zu untersuchen gilt: das Überbleibsel des mangelnden Selbstwertes.

Ihr krabbelt aus diesem Loch der Vergangenheit, wie schon gesagt. Manche der Zuhörenden [und Leser/innen] denken immer noch, der Planet würde schon bald ausgelöscht. Warum? Weil ihr nie etwas anderes gekannt habt. Das wurde euch so gesagt. Mit diesen Informationen wurdet ihr schon bei eurer Geburt versorgt. »Ja, die Erde wird bald untergehen. Sie muss untergehen, denn alle Prophezeiungen haben das vorhergesagt, und die Kriege in der Geschichte sprechen davon.«

Einige waren zudem Teil anderer, nicht realisierter Zivilisationen auf diesem Planeten, die sich selbst ausgelöscht haben. Auch ihr wart dabei! Wie fühlt es sich an, drei- oder viermal das

Ende erlebt zu haben und sich nun hier im selben Paradigma wiederzufinden? Natürlich erwartet ihr das! »Das Ende steht bevor, so wie damals. Ich spüre es.« Das ist eine Rest-Energie der Akasha, die euch fast allen noch anhängt. Und ab und zu rührt sie euch an und sagt: »Ich frage mich, ob wir es schaffen. Ich frage mich wirklich, ob wir es schaffen.«

In euren Nachrichten wird von negativen, beängstigenden Dingen berichtet werden, und ihr werdet sagen: »Siehst du – wir werden es nicht schaffen.« Ihr versteht dann nicht, dass sich das neue Paradigma nach und nach zeigt. Euch stehen massive Veränderungen bevor, und zwar so, wie ihr es nicht für möglich gehalten hättet, unter anderem der Katalysator, der hier ist und den wir als Joker bezeichnet haben [Trump]. Er rührt mit einem Stock alles auf, was euch lieb und teuer war, und zwar gewaltig. Nur so kann sich etwas verändern. Der Status quo muss aufgewirbelt werden, und manches muss auseinanderbrechen.

Ich habe euch ja schon gesagt: Wenn ihr wissen wollt, was die Zukunft eurem Land [den USA] bringen wird, dann besagt das alte Paradigma, ihr steht kurz vor dem Scheitern. Ein System wie das eure überlebt meistens nicht viel länger als zweihundert Jahre.

Schaut euch an, wie elegant das alte Rom war und wie majestätisch und elegant das alte Ägypten. Es geht eine Zeit lang gut, bis die menschliche Natur übernimmt, und dann kommt es zum Scheitern. Im Moment geht ein Umschreiben, ein Umdeuten vor sich. Ein großer Knüppel fegt im Moment in alle Richtungen durch die Welt. Ob euch das nun gefällt oder nicht, das ist die einzige Möglichkeit für euch, auf elegante Weise neu anzufangen, ohne einen Börsencrash oder einen totalen Zusammenbruch.

Ein Joker fegt hindurch und ermöglicht es euch, etwas anderes aufzubauen und das, was sich als nicht funktionsfähig erweist oder was vorher nicht geändert werden konnte, neu zu strukturieren. All diese Sachen, ihr Lieben, wurden euch mit Bedacht durchgegeben. Die Liebe Gottes, die das möglich macht, ist von der Nabe gekommen, der Mitte, der Fläche Nummer sechs. Das hat nichts mit Politik zu tun. Es ist die Wende.

Da ist eine Wand, eine Barriere, die nach und nach dünner wird; sie wird als »Schleier« bezeichnet. Sie wird dünner als früher, und dadurch kommt es zu einer »Invasion des Lichts«. Licht ist mächtiger als die Dunkelheit, Yin und Yang [Drücken und Ziehen von Licht] sind nicht mehr gleich, und Licht bricht hervor wie noch nie, und viele haben Angst davor.

Viele Leute sagen: »Es ist nicht dasselbe wie früher. Die Dinge funktionieren nicht mehr so reibungslos wie zuvor.« Vierzehn von euch sorgen sich um ihre Gesundheit wegen eines Paradigmas der alten Energie und dem, was euch gesagt wurde. Die Prognose, die ihr erhalten habt, passt nicht zu eurer Großartigkeit. Es fehlt die Einsicht, dass Licht hier ist und euch verstehen lässt, was als Nächstes kommt, und euch hilft, euch selbst zu heilen.

Zum Abschluss wollen wir über Selbstwert sprechen. Dies wäre für euch ein toller Zeitpunkt, zu akzeptieren, dass das, was ihr in eurer alten Realität seht und fühlt, nichts als ein Papiertiger ist. Es ist falsch; es ist nicht mehr akkurat. Es ist ein sehr starkes Überbleibsel und hängt euch nach wegen all dem, was ihr durchgemacht habt, ihr alten Seelen. Überlegt einmal, wie lange ihr vielleicht schon hier auf diesem Planeten seid. Falls ihr auf diesem Berg [Lemurien] wart, überlegt einmal, wie viele Zivilisationen ihr schon gesehen habt und wie oft ihr auf unangemessene Weise gestorben seid. Überlegt einmal, wie viel Leid ihr erduldet habt oder wie oft ihr Schamanen wart und es nicht funktioniert hat.

Wie viele Leute kennt ihr, die immer noch heimliche Lichtarbeiter sind? Das sind gute Menschen, die aber nicht an die Öffentlichkeit gehen, denn das letzte Mal, als sie das taten, war das ihr Todesurteil. Ihr lebt in einem neuen Paradigma, in einer neuen Zeit, in der Licht erkannt, verstanden und akzeptiert werden wird. Das wird eure Gesellschaft und auch eure menschliche Natur verändern.

Schließlich wird es sich über diesen Planeten verbreiten und Gesellschaften und Kontinente heilen, die schon immer krank waren. Ein neues Bewusstsein, neue Regierungen, neue Denkweisen bilden sich heraus, und es kommt zu Erfindungen, die mit Energie und Wasser zu tun haben. Das menschliche Bevölkerungswachstum wird kein Problem sein. Ihr werdet schlau genug sein, das herauszufinden, anstatt zu meinen, das Bevölkerungswachstum nähme überhand, weil die Menschen keine Ahnung haben, warum Kinder geboren werden. Das ist das Denken in einer niedrigen Energie. Ihr werdet ein »Nullwachstums-Potenzial« für den Planeten verwirklichen. Das steht bevor.

Nahrung für den Planeten? Kein Problem. Das ist dank wunderbarer Technologien, die von Lichtarbeitern und denjenigen, die erwachen, entwickelt werden, in greifbarer Nähe. Ihr drei, wir brauchen euer Licht! Ihr vierzehn, wir brauchen euer Licht! Deshalb möchten wir, dass ihr hier bleibt. Es gibt keinen Grund dafür, nicht zu bleiben. Eure heutigen Gefühle, hier an diesem Ort, sind nicht angebracht und entsprechen nicht eurer Herrlichkeit.

Dies ist ein neues Zeitalter. Es ist Teil der Wende, die von so vielen Ahnen prophezeit wurde, und jetzt ist sie da. Das ist keine Kryon-Sache, meine Lieben, es ist etwas, was die Welt betrifft, und es passiert gerade jetzt. Verlasst diesen Ort verändert. Verlasst diese Insel nicht als die Person, die hierherkam, und schaut dann zurück und erinnert euch an dieses Heimatland, diese Urheimat, diese Insel, den Berg Mu.

Kryon Live-Channelling »Das Rad der Unterweisung«,
durchgegeben auf Hawaii – 22. Dezember 2017

Wie die Informationen über das lemurische Rad der Unterweisung zeigen, kamen die Plejadier, um uns unsere Göttlichkeit zu geben, und zwar im Rahmen eines liebevollen, wohlwollenden Plans. Sie stammten ursprünglich von den Arkturianern ab, und eines Tages werden die Menschen auf der Erde in den Aufstiegsstatus gelangen und die Göttlichkeit an einen anderen Planeten irgendwo in der Galaxie weitergeben.

Das lemurische Rad der Unterweisung ist eine einfache, doch praktische Möglichkeit, einer sich neu entwickelnden Gesellschaft esoterische Konzepte zu vermitteln. Die Abbildung illustriert, wie dieses Rad mit fünf Speichen aussah.

Überraschenderweise verwenden nur sehr wenige organisierte Glaubenssysteme auf dem Planeten das ursprüngliche, von den Plejadiern übermittelte Rad.

Darstellung des lemurischen Rades der Unterweisung

Am ähnlichsten ist noch das Dharma-Rad, *Dharmachakra* auf Sanskrit. Es ist eines der ältesten Symbole des Buddhismus; ähnliche Symbole finden sich im Jainismus und Hinduismus. Ein traditionelles Dharma-Rad hat unterschiedlich viele Speichen und kann eine beliebige Farbe haben, wobei es meistens goldfarbig ist, und in der Mitte befinden sich drei ineinander verwirbelte Formen, ein Yin-Yang-Symbol, ein weiteres Rad oder ein leerer Kreis.

So wie das lemurische Rad der Unterweisung besteht auch das Dharma-Rad aus drei Grundbestandteilen – der Nabe, dem Rand und den Speichen –, doch hier hören die Ähnlichkeiten auch schon auf. Im Lauf der Jahrhunderte haben alle möglichen Lehrer und Traditionen diesen Teilen unterschiedliche Bedeutungen zugesprochen, und die Anzahl an Speichen steht für unterschiedliche Aspekte der Lehre. Vier Speichen repräsentieren beispielsweise die Vier Edlen Wahrheiten, acht Speichen (die häufigste Version) den Achtfachen Weg, zehn Speichen die zehn (Himmels-)Richtungen, zwölf Speichen die zwölf Glieder des Abhängigen Entstehens sowie deren Umkehrung und die Befreiung von Samsara (dem Zustand des Leidens und der endlosen Wiedergeburt).

Wie man sehen kann, hat sich das Dharma-Rad sehr stark vom ursprünglichen Rad der Lemurier mit fünf Speichen wegentwickelt, denn Informationen werden mit der Zeit verzerrt, und in diesem Fall wurden die ursprünglichen Informationen ja vor über

30.000 Jahren einer uralten Gesellschaft vermittelt. Warum also tauchen diese Informationen jetzt wieder auf?

Der Bewusstseinswandel auf dem Planeten hat alles verändert. Das Bewusstsein entwickelt sich durch freien Willen weiter, und nach und nach werden wir uns eines multidimensionalen Menschen bewusst. Dank des neuen Bewusstseins auf dem Planeten weisen die Menschen mehr Fürsorge, Mitgefühl, Sanftheit, Empathie und Liebe auf als je zuvor, ebenso wie größere Weisheit, und das kollektive Bewusstsein »erinnert« sich an das, was funktioniert; diese Erinnerungen gehen direkt auf unsere plejadischen Vorfahren zurück und mit der Einsicht einher, dass Krieg keine Lösung ist. Jedes neugeborene Kind auf dem Planeten verfügt über die angeborene Weisheit, das Leben zu ehren, anstatt es zu zerstören. Die Menschheit ist bereit, die ursprünglichen spirituellen Kernwahrheiten wieder aufleben zu lassen, wie sie von den Plejadiern als das lemurische Rad der Unterweisung vermittelt wurden.

Anmerkung der Autorin: Seit dieses Buch geschrieben wurde, hat Kryon weitere Informationen über das lemurische Rad der Unterweisung durchgegeben. Das Rad war beispielsweise zweiseitig; mithilfe der Vorderseite wurden die Kinder unterrichtet, die Rückseite bot fortgeschrittenere Konzepte für die Erwachsenen. Außerdem gab es nicht nur eine Art Rad, und die Räder waren mit Symbolen [Lichtsprache] bedeckt. Leider sprengt es den Rahmen dieses Buches, die profunden Lehren des lemurischen Rades zu dokumentieren. Wer weiß, vielleicht ist dies das Thema eines zukünftigen Buches ausschließlich über dieses Thema [Lächeln].

Frage an Kryon:
Angesichts der Ähnlichkeit zwischen den Lehren von Buddha und Kryon und der Entwicklung des Dharma-Rades im Buddhismus stellt sich die Frage, ob Buddha (Siddhartha Gautama) ein Lemurier war.

Antwort:
Oh ja. Die Kernlehre der Plejadier in Lemurien sitzt ungeheuer fest in der Akasha der alten Seelen, die das erlebt haben. Logischerweise spiegeln die Konzepte, die sich in der Frühzeit der

spirituellen Entwicklung von Glaubenssystemen ausbildeten, das lemurische Rad der Unterweisung wider. Die Meister, die diese Systeme begründeten, gehörten zu den Auserwählten, deren Akasha-Erinnerungen höchst entwickelt waren. Die wichtigsten Meister der heute als Hinduismus und Buddhismus bezeichneten Systeme waren alte Seelen, die genau dafür ausgewählt wurden.

Wir wollen etwas ausführlicher auf dieses Thema eingehen. Zunächst solltet ihr bedenken, dass in diesen frühhistorischen Zeiten eurer heutigen Zivilisation, also vor ungefähr 6000 Jahren, die Dinge linear und einfach waren, damit Menschen, die an keinerlei Systeme gewöhnt waren, es verstehen konnten. Die »Götter«, die sich im Rahmen dieser Systeme entwickelten, waren überhaupt keine Götter, sondern energetische Helfer. Manche beseitigten Negativität, andere waren für eine gute Zukunft zuständig, wieder andere für Fruchtbarkeit oder Gesundheit. Die Statuen und die verschiedenen energetischen Helfer ermöglichten es den Menschen, das Unsichtbare zu sehen und zu fühlen.

Aber schaut euch einmal die Prinzipien bzw. Doktrinen dieser frühen Systeme an: (1) Es gab keine Propheten – Buddha selbst nahm für sich nicht in Anspruch, ein Gott oder ein Prophet zu sein, sondern nur ein erleuchteter Mensch. (2) Reinkarnation – die ursprüngliche intuitive Vorstellung von der Reise der Seele. (3) Karmische Energie – die Vorstellung, Energie aus einem früheren Leben sei Teil des derzeitigen Lebens. (4) Nirvana – die Fähigkeit, sich höher zu entwickeln und »aufzusteigen«. (5) Der innere Gott – Gott in sich und anderen zu erkennen.

Wenn ihr also wirklich versteht, was ich hier lehre, werdet ihr erkennen, dass die ganze New-Age-Bewegung eine Rückkehr zu den Anfängen ist. Das Studium esoterischer Informationen auf der Erde ist die Rückkehr zu den Kerninformationen der plejadischen Sternenmütter. Das sind wunderbare, wohlwollende Informationen für einen herrlichen Menschen.

Frage:
In einer früheren Durchgabe war die Rede von mehreren Sonnenscheiben, die noch immer existieren. Waren diese Sonnenscheiben Teil des lemurischen Rades der Unterweisung? Kannst

du uns mehr darüber sagen, zum Beispiel wie sie hergestellt wurden und ob sie Inschriften hatten?

Antwort:

Es existieren keine Artefakte des ursprünglichen Rades, und zwar hauptsächlich deshalb, weil sie alle aus organischem Material bestanden. Es gab keine Räder aus Stein (darüber haben wir ja schon gesprochen).

Doch die Akasha ist ein wunderbarer Speicher der Wahrheit und der konzeptuellen Kerninformationen, und in Menschen zeigt sich das oft in ihrer »Intuition«. Es ist aber viel mehr als das; die Akasha enthüllt, was in früheren Leben kostbar war. Deshalb wurden auch noch Jahrtausende nach der Auslöschung von Lemurien Räder und Scheiben hergestellt.

Du hast von »Sonnenscheiben« gesprochen; sie sind nur ein Beispiel von vielen, das die lemurische Lehre aus der Vergangenheit spiegelt. »Sonnenscheiben« wurden bestimmte heilige Scheiben der südamerikanischen Ureinwohner genannt. Als die Invasoren kamen, wurden viele davon in die Seen dieses Kontinents geworfen, denn die Invasoren hatten irgendwann das ganze Land in Beschlag genommen. Deshalb sprechen Legenden von goldenen Sonnenscheiben auf dem Grund mancher dieser Gewässer.

Und sie sind tatsächlich noch dort, und ja, manche sind aus Gold, denn Gold war in bestimmten Gebieten reichlich vorhanden und ist weich genug für Inschriften und Symbole. Manche sind immer noch dort, tief im Schlamm vergraben, aber nur in Seen, die es schon seit mindestens 20.000 Jahren gibt.

Falls sie gefunden werden, sind sie aus vielen Gründen nützlich und wertvoll, vor allem aber, weil sie die Wahrheit offenbaren. Denn die Inschriften und Codes werden eine Geschichte der Kernwahrheit von Lemurien erzählen, so wie sie für ihre Kultur abgeändert wurde.

Lemurische Zeremonien

Je nach Kultur unterscheiden sich Zeremonien und Traditionen erheblich. Im alten Lemurien waren die plejadischen Mütter die Lehrerinnen von Zeremonien, die weitergegeben wurden und sich im Lauf der Jahrtausende zu Traditionen entwickelten. Dank der langen Lebensspanne der Plejadier und der Lemurier, die den Tempel der Verjüngung aufsuchten, wurden die Zeremonien und Traditionen, solange es Lemurien gab, in reiner und unverfälschter Form bewahrt. Unser Wissen über diese Zeremonien entstammt den Akasha-Erinnerungen von Mele'ha und den gechannelten Botschaften von Kryon:

Egal, welche Vorstellungen ihr von Lemurien habt: Sie sind wahrscheinlich falsch. Lemurien und andere, ähnliche Gebiete begründeten die menschliche Gesellschaft und waren einfach. Die lemurische Sprache war einfach. Sie umfasste nur wenige Buchstaben und ein paar Vokale. Sie war einfach, aber so gestaltet, dass man damit alles, was man sagen wollte, ausdrücken konnte.

Auch wenn die Gesellschaft an sich nicht elegant war, zeichnete sie sich durch ein wahrhaft hochkalibriges Denken und hoch entwickelte Spiritualität aus. Es ist schwierig, euch zu vermitteln, was ihr wirklich in Lemurien gemacht habt, denn das Paradigma ist völlig anders als alles, was ihr heute habt. Seitdem wir euch Botschaften durchgeben, haben wir euch von vielen der damaligen Zeremonien und Aktivitäten erzählt, aber ich will das nicht unbedingt noch einmal mit euch durchgehen, denn das könnt ihr in früheren Durchgaben nachlesen. Ich möchte euch stattdessen weitere Informationen durchgeben.

Ihr könnt Mele'ha fragen, sie kennt viele der Informationen aus meinen Channels, und ich sage euch, sie kann sie auch spüren. Die menschliche Akasha ist anders, als ihr vielleicht denkt. Viele von euch sind hier, weil ihr euch an etwas erinnert oder erinnern möchtet. Nicht alle von euch können Lemurien wahrnehmen, doch selbst der Name scheint eine Erinnerung auszulösen, es klingelt etwas bei euch, wie man so schön sagt. Auf der Zellebene scheint euch etwas daran zu erinnern, dass ihr womöglich als Frau eine Rolle in der Geschichte der Menschheit gespielt habt.

Die weibliche Energie hier in diesem Raum ist das eigentliche Thema des heutigen Abends. Es ist eine sanfte, schöne Energie, und diese Energie wurde in Lemurien wahrhaftig verehrt. Diese Energie war sehr gut mit der männlichen Energie ausbalanciert, das haben wir euch schon gesagt.

Vielleicht habt ihr euch gefragt, was ihr eigentlich in Lemurien gemacht habt. Ich sage es euch: Ihr habt eine Zeremonie abgehalten, und wenn ihr damit fertig wart, habt ihr noch eine Zeremonie abgehalten. In einfachen Kulturen ist das sehr üblich. Es gab für alles und jedes eine Zeremonie. Wollt ihr Beweise dafür? Dann geht zu den indigenen Völkern, auch denen der heutigen Zeit, und verbringt einen Tag mit ihnen. Was machen sie? Wie ihr sehen werdet, führen sie für alles, was ihrer Wahrnehmung nach Energie hat, eine Zeremonie aus.

Das Einzige, was die Zeremonien der heutigen indigenen Völker von den lemurischen Zeremonien unterscheidet, ist die Zeremonie zur Ehrung der Ahnen. Denn die Lemurier hatten ja keine Ahnen. Auch nachdem die lemurische Zivilisation schon viele, viele Jahre bestand, kamen sie nicht auf die Idee, die Vorfahren zu ehren. Glaubt es oder nicht, das ist eine höher entwickelte, ausgereifte Idee.

Es wurden unter anderem Zeremonien für das Wetter und den Fischfang abgehalten, ebenso als Dank für und Wertschätzung von Gaia. Es gab Zeremonien für ein längeres Leben und für die Gesundheit. Doch auch eine Zeremonie für etwas, wovon wir noch nie gesprochen haben, wurde sehr häufig veranstaltet. Jetzt möchte ich darauf eingehen, weil es an der Zeit ist, es wiederzubeleben. Mele'ha, vielleicht könntest du das machen, und es ist nicht nur für Frauen.

In der lemurischen Tradition gab es ein ziemlich langes Wort, das man heute als »Transfer« übersetzen würde. In Wahrheit bezeichnete es die Fähigkeit, Energie von einer Person auf eine andere zu übertragen. An der betreffenden Zeremonie waren auch die Männer beteiligt. Es ging um die Übertragung von männlichen wie auch weiblichen Energien in einer Zeremonie zur

Ehrung der »Weisheit der Geschlechter«. Die Tradition besagte, wenn man diese Zeremonie lang und oft genug abhielt, würden Weisheit und Wissen von einer Person auf die andere übertragen.

Viele Zeremonien in Lemurien wurden nicht in einem vollständigen Kreis zelebriert, doch diese schon. Viele, wenn auch nicht alle der Frauen, nur die älteren der Ältesten, bildeten einen Kreis, mit dem Gesicht nach außen gewandt. Jeder Frau stand ein Mann mit zugewandtem Gesicht gegenüber. Traditionell hatten die ältesten Männer des Dorfes das Privileg, um den Kreis herum zu stehen und die Frauen anzuschauen. Diese männlichen und weiblichen Ältesten schauten sich nun an.

Letztendlich gab es also einen Kreis aus Frauen, die nach außen, und einen Kreis aus Männern, die zur Kreismitte blickten und sich dabei anschauten. Sie standen alle sehr nah beieinander. Die Zeremonie ging eine Weile weiter, dann vollführte eine Führerin, die ohne passenden Partner war, den Transfer. Diese Frau und Führerin hatte keinen Partner für diese Übertragung. In der Zeit von Lemurien, von der hier die Rede ist, war Mele'ha oft diese Älteste, die den Transfer vermittelte und die im Übrigen keinen Partner hatte.

Überall auf dem Planeten ist es auch heute noch sehr üblich, als Schamane oder Schamanin mit schamanischen Energien keinen Partner bzw. keine Partnerin zu haben. Und damals war das erst recht so. Partner stellten eine Ablenkung dar. Mele'ha leitete diesen Kreis etwas anders an, als ihr denkt.

Es fand eine Meditation statt, wie ihr es heute nennen würdet, aber eigentlich war es gar keine Meditation, sondern die Fokussierung auf Erinnerungen auf Basis einer speziellen Unterweisung von den Plejadierinnen. Es ging um das Erinnern der Lehre vom Land und der Kultur.

Die Frauen nahmen dabei jeweils die Hand des Mannes vor ihnen, den sie anschauten. Natürlich kannten sie sich, sie gehörten ja alle zum Dorf. Und nun, meine Damen, aufgepasst: Die Männer nahmen eure Hände und ihr die ihrigen. Ihr schautet euch für den Transfer gegenseitig in die Augen.

Hinter dieser Tradition und Zeremonie stand die Vorstellung, dass eure von den plejadischen Lehrerinnen erworbene höhere

Weisheit irgendwie auf die Männer übertragen werden konnte. Und die etwas andere Weisheit der Männer würde auf euch übertragen. Und wozu wurde das gemacht? Es ging um die Erkenntnis, dass Männer praktische Fähigkeiten besaßen, die die Frauen benötigten, die ihnen aber nie von den plejadischen Müttern vermittelt worden waren. Und die Männer wiederum brauchten bestimmtes Wissen, das die plejadischen Mütter ihnen nicht beibrachten. So wurden also weise Informationen von beiden Geschlechtern miteinander verschmolzen. Ähnlich wie bei einer Meditation mit offenen Augen starrtet ihr euch gegenseitig in die Augen.

In Lemurien gab es eine bestimmte Pflanze namens »Schnellverbrenner«. Sie verbrannte im Feuer sehr schnell, daher der Name. In der Zeremonie wurden Stöcke einer bestimmten Größe verwendet, die in dieser sich schnell verzehrenden Pflanze eingewickelt waren, und angezündet. In der Mitte des Kreises war eine Erhebung, auf der sich ein Stock befand, der so lange brannte, bis er von selbst erlosch. Auf ein Signal von Mele'ha hin ließen alle Männer eure Hände los und gingen zur nächsten Frau rechts von ihnen. Ein weiterer so vorbereiteter Stock wurde angezündet, ihr nahmt die Hand des neuen Partners, und der Vorgang wurde wiederholt. Je nachdem, wie viele Männer und Frauen beteiligt waren, dauerte die Zeremonie entsprechend lange. Schaut euch einmal die Regeln an. Die Männer bewegten sich. Das Anzünden des Stocks veranlasste die Frauen, die Hände der Männer zu ergreifen. Das Erlöschen des Stocks war ein Zeichen für die Männer, die Hände der Frauen loszulassen. All das hatte eine Bedeutung.

Nun schaut euch an, was ihr da gemacht habt. Es war eine Ehrung – eine vollkommene Ehrung der Weisheit beider Geschlechter, die mit allen geteilt wurde. Traditionell war das eine »Zeremonie der Ältesten« – ein Kreis der Weisheit, der sowohl Männer als auch Frauen involvierte. Ich will euch etwas sagen: Jeder spürte es. Jeder spürte es! Die Männer hatten Freude daran, weil sie diese spirituelle Verbindung nie gelehrt worden waren. Und die Frauen genossen es, weil sie eine männliche Verbindung praktischer Art erlebten, die erfrischend war.

Diese Zeremonie war etwas Besonderes und wurde nicht so oft ausgeführt, doch wenn sie stattfand, schaute der Rest des Dorfes zu. Zum Schluss, wenn alle Frauen und Männer ihr Wissen miteinander geteilt hatten, ließen die Männer die Hände der Frauen los, drehten sich herum und schauten zum Dorf. Nun blickten sowohl die männlichen als auch die weiblichen Ältesten nach außen. Die Zuschauer standen auf und applaudierten.

Dies ist nur eine Sache von vielen, die ihr damals ganz anders machtet als heute. Es war eine Ehrung beider Geschlechter – heute gibt es auf dem Planeten nichts Vergleichbares.

Kryon Live-Channelling, durchgegeben anlässlich eines Treffens der Lemurischen Schwesternschaft in Ottawa, Kanada – 16. April 2016

Was fühlen Sie hinsichtlich dessen, was Sie gerade gelesen haben? Könnte man eine solche Zeremonie auch in unserem Alltag praktizieren? Was würde sich durch die Ehrung des Göttlich-Weiblichen und des Göttlich-Männlichen in uns verändern? Können Sie diesen Attributen mit Ihren Familienmitgliedern Ehre erweisen? Oder mit anderen Menschen, denen Sie begegnen? Können Sie Ihr eigenes Geschlecht voll und ganz lieben und annehmen und gleichzeitig das andere Geschlecht lieben? Wie würde sich Ihr Leben verändern, wenn Sie all das machen würden? Bei Kryons Unterweisung über die Ehrung der Geschlechter geht es um Balance. Wie Kryon uns gesagt hat, »ist die neue Balance auf dem Planeten das Paradigma eines Überlebens in Balance. Diejenigen, die in Balance sind, werden als stark angesehen werden, und diese Menschen werden dem Planeten Frieden bringen.«

Geburtstagszeremonie

Egal, aus welcher Kultur Sie stammen – überall gibt es eine Geburtstagszeremonie. Meistens herrscht bei der Geburt eines Babys in der ganzen Familie und unter den Freunden viel Aufregung und Begeisterung. Und am Jahrestag dieses freudigen Ereignisses feiert die Familie diesen Geburtstag. In der westlichen Gesellschaft kommen oft die Familie und Freunde zusammen, Geschenke werden überreicht, und ein Geburtstagskuchen wird präsentiert, begleitet von Geburtstagsliedern und Glückwünschen. Auf dem Kuchen werden so viele Kerzen angezündet, wie das Geburtstagskind nun Jahre zählt.

Bei den Lemuriern war das nicht anders, auch sie feierten Geburtstage, ebenso wie den Tod, denn sie wussten dank der Unterweisungen der Plejadierinnen, dass dies die Rückverbindung mit dem Schöpfer bedeutete. Die Zeit verlief im Kreis, und der Tod war nicht das Ende, das verstanden sie.

Sowohl das Leben als auch der Tod wurden geehrt, und so wie auch in der heutigen modernen Gesellschaft waren Geburtstage etwas Besonderes. Und wie feierten sie? Die Antwort auf diese Frage hat mit der Tatsache zu tun, dass die Lemurier im Wesentlichen ein Inselvolk mitten im Pazifik waren. Die Gesellschaft hatte deshalb eine starke Verbindung zu dem sie umgebenden Wasser. Es gab ihnen Nahrung, und auf dem Wasser wurden viele Zeremonien abgehalten. In Lemurien fanden die Geburten im Wasser statt, und so waren auch Geburtstage ein Wasser-Ereignis, und die Rückkehr zum Meer gehörte dazu. Oft war der genaue Tag der Geburt nicht bekannt, aber das war egal, denn Sonne und Sterne ließen eine annähernde Berechnung des Geburtsdatums zu. Kryon hat uns dazu Folgendes erzählt:

Meine lieben Damen, ich spüre die Wärme eurer Persönlichkeiten und eurer Erwartungen. Ich spüre die schönen Gedanken, die ihr gerade hegt. Ich weiß um die Haltung und die Sanftheit, die hier gegenwärtig sind.

Ich habe es euch schon oft gesagt und sage euch noch einmal, was passiert. Ich führe euch zurück in eine bestimmte Zeit, die Zeit Lemuriens, wie ihr das nennt. Bitte vergesst nicht, dass Lemurien eine lange Zeitspanne umfasst; unser Fokus liegt auf einer Zeit der Sanftheit in Lemurien, kurz bevor es im Meer zu versinken begann. Das Versinken ging sehr langsam vor sich und war für alle eine Zeit voller Schrecken. Es war eine Zeit der Stabilität, der Reife und des Lernens in der lemurischen Gesellschaft.

In dieser Zeit war die Schwesternschaft aktiv, es war eine Zeit ohne äußere Sorgen oder Drama.

Die Schwesternschaft wurde nicht als solche bezeichnet, sie hatte nicht einmal einen geschlechtsspezifischen Namen. Ich werde euch ihren Namen nennen, aber jetzt noch nicht, denn ich möchte nicht, dass ihr euch allzu sehr mit einem Namen beschäftigt, der anders ist, als ihr euch vielleicht vorstellt. Für den Moment möchte ich euch das Zusammengehörigkeitsgefühl der Schwesternschaft und ihre Kameradschaft spüren lassen; das ist es, worum es jetzt geht.

Könnte eure Gruppe tatsächlich an etwas vor so langer Zeit teilgehabt haben? Noch einmal: Ich weiß, wer hier ist. Die Zeit, von der wir hier sprechen, liegt Äonen und Jahrtausende zurück. Seid ihr womöglich wirklich schon früher zusammengesessen? Vielleicht mit anderen Gesichtern oder vielleicht sogar mit anderen Seelen, wie ihr das nennen würdet? Die Antwort lautet: Ja. Ihr seid keineswegs zufällig hier, es ist vollständige Synchronizität. Noch einmal: Ihr spürt hier die Schwesternschaft der Zusammengehörigkeit. Das ist keine Organisation, sondern vielmehr eine Ehrung der Familie.

Die kurze Zeit heute Abend möchte ich über Mele'ha [Dr. Amber Wolf] sprechen. Ihr wurde die Bedeutung ihres Namens so weit wie möglich in der Sprache des heutigen Hawaii mitgeteilt. Tatsächlich gibt es Ähnlichkeiten zwischen der damaligen und der heutigen Sprache auf Basis ursprünglicher Wörter, die den heutigen sehr ähnlich sind.

Die Grundbedeutung ihres Namens ist »Feier des Lebens – Lebensatem«. Dies wurde tatsächlich zelebriert, indem man ihren lemurischen Namen laut aussprach. Mele'ha, du trugst nicht als Einzige diesen Namen, das haben wir bislang nicht gesagt. Es gab ein paar wenige Priesterinnen, die Führerinnen bestimmter Gruppen, die wie die Könige und Königinnen aller Zeitalter alle denselben Namen trugen. Mele'ha war also kein persönlich-individueller Name, sondern bezeichnete so etwas wie einen Status, nämlich die Position als Führerin einer profunden, spirituellen Gruppe von Frauen in Lemurien, von denen es immer ein paar gab.

Bei der Schwesternschaft handelte es sich nicht um ein gesellschaftliches, sondern ein spirituelles Treffen bestimmter Frauen, die zusammenkamen. Ihr »Geschäft« war die Spiritualität des Kontinents Lemurien. Es gab also viele Schwesternschaften auf dem kleinen Kontinent, und sie führte eine davon. Es gab viele Priesterinnen, die alle einen ähnlichen, leicht unterschiedlichen Namen hatten. Diese Tradition gibt es auch heute noch im Hinduismus und bei manchen indigenen Völkern des Planeten. Man könnte diese Schwesternschaft als die »Mele'ha-Schwesternschaft« bezeichnen, das wäre korrekt.

Nachdem sie ihr Leben in Lemurien, welches mehrere normale Lebensspannen umfasste, gelebt hatte, wurde ihr Name an ihre Familie weitergegeben. Entsprechend der damaligen Tradition wählte sie die Person aus, die sie ersetzen würde.

Ich möchte euch heute sagen, dass dies [der heutige Tag – das Datum des Channellings] ihr Geburtstag in ihrem aktuellen Leben [als Dr. Wolf] ist. Das ist euch wohlbekannt; ich möchte nun mit euch durchgehen, was mit einer lemurischen Frau an ihrem Geburtstag passierte.

Was meint ihr wohl, was – entsprechend meiner früheren Durchgaben – am Geburtstag einer lemurischen Frau, insbesondere eines Mitglieds der Schwesternschaft, passierte? Bei unserem letzten Gespräch ging es darum, wie man in Lemurien mit Geburten umging. Wir sprachen darüber, wie sich die Frauen beim Geburtsprozess versammelten und sangen, um die Schmerzen der Gebärenden zu lindern; dabei hielten sich alle an den Händen, und die Geburt fand unter Wasser statt.

Wir sprachen von der Schönheit dieses Geburtsprozesses und davon, wie sanft und friedlich die erste Erfahrung des Kindes war. Könnt ihr euch vorstellen, was das Kind als Erstes hörte, wenn es aus dem Wasser auftauchte und die Nabelschnur durchtrennt wurde? Den Gesang der Frauen! Selbst die stärksten der lemurischen Männer aller Zeiten sprechen von diesen ersten Klängen – dem Singen der Frauen. Das war beruhigend für sie, und so war und ist es stimmig und angemessen, dass die Schwesternschaft zur Feier des Geburtstags einer Schwester zum Meer zurückkehrte; dort wurde eine wunderschöne Wasserzeremonie abgehalten.

Meine Damen, ihr habt das Auftauchen aus dem Wasser mit Gesängen nachgeahmt. Die Frau, die Geburtstag hatte, freute sich natürlich darauf; es wurden bestimmte Lieder gesungen und es wurde gemeinsam gegessen. Ich garantiere euch, meine Damen, würdet ihr heute diese Lieder hören, würdet ihr in Tränen ausbrechen, und eure Akasha würde sich erinnern.

Bei den Männern war es das Gleiche, mit kleinen Unterschieden. Auch bei ihnen wurde eine Zeremonie abgehalten, bei der sie ins Wasser getaucht wurden, allerdings ohne den Gesang der Frauen. Die Frauen waren jedoch dabei und halfen bei der Zeremonie, denn es war ja eine Feier der Geburt. Die Nachahmung der Geburt wurde für Männer und Frauen von der Mutter ausgeführt, wenn sie noch lebte, ansonsten von der nächsten Angehörigen, die als Ersatzmutter fungierte. Gab es auch keine weiblichen Angehörigen, wurden andere Frauen ernannt. Natürlich galt die Trennung der Energie auch für die Männer, und so verließen die Frauen irgendwann das Fest und ließen die Männer alleine singen. Doch alle Geburtstage in Lemurien wurden als Wasser-Ereignis betrachtet. Die Geburtstage der Männer wurden von beiden Geschlechtern gefeiert, doch immer gehörte die Rückkehr ins Meer zur Feier dazu.

Oft war der eigentliche Geburtstag nicht bekannt, und es war in Ordnung, an einem Datum um den Geburtstag herum zu feiern, entsprechend den Informationen von den Sternen und der Sonne. Es war nicht wichtig, ob es der genaue Geburtstag war. Nur die Ehrung zählte.

Nun, Mele'ha, du solltest Folgendes wissen: All die kollektiven Mele'has und all die Priesterinnen, die mit den Schwesternschaften zu tun hatten, praktizierten für sich selbst oft noch eine andere Art von Zeremonie. Am Geburtstag einer Priesterin wurden auch die Priesterinnen aus den anderen Dörfern eingeladen. Nach der Standardzeremonie mit den Frauen des Dorfes blieben die Priesterinnen noch gemeinsam zusammen. Manche waren verwandt, denn sie alle waren direkte Nachkommen einer bestimmten plejadischen Mutter. Sie machten eine Pause und begaben sich dann auf eine dreitägige Reise auf den Gipfel des Berges.

Auf dem Berggipfel fand der Verjüngungsprozess für die jeweiligen Priesterinnen statt, die Geburtstag hatten, ebenso wie für Mitglieder der Königsfamilie; auch ihnen wurde ein verlängertes Leben gewährt. Von diesem Ort, wo sich der Tempel der Verjüngung an einem sehr kalten Platz befand, war ja schon die Rede. Das war genauso wichtig wie der Geburtstag, denn ein verlängertes Leben wird als eine erneute Geburt betrachtet.

Es gab in Lemurien nicht viele Priesterinnen, aber wenn eine von ihnen ihren biologischen Geburtstag feierte, wurden immer alle eingeladen, auf den Berggipfel zu kommen und dort bei der Verjüngung derjenigen mitzumachen, die an diesem Tag geehrt wurde. Und das hieß wiederum, sie stiegen ziemlich oft auf den Gipfel hinauf.

Ihr solltet Folgendes wissen: Ich werde euch nicht sagen, wie oft der Verjüngungsprozess im Tempel stattfand, aber er fand immer an eurem Geburtstag statt. Man könnte also sagen, ihr wurdet dank dieses Verjüngungsprozesses an jedem Geburtstag wiedergeboren.

Lass diesen Tag für dich zu einem Neuanfang werden, Mele'ha, ebenso für diejenigen, die mit dir gemeinsam erinnern möchten, wie es für sie alle jeweils war. Möge dies auch eine Akasha-Erinnerung an längeres Leben und die Verjüngung eurer Struktur sein. Vielleicht könntet ihr überlegen, auf Basis der Erinnerungen von Mele'ha eine neue Zeremonie nur für Geburtstage zu entwickeln? Und wer weiß, vielleicht, nur vielleicht erinnert ihr euch auch wieder an die Gesänge?

Kryon Live-Channelling, durchgegeben anlässlich eines Treffens der Lemurischen Schwesternschaft in Salem, Massachusetts – 16. Mai 2015

Zeremonie zur Wintersonnenwende

Seit Jahrtausenden wird in allen möglichen Kulturen und Zivilisationen weltweit die Wintersonnenwende gefeiert; sie ist ein wichtiger Teil des Jahreszyklus, denn sie zeigt den kürzesten Tag und die längste Nacht des Jahres an. Von diesem Zeitpunkt an nimmt das Tageslicht bis zur Sommersonnenwende wieder zu. Deshalb wird die Wintersonnenwende oft auch als Wiedergeburt der Sonne gefeiert. Nachfolgend wird kurz dargestellt, wie manche Kulturen die Wintersonnenwende gefeiert haben – ein Beleg für die immanente Verbundenheit der Menschheit quer durch Zeit und Raum.

Im alten Rom wurden zur Wintersonnenwende die Saturnalien zu Ehren des Saturn gefeiert, des Gottes der Fruchtbarkeit und des Ackerbaus. Die Saturnalien dauerten sieben Tage und zelebrierten das Ende der Pflanzsaison. Die Häuser wurden mit Ästen von immergrünen Bäumen und Büschen geschmückt, und Festessen wurden veranstaltet. Groll und Streit waren vergessen; die Geschäfte waren geschlossen, Kriege wurden unterbrochen oder verschoben, und die Sklaven mussten nicht arbeiten (und wurden für eine kurze Zeit als ebenbürtig behandelt). Traditionell wurden Geschenke verteilt und ausgetauscht, beispielsweise Imitate [Wachsmodelle] von Früchten, Puppen und Kerzen. Irgendwann arteten die Saturnalien in eine Woche voller Ausschweifungen und Kriminalität aus. Mit der Bekehrung von Kaiser Konstantin zum Christentum wurden viele dieser Gebräuche christianisiert, um die Geburt Jesu zu feiern, unser heutiges Weihnachtsfest.

Mit dem Jul-Fest wurde im vorchristlichen Skandinavien die Wiedergeburt der Sonne gefeiert. Das Fest dauerte zwölf Tage; brennende Feuer symbolisierten die Wärme, das Licht und die lebensspendenden Eigenschaften der zurückkehrenden Sonne. Die Menschen schmückten ihr Zuhause mit Stechpalmen und Efeu – in der Hoffnung, die Naturgeister zum Mitfeiern zu bewegen. Ein Stechpalmenzweig wurde das ganze Jahr über als Glücksbringer an der Haustür angebracht. Außerdem wurde das Haus mit Misteln geschmückt, die für die Saat des Göttlichen standen. Die Menschen gingen mit den Kindern von Haus zu Haus; sie brachten mit Nelken gespickte Äpfel und Orangen (Symbol für die Sonne) als Geschenke mit, die in Körbe aus immergrünen Ästen (Symbol für den ewigen Aspekt des Göttlichen) und mit Mehl bestäubten Weizenstängeln (Symbol für die Ernte) gelegt wurden.

Der Höhepunkt der Feier zur Wintersonnenwende war das zeremonielle Jul-Scheit. Es wurde ins Haus gebracht, in den Herd gelegt, mit Laub der Saison geschmückt, mit Apfelwein oder Ale begossen, mit Mehl bestäubt und dann zu Ehren des skandinavischen Gottes Thor angezündet. Ein Stück des Holzscheits wurde als Glückssymbol zurückbehalten, und im nächsten Jahr wurde damit das neue Jul-Scheit angezündet. In manchen Ländern wurde das Jul-Scheit komplett zu Asche verbrannt, die dann als Dünger auf den Feldern verwendet wurde. Viele mit dem Jul-Fest verbundene Bräuche sind heute Teil der Weihnachtsfestlichkeiten.

In Peru wurde von den indigenen Bewohnern die Wintersonnenwende als *Fiesta del Sol* (Sonnenfest) bzw. *Inti Raymi* gefeiert. Das Fest markierte zudem den ersten Tag des neuen Jahres des Inka-Kalenders. Die Feiern fanden auf dem Hauptplatz der Stadt Cusco statt und dauerten neun Tage. Drei Tage vor dem Fest mussten alle Teilnehmer eine Zeit der Reinigung durchlaufen. Teilnahmeberechtigt waren die Sapa-Inka, der Adel und die Inka-Armee. Am Hauptfeiertag tranken die Sapa-Inka vor den Pilgern *Chicha de jora* (ein Getränk auf Mais-Basis) zu Ehren von *Apu Inti* (dem Sonnengott). Im Sonnentempel zündete der Priester eine Flamme an.

Die Wintersonnenwenden-Zeremonie der Inti Raymi wurde wie viele andere Inka-Traditionen von den spanischen Konquistadoren untersagt und später verboten. Doch seit Mitte der 1940er-Jahre wird in der Stadt Cusco in Peru Inti Raymi wieder in modernem Gewand aufgeführt. Jedes Jahr versammeln sich Tausende von Zuschauern, um sich die Zeremonie anzusehen. Ein kurzes Werbevideo darüber ist auf YouTube zu finden:

https://www.youtube.com/watch?v=4OShU3lQaGs

Auch bei den uralten Ruinen von Stonehenge in England finden berühmte Feierlichkeiten zur Wintersonnenwende statt. Jedes Jahr treffen sich Tausende von Besuchern aus aller Welt am frühen Morgen, um sich den Sonnenaufgang über den Felsen anzuschauen. Dabei werden druidische Zeremonien und Festakte aufgeführt.

Bei den nordamerikanischen Indianern wurde die Wintersonnenwende ebenfalls gefeiert. Jeder Stamm hatte seine eigenen Traditionen und Zeremonien in Verbindung mit diesem astronomischen Ereignis, das eine Zeit des Wandels und der Erneuerung ankündigte. Es kennzeichnete den Beginn des neuen Jahres und stand für neues Leben.

Mit der Feier der Wintersonnenwende wird die Ausrichtung auf Gaia geehrt. Deshalb veranstalteten unsere Ahnen diese Zeremonie, die heute noch bei den indigenen Völkern weiterlebt und von Menschen zelebriert wird, die sich Gaia verbunden fühlen. Sie erkennen und verstehen, dass Mutter Erde ein Teil von ihnen ist. In der nachfolgenden gechannelten Botschaft macht uns Kryon mit der jährlich stattfindenden lemurischen Zeremonie anlässlich der Wintersonnenwende bekannt:

Meine lieben Damen, ich möchte euch von der Zeremonie erzählen, von der ich euch bislang noch nichts gesagt habe. Einmal im Jahr, zur Wintersonnenwende, gab es in Lemurien eine Veranstaltung.

Mele'ha, du hast das in deiner aktuellen Geschichte ja schon nachgemacht, und jetzt zwinkern wir dir zu. Du hattest keine Ahnung, was du am 21. Dezember gemacht hast, aber du hast etwas nachgeahmt, was, wie dir deine Akasha gesagt hat, stimmig und angemessen war. Am 21. Dezember 2012 auf Hawaii hast du Männer und Frauen versammelt und dieses Treffen als »Schwesternschaft« bezeichnet.

Du hättest die Männer überall platzieren können, wo du wolltest, aber du hast dich entschieden, sie außen zu positionieren. Wären genug Menschen dagewesen oder hättest du das Ganze anders aufgezogen, hättest du dann womöglich einen Kreis gebildet, bei dem die Frauen innen und die Männer um euch (Frauen) herum standen? So hast du das nämlich in Lemurien bei jeder Wintersonnenwende gemacht. Klingt das auch nach einer weiteren Zeremonie, an der beide Geschlechter teilnahmen, ähnlich wie die, die ich euch bereits beschrieben habe? Diese Zeremonie zur Wintersonnenwende war eine »Feier des Lebens«, aber auch eine Feier, die die Männer für euch veranstalteten.

Die Männer machten Folgendes: Zunächst musste der Kreis vollständig sein, mit den Frauen im Inneren wie in der Mitte der Blüte. Die Männer umschlossen euch komplett, es gab keine Unterbrechung, und dann sangen sie euch vor. Habt ihr schon einmal die Schönheit eines Männerchors vernommen? Ein Chor, bestehend nur aus Männern, die gemeinsam sangen, nicht laut, nicht mit Bravour, sondern ganz süß; heute bezeichnet man das als hawaiianische Chants. Diese Gesänge hatten sie von euch Müttern gelernt. Alle Lieder basierten auf Harmonien, die sie alle kannten, euch zu Ehren. Meint ihr vielleicht, es ging dabei um Männer und Frauen, so wie einige der anderen Zeremonien, von denen ich euch erzählt habe? Nein, darum ging es nicht; es ging um Balance.

Heute trefft ihr euch hier nur unter Frauen, ohne Männer – der Beginn der Rückkehr zu etwas Wunderschönem, was ihr wieder zum Leben erwecken, wertschätzen, verstehen und kennen müsst. Damals war bekannt, dass Frauen die Lebenskraft in sich tragen und dass das Fest des Lebens ihnen zu Ehren gefeiert werden sollte. Deshalb sangen die Männer für euch. Ihre Gesänge euch zu Ehren waren wunderschön, und es wurden Tränen vergossen. Es war mehr als ein »Muttertag«, es war die Wertschätzung der Führung, die ihr ihnen das ganze Jahr über gabt. Ihr sagtet ihnen, wo sie in den Untiefen der Insel fischen gehen sollten. Die Fische zogen von einem Ort zum anderen, ihr aber wusstet intuitiv, wo sie sich aufhielten. Die Männer erkannten eure Macht und Fähigkeit, schnell und einfach mit der schöpferischen Quelle zu kommunizieren. Sie selbst verfügten nicht über diese Kraft, und auch das wussten sie.

Männer hatten eine starke Verbindung zu Gaia. Die Männer kümmerten sich für euch um Gaia. Sie fingen und kochten die Nahrung, aber sie wussten auch, wer ihr wart, und darum ging es bei dem Fest. 2012 hat Mele'ha genau das nachgeahmt.

Der Planet hat das Potenzial, dass manches davon zurückkehrt, nicht wegen des Fischens, sondern um zu würdigen und anzuerkennen, wozu ihr [Frauen] wirklich hier seid und wie gut ihr darin seid.

Frauen sind weiche, sanfte, mitfühlende Lebensspenderinnen. Sie unterrichten die Kinder und kümmern sich um die männlichen und weiblichen zukünftigen Führer des Planeten. Sie sind die weisen Schamaninnen der Zukunft. Genau das seid ihr, als Frauen, und sie wussten das. Die Männer von Lemurien wussten das.

Ich liebtet es, die in Gesängen erhobenen Stimmen vieler Männer im Chor zu hören. Ihr habt das ganze Jahr darauf gewartet. Es war wunderschön, und auch wenn es vorbei war, habt ihr die Nacht über nicht geschlafen. Das ist Balance. Es gehört zur Geschichte von Lemurien.

Kryon Live-Channelling, durchgegeben anlässlich eines Treffens der Lemurischen Schwesternschaft in Phoenix, Arizona – 16. Januar 2016

Zeremonie zum Valentinstag

Der Valentinstag, wie wir ihn heute kennen, weist Spuren christlicher sowie altrömischer Traditionen auf. Über die genauen Ursprünge herrscht noch Uneinigkeit; doch die Zeremonie hat sich zu einer Tradition entwickelt, und der 14. Februar feiert die Liebe und die Romantik. Menschen aus aller Welt zeigen am Valentinstag ihre Wertschätzung für Menschen, die sie lieben oder verehren. In vielen Ländern machen an diesem Tag die Floristen, Restaurants und Grußkartenhersteller ein großes Geschäft.

Doch was hat diese relativ moderne Zeremonie mit dem alten Lemurien zu tun? Kryon zeigt eine entfernte Verbindung auf:

Der Valentinstag steht kurz bevor, das ist vielleicht ein guter Zeitpunkt, euch etwas über die Beziehungen zwischen Männern und Frauen in Lemurien zu enthüllen. Das könnte für euch von Interesse sein, denn es war ganz anders als heute. Man würde meinen, die Beziehungen zwischen den Geschlechtern seien aufgrund der menschlichen Biologie ähnlich gewesen, aber dem war nicht so.

Ich spreche hier zu einer Gruppe von Frauen, die Lebensspenderinnen sind, nicht alle, aber die meisten [es werden die Frauen angesprochen, die in diesem Leben Kinder geboren haben]. Ich sage es erneut: Ihr seid heute hierher an diesen Ort, in diesen Raum gekommen, fast wie bei einer Verabredung. Nach all diesen Jahrtausenden und vielen Inkarnationen beiderlei Geschlechts kommt ihr hierher. Noch einmal fragen wir: »Wie wahrscheinlich ist es, dass ihr damals eine Frau wart und auch heute?«

Ich sage es euch: einhundert Prozent! Es ist kein Zufall, ihr lieben alten Seelen, dass ihr dieses Mal, in dieser neuen Energie wieder als Frauen zurückgekehrt seid. Eure Akasha ist euch dienlich, damit ihr euch an Lemurien erinnert, denn ihr wart Lebensspenderinnen ebenso wie Spirit-Spenderinnen. Ihr wart die Schamaninnen des Dorfes, jene, die die Fackel hielten, und jetzt seid ihr wieder hier.

Es ist nützlich für euch, das zu wissen, und hilft euch, Selbstwert und Wertschätzung zu fühlen für die Person, die ihr seid und die ihr im Lauf der ganzen Geschichte gewesen seid. Durch diese Schwesternschaft erinnert ihr euch stückweise an euch selbst, besonders zu Zeiten Lemuriens. Wie wahrscheinlich ist es, dass ihr im Lauf der jahrtausendelangen Existenz Lemuriens dort wart? Wie hoch ist die Wahrscheinlichkeit? Einhundert Prozent.

Synchronizität hat euch hierher geführt. Die Wende hat euch hierher geführt. Noch bevor ihr geboren wurdet, wusstet ihr als alte Seele um die Potenziale, diese Schwelle zu überschreiten. Und jetzt seid ihr hier.

Es gibt Männer, die gerne hier sitzen würden, weil sie das anders erinnern. Auch sie waren dort. Ich möchte mit euch darüber sprechen. Ich möchte mit euch über die Beziehungen zwischen den lemurischen Männern und Frauen sprechen, über die wir vielleicht noch nie geredet haben.

Wie sah das Leben damals aus, abgesehen von dem, was wir schon in verschiedenen Channellings durchgegeben haben? Wenn ihr euch diese Durchgaben angehört habt, kennt ihr eure Geschichte. Ihr wisst, wer ihr wart. Ihr wisst, dass sich die Männer auf eure Führung als intuitive Schamaninnen verließen. Die Männer wollten und brauchten eure Führung. Das war ganz natürlich. Die Lebensspenderinnen auf diesem Planeten sind natürlicherweise als Erste mit der schöpferischen Quelle verbunden ..., und ihr wart damit verbunden.

Und wie war das mit Männern und Frauen? Möchtet ihr etwas über die Ehe erfahren? Es gab keine Ehen! Vielmehr gab es nur eine Absichtszeremonie. Es war anders, als ihr euch vielleicht vorstellt, und alle waren daran beteiligt.

Lemurien war eine sehr einfache Kultur, ganz anders. Sie stand am Anfang, ganz am Anfang. Das Bewusstsein hinsichtlich Gesellschaft und Regeln war noch nicht ausgereift. Später entwickelte es sich weiter, aber am Anfang war es eher gemeinschaftlich ausgerichtet. Damit meine ich: Ihr lebtet nicht als Paare, sondern nur zeitweise an einem Ort zusammen. Ihr hattet immer nur einen Ehemann, aber ihr habt mit vielen anderen zusammengelebt.

Zu manchen Zeiten, wenn es angebracht war, war das etwas Privates, so wie heute, dann gingt ihr an einen Ort und machtet die Tür zu. Gab es keine Türen, ließen die anderen euch einfach allein – aus Respekt. Anders als heute gab es dafür Jahreszeiten und bestimmte Zeitpunkte.

Die Ehe war heilig. Sie wurde nicht arrangiert, denn dafür gab es keinen Grund. Arrangierte Ehen beruhen heute oft auf der Kaste oder dem Geburtstag [Horoskop], doch ihr wart eine neue, am Anfang stehende Gesellschaft, in der es noch keine sozialen Schichten gab. Ihr Frauen konntet euch einen Partner aussuchen. Alle Frauen hatten die Wahl.

Interessanterweise hatte die Frau die erste Wahl. Die Regeln für Männer besagten, sie konnten erst »heiraten«, wenn sie fünfzig waren. Dazu gleich mehr, denn es ist nicht so, wie es aussieht. Viele nahmen sich schon in jüngeren Jahren eine Partnerin, aber die »erste Wahl der Frau« konnte nur ein Mann über fünfzig sein.

Die Menschen in Lemurien lebten alle viel länger als heutzutage. Und dank der schamanischen Unterweisungen, die die Frauen erhielten, überlebten sie die Männer. Beständig mit Energie von Spirit versorgt zu werden, führt zu einem sehr langen Leben. In manchen eurer Kulturen auf der Erde ist dieses Attribut heute noch erkennbar.

Warum lebten die Lemurier so lange? Wenn man auf einer isolierten Insel, einem Minikontinent, lebt und keine Krankheiten vom Festland eingeschleppt werden, entwickelt sich logischerweise eine abgekapselte Gesellschaft mit anderen Attributen und einer sehr hohen Lebenserwartung. Ihr habt außerdem auch sehr gesund gelebt.

Ein Grund für euer langes Leben war, dass ihr keinen Krankheiten ausgesetzt wart, ein anderer bestand in eurer superfrischen Nahrung. Fast alles, was ihr gegessen habt, über neunzig Prozent, kam aus dem Meer. Eure Ehemänner und die Männer aller Familien waren Fischer. Sie gingen fischen. Wie schon gesagt, ihr lieben Frauen, neben der fast allmonatlichen Geburtshilfe für eine Frau aus eurem Kreis bestand eine eurer Aufgaben darin, »den Fang zu segnen«. Sehr früh am Morgen traft ihr euch mit den Männern in einer weiteren Zeremonie und sagtet ihnen, wo sie an diesem Tag Fische finden würden. Seht ihr, wie sehr sie sich auf euch verließen?

Woher wusstet ihr all das von den Fischen? Es ist die Fähigkeit, Dinge zu spüren, die andere nicht spüren. Es geht um Weisheit und die Verbindung zur anderen Seite des Schleiers. Seht ihr, warum ihr mit diesen euren Gaben für die Gesellschaft so wertvoll wart?

Es gab ein System mit Zeremonien und bestimmten Zeiten für die Paarung. Wie ich euch sagte, hatten die Frauen die Wahl. Dieses System hatte allerdings nichts mit einem Erdenkalender zu tun, sondern eher mit den Sternen und vor allem mit dem Wetter. Es ging dabei um die Winde – wie sie sich drehten, wann was zu tun war und wann man nicht fischen gehen sollte.

Zurück zu der seltsamen Vorstellung, dass Männer erst mit über fünfzig heiraten konnten. Die Frauen konnten heiraten, sobald sie schwanger werden konnten. Diese »Über fünfzig«-Regel mag euch komisch erscheinen, aber es gab Gründe, die mit der Fruchtbarkeit und der Lebensspanne zu tun hatten. Wenn die Frauen ins gebärfähige Alter kamen, suchten sie sich einen Mann über fünfzig aus.

Jetzt schaltet bitte nicht ab und hört mir zu.

Angesichts der längeren Lebenserwartung der Lemurier hatte ein fünfzigjähriger Mann gerade einmal ein Viertel seines Lebens hinter sich und war sehr fruchtbar. Doch die Frauen suchten sich den Mann aus, nicht umgekehrt.

Den Männern gefiel dieses System übrigens, und ich sage euch gleich warum. Ein Mann über fünfzig bekam eine junge Ehefrau, und das war eine Ehre für ihn, eine Anerkennung seines

Alters und seiner Fähigkeit, für diese Frau zu sorgen. Es gab viele Männer über fünfzig.

Doch jetzt kommt der interessante Teil: Wenn die Frau diesen Mann überlebte – und das tat sie immer –, konnte sie sich einen seiner Brüder als Mann aussuchen. War keiner davon über fünfzig, wählte sie den ältesten aus. Fast alle Frauen hatten demnach mindestens zwei Ehemänner aus derselben Abstimmungslinie, denn einer verstarb irgendwann.

Wenn auch dieser Bruder verstarb, hatte die Frau den Status einer bestimmten Art von Witwe und konnte sich erneut einen Mann aussuchen, einen weiteren Fünfzigjährigen, wenn sie wollte, aus einer anderen Familie.

Es gab gesellschaftliche Regeln für alle, ebenso wie heute. Männer und Frauen hatten auch dieselben Kompatibilitätsprobleme wie heute. Menschen sind nun einmal Menschen, aber ich sage euch etwas: Es gab eine bestimmte »Zeit des Jahres« für Paare, nur drei Tage. Aber einmal im Jahr, wenn der Wind in eine bestimmte Richtung wehte, gab es eine andere Art der Ehrung, die eurem heutigen Valentinstag am nächsten kommt.

Die Arbeitsteilung ist vielleicht für euch auch interessant, sie war anders, als euch womöglich klar ist. Angesichts der Situation in eurer Gesellschaft nehmt ihr einfach an, die Frauen blieben zu Hause und erledigten den Haushalt, kochten die Mahlzeiten und kümmerten sich um die Kinder. Doch in dieser besonderen Gesellschaft waren sie auch die Schamaninnen.

Meine Damen, ihr wart sehr beschäftigt, aber nicht unbedingt mit dem, was ich gerade beschrieben habe.

Zunächst einmal wäre es für eine Frau unerhört gewesen, den Fisch zu kochen, den die Männer gefangen hatten. Das war verboten. Die Männer kochten den Fisch. Und ist das nicht logisch? Sie fahren hinaus, sie gehen fischen, sie fangen den Fisch, sie begrüßen den Fisch [um Gaia Ehre zu erweisen], der Fisch stirbt unter ihren Händen, und sie kochen ihn. Alle Männer kochten ihren Fisch selbst – übrigens war das ein gemeinschaftliches Kochen. Nicht jeder fing den Fisch, den er wollte, also tauschten sie oft untereinander.

Ergibt das einen Sinn?

Die Frauen kochten nicht, aber sie ernteten die Feldfrüchte der Insel. In den Tropen konnte man wunderbar alles Mögliche anpflanzen, und anstatt zu kochen, kümmerten sich die Frauen um die Ernte und um die Kinder. In Lemurien war Kochen keine Frauensache.

Gefällt euch das bislang?

Nun zu der speziellen Zeit des Jahres: Es ist schwierig, eine Gesellschaft zu beschreiben, die keine Uhren hatte. Ihr, meine Damen, habt es gefühlt. Ihr wusstet, was zu tun war. Die Zyklen waren die Zyklen. Die Zyklen der Geburt waren Zyklen, und sie änderten sich selten. Doch bei bestimmten Feiern gab Gaia vor, wann die richtige Zeit dafür war.

Es gab eine dreitägige Feier, eine Feier der Frauen. Die Männer liebten das, denn sie durften sich in besonderen Farben kleiden. Lacht nicht, es waren die Farben der Frauen. Sie verkleideten sich als Frauen, um die Frauen zu ehren ..., eine Art Ehrerbietung mit Rollentausch. Die Männer tauschten drei Tage lang die Rollen und kümmerten sich um die Kinder. Für sie war der »Valentinstag« eine Zeit der Danksagung an die Frauen für alles, was sie taten. Die Männern übernahmen die Kinder und kümmerten sich nach wie vor ums Kochen – stellt euch das nur vor! [Gelächter.] Es war für sie eine Ehre.

Ältere Frauen wurden immer verehrt; das waren gewöhnlich jene mit den meisten Enkelkindern. Sie saßen in der ersten Reihe. Bei jeder Zeremonie saßen sie vorne. Die älteren Frauen wurden fast wie Göttinnen betrachtet, denn sie waren schon am längsten bei der Lemurischen Schwesternschaft dabei. Außerdem hatten sie mit Spirit kommuniziert und die Männer schon so lange zu den Fischen geführt. Alle erkannten das an. Diesen Frauen musste man für das lange Überleben dieser Zivilisation danken, und sie saßen vorne in der ersten Reihe.

Man könnte sagen: »Und wo saßen die Stammesältesten?« Sie *waren* die Stammesältesten, habe ich euch das gesagt? Auch das waren diese Frauen, denn sie waren ja, wie schon gesagt, die schamanischen Führerinnen. Die Männer liebten das. Drei Tage lang kleideten sie sich wie ihr, in euren Familienfarben. Sie kümmerten sich um die Kinder und wollten damit ausdrücken: »Wir lieben unsere Frauen.« Das seid ihr. Das ist der Valentinstag auf lemurische Art.

Kryon Live-Channelling, durchgegeben anlässlich eines Treffens der Lemurischen Schwesternschaft in Toronto, Kanada – 13. Februar 2016

Neujahrszeremonie

In den westlichen Kulturen wird der Neujahrstag am 1. Januar begangen, dem ersten offiziellen Tag des Gregorianischen Kalenders. Doch in anderen Kulturen weltweit ist Neujahr an einem anderen Datum. Das chinesische Neue Jahr wird beispielsweise am Neumond des ersten Mondmonats zwischen dem 21. Januar und dem 21. Februar gefeiert. Das Neue Jahr der Juden wird im Herbst an den ersten beiden Tagen des siebten Monats des hebräischen Kalenders begangen, und das thailändische Neue Jahr wird am 13. April gefeiert. Doch unabhängig davon, an welchem Datum das Neujahrsfest nun stattfindet, hat offensichtlich jede Kultur ihre ganz eigene Art, das Neue Jahr zu zelebrieren. Auch die Lemurier feierten Neujahr, und Kryon erzählt uns, wie das aussah:

Hinter dem Konzept, das ihr als »Lemurische Schwesternschaft« bezeichnet, steht eine große Geschichte. Mit der Zeit haben wir durch viele Channellings nach und nach die Konzepte der lemurischen Gesellschaft vorgestellt. Jetzt sprechen wir zu allen weiblichen Zuhörern, und wir sagen euch Folgendes: In dieser derzeitigen Wende, in dieser magischen Zeit, dem Ende dieser Präzession der Äquinoktien, ist euer Geschlecht nichts Zufälliges. Das heißt, dieses Mal war es so gewollt.

Der Plan sah immer so aus: Die Menschheit hatte zwar den freien Willen, sich dafür zu entscheiden, diesen Wendepunkt zu passieren, die Schwelle zu überschreiten oder nicht, doch falls ihr es tatet, würden alle weiblichen Mitglieder der ursprünglichen Schwesternschaft im Lauf der vielen Jahre ihres Bestehens heute, in diesen Jahren, wieder als Frauen leben.

Lasst die uralte Geschichte sich daran erinnern, dass es auf dem Planeten eine Zeit gab, in der die Frauen diese so nötige Fahne hochhielten: die Fackel des Schamanentums. Das war von Natur aus so, und die Männer brauchten und erwarteten es. Sie wandten sich für diese Art von Rat und Hilfe an die Frauen. Das war schon immer die Prämisse.

Wie wir ja schon besprochen haben, wart ihr Damen, die ihr heute da seid, damals nicht unbedingt zusammen [gleichzeitig] in einer Schwesternschaft. Das war über viele Jahre und viele Leben verteilt, aber das ist nicht wichtig, denn die Saat eurer Akasha hat alles erlebt. Und um die Saat eurer Akasha geht es jetzt bei diesem Treffen. Sie bringt euch zusammen. Es ist egal, vor wie vielen Leben das war und ob ihr das zusammen erlebt hat oder nicht. Jetzt gibt es eine Zusammengehörigkeit, das ist die Schwesternschaft – etwas, was ihr alle zu der einen oder anderen Zeit erlebt habt.

Die Fragen hier waren immer so ähnlich wie: »Und wie wende ich das jetzt an? Was bedeutet das?«

Manches davon haben wir bereits besprochen. Letztes Mal, als wir zusammen waren, haben wir sogar gesagt: »Haltet Ausschau nach dem, was heute fehlt, was es nicht gibt, was aber, wie ihr wisst, damals funktioniert hat, und schaut nach einem Potenzial, um das womöglich wieder zum Leben zu erwecken.« Dazu müsst ihr allerdings nichts von dem, was gerade passiert, umschreiben.

Ich möchte jetzt etwas vorstellen, und zwar für Mele'ha [Dr. Wolf] und auch für diese Frauen, die hier sind. Könnte ich euch zu jenem kleinen Kontinent zurückbringen, den ihr »Lemurien« nennt, dem 9000 Meter hohen Berg von Hawaii, als er noch aus dem Wasser herausragte – wo war da die Schwesternschaft?

Die Antwort lautet, es gab überall Schwesternschaften. Euer Lemurien war ein ziemlich großer Ort, und ihr alle lebtet am Meer. Wer im Inland lebte, wohnte fast immer oben auf dem Berg, und das war nicht erstrebenswert. Also lebtet ihr alle in der Nähe der Küste. Dort wurde auch Fischfang betrieben, und dort wurde unterrichtet. Das Wetter war fast immer schön, es war nicht kalt. Überall gab es so etwas wie Schwesternschaften.

Habt ihr euch jemals überlegt, ob das etwas Kollektives war, also ob es vielleicht vierzig oder fünfzig Schwesternschaften gleichzeitig überall auf diesem Minikontinent gab? Ja, genau so war es, und das ist auch heute so in Kulturen mit sehr ähnlichen spirituellen Erfahrungen. Letztendlich sind sie sehr ähnlich, aber in kleineren Gruppen isoliert.

Es gab nur einen zentralen Berg mit vielen Gipfeln und einen Hauptvulkan. Es gab keine Inseln wie heute; sie entstanden später, als Lemurien versank. Ihr müsst euch also etwas anderes vorstellen als die heutige Inselkette. Aber es gab viele einer Schwesternschaft ähnliche Treffen, denn es gab viele Dörfer.

Zu den Aufgaben der vielen Mele'has gehörte das fast ständige Herumreisen von einer Schwesternschaft zur anderen. Es gab zwar viele Mele'ha-ähnliche Priesterinnen, aber nicht genug für alle einzelnen Dörfer. Sie alle reisten herum, um bei anderen Frauentreffen zu dienen. Es fand da etwas statt, und ich möchte, dass du das nachmachst, Mele'ha. Ich möchte dir ein paar Anweisungen geben, dann hast du ein Jahr, es auf die Beine zu stellen.

Zu Beginn des lemurischen Kalenderjahrs [was eurem Neujahr entspricht] machten sie alle etwas zusammen. Damals gab es einen anderen Kalender, doch mit dem Fortschreiten der Jahreszeiten gab es den »Beginn des neuen Zyklus«, wie sie das nannten. Sie bezeichneten es nicht als ein neues Jahr; vielmehr war es eine neue Energie und ein Neuanfang. Sooft der Zyklus von Neuem begann, machten die Versammlungen der Frauen etwas gemeinsam.

Man könnte fragen: »Aber wie konnten sie etwas gemeinsam machen, wenn es keine Uhr – keinen Zeitbezug – und keine wirklich schnelle Kommunikation zwischen den Dörfern gab?« In Lemurien waren die Gezeiten das Beständigste. Jedes Frauentreffen hatte eine Gezeitenmarkierung für die Zeit nach dem Sonnenuntergang. Fand an einem bestimmten Ort Ebbe oder Flut statt und die Markierung war leicht bedeckt oder unbedeckt (je nach Lage), erhielten alle gleichzeitig dieselbe Botschaft.

Die Frauen fingen mit ihrem Dienst an, und es gab ein großes Fest. Das ging über das normale Feiern hinaus, denn auch die Männer waren dabei, sagten aber nicht viel. Jede Frau im

Kreis erzählte, was im Lauf dieses Jahres an Schönem passiert war. Sie sprachen über die Geburt ihrer Kinder; sie gedachten der Verstorbenen und feierten diese Seelen eine nach der anderen. Frauen mit gesundheitlichen Problemen sprachen über die Hilfe, die sie im vergangenen Jahr erhalten hatten, nannten die Namen der Frauen oder Männer, die sich um sie gekümmert, sie gebadet und ihren Kopf berührt hatten. Es gab keine Klagen und Beschwerden. Dieses Bewusstsein stammte von den ursprünglichen Lehrerinnen in Lemurien.

Meine lieben Damen, sie sagten keine Affirmationen auf, das war für sie ein bisschen zu fortschrittlich. Doch sie hatten die Vorstellung, Positives erzeuge mehr Positives, und über Negatives zu sprechen erzeuge mehr Negatives. Das Meer lauschte ihnen in dieser Nacht, und sie wussten, dass auch die Berge und die Luft Teil ihres Lebens waren. An diesem Abend erzählten sie nur Positives über sich und andere, und diese Feier war eigentlich ein Neujahrsfest.

Das Fest wurde so nah wie möglich am Abend vor Beginn der neuen Saison, des neuen Zyklus begangen. Sie nannten das ganz anders als ihr heute, und es fand zu einer anderen Zeit des Jahres statt. Sie alle koordinierten das in ganz Lemurien, und sie alle wussten, dass sie das gleichzeitig taten.

Mele'ha überwachte eine zentrale oder eine regionale Feier, dort wo sie zu Hause war, aber sie wusste auch, dass fast alle das gleichzeitig taten. Sie sangen die gleichen Lieder und übermittelten dieselben Botschaften. Alle feierten den neuen Zyklus entsprechend der ihnen allen vertrauten Abläufe.

Einmal im Jahr vereinigten sich also alle, sie wurden eins. Ich möchte, dass du das machst, Mele'ha. Jetzt im Moment könnte das schwierig werden, denn für dieses Jahr wurde nichts geplant. Doch in einem Jahr ist es möglich. Ihr verfügt über die Technologie, überall auf dem Planeten als eine einzige, riesige Schwesternschaft zusammenzukommen, wenn ihr das möchtet. Plant es genau so, wie es früher war: Es wird auf keinen Fall etwas Negatives gesagt. Ihr könntet über das Jahr nachsinnen und feiern, was gefeiert werden muss. Betrachtet die Herausforderungen als etwas, was ihr überwunden habt. Betrachtet die Zeiten, in denen ihr zu kämpfen hattet, als einen Sieg über den Kampf. Das gibt euch Kraft fürs nächste Mal, wenn es passiert. Das Zusammensein in dieser einen Zeremonie bereitete für alle Dörfer den Weg und bestimmte die Haltung für den ganzen nächsten Zyklus. Und wie gesagt, die Männer waren auch dabei.

Die Männer saßen hinten und hörten einmal im Jahr, was die Frauen zu sagen hatten. Sie spürten die Schönheit, Sanftheit und Spiritualität des Jubels, der Heiligkeit. Sie saßen schweigend da, die Fackeln brannten, und sie erwiesen dem, was sie voll und ganz verstanden, Respekt. Sie wussten, was die Frauen für sie taten. Die Frauen wussten, wie man das Antlitz von Spirit berühren, mit dem Schöpfer kommunizieren konnte; sie sagten den Männern aus dem Dorf, wo sie Fische fangen konnten. Oft sagten die Frauen den Männern, sie sollten zu Hause bleiben, und prompt fegte ein Sturm über den Berg. Dank der Intuition und des schamanischen Wissens der Frauen konnten unzählige Leben gerettet werden.

Einmal im Jahr geschah etwas Besonderes; alle nahmen gemeinsam daran teil. Mele'ha, du hast ein Jahr, wenn du das realisieren möchtest. Die Schwesternschaft wird größer und steht wahrhaftig für die Liebe von Frauen, die mit Frauen kommunizieren, und auch von Frauen, die in Verbindung mit der schöpferischen Quelle sind. Es ist wunderschön.

Ich möchte, dass du diese Vision jetzt heraufbeschwörst – wie das war. Die Sonne ging unter; die Fackeln wurden angezündet. Die Winde wehten, und du begannst mit lauter Stimme. Die Frauen um den Kreis herum konnten dich alle hören, wie du die Feierlichkeiten begannst und darüber sprachst, was in diesem Jahr alles passiert war. Dann ließen die anderen das Jahr Revue passieren und sprachen auf positive und dankbare Art über jene, die verstorben waren.

Alle freuten sich darauf, es war der Höhepunkt des Jahres. Ich spreche das jetzt an, weil es das letzte Treffen der Schwesternschaft in diesem Jahr ist, und wer weiß, vielleicht ist dies das letzte Jahr ohne gemeinsame Zeremonie.

Denkt über all das nach, was es damals bedeutete und was es jetzt, wo sich die Schwesternschaft in etwas Größeres weiterentwickelt, bedeuten könnte. Mele'ha, ich danke dir für das, was du für den Planeten tust.

Kryon Live-Channelling, durchgegeben anlässlich eines Treffens der Lemurischen Schwesternschaft in Las Vegas, Nevada – 10. Dezember 2016

Zeremonien sind definitionsgemäß Veranstaltungen zu Anlässen wie bestimmten Ereignissen oder Jahrestagen, bei denen Rituale und Prozeduren eingehalten werden, die oft auf Traditionen beruhen. Viele organisierte Glaubenssysteme (Religionen) halten Zeremonien bzw. Riten ab. Ursprünglich stammten Zeremonien von den plejadischen Müttern und Lehrerinnen. Wie Kryon erwähnt hat, wurden solche Zeremonien nur selten abgehalten und waren damit wohl etwas Außergewöhnliches und Besonderes. An den oben beschriebenen Zeremonien waren hauptsächlich Frauen beteiligt, gelegentlich Kinder und Männer; sie kamen zu einem ganz bestimmten Zweck zusammen. Und wie sieht es mit Zeremonien aus, die komplett privat und ganz allein ausgeführt werden? Gab es in Lemurien auch solche Zeremonien? Die Antwort lautet: Ja. Über die nachfolgend beschriebene Zeremonie sollten Sie Bescheid wissen:

Ich grüße euch, meine lieben Damen, ich bin Kryon vom Magnetischen Dienst. Mein Partner tritt zur Seite. Diese Durchgaben sind ein bisschen anders, denn sie sind für euch, die Schwesternschaft. Auch andere werden ihnen lauschen, aber sie sind hauptsächlich für diejenigen hier im Raum bestimmt, und das ändert sich von einem Channel zum nächsten.

Die kumulativen Leben, die hier vertreten sind, sind absolut einmalig. Einige waren Teil einer frühen Schwesternschaft in Lemurien, andere eher später, und sie alle haben sehr unterschiedliche Energien.

Heute möchte ich euch anders nennen. Die Anrede »Meine lieben Damen« wird langweilig für mich. Hier sind ja nur Frauen. Lasst euch von der männlichen Stimme nicht hereinlegen. Dieses Treffen findet zur großen Ehre des Geschlechts statt, von dem hier die Rede ist. Kryon hat kein Geschlecht. Die Stimme, der ihr lauscht und die die gechannelten Botschaften durchgibt, ist geschlechtslos, wenn er spricht, denn er ist ein geschlechtsloser Raum; wir sind also hier »als Damen unter uns«.

Hört gut zu. Heute Abend werde ich euch nicht mehr als »Damen« bezeichnen, sondern einen neuen Namen benutzen. Vielleicht verwendet auch Mele'ha diesen Namen? Das ist ihr überlassen. Ich möchte euch »Sternenschwestern« nennen, denn das seid ihr. Ihr habt in Lemurien die ursprünglichen Unterweisungen von den Sternen erhalten. Das seid ihr, und ihr tragt in euch das Urwissen, das erstmals dem Planeten vermittelt wurde. Ihr habt das Wissen direkt empfangen und damit eine Abstammungslinie schamanischer Frauen auf dem Planeten begründet.

Mein Partner sprach heute über das System der Reinkarnation, das mit dem Geschlecht zu tun hat [wie Geschlechter funktionieren ist etwas anderes als das Reinkarnationssystem]. Anfangs war das System ein bisschen anders. Ich sage euch Folgendes: Die Sternenschwestern blieben über sehr lange Zeit immer weiblich. Immer wieder musste das so sein, denn als Sternenschwestern trugt ihr die Informationen von den Sternen, die Abstammungslinie der schamanischen Energie, die weiblich war, in euch. Alle anderen auf dem Planeten hatten im Rahmen eines Systems mal das eine, mal das andere Geschlecht, ihr dagegen wart über viel längere Zeit als die meisten Menschen immer Frauen, und das ist euch eingeprägt.

Alte Seelen, die an der ursprünglichen lemurischen Erfahrung teilhatten, haben eine viel umfassendere Vorstellung davon, wer sie sind, als die meisten anderen Menschen. Manchmal ist das verwirrend und manchmal auch frustrierend und enttäuschend. Und wenn ich euch nun sagen würde, dass ihr vor allem deshalb mit Enttäuschungen und Problemen beladen auf diesem Planeten wandelt, weil ihr, tief drinnen, erkennt, dass ihr Sternenschwestern seid? Ihr erkennt die vorhandene schamanische Abstammungslinie in eurer DNA, aber ihr seid von Problemen umgeben.

Manche von euch sind mutig genug, zu denken und zu sagen: »Diese Enttäuschungen sollten nicht sein. Ich bin besser als all das!« Vielleicht nicht besser, auf das Ego bezogen, aber historisch und faktisch sehr wohl. Frauen sagen inzwischen: »Meine

Abstammungslinie ist größer als meine derzeitige Erfahrung.« Und wenn ihr das sagtet, dann hättet ihr recht.

Ich möchte euch ein Bild malen, und bitte denkt darüber nach wegen dem, was als Nächstes kommt. Wie ihr wisst und wie wir euch schon gesagt haben, war Lemurien, der kleine Kontinent Mu, ein Vorläufer der heutigen Hawaiianischen Inseln. Zu Zeiten Lemuriens war das alles eine einzige, riesige Insel, die von einer Magmablase an diesem Hotspot der Erde – und das ist Hawaii auch heute noch – hochgedrückt worden war. Diese Insel war so hoch, dass es sogar Überbleibsel von Gletschern gab. Sie war höher als jedes heutige Gebirge der Erde. Heute wird Hawaii als Ferieninsel mit aktiven Vulkanen betrachtet. Und dieser Vulkan, meine Lieben, ist immer aktiv gewesen.

Das ist mit Hotspots oft so, und Lemurien war besonders heiß und vulkanisch. Doch damals war es anders, denn der Inselberg war sehr weit hochgedrückt worden, und der Rand des Vulkans [Caldera] befand sich immer in Eis und Schnee. Hinzu kamen die Winde in dieser Höhe. Das war trügerisch, und man ging da nicht hin. Heute könnt ihr am Kraterrand entlanglaufen, Sachen hineinwerfen und in tropischem Klima Zeremonien abhalten, doch damals war das nicht möglich. Der Vulkan lag zu hoch, es war zu schwierig und zu kalt, und es gab viel zu viel Eis.

Der lemurische Berg-Vulkan [Hawaii] ist keiner von den Vulkanen, die immer mehr Ladung aufbauen und dann auf einmal in einem einzigen massiven Ausbruch explodieren. Diese Vulkane [auf Hawaii] charakterisieren sich oft durch eine Eruption, bei der Lava an den Bergflanken austritt und zum Wasser fließt. Auch damals war das so, es floss also ständig Lava zum Wasser, und man konnte das ganz einfach finden, ohne gar zu hoch den Berg hinaufzugehen. Die Topografie des Landes erzeugte zudem ein Gebiet, wo bekanntermaßen potenziell Lava floss und wo die meisten Risse auftraten. Die Dorfbewohner wussten genau, dass sie dort besser keine Häuser bauten; aber sie legten Wege an, um die Lavaflüsse einfach besuchen zu können.

Ich möchte euch nun eine namenlose Sternenschwester vorstellen, vielleicht eine von euch; das könnte durchaus sein. Sie war zu einer dieser nicht so hoch gelegenen Stellen gelangt, wo die Lava zu sehen war. Oft floss die Lava in unterirdischen Kanälen und war nicht sichtbar, bis sie schließlich wie eine Art kleiner Bach zutage trat. Sie musste an einer Stelle sein, wo die fließende Lava zu sehen war.

Diese Sternenschwester konnte der Lava nicht ganz nahe kommen, da sie viel zu heiß war, jedoch immerhin nahe genug an die Stelle, wo die Lava aus dem Kanal ein- oder austrat, aber weit genug weg, um ihre Aufgabe erfüllen zu können. Normalerweise ging sie alleine zu diesem Platz, und wenn sie dort am Rand des Kanals ankam, wo die Lava ein- oder austrat, war das weit genug weg, damit sie nicht verletzt wurde. Nun zog sie etwas aus ihrem Rock und rollte es auf. Es war ein riesiges Blatt mit Beschriftungen, nicht in einer Schrift, wie sie euch bekannt ist, sondern eher so etwas wie Linienzeichnungen, die sie mit einer Zweigspitze eingeritzt hatte. Und nun machte sie etwas mit diesem Blatt und der Lava.

Sie betrachtete das Blatt einen Moment lang, hielt es kopfüber und ließ es dann in die Lava sinken. Es musste in der Lava versinken. Blieb es auf dem Weg irgendwo hängen, ging sie nach Hause, machte ein neues Blatt, und das so lange, bis das Blatt in der Lava landete. Es musste komplett und auf der Stelle vom Feuer verzehrt werden, und das passierte auch, wenn sie es richtig machte. Sie erhob die Hände zum Dank und lächelte breit. Dann drehte sie sich um und ging siegreich ins Dorf zurück.

Ich möchte, dass ihr euch daran erinnert, wegen dem, was kommt. Was machte sie da?

Sternenschwestern, damals, am Anfang, verfügtet ihr über wertvolle Informationen, und die sind immer noch da, irgendwo [das heißt, in euren Akasha-Erinnerungen]. Wie lange das zurückliegt, ist nicht wichtig. Hört gut zu, ich sage euch erneut: Die Menschen zählen die Jahre auf lineare Weise, doch in eurer Akasha geht es um Energie, und die ist überhaupt nicht linear. Ihr braucht nicht mehr Energie, je weiter ihr in eurer Akasha zurückgeht [Lächeln]. Da ist alles zusammen, und manches kann sich sehr aktuell anfühlen, obwohl es uralt ist.

Könnt ihr euch vorstellen, was mit euch, für euch, gegen euch geschehen ist, seit ihr womöglich in Lemurien wart? Ganze

Zeitalter sind verflossen – so viel ist passiert. Ein Leben nach dem anderen ist vergangen, während der Planet seine eigenen Zyklen durchlaufen hat. Könnt ihr euch die Kinder vorstellen, die ihr hattet? Meine Damen, Sternenschwestern, könnt ihr euch die Kinder vorstellen, die ihr verloren habt? Übrigens, erst in modernen Zeiten wird erwartet, dass Kinder überleben! Damals wusstet ihr das. Ihr Mütter, ihr habt das gewusst. Die Kinder würden mit über fünfzigprozentiger Wahrscheinlichkeit nicht überleben, und manchmal habt ihr ihnen keinen Namen gegeben, bis sie zumindest ein paar Monate alt waren. Das waren andere Zeiten, liebe Sternenschwestern.

Zu Zeiten Lemuriens gingt ihr davon aus, dass alle überleben, aber danach nicht mehr. Durch das Verlassen von Lemurien entstand eine viel umfassendere Lebenserfahrung, an der ihr alle teilhattet.

Wer seid ihr? Was habt ihr durchgemacht? Ihr alle habt viel Schrecken und Enttäuschungen erlebt; ich bezeichne diese Erfahrungen als Müll. Und dieser Müll, den ihr heute noch mit euch herumtragt, verdunkelt bzw. verdeckt die wertvollen Informationen von den Sternen, die ihr auch in euch tragt. Hier seid ihr, auf einem Treffen der Schwesternschaft, und tut euer Bestes, um gute, positive Akasha-Erinnerungen an die reinen Dinge von den Sternen wachzurufen. Wie könnt ihr den Müll überwinden? Was macht ihr? Wie könnt ihr den Müll bestimmen und aussortieren? So wie die Spreu vom Weizen müssen die reinen, positiven Dinge von dem getrennt werden, was ihr nicht braucht, muss die Dunkelheit vom Licht getrennt werden. In der heutigen Energie ist das eine schwierige Aufgabe.

Im heutigen Seminar erzählte ich euch vom Angeborenen, dem großen Sortierer von Akasha-Informationen. Wenn ihr nie euer Angeborenes erkennt, werdet ihr nur von schwierigen Akasha-Erinnerungen überschwemmt, und manchmal beeinträchtigen sie euer ganzes Leben. Doch ihr müsst nur euren intelligenten Körper (das Angeborene) erkennen und anerkennen, dann wird sich die Akasha auseinandersortieren. Das gehört zu den neuen, verborgenen Werkzeugen dieser neuen, wunderbaren Zeit des Wandels. Beim Sortieren beginnt ihr euch teilweise daran zu erinnern, wer ihr wart. Und vergesst nicht: Es geht hier nicht um Episoden oder Rückblenden, sondern um Energie.

Noch seid ihr nicht ganz so weit. Manche sind besser darin als andere, aber es ist machbar. Meine Lieben, auch die Lemurierinnen, die ihr wart, waren nicht an diesen Punkt gelangt. Ihr wart einfach nur Schülerinnen. Euer Angeborenes war noch nicht einmal Teil eurer Biologie, dazu war euer Bewusstsein nicht hoch genug entwickelt. Das kam erst später. Aber ihr verfügtet über kostbare Informationen, die Energie manifestierten. Es waren neue Unterweisungen von den Sternenmüttern, und das ist das, was Schamanen besitzen. Doch diese spektakulären Informationen wurden Jahr für Jahr, Leben für Leben, mit Müll zugeschüttet. Wäre es nicht toll, den Müll aussondern zu können? Lasst uns darüber sprechen.

Zunächst einmal ist es, wie gesagt, machbar. Doch in dieser Energie erfordert das noch einen Prozess. Mele'ha hat sich das vielleicht gar nicht überlegt, aber ihre gesamte Ausbildung in diesem Leben verlief in Prozessen. Sie steht zur richtigen Zeit am richtigen Ort und ist in der Lage, die zeremoniellen Prozesse, wie ihr sie heute und in den vergangenen Jahren vollzogen habt, anzuleiten. Das gehört zu der Person, die sie in diesem Leben ist; sie ist mit ihren eigenen Lebensprozessen verheiratet. In Lemurien gab es auch Prozesse, wusstet ihr das?

Lemurien war unglaublich rein, und zwar für sehr lange Zeit. Deshalb lag es mitten im Pazifik, und deshalb verbrachtet ihr dort nur *ein* Leben. Nur diejenigen dieser ersten Welle [Lemurien] blieben rein, dann entwickelten sich mit der Zeit überall auf dem Planeten aus freiem Willen die menschliche Natur und die Dualität, und dadurch entstand Müll. Das ist die alte Energie, die ihr als menschliche Natur bezeichnet: Ihr erlebtet Enttäuschungen und hattet mit dem Rätsel von Dunkelheit und Licht zu kämpfen. Selbst (oder auch gerade) Schamanen erzeugten Müll.

Lasst mich euch den Prozess beschreiben; er mag ähnlich erscheinen wie manches, was ihr heute macht. Die Definition von »Müll« lautet: Akasha-Müll ist alles, was euch daran hindert, eure Herrlichkeit und Größe zu erkennen – alles: Enttäuschungen, Ängste, unangemessene Gedanken, Kleingläubigkeit, Mangel an Vertrauen, Minderwertigkeitsgefühle – all das ist Müll. Schicht für Schicht haben sich Dinge angehäuft, die ihr tatsächlich erlebt habt, ein riesiger, enormer Müllhaufen. Aber ich sage euch: All das kommt nicht an die reinen Informationen heran, die euch von den Sternenmüttern übermittelt wurden, und bis heute will diese ganze Reinheit zum Vorschein kommen, damit ihr versteht, wer ihr seid.

Heute verfügt ihr über eine wunderbare Sprache und elegante Kommunikation auf Papier. Deshalb bitte ich euch, nur für euch all den Müll detailliert aufzuschreiben – all das, was euch beim Schreiben im Herzen wehtut. Schreibt nicht eure Wünsche für morgen auf. Schreibt eure vergangenen Enttäuschungen nieder, den Schmerz über den Verlust eurer Kinder, die Wut auf andere Menschen. Geht auf beide Geschlechter ein und schreibt auf, wie wütend ihr auf eure Eltern wart, was ihr jetzt alles an Unpassendem seht, und eure riesige Enttäuschung über all die Schwierigkeiten, die ihr seht. Schreibt auch all die Enttäuschungen auf, an die ihr nicht einmal denken wollt und die ihr in diesem Leben erlebt habt. Seid ihr verraten worden? Dann schreibt es auf.

Haltet all das auf Papier fest, und wenn ihr meint, ihr seid fertig, macht weiter. »Habe ich wirklich alles aufgeschrieben, was mich von der Herrlichkeit Gottes trennt?« Habt ihr eure persönlichen Enttäuschungen aufgeschrieben? Denkt weiter nach und schreibt weiter auf. Was frustriert und enttäuscht euch noch? Stellt sicher, dass ihr wirklich alles aufschreibt.

Und wenn ihr eurer Meinung nach fertig seid, lest es nicht noch einmal durch. Ihr habt es beim Schreiben gefühlt, das reicht. Faltet das Papier schnell zusammen, damit ihr nie wieder darauf schauen müsst, nie wieder. Dann vollführt mit der Energie auf diesem Papier eine Zeremonie. Das ist der Prozess. Es zu verbrennen und dabei zuzuschauen ist das Beste, was ihr jemals tun könnt. Ihr werdet euch daran erinnern, denn genau das hat die Schamanin gemacht, ihr lieben Sternenschwestern. Sie suchte nach der Lava, dem Heißesten, was sie überhaupt finden konnte, um sich dessen zu entledigen, was sie mit einem Zweig auf einem Blatt in der elementaren Lichtsprache, die sie gelernt hatte, niedergeschrieben hatte.

Damals war der Müll ein anderer als heute; es war vielleicht so etwas wie unangebrachter Ärger über andere oder über sich selbst, und sie wusste, sie musste da etwas bereinigen, immer auf Basis der wunderbaren Informationen von den Sternenmüttern, die ihr von Geburt an vermittelt worden waren. Denn Dualität ist etwas, was euch allen eigen ist. Sie wusste, sie arbeitete wie alle Menschen an ihrer Dualität, und wenn sie sah, wie das Blatt verbrannte, wusste sie, sie war frei.

Auch heute noch wird das in bestimmten spirituellen Systemen ähnlich gehandhabt, um die Energie zu reinigen. Das hat überhaupt nichts mit Sünde, sondern alles mit Dualität zu tun. Ihr alle habt das in euch, und es ist wirklich an der Zeit, sich vom Müll zu befreien. Das ist die Botschaft. Ich möchte, dass ihr euch daran erinnert, denn ihr alle habt das gemacht. Jede Einzelne von euch. Es hat damals funktioniert und funktioniert auch heute noch. Wenn ihr das macht, spürt es euer Angeborenes. Es ist etwas Zeremonielles, Absichtsvolles und steht für bewusste Absicht, und euer Körper weiß, was ihr da macht. Eure Akasha weiß, was ihr macht, und bei dem Prozess kommt der spirituelle Radierer zum Einsatz, und die Enttäuschungen werden immer weniger. Mit der Zeit verschwinden sie ganz.

»Kryon, kann man wirklich Erinnerungen aus der Akasha löschen?« Ich sage euch Folgendes: Was in der Vergangenheit passiert ist, ist passiert. Es kann nicht geändert werden, doch was in eurer Akasha bewahrt wird, ist eure Wahrnehmung davon. Bei der Akasha-Chronik geht es um Energie, nicht um Ereignisse. Wenn ihr ein Loch grabt, darin etwas Dunkles begrabt und Erde darauf werft, existiert es dann noch? Ja, aber zwei Meter unter der Erde, und dort gehört es auch hin und bleibt da und ist außer Sicht. Mit negativer Energie in der Akasha ist es dasselbe. Die Energie kann umgedeutet und an einen Ort verwiesen werden, wo sie nie mehr »Teil von euch« ist. Sternenschwestern, ich lade euch ein, auf die eine oder andere Weise den Müll zu verbrennen.

Kryon Live-Channelling, durchgegeben anlässlich eines Treffens der Lemurischen Schwesternschaft in Minneapolis, Minnesota – 22. Juli 2017

Gibt es in Ihrem Leben Müll, den Sie dauerhaft entsorgen möchten? Sie sind eingeladen, mit einer ganz privaten oder auch einer gemeinsamen Zeremonie »den Müll zu verbrennen«. Auf dem Planeten findet ein Wandel statt (siehe Kapitel 3: Die große Wende), wodurch eine neue Energie entstanden ist, die Lichtarbeitern und alten Seelen wie nie zuvor Unterstützung gewährt. Sie haben Rückenwind, wie Kryon sagt, und die Ihnen wohlgesinnte, gütige Energie des Universums möchte sich mit denjenigen in Einklang bringen, die nach Wohlwollen und Güte suchen.

Wegen dieses Wandels sind Affirmationen heute mächtiger als früher. Werden Affirmationen laut und mit bewusster Intention ausgesprochen, hören Sie das mit den Ohren, und Ihr Körper versteht, was Sie tun. Absichtsbekundungen sind Energieträger, und Worte in der Luft schwingen mit Frequenzen, die Ihr intelligentes Körperbewusstsein (das Angeborene) verstehen wird. Affirmationen in Kombination mit Zeremonien des Loslassens sind eine kraftvolle und effiziente Möglichkeit, Ihr Leben zu verändern. Nehmen Sie sich ein bisschen Zeit, zu überlegen, wer Sie sein möchten und was Sie als Mitschöpfer/in gerne kreieren möchten. Vertrauen Sie darauf, dass Ihre innere Weisheit Sie zu den Werkzeugen, Techniken und Lösungen führen wird, mit deren Hilfe Sie das Leben manifestieren können, das Sie sich wünschen.

Frage an Kryon:
Auf den ersten Blick scheinen sich die Informationen über Geburten zu widersprechen: Zum einen heißt es, es fanden jeden Monat Geburten statt, zum anderen ist von saisonbedingten Geburten die Rede. Könntest du das näher erläutern?

Antwort:
Hier geht es um Fortpflanzung und Geburt in Lemurien: erstens Geburten durch eine plejadische Sternenmutter und zweitens Geburten durch eine lemurische Mutter. Das sind zwei verschiedene Szenarien.

Zuerst zu den Lemuriern: In älteren Zivilisationen gibt es für so gut wie alles bestimmte Zeiten. Auch heute noch erzählen euch die indigenen Völker, dass sie alles aus einem bestimmten

Grund machen, und oft spiegelt das die Jahreszeiten von Gaia wider. Fast alles, von der richtigen Zeit und der richtigen Art, zu jagen und zu fischen, bis hin zur Fortpflanzung, ist also mit der Weisheit des Planeten verknüpft. Genau das fehlt euch heute in euren modernen Erfahrungen, und das ist auch der Grund für das allzu hohe Bevölkerungswachstum.

Die Lemurier hatten eine bestimmte Zeit, in der sie zusammen waren, und so fiel die Geburt ihrer Nachkommen auch in eine bestimmte Zeit. Wie euch ein Blick auf das Tierreich mit seiner Intuition zeigt, ist es dort genauso. Es gibt eine Paarungszeit und eine Geburtszeit. In Lemurien war das so, um sich das Wetter und die Ressourcen für die Neugeborenen zunutze machen zu können. Auch in Lemurien gab es Gaia-Jahreszeiten, und in der Regenzeit sollten auf dem Berg keine Geburten stattfinden. Es war zudem sehr wichtig, auf der »trockenen Seite« des Berges zu gebären, denn die »nasse Seite« war immer und zu allen Zeiten nass. Es waren also Reisen und Planung erforderlich.

Auf der trockenen Seite gab es eine »Jahreszeit« ohne Regen, dort fanden gerne Geburten statt. Sobald eine Frau in dieser Zeit vor der Geburt stand, reiste sie mit den anderen Frauen auf die trockene Seite zu den Wasserbecken, und dort halfen ihr die Frauen, das Kind auf die Welt zu bringen und das neue Leben zu feiern. Oft kostete das viel Kraft, denn die Becken waren 60 Tage lang beständig in Betrieb. Aber das war eben die »Jahreszeit« für Geburten. Und was noch bemerkenswert ist: Die meisten Lemurier lebten auf der trockenen Seite des Berges, da das Leben dort einfacher war.

Zweitens, die plejadischen Sternenmütter: Sie übten Schwangerschaftskontrolle aus, und ihr System war komplett anders und *nicht* saisonbedingt; vielmehr handelte es sich um ein turnusmäßiges, monatliches Ereignis. Ich will damit sagen: Die Sternenmütter brachten monatlich reihum ein Kind zur Welt, und davon hing der Zeitpunkt der Empfängnis ab. So konnten sie weiter unterrichten sowie reihum ihre Pflichten erfüllen und ihre Reisen hoch auf den Berg zum »Haus des Mitgefühls« unternehmen. So wurde also einmal pro Monat auf dem Berg ein Sternenkind geboren, und zwar entsprechend dem bekannten Zeitplan.

Wenn eine plejadische Sternenmutter ein Kind gebar, wurde sie in den Becken nur von anderen weiblichen Sternenkindern (direkten Kindern einer Sternenmutter) unterstützt. Die Geburten wurden von den Sternenmüttern zeitlich ziemlich genau (fast auf den Tag genau) geplant; diese »Sternenkinder« waren dann also bereit.

Nun ..., ihr fragt, wie viele Sternenmütter es in Lemurien gab? Die Antwort lautet: Ja.

Frage:
Es wurde ja erwähnt, was bei der Initiation von Frauen und bei ihrem Tod geschah, aber wie war das bei den Männern? Gab es für sie ähnliche Initiationszeremonien wie für die Frauen, wenn sie das Mannesalter erreichten?

Antwort:
Oh ja. Die Kernlehre der Plejadier in Lemurien würdigt die Menschen; erst später standen die spirituellen Unterweisungen für die Frauen im Fokus.

Die Frauen wurden mit der ersten Menstruation »erwachsen«, bei den Männern wurde die Zeremonie in einem bestimmten Alter angesetzt. Mit dreizehn gab es für sie eine Zeremonie des »Herauskommens«; das bezog sich auf das »Herauskommen aus der Kindheit«, und es war egal, ob der Dreizehnjährige schon die sexuelle Reife erreicht hatte oder nicht. Es ging einfach darum, anzuerkennen, dass die Samen in ihnen bereit waren, gemeinsam mit den Frauen eine weitere »Seelenreise« für ein Kind auf der Erde zu kreieren.

Für beide Geschlechter wurde ein solches Fest gefeiert; genau das war es: ein Fest. Dabei waren jeweils nur Frauen bzw. Männer anwesend (mit einer Ausnahme), und beide Zeremonien waren sanft und voller Gesänge und Gespräche. Oft wurde bei beiden Geschlechtern die Zeremonie für mehrere Kinder gefeiert, die so weit waren, und nicht jeweils eine Zeremonie für jedes einzelne Kind. Die Feierlichkeiten wurden zeitlich versetzt abgehalten, je nachdem, wie viele Kinder erwachsen wurden.

Besonders interessant war es für beide Geschlechter, wie die Ehrerweisung stattfand. Die zu Ehrenden nahmen an diesem Tag die »Stühle der Ältesten« ein und saßen in der ersten Reihe. Das würden sie dann mindestens dreißig Jahre lang nicht mehr tun. Je nachdem, wie viele Kinder geehrt wurden, dauerte die Zeremonie entsprechend lang, und zwar wegen eines der wichtigsten Faktoren dieses Ereignisses: Die bzw. der Allerälteste einer jeden Familie (geschlechtsspezifisch entsprechend der Zeremonie) trat vor und übermittelte der geehrten Person eine »Botschaft des Lebens« in Form von Rat, und das dauerte so lange, wie der bzw. die Älteste eben reden wollte.

Es war ein bisschen langweilig, sich die »Botschaft des Lebens« anzuhören, denn es war oftmals immer wieder die gleiche vom selben bzw. von denselben Ältesten. Für die meisten Leute aus dem Dorf war das auch eine Quelle der Heiterkeit. Es gab da einen Witz: »Wie lange wird dieses Jahr die Regenzeit andauern?« Die Antwort: »Nicht ganz so lange wie die ›Botschaft des Lebens‹ von diesem einen Ältesten.« Die Ältesten sprachen so lange, weil damit ihr Augenblick gekommen war, sprechen zu dürfen, und sie fanden die an diesem Tag auf sie gerichtete Aufmerksamkeit einfach toll. Deshalb wollten sie diesen Moment immer weiter ausdehnen.

Nachdem alle Ältesten aus allen Familiengruppen gesprochen hatten, gab es ein kurzes, kleines, ganz gewöhnliches Essen. Dann kam der letzte Teil, und zwar für beide Geschlechter, und ein guter Grund, das »Gerede der Ältesten« auszuhalten.

Eine Sternenmutter erschien und führte ein Lied und einen Tanz auf. Doch bei dem Tanz handelte es sich überhaupt nicht um einen Tanz, sondern um eine »Energiebewegung« des Tages: Sie hatte immer mit den Bewegungen zu tun, die die Kinder vom Rad der Unterweisung gelernt hatten; sie kannten sie also, und es gefiel ihnen sehr, sie von der Sternenmutter ausgeführt zu sehen. Der Gesang der Sternenmutter war spektakulär, deshalb wollte auch fast das ganze Dorf dabei sein. Sie verfügte über gespaltene Stimmbänder, das heißt, sie konnte mehrere harmonische Töne auf einmal singen. Das konnte sonst kein anderes Wesen auf dem Planeten. Ihr zu lauschen, war wahrhaftig eine Jenseits-Erfahrung.

Frage:
Die persönliche Zeremonie der Sternenschwester zum Freisetzen von unangebrachter Wut war eine einfache und doch profunde Technik, die heute noch genauso wichtig ist wie in Lemurien. Gab es weitere ähnliche Zeremonien – und wenn ja, kannst du sie beschreiben?

Antwort:
Alle Menschen leben in Dualität; Dualität wird definiert als das Gleichgewicht zwischen Licht- und Dunkelheits-Bewusstsein und die Handhabung dieses Prozesses. Auch ohne eine Akasha mit Erinnerungen an die Vergangenheit ist jeder Mensch anders und einzigartig und bewältigt das Leben unterschiedlich. Man könnte meinen, ohne Akasha-Chronik hätten die Menschen nichts, an dem sie arbeiten müssten oder wovon sie beeinflusst würden. Doch jeder Geist ist anders und spiegelt eine heilige Seele wider, die an einem linearen Geist festhängt. So hat jeder Mensch eine andere Logik, andere Gefühle, und das Leben bietet eine Vielfalt an Entscheidungen und Emotionen.

Als die DNA der Menschheit von 24 auf 23 Chromosomenpaare verändert wurde, hat sich das menschliche Bewusstsein sehr stark verändert. Ihm wurde unter anderem die Intuition des Meisterschöpfers verliehen, außerdem »innere schöpferische Energie« (Malen, Musik, Skulptur etc.) und der »freie Wille des Bewusstseins« (die Fähigkeit, selbst über seinen Weg zu entscheiden). Weiterhin kam das Gewahrsein der Seele (des Höheren Selbst) hinzu. Das verborgene 24. multidimensionale Chromosomenpaar war eine weitere dieser Veränderungen; es hat mit einem sich höher entwickelnden Spirit zu tun. Damit gab es unter den Menschen jede Menge Vielfalt.

Wir haben eine persönliche Zeremonie einer Schwester zum Loslassen ihrer Wut beschrieben – sowie das, was sie metaphorisch dafür einsetzte. Aber es gab noch weitere Zeremonien und Aktivitäten, und fast immer ging es darum, etwas loszulassen.

Die Unterweisungen der Sternenmütter für die ganze lemurische Gesellschaft drehten sich um den freien Willen und die Fähigkeit eines jeden, seine innere Energie zu verändern.

Die Lemurier lernten, dass Gefühle Energie waren, nicht unbewusste verborgene Emotionen oder das Ausagieren vergangener Traumata. Vielmehr besagte die Lehre, dass alles, was für eine Person nicht funktionierte, eine Energie war, die losgelassen oder verändert werden konnte. Die Lösung kam durch die Innenschau – oder durch die Orientierungshilfe einer Schwester (Beratung), um der betreffenden Person zu helfen, auf ihre Weise loszulassen.

Liebe und Eifersucht waren genauso wie heute, mit all den damit verbundenen Merkmalen. Es gab Liebes-Dreiecksbeziehungen, Enttäuschungen, und daraus ergaben sich Probleme mit dem Selbstwert. Auch Probleme zwischen Mann und Frau glichen denen in heutigen Partnerschaften, vor allem in arrangierten Ehen nach dem Tod eines Partners. Die Ehe, wie ihr sie kennt, gab es in Lemurien nicht, aber es gab andere Regeln (darauf sind wir schon eingegangen).

Auch im Rahmen dieses Systems kam es zu Enttäuschungen. Stell dir vor, dein Ehemann stirbt und du wirst an seinen jüngeren Bruder weitergereicht. Stell dir vor, du liebst einen Freund aus deinen Kindertagen, und er wird aus politischen Gründen mit einer anderen verheiratet.

Gefühle sind Gefühle, und dadurch entstanden ständig Probleme, die es zu lösen galt.

Bei der Auflösung von Energien waren also Prozesse involviert, die der Freude im Wege standen. Das wurde gelehrt. Man konnte die Gefühle seines Herzens ändern, wenn man wollte. Man konnte eine »Wiedergeburt« seiner Einstellung bewirken, wie die Lemurier das nannten, und die Freude konnte wieder Einzug halten. Dafür gab es eine Zeremonie, die man entweder allein oder gemeinsam ausführen konnte.

Angelegenheiten des Herzens hatten fast immer mit Wasser zu tun, damit sie aufgelöst werden konnten. Wut dagegen wurde aufgeschrieben und verbrannt, so wie wir es beschrieben haben.

Für die Zeremonie brauchte man als Wasser die mächtigen Wellen des offenen Meeres, nicht einfach nur eine Wasserstelle oder einen Teich. Die Wellen wuschen den Kummer weg und brachten neues Leben bzw. Liebe ins Herz.

Viele Lemurier gingen dazu also an den Strand. Ironischerweise begegneten sie dort auch oft ihrem Lebenspartner bzw. ihrer Lebenspartnerin. Auch im Land MU traten Synchronizitäten auf. Ein gebrochenes Herz fand ein anderes, und sie heilten sich gegenseitig.

Kapitel 3

Die große Wende

Warum sprechen wir in einem Buch mit dem Titel »Die weibliche Kraft von Lemurien« über die große Wende? Was hat dieses Thema mit den Informationen zu tun, die in den beiden vorigen Kapiteln präsentiert wurden? Die Antwort auf diese Fragen lautet: Die große Wende hat alles damit zu tun, was die Menschheit an alter Weisheit und Wissen erinnert. Genau wegen dieser Wende channelt Lee Carroll die Wesenheit namens Kryon.

Die große Wende bezieht sich auf das Überschreiten der Schwelle im Jahr 2012, die sogenannte galaktische Ausrichtung, die die Geburt einer neuen Energie und eines neuen Bewusstseins auf dem Planeten ankündigte. Doch was heißt das überhaupt?

Um diese Frage beantworten zu können, müssen wir verstehen: Die galaktische Ausrichtung des Jahres 2012 ist keine esoterische Prophezeiung, sondern beruht auf reiner Astronomie. Dachten Sie, das sei eine New-Age-Philosophie?

Die Menschheitsgeschichte ist voll von Prophezeiungen darüber, wann die Auslöschung der Menschheit, des Planeten oder des gesamten Universums bevorstünde. Viele dieser Voraussagen gründeten sich auf heilige Schriften, in denen von den entsprechenden Geschehnissen als Entrückung, Jüngstes Gericht oder auch Zweites Kommen Christi die Rede war. Dann gibt es da noch die Prophezeiungen des Nostradamus, eines Pseudo-Astrologen, der mysteriöse Vierzeiler verfasste, in denen vor der bevorstehenden Apokalypse die Rede war.

Solche Prophezeiungen, fast alle aus spirituellen Quellen, blieben im menschlichen Bewusstsein haften. Hinzu kam die menschliche Faszination für Drama – die Basis für viele Hollywood-Blockbuster, die aus dem Faktor »Angst« Kapital schlugen, unter anderem Filme wie »Krieg der Welten«, »The Day After Tomorrow«, »I am Legend«, »Armageddon«, »Independence Day« und »2012«, um nur einige zu nennen.

Im Vorfeld des Jahres 2012 war der Maya-Kalender ein beliebtes Thema in den Medien. Was dabei in den Mainstream-Medien allerdings nicht erwähnt wurde: Das Ende des Maya-Kalenders war *nicht* das Ende der Welt. Die Kalender der Maya waren bis zum Jahr 4000 ausgelegt! Am Ende eines Kalenderjahres geraten wir doch auch nicht in Panik und behaupten, es sei das Ende. Wir nehmen den Kalender einfach ab und hängen einen neuen auf.

Doch egal, welche Prophezeiungen Ihnen zu Ohren gekommen sind: Das Ereignis des Jahres 2012 beruhte komplett auf astronomischen Berechnungen, das sollten Sie wissen. Wir wollen an dieser Stelle näher auf die galaktische Ausrichtung des Jahres 2012 eingehen. Die galaktische Ausrichtung ist eine Folge der Präzession der Äquinoktien und des Axialschlags der Erde im Lauf der Präzessionsperiode von 26.000 Jahren, beginnend und endend, wenn unsere Sonne (von der Erde aus gesehen) perfekt auf das Zentrum unserer Galaxie ausgerichtet ist. Um den 21. Dezember 2012 herum, ein paar Tage zuvor und danach, war der Punkt der Sonnenwende auf den galaktischen Äquator ausgerichtet – das war die galaktische Ausrichtung des Jahres 2012.

Stellen Sie sich einmal die echte Form der Erde vor: einen abgeplatteten Rotationsellipsoiden bzw. Sphäroiden mit einer »Ausbeulung« am Äquator. Die Erde ist zudem gekippt und rotiert (»kippelt«) um eine zur Umlaufebene (die flache Ebene, in der die Erde um die Sonne kreist) geneigte Achse. Durch die Neigung entstehen auf der Erde die vier Jahreszeiten, und durch den Axialschlag kommt es zur Präzession der Äquinoktien.

Dieser Axialschlag (Rotation) der Erde geht über eine Zeitspanne von 26.000 Jahren extrem langsam vor sich. Der Start- und Endpunkt dieses 26.000-Jahre-Zyklus entspricht dem Zentrum der galaktischen Ausrichtung.

Und nun zu den Äquinoktien bzw. der Tagundnachtgleiche. Die Präzession bezieht sich auf die erkennbare Bewegung der Äquinoktien entlang der Umlaufebene der Erde; sie wird durch den sehr langsamen Axialschlag der Erde verursacht. Die Position der Äquinoktien und der Sonnenwenden verändert sich alle 71,5 Jahre um ein Grad. Die Sonne ist ein halbes Grad breit, deshalb dauert es 36 Jahre, bis die Sonne der Wintersonnenwende im Dezember den galaktischen Äquator präzediert. Was 2012 geschehen ist, passierte also nicht am 21. Dezember, sondern war Teil eines 36 Jahre andauernden Geschehens, das 1994 begann und 2030 enden wird.

Den modernen Astronomen ist diese galaktische Ausrichtung bekannt, doch woher wussten uralte Kulturen davon? Zivilisationen wie die alten Ägypter, Chinesen, Maya, Tolteken, Azteken, Inkas und auch die Druiden haben sich dem Studium der Sterne gewidmet. Sie wussten um die Bewegungen der Sonne und des Mondes, kannten die Äquinoktien und hatten auch den Axialschlag der Erde bemerkt. Dazu brauchten sie keine Teleskope; sie beobachteten den Himmel von Sternwarten aus, und auf Basis dieses Wissens wurden auch Kalender zusammengestellt. Der bekannteste und am besten erforschte ist der Maya-Kalender.

Uralte Prophezeiungen

Die Zivilisation der Maya war hoch komplex; es gab zum einen die Maya-Prophezeiungen und zum anderen den Maya-Kalender. Die Prophezeiungen stammten von Priestern mit subjektiven Meinungen im Rahmen eines komplizierten hierarchischen Systems. Der Kalender gründete sich auf direkte astronomische Beobachtungen. Allerdings weist der Maya-Kalender auch esoterische Informationen auf und belegt das Wissen der Maya über die fraktale Zeit.

Was ist das? Wie der Wissenschaftler Gregg Braden erklärt, sahen alte Traditionen die »Zeit« als Kräuselungen einer galaktischen Welle, die auf ihrer Reise durch das Universum hin und her wogen.

Ende des 20. Jahrhunderts entdeckte man, dass selbst komplexeste Dinge in der Natur in Wirklichkeit nur einfache Muster sind – sogenannte »Fraktale«; sie wiederholen sich auf berechenbare Weise. Kryon hat uns mitgeteilt:

»Alles in der Physik und in der Biologie besteht aus Fraktalen. Befragt man Physiker zu Fraktalen, geben sie dir die ganze Mathematik an die Hand: vom Großen zum Kleinen ..., größer, kleiner ... – und bei allem handelt es sich um Fraktale des Gleichen. Auch die Biologen wissen, dass alles vom Kleinen zum Großen auf Fraktalen beruht. So ist das einfach.«

Die in Xochicalco, Mexiko, entdeckten Glyphen zeigen auf Zeitfraktalen beruhende Prophezeiungen des Maya-Kalenders auf. Die Glyphen des Maya-Kalenders für das Jahr 2012 sprechen von einer Zeit auf der Erde, die das höchste menschliche Bewusstseinspotenzial aller Zeiten aufweist.

Jorge Baez* konnte unter anderem die Arbeit der Maya in den alten Maya-Sternwarten reproduzieren. [*Jorge Baez hat ein Buch mit dem Titel »El Secreto del 2012: Energia vital en movimiento« geschrieben (nur auf Spanisch verfügbar; wörtlich übersetzt: »Das Geheimnis von 2012: Lebensenergie in Bewegung«).] Er verfolgte die Erdbewegung anhand des gerichteten Sonnenlichts, das in die Kammer der Sternwarte eintritt. Indem er bekannte historische Ereignisse und Daten in den Maya-Kalender einblendete, konnte er feststellen, wie genau der Kalender hinsichtlich der Vohersagen von niedrigem und hohem Bewusstsein auf dem Planeten war.

Gibt es weitere Prophezeiungen zum Jahr 2012? Oh ja! Indigene Kulturen aus aller Welt, beispielsweise vom Amazonas, aus den Anden, Nord-, Mittel- und Südamerika, kennen die ähnliche, jahrtausendealte Prophezeiung vom Adler und vom Kondor. Die Voraussage lautet, dass sich die menschliche Gesellschaft aufspalten und unterschiedliche Wege gehen würde. Der Weg des Adlers steht für das Gehirn, eine rationale, materielle Welt, der Weg des Kondors für das Herz und eine intuitive, mitfühlende Welt. Gemäß der Prophezeiung würden im 16. Jahrhundert die beiden Wege auseinanderlaufen, und der Adler würde den Kondor fast auslöschen. Doch im Lauf der nächsten 500 Jahre hätten der Adler und der Kondor die Chance, sich wieder zu vereinigen und einen gemeinsamen Weg entlangzufliegen. Nähmen Adler und Kondor diese Chance wahr, komme die Welt ins Gleichgewicht und es gebe Frieden auf Erden.

In Peru gibt es eine weitere Prophezeiung, »das Erwachen des Pumas«, das heißt, das Erwachen der Weisheit der Meister aus den Anden, wodurch die Geheimnisse der Natur, Intuition, Geschicklichkeit und Visionen offenbart werden, um Energie zu erzeugen und zu transformieren und somit der Menschheit Frieden zu schenken. Diese Prophezeiung stammt aus der Inka-Gesellschaft, der Zeit, als Pachacuti Inka Yupanqui, der 9. Inka-Herrscher, im Cusco-Tal und darüber hinaus das Inka-Reich errichtete. Der Anden-Schamane Mallku Aribalo ist ein anerkannter intuitiver Experte, der uns sein esoterisches Wissen der andischen Archäoastronomie verständlich macht.

In der Inka-Kultur hat die Andenstadt Cusco die physische Form eines von oben betrachteten Pumas. Die Stadt wurde von dem visionären Meister Inka Pachacuti gestaltet; das Himmelstier des Pumas sollte dadurch auf die Erde kommen, um alle Bewohner und Pilger zu erleuchten und zu stärken. Dieser Puma, im Zentrum der Inka-Gesellschaft, wird bei jedem Sonnenaufgang immer mehr angeleuchtet, was das allmähliche Erwachen des Bewusstseins und die Weiterentwicklung der Menschheit symbolisiert. Der Schamane Mallku beschreibt das neue Zeitalter, in das wir eintreten, als eine Zeit, in der sich spirituelle und übersinnliche Türen öffnen, wodurch wir höhere Verantwortung übernehmen, ein höheres Bewusstsein erlangen und uns wieder mit unserem Planeten verbinden.

Eine weitere Prophezeiung aus Mexiko und Mittelamerika bezieht sich auf die »Reise der gefiederten Schlange«. Dabei geht es um die Bewegung der Kundalini-Kraft der Erde. Die Vorhersage spricht von einem potenziellen wunderbaren Wandel auf dem Planeten in Form einer Bewusstseinsveränderung. Die Reise der gefiederten Schlange steht für die Bewegung der Erd-Kundalini von der nördlichen Halbkugel hin zur südlichen Hemisphäre. Die beiden Hemisphären stehen für die Polarität des Planeten; der Norden ist die männliche und der Süden die weibliche Energie. Damit bringt die Reise der Kundalini-Kraft der Erde das Bewusstsein wieder in Balance. Laut Aussagen von Maya-Ältesten zog die gefiederte Schlange im Jahr 2012 in die südliche Hemisphäre.

Auch viele der nordamerikanischen Indianerstämme kennen uralte Prophezeiungen; die bekannteste ist die Hopi-Felsprophezeiung vom sogenannten Prophecy Rock in der Nähe von Oraibi, Arizona. Gregg Braden hat die Felszeichnungen auf diesem Sandsteinfelsen erforscht; wie er erklärt, zeigen diese Petroglyphen, wie die Menschheit einen Weg geht, bis dieser Weg sich in zwei Pfade aufspaltet. An dieser Gabelung müssen sich die Menschen für eine von zwei Welten entscheiden. Der eine Pfad führt in eine Welt, in der es Felder gibt, die Früchte tragen, und wo die Menschen miteinander und mit dem Planeten verbunden sind. Die Petroglyphen des anderen Weges zeigen eine Welt, in der es zwar immer noch Menschen gibt, aber ohne Verbundenheit untereinander und mit dem Planeten; Nahrungsmittel sind knapp, und das Leben ist hart. Die Prophezeiung nimmt auch Bezug auf einen zukünftigen Entscheidungspunkt, an dem die Welt drei große Erschütterungen erlebt. Für die Hopi war der Erste Weltkrieg die erste und der Zweite Weltkrieg die zweite Erschütterung; die dritte Erschütterung kann nicht vorhergesehen werden, da sie davon abhängt, wie wir derzeit leben.

All diese Prophezeiungen haben eine Botschaft gemein: Schafft es die Menschheit, die galaktische Ausrichtung (den Entscheidungspunkt) des Jahres 2012 zu überstehen, kommt der Planet wieder ins Gleichgewicht und stellt sich auf Weisheit, Liebe und Mitgefühl ein. Allen Widrigkeiten zum Trotz hat die Menschheit diese Schwelle überschritten, und das signalisiert ihre Wiedergeburt, mit neuen Energien und einem neuen Bewusstsein. Nach und nach verändern sich im Zuge dieses sich entwickelnden Bewusstseins mit neuen Gesinnungen die menschliche Natur und das Grundgefüge unserer Gesellschaft.

Gibt es Belege für diese Veränderungen? Ja, aber sie finden sich nicht in den Medien, die nur Dramen und Schrecken verbreiten. Vielmehr zeigen sie sich bei einem Blick auf die weltweiten Geschehnisse seit 1989, als Kryon zum ersten Mal seine Botschaften durchgab. Der prophezeite Dritte Weltkrieg zwischen der Sowjetunion und den USA fand aufgrund des Zusammenbruchs der Sowjetunion nicht statt. Etwas später fiel auch die Berliner Mauer, was das Ende der Spaltung zwischen dem kapitalistischen Westen und dem kommunistischen Osten einläutete.

Länder, die seit Jahrzehnten stabil waren, erleben auf einmal Revolutionen, die von der Regierung Änderungen einfordern. Regierungen und Institutionen, denen es an Integrität mangelt, werden infrage gestellt. Man schaue sich nur einmal die Tabakindustrie oder das Bankenwesen an, wo nach dem Bekanntwerden der dort herrschenden Gier und unangemessenen Praktiken Änderungen anstanden. Die Menschheit fordert inzwischen aufgrund eines veränderten Bewusstseins den Wandel.

Die Lemurische Schwesternschaft und die Wende

Ohne die große Wende gäbe es heute keine Lemurische Schwesternschaft, denn sie hätte keinen Sinn. Auch die Begründung der Lemurischen Schwesternschaft durch Dr. Amber (Mele'ha) Wolf ist ein Beweis dafür, dass wir die Schwelle des Jahres 2012 überschritten haben und die Menschheit in ein neues Zeitalter eintritt. Doch ein solcher Bewusstseinswandel erfordert auch eine Zeit der Neukalibrierung; ein solcher Übergang geht nicht automatisch vonstatten. Im Kryon-Band 11, »Recalibration«, liefert Lee Carroll profunde Informationen, was gerade auf dem Planeten passiert.

Kryon hat das Jahr 2013 als Jahr der Rekalibrierung beschrieben. In seinen Vorträgen in diesem Jahr 2013 ging Lee Carroll sogar noch einen Schritt weiter und bezeichnete es als ein Jahr der Vollmonde. Kryon sagte Lee, das wäre ein gutes Jahr, sich in sein stilles Kämmerlein zurückzuziehen und sich das Essen unter der Tür durchschieben zu lassen. Für viele Lichtarbeiter und alte Seelen war 2013 ein Jahr voller Herausforderungen.

Und wie war es bei Ihnen? Haben Sie in diesem Jahr in Ihrem Leben Veränderungen bemerkt? Wahrscheinlich eher erst ein oder zwei Jahre später.

Warum so viele Herausforderungen im Jahr 2013, wenn wir doch im Jahr 2012 die Schwelle überschritten hatten? Laut Kryon wegen des Prozesses der Rekalibrierung und des Wechsels von einer alten in eine neue Energie. Das erfordert eine Zeit der Anpassung. 2013 war das Jahr der Rekalibrierung, 2014 war damit das erste Jahr, in dem wir die neue Energie erlebten, und so ist 2014 das erste Jahr des neuen, höher entwickelten Menschen. Dieses Buch wurde im Jahr 2018 geschrieben – dem fünften Jahr des Neuen Zeitalters.

Und was wissen wir über fünfjährige Kinder? Sie wachsen noch heran und sind noch dabei, Dinge zu begreifen. Deshalb gehen die Weiterentwicklung der Menschheit und der Wandel der menschlichen Natur so langsam vor sich; aber es passiert, dessen können wir sicher sein.

Der folgende Kryon-Channel wurde 2015 durchgegeben und zeigt damit auf, was es heißt, sich im zweiten Jahr der Wende zu befinden. Diese Zeit ist inzwischen vorbei, doch die Botschaften sind nach wie vor relevant:

Auf der anderen Seite des Schleiers gibt es kein Geschlecht, und somit kommen wir völlig geschlechtsneutral zu euch, ohne Befangenheit oder bestimmte Neigung und mit der Weisheit aller Zeiten. Manche derjenigen, die diesem Channel lauschen, schätzen die Informationen, die ich gleich durchgeben werde, womöglich nicht oder verstehen sie nicht voll und ganz, aber nur weil sie den Rest der Geschichte, die heute schon erzählt wurde [im Kryon-Seminar] nicht gehört haben. Es ging dabei um die numerologischen Auswirkungen des zweiten Jahres, wie wir das nennen; dieser Name bezieht sich darauf, dass das Jahr 2012 das Ende eines sehr langen Zeitalters war. 2013 war das Jahr der Rekalibrierung und zählte für uns noch nicht zum Zeitalter der neuen Energie. Das erste Jahr war das Jahr 2014, und jetzt haben wir 2015, also das zweite Jahr.

Ihr könnt in das zweite Jahr viel hineinlesen [es gibt viel zu verstehen], darauf werde ich gleich eingehen; auch was ich schon früher über die Schwesternschaft gesagt hatte, sollte noch einmal durchdacht werden. Wie groß ist die Wahrscheinlichkeit, dass ihr in diesem Leben dasselbe Geschlecht habt wie in Lemurien? Die Chancen stehen eher schlecht. Das wäre eher so etwas wie ein Glücksfall oder ein glücklicher Zufall. Es hat aber nichts mit Glück oder Zufall zu tun, das möchten wir zunächst klarstellen. Ihr alten Seelen, ihr habt das sorgfältig geplant.

Als ihr ursprünglich als Lemurierinnen auf diesen Planeten kamt, hattet ihr keine Ahnung, dass ihr einst diese finale Schwelle überschreiten würdet, ja das war sogar höchst unwahrscheinlich. Dreimal wart ihr bereits gescheitert, und die Prophezeiungen besagten, dass es diesmal, bei eurer Geburt, nicht anders sein würde. Doch es gab immer das Potenzial und die Chance, und nun sitzt ihr tatsächlich hier, im Jahr 2015. Ihr habt die Schwelle überschritten, und ihr seid Frauen. Damit nimmt ein ganz besonderer Wandel seinen Anfang.

Ihr sitzt hier mit (1) der Gesellschaft, in der ihr lebt, (2) den Erwartungen und Voreingenommenheiten, die ihr in euch tragt, (3) all dem, womit ihr euch geschlechtsspezifisch auseinandersetzen müsst. Manche von euch haben damit kein Problem, andere sehr wohl. Es ist eigentlich egal, denn was ich euch sagen werde, betrifft Dinge, die ihr nicht erwartet. Es ist das »Jahr der Zwei«.

Die Zwei bedeutet numerologisch »Dualität«. Für euch impliziert Dualität auch das Zusammenkommen eurer realen Welt als Frau in eurer Gesellschaft mit der Welt des Heiligen und umfasst außerdem, was spezifisch mit eurem Geschlecht zu tun hat.

Wenn ihr von »Überleben« sprecht, bezieht sich das oft auf eure Rolle und Verantwortung als diejenigen, die Kinder gebären, Familien großziehen und Partnerschaften eingehen. All das ist Teil eurer Dualität, und ihr wägt es gegen eine heilige Energie ab, die überhaupt nichts Geschlechtsspezifisches hat.

Worum bitten wir euch also in diesen Tagen im Hinblick auf dieses Treffen und eine Schwesternschaft? Dies ist der Beginn des zweiten Jahres und der wahre Beginn eines neuen Zeitalters. Die Antwort soll erklärt werden: Ein höheres Bewusstsein der Dualität führt zu eurer Erkenntnis der Unterschiede zwischen der Person, die ihr zu sein meint, und dem heiligen Selbst, das ihr wirklich seid.

So manche würden sagen, ihr seid in einer großen Frauenbewegung, mit mehr Gleichberechtigung für die Frauen. Viele würden sagen, es sei an der Zeit, eure Kraft für euch in Anspruch zu nehmen, oder es sei an der Zeit, dies und das zu tun. Meine lieben Damen, nein, das ist es nicht. Vielmehr ist es an der Zeit, den Weg zum Mitgefühl zu weisen.

Das würden wir vom sanften Geschlecht erwarten, vom weiseren Geschlecht, denjenigen, die die Kinder dieser Erde gebären, die zur gesamten Menschheit werden. Durch die für euch schärfer wahrgenommene Dualität werdet ihr euch also der Unterschiede und Ähnlichkeiten mehr bewusst. Jetzt geht es vor allem darum, sie miteinander zu verschmelzen, um mehr Mitgefühl zu entwickeln.

In diesem Bereich weist ihr den Weg. Diese Informationen sind eigentlich nicht wirklich etwas Neues, oder? Frauen waren schon immer das sanftere Geschlecht. Aber in dieser neuen Energie werdet ihr viel mehr Einfluss haben – viel mehr. Mehr Menschen werden auf euch hören, weil auch andere erkennen, dass sich in eurem Leben größere Weisheit als in ihrem eigenen Leben widerspiegelt.

Manche eures Geschlechts auf diesem Planeten sind Opfer durch die Geschichte und ihre Akasha; ihr jedoch gehört nicht dazu. Und selbst wenn ihr einstmals Opfer wart, so seid ihr jetzt keine mehr. Ich möchte euch sagen, dass jede Einzelne von euch, die ihr hier anwesend seid, dank ihres Mitgefühls über große Kraft verfügt. Ihr legt mitfühlendes Handeln an den Tag. Ihr seid diejenigen, die etwas verändern werden, denn als alte Seelen tut ihr etwas, was auch zu jenen gelangt, die das, was ihr habt, nicht unbedingt haben. Ihr verfügt über mehr Wissen und Weisheit als viele andere Menschen in dieser Kultur, und zwar wegen eures Akasha-Alters. Euer Licht brennt heller.

Meine Lieben, je mehr Gewahrsein und Licht ihr in euch tragt, desto gütiger werdet ihr und desto mehr wird euer Handeln von euren Familien und anderen Menschen um euch herum bemerkt. Euch wird mehr Respekt als je zuvor entgegengebracht. Und ich sage euch, es gibt einen Grund dafür. In Lemurien waren die Frauen für die Spiritualität zuständig. Ja, die Männer waren wichtig fürs Überleben, doch die Frauen wurden als Lebensspenderinnen angesehen. Für eure Partner und Familien war das ein großer Unterschied. Die Lebensspenderinnen waren die Schamaninnen.

Es wird die Zeit kommen, wo das wieder der Fall sein wird, und ihr werdet nicht die eine oder andere Rolle spielen. Ihr alle habt die Rolle der Meister inne. Deshalb bitten wir euch: Erkennt, wer ihr in eurer Gesellschaft seid – auf sanfte, liebevolle, weise Art.

Kryon Live-Channelling, durchgegeben anlässlich eines Treffens der Lemurischen Schwesternschaft in Sun Valley, Idaho – 10. Januar 2015

Der Bewusstseinswandel auf dem Planeten ist etwas Reales, und die Ausgewogenheit zwischen der männlichen und der weiblichen Energie steht für Meisterschaft. Wie würde ein von ausgeglichenen Menschen bewohnter Planet Erde aussehen? Das wäre Frieden auf Erden, und das ist das Potenzial, auf das wir uns zubewegen. Deshalb sind Sie hier. Sie sind Teil des Wandels und Geburtshelfer für diese neuen Energien.

Uralte Weisheit kommt wieder zum Vorschein

Allmählich erkennt die Menschheit, wie viel Wissen die Weisheitsbewahrer der indigenen Völker in aller Welt und die Schamanen mit ihren uralten Informationen besitzen. Doch es geht noch etwas Weiteres vor sich, welches das Wiedererstarken uralter Weisheit erklärt, und das hat mit den alten Seelen zu tun.

Die alten Seelen, die schon Tausende Male auf diesem Planeten reinkarniert waren, verfügen über eine Akasha mit einem großen Erfahrungsschatz. Die menschliche Akasha steht für alle Energie, die in vergangenen, gegenwärtigen und zukünftigen Leben zum Ausdruck kommt. Ihre persönliche Akasha wird an mehreren Orten gespeichert, vor allem in Ihrer DNA. Sooft Sie auf diesem Planeten geboren werden, kommt Ihre Essenz (Seele) aus der Höhle der Schöpfung und kehrt bei Ihrem Tod dorthin zurück. Diese Höhle gibt es wirklich, aber laut Kryon wird man sie nie entdecken. Die Höhle der Schöpfung verbindet und vereint das Physische mit dem Spirituellen und das Multidimensionale mit dem Dimensionalen. Im multidimensionalen Teil der Höhle gibt es für jede Seele, die jemals auf dem Planeten war und sein wird, einen esoterischen Kristall, in dem die Akasha-Chronik der jeweiligen Seele aufbewahrt wird.

Die Schnittstelle zwischen der Höhle der Schöpfung und Gaia ist das Kristallgitter. Indem wir durch unser Bewusstsein und unser Handeln Einfluss auf das Kristallgitter nehmen, verändert sich die Höhle der Schöpfung. Das Kristallgitter ist ein multidimensionales spirituelles Gitternetz, das die Oberfläche des Planeten überzieht und alles erinnert, was Menschen tun und wo sie es tun. Die Energie der Menschheit wirkt sich darauf aus, auf welcher Schwingungsebene der Planet aktuell schwingt. Das Kristallgitter reagiert auf menschliches Bewusstsein, und zwar in beide Richtungen: Es empfängt und gibt. Mit dem Überschreiten der Schwelle des Jahres 2012 haben sich sowohl das Kristallgitter als auch die Höhle der Schöpfung auf eine neue Schwingungsebene eingestellt.

Die größte Veränderung dieser Rekalibrierung besteht darin, dass das Kristallgitter nicht mehr linear erinnert, wodurch sich der Stellenwert bestimmter Energien verändert; die Energie von Krieg, Hass und Drama aus der Vergangenheit verliert an Bedeutung. Im Zuge dieser Rekalibrierung reagiert das Kristallgitter jetzt anders auf Licht und Dunkelheit. Die alte Energie der Vergangenheit, egal wie dunkel sie ist, hat nicht mehr so viel Einfluss wie früher. Deshalb siegt das Licht über die Dunkelheit.

Viele Menschen sind ob der Langsamkeit dieser Veränderungen frustriert. Doch dies ist eine Chance für uns, Geduld zu praktizieren und zu verstehen, dass die Dinge nicht immer so sind, wie sie scheinen. Dieser Satz wird von Kryon oft verwendet und bezieht sich auf die Wahrnehmung des Lebens. Wir wollen uns an dieser Stelle mit einer neuen Sicht der Abstammungslinie unseres Planeten beschäftigen, die Kryon uns vermittelt hat:

Wir haben Informationen über die Abstammungslinie des Planeten für euch. Der eigentliche neue Erleuchtungsprozess begann erst im Jahr 1900; vorher war es nicht so weit her mit der Erleuchtung. Es dauerte weitere 87 Jahre, die Schwingung des Planeten an einen Entscheidungspunkt zu bringen – Entscheidungen über Schwingung und die Zukunft. Während alle Propheten um die Jahrtausendwende herum einen Untergang vorhersagten, habt ihr stattdessen die Schwingung des Planeten so erhöht, dass das nicht geschehen musste. Versteht das nicht falsch, Gott plante nicht, diesen Planeten auszulöschen. Es war die Schwingung der Prüfung, die ihr im Lauf der Zeitalter erschaffen hattet. Die Menschen erschaffen ihre Zukunft selbst. Ihr bringt eure eigenen Prophezeiungen hervor, und zwar auf Basis des Bewusstseins des Planeten. Deshalb habt ihr eine Zukunft erschaffen, die anders ist, als alle Propheten sie gesehen hatten, und jetzt werden fast alle Prophezeiungen aus der Zeit vor 1987 infrage gestellt. Ihr seid auf einer komplett anderen Spur.

Jetzt sage ich euch etwas, was euch sehr gefallen wird. Zwischen 1987 und 2007 geschah etwas Erstaunliches. Dank der neuen Energie erwachten die Kristalle mit lemurischen Namen in der Höhle der Schöpfung. Sie flüsterten: »Es ist an der Zeit, zurückzukommen!« Dreihundertfünfzig Millionen dieser Kristalle erwachten! Hört zu, hört gut zu – alle Lemurier, die jemals auf diesem Planeten gelebt haben, leben hier und jetzt in menschlichen Körpern und sind wieder da. Sie sind über die ganze Erde verteilt. Hört zu: Hier dieser Raum ist voll von ihnen; ich schaue sie an. Genau deshalb seid ihr hier, meine Lieben. Deshalb lest ihr diese Zeilen. Und ihr fragt euch, warum all das in euch auf Resonanz trifft? Ihr fragt euch, warum ihr auf einer höheren Frequenz schwingt? Ihr fragt euch, warum eure Zellstruktur mit Kryon ein Bündnis eingegangen ist? Weil ihr Lemurier seid, alte Seelen in einer neuen Energie.

»Kryon, heißt das, meine Seele war vor 1900 nicht hier?« Also, die Antwort darauf ist kompliziert. Teile und Stücke waren hier, aber nicht die komplette lemurische Kernenergie. Ihr meint, ihr seid eine einheitliche Wesenheit, eine Seele, ein Name und ein Gesicht. Das seid ihr aber nicht. Ihr besteht aus vielen Energien. Das ist schwierig zu erklären, wenn nicht sogar unmöglich. Sooft ihr hier ankommt, seid ihr wie eine Suppe, die zubereitet wird und auf den Planeten kommt. Da ist ein Höheres Selbst, das jedes Mal dieselbe Kernenergie ist. Doch das Drumherum um diese Energie ist spirituell höchst unterschiedlich. Aber jetzt sind einige von euch zurückgekommen und von der lemurischen Kernenergie umgeben, und das ist seit 50.000 Jahren nicht mehr passiert. Diese DNA-Stücke werden reaktiviert.

Ich sage euch ja schon seit Jahren: Nicht einmal ein halbes Prozent dieses Planeten muss erwachen, um für alle eine andere Schwingung zu bewirken. Ihr tretet mit einer Schwingung in das Jahr 2012 ein. Nicht einmal ein halbes Prozent der sieben Milliarden Menschen muss erwachen. Das sind nicht so viele; es sind nur zehn Prozent der 350 Millionen Lemurier, die heute hier leben – ein sehr angemessener und zumutbarer Prozentsatz.

Und wo ist euer Platz? Wie lange wird die Zivilisation überdauern? Ich sage es auch. Die Antwort auf diese Frage ist eure Zukunft, und ihr werdet das entscheiden. Ihr habt die vollständige Kontrolle darüber, sie kann also so lange überdauern, wie ihr wollt. Aber ich sage euch auch, wie lange die Prüfung geplant war. Manche von euch werden darüber lachen. Es gibt viele Zahlen, die in einer Kultur beliebt sind und zu einer Doktrin und zu einer Mythologie geworden sind. Doch oft steckt darin eine Kernwahrheit, die ihnen Bedeutung verleiht. Eine dieser Zahlen, die immer wieder und in vielerlei Gestalt auftaucht, ist 144.000 – eine intuitive Zahl, die ihr alle kennt. Sie steht für die Dauer des Tests in Jahren – 144.000 Jahre.

Ihr befindet euch an der 200.000er-Marke (gemessen seit der Ankunft der Plejadier). Seht ihr, es ist noch jede Menge Zeit übrig, wenn ihr euch nicht selbst auslöscht, und die Lemurier können dahingehend Veränderungen bewirken, ja haben das bereits getan. Euch steht eine Zeit bevor, die wir als kooperativ oder diesem Wachstum entsprechend bezeichnen, und die Maya haben sie vorhergesagt. Ab 2012 wird sich Gaias Energie nach und nach verändern. Ein 1000-Jahre-Zyklus wird seinen Anfang nehmen, der für euer spirituelles Wachstum günstiger ist als die Energie, in die ihr hineingeboren wurdet.

Es wurde gefragt: »Wann treffen wir denn deine Brüder? Wann werden die Plejadier auf den Planeten zurückkehren?« Oh, ich glaube nicht, dass das für euch ein Geheimnis ist. Sie kommen regelmäßig. Manche von euch sehen sie, andere nicht. Es gibt keinen finsteren Plan, meine Lieben. Wenn sie euch beobachten, dann tun sie das liebevoll, um zu sehen, wie der Garten wächst und gedeiht. Übersteht ihr die 144.000 Jahre, werdet ihr nach Ende dieser Testphase so sein wie sie – ein erleuchteter Planet mit den Attributen der Großen Zentralsonne [Kryon lächelt].

Und jetzt sage ich euch etwas, was viele von euch nicht so gern hören: Als Lemurier in diesem Raum werdet ihr dabei sein! So viele Leben habt ihr noch übrig. So sehr liebt ihr die Erde. Wir haben euch ja schon oft gesagt: Als Mensch schaut ihr in den Spiegel und sagt zu euch auf spiritueller Ebene: »Ich habe genug. Ich werde nicht zurückkommen.« Ihr sagt: »Ich habe meine Aufgabe erledigt. Das ist viel Arbeit. Ich will das nicht alles noch einmal durchmachen.« Und dann entscheidet sich euer menschlicher Geist und führt eine einseitige Unterhaltung mit Gott über diese Rückkehr … Das ist wirklich lustig [Kryon lacht].

Ihr kommt alle zurück! Genau das werdet ihr tun. Ihr könnt es kaum erwarten. »Genug davon haben« ist Menschengerede. Auf der anderen Seite des Schleiers hat man nicht genug, man hat nur Mitgefühl. Bei dieser eurer Prüfung geht es um Mitgefühl.

1987 fand die harmonische Konvergenz statt, 2002 die Vollendung des Magnetgitters und der Beginn der kristallinen Erfahrung. 2004 kam der Tsunami und der Venus-Transit, 2012 ein weiterer Venus-Transit. Das sind die Ereignisse, die dieser Welt mitfühlende weibliche Energie bringen, die aufgegriffen und nach und nach eingesetzt wird, sodass ihr voller Integrität in die nächste Energie weitergehen könnt. Ein Planet, der seit Äonen keine Balance kannte, kommt dadurch in eine mitfühlende Balance.

»Kryon, könntest du uns nicht sagen, wo wir jetzt sind, wie wir uns machen?« Ihr wärt hier nicht bei diesem Channelling, wenn das nicht genau das Richtige wäre. Irgendwann werdet ihr auf diese historische Zeit zurückblicken und sie als die »dunklen Zeiten der Erleuchtung« bezeichnen. Und einige von euch wissen das auch. Dies ist die Zeit, in der einfach langsam die Türen aufgehen, sodass das Licht spirituellen Verständnisses hereinscheinen kann.

Ich nenne euch noch einen Begriff, den man vielleicht nicht korrekt in alle Sprachen übersetzen kann; die Zeit, in der ihr jetzt lebt, wird als das Zeitalter des widerstreitenden Monotheismus in die Geschichte eingehen. Alle sind sich einig, dass es nur einen Gott gibt, aber es gibt keine Einigkeit darüber, welcher Gott das ist. Das müsst ihr als Nächstes begreifen, und so wie ihr auf manches in eurer Geschichte zurückblickt und seht, wie das gelöst worden ist, wird es auch dafür eine Lösung geben.

Ich komme nun zum Ende. Was ist die Energie des Tages? Ich sage es euch: Mitgefühl und Synchronizität. Wie viel Licht könnt ihr den Menschen schicken, die um euch sind? Könnt ihr Licht an einen Menschen schicken, der dieses Licht benötigt, aber nicht unbedingt an diesem Treffen teilnimmt und womöglich nicht einmal etwas von dieser Energie weiß oder eine Vorstellung von Gott hat? Könnt ihr das Leid einer anderen Person mildern, sie mit Licht bei der Hand halten? Ich sage euch etwas: Das System hat sie hierhergebracht, damit ihr genau das tun könnt. Nehmt ihr das an? Dann tut es, Lemurier. Tut es.

Willkommen in einer neuen Zeit.

Kryon Live-Channelling »Die Geschichte der Menschheit«, durchgegeben auf dem westlichen Mittelmehr anlässlich der 8. Kryon-Kreuzfahrt – August/September 2007

Gibt es Belege dafür, dass das Licht auf dem Siegesmarsch ist und die Menschheit sich für Liebe und Mitgefühl anstatt für Hass und Krieg entscheidet? Es gibt nicht nur Belege, sondern immer mehr Menschen aus aller Welt schließen sich einer Bewegung an, die mitfühlendes Handeln im Alltag praktiziert. Beispiele dafür gibt es viele; die nachfolgenden Abschnitte beschreiben zwei Non-Profit-Organisationen, bei denen jeder mitmachen kann.

Da gibt es zum einen »The Abundant Love Project« der visionären Künstlerin Deborah DeLisi. Nach dem tragischen Verlust ihrer Tochter Kate trauerte Deborah monatelang und lief weinend am Strand entlang, mit Blick auf die Abertausende von Steinen unter ihren Füßen. In ihrem Kummer bekamen diese Steine etwas Tröstliches. Sie nahm einige mit nach Hause, malte Gesichter darauf und erweckte sie dadurch zum Leben.

Mit der Zeit wurde dieser Klan aus Steinmenschen immer größer, und so begann Deborah, sie zu verkaufen, um Platz für weitere Steine zu schaffen. Gleichzeitig fing sie an, auf die kleineren Steine Herzen zu zeichnen und sie auf der Rückseite mit der Aufschrift »You are Loved« (»Du wirst geliebt«) zu versehen. Diese Liebessteine verschenkte sie, und dabei wurde ihr klar, dass ihre Tochter Kate diese Steine geliebt hätte. Durch diesen Gedanken kam sie auf die Idee, dass freundliches Handeln gegenüber einem beliebigen Menschen dessen Leben wirklich verändern könnte, besonders bei Personen, die unter Depressionen oder Erschöpfung litten, die gerade ihren Job verloren hatten, deren Beziehung in die Brüche gegangen war oder die einfach einen harten Tag hatten.

Kate hätte das gut gefunden, und dieser Gedanke war für Deborah der Antrieb, weiterhin diese Liebessteine zu produzieren und sie an öffentlichen Plätzen zu verstecken, wo sie von Fremden gefunden werden konnten.

Deborahs mitfühlendes Handeln stieß auf immer mehr Interesse, und so gründete sie auf Facebook die Seite »The Abundant Love Project«, wo sie erklärt, wie man diese Liebessteine herstellen kann. Sie stellte auch eine Mitteilung ein, die man ausdrucken und dem versteckten Stein beilegen kann. Menschen aus aller Welt haben inzwischen Liebessteine bemalt und sie versteckt, die von anderen Menschen gefunden werden. Sie stellen ihre Geschichten auf Facebook ein und erzählen, wie sehr sie von dieser Freundlichkeit und Güte berührt waren. So entstand eine Gemeinschaft des Mitgefühls und der Güte, mit Liebe als treibender Kraft.

Die Facebook-Seite hat inzwischen Tausende von Followern, und überall auf dem Planeten werden Liebessteine versteckt. »The Abundant Love Project« breitet sich immer weiter aus und erreicht die Menschen mit ansteckender Kreativität, die Spaß macht. Wie dieses Projekt zeigt, hat jeder Mensch die Kraft, etwas zu bewegen. Selbst der kleinste Stein verursacht Wellen der Liebe, die mehr bewirken, als wir uns vorstellen können.

Weitere Informationen unter: *www.abundantloveproject.com* und *www.facebook.com/abundantloveproject*

Das zweite Beispiel ist das Projekt »The Compassion Games International«, das seine Wurzeln in Seattle/Washington hat. Im Jahr 2008 fand in Seattle eine kostenlose Publikumsveranstaltung unter dem Titel »Seeds of Compassion« statt, an der unter anderem Lichtgestalten wie Seine Heiligkeit der Dalai Lama und Erzbischof Desmond Tutu teilnahmen. Sie entwickelte sich zur größten jemals abgehaltenen Veranstaltung des Bundesstaates Washington. Zwei Jahre später bekannte sich Seattle als erste Stadt weltweit zur sogenannten »Charter for Compassion«, die »Charta des Mitgefühls«, und startete eine zehn Jahre laufende Kampagne mit dem Ziel, sich zu einer mitfühlenden Stadt zu entwickeln. In Reaktion auf diese Kampagne verkündete der Bürgermeister von Louisville im Bundesstaat Kentucky, seine Stadt sei bis zum Beweis des Gegenteils weltweit die Stadt mit dem größten Mitgefühl. Seattle nahm diese Herausforderung an und gründete die »Compassion Games: Survival of the Kindest« (»Spiele des Mitgefühls: Überleben der Gütigsten«).

Bei diesen Compassion Games gibt es im Gegensatz zu anderen Spielen oder Wettbewerben keine Verlierer, ja es ist sogar so: Je mehr Leute mitspielen, desto mehr Gewinner gibt es. Teilnehmen kann jede Person, Organisation oder Gemeinschaft. Die Spiele bieten kreative Möglichkeiten mitfühlenden Handelns, die Spaß bereiten; so werden die Teilnehmer/innen zu einem integralen Teil einer Gemeinschaft.

Seit 2012 haben sich über 700 Teams aus mehr als 40 Ländern zu den Spielen des Mitgefühls angemeldet. Die Teilnehmer/innen haben davon enorm profitiert, und viele Leben wurden dadurch inspiriert, transformiert und geheilt. Auf der Webseite der Compassion Games finden sich viele beispielhafte Geschichten, die Kryons Botschaft eines planetaren Wandels und der Weiterentwicklung des menschlichen Bewusstseins bestätigen.

Weitere Informationen unter: *www.compassiongames.org*

Auf YouTube ist in einem Video zu sehen, wie die Compassion Games im Gefängnis und an Highschools gespielt wurden und dramatische kulturelle Veränderungen bewirkten:

https://www.youtube.com/watch?v=vu7SQlm_ljQ

Frage an Kryon:
Es gibt zwar Anzeichen für die große Wende, doch manche Kulturen und Länder werden nach wie vor von Diktatoren und Herrschern regiert, die der alten Energie verhaftet sind. Manche Länder scheinen sogar politisch wieder rückständiger zu werden. Wie können zukünftige Generationen anders sein, wenn sie doch immer noch vom Bewusstsein der alten Energie umgeben sind?

Antwort:
Alle Menschen reagieren auf bestimmte Dinge auf eine bestimmte Weise. In einer Zukunft mit neuer Energie können sich Regierungen nicht mehr verweigern, wenn sie mit dem Rest der Welt keinen Handel mehr betreiben können. Kein Land ist komplett

autark, trotz aller Ressourcen, und alle Länder müssen Handel betreiben können.

Wird die Interaktion dieser Führer mit dem Rest der Welt aufgrund ihres niedrigen Bewusstseins abgeschnitten, werden sie gezwungen, sich zu verändern. Kindersklaverei in einem Nachbarland führt dazu, dass eure Regierung die Grenze schließt, sämtlicher Handel wird brachliegen, und das betreffende Land wird von allem abgeschnitten sein, als existiere es gar nicht. Wenn dieses Land versucht, euer Land zu bedrohen oder das Problem mit Gewalt zu beheben, wird auch der Rest der Welt mit einbezogen werden. Schließlich wird das niedrige Bewusstsein der alten Garde aussterben.

Manche Führer in der alten Energie werden das erkennen und sich entsprechend bewegen; in anderen Fällen beginnt das Volk zu hungern und wird den Führer ersetzen. So oder so wird die dysfunktionale alte Energie mit der Zeit berichtigt und verbessert, und der Planet wird nach und nach eine integre und ehrliche Kommunikation aufbauen.

Das ist nichts anders als die physikalischen Gesetze, wenn Wasser in ein Gebiet einströmt. Man kann es eine Weile eindämmen, doch irgendwann sind alle diesbezüglichen Bemühungen vergeblich, und es fließt dorthin, wo es hinfließen will. Auch mit dem Licht ist es so. Licht ist aktiv, Dunkelheit ist passiv. Licht strömt in dunkle Gebiete, egal welche Hürden die Dunkelheit ihm entgegenzusetzen versucht. Licht fällt durch all die zerbrochenen Türen der dysfunktionalen Störungen ein und erleuchtet schließlich auch die dunkelsten Ecken.

Kapitel 4

Die Lemurische Schwesternschaft

Die Lemurische Schwesternschaft entstand direkt infolge der Akasha-Erinnerungen von Dr. Amber (Mele'ha) Wolf. Seit 1982 ist Dr. Wolf im Bereich der ganzheitlichen Gesundheitsvorsorge und Ausbildung tätig. Schon immer lag ihr Fokus dabei auf der Gesundheit und Förderung von Frauen. Ihre spirituellen Erfahrungen, ihre Seminarzusammenarbeit mit Lee Carroll und die Arbeit mit Kryon trugen zu ihrer Initiation und ihren Erinnerungen an ihr Leben in Lemurien als Mele'ha – die letzte lemurische Priesterin – bei.

Doch diese Akasha-Erinnerungen (als Mele'ha) waren nur der Anfang. Die Gründung der Lemurischen Schwesternschaft in der physischen Welt erforderte von Dr. Wolf aktives Handeln. Wenn unsere Intuition uns etwas eingibt, ist es wichtig, diesen Botschaften entsprechende Taten folgen zu lassen und auf Synchronizitäten hinsichtlich des richtigen Zeitpunktes zu achten. Mit jedem Treffen nahm die Lemurische Schwesternschaft Fahrt auf. Und je größer sie wurde, desto mehr Erinnerungen an Mele'ha wurden wach. So arbeitet die Macht des kollektiven Bewusstseins.

Das erste Treffen fand interessanterweise am 11. November 2011 in Argentinien/Südamerika statt, wodurch sich ein weiterer Teil der Prophezeiung vom Adler und Kondor erfüllte. Für das erste Treffen musste Amber aus der nördlichen in die südliche Hemisphäre reisen, mit der spezifischen Aufgabe, die göttliche weibliche Essenz von Lemurien wiederzuerwecken.

Seitdem hat sich die Gemeinschaft der Sternenschwestern im Rahmen der Lemurischen Schwesternschaft zu einer weltweiten Bewegung erweitert. Der folgende Abschnitt beschreibt die Anfänge der Lemurischen Schwesternschaft.

Mele'has Akasha-Erwachen

Viele Menschen haben schon eine spirituelle Erweckung erlebt, doch was bedeutet ein Erwachen der Akasha? Ist es dasselbe?

Ja und nein. Bei einer spirituellen Erweckung erwacht der Mensch für spirituelle Wahrheiten, und diese sind individuell unterschiedlich. Der eine öffnet sich den spirituellen Lehren Buddhas und sucht dann nicht weiter, die andere erwacht für die spirituellen Lehren eines anderen organisierten Glaubenssystems und erforscht auf ihrer Suche nach Wahrheit dann weitere spirituelle Systeme.

Auch beim Erwachen der Akasha können spirituelle Wahrheiten und Informationen zuteilwerden, es geht dabei jedoch um die Erinnerungen, die in der Akasha gespeichert sind. Die Akasha-Chronik eines jeden Menschen ist sozusagen ein Archiv, in dem alles aufbewahrt wird, was diese Person jemals in all ihren Leben getan bzw. erlebt hat. Allerdings geht es dabei nicht um genaue Einzelheiten, sondern um das Fühlen und Erfahren profunder Energien.

Wie Kryon erklärt, gelangen durch die Akasha-Chronik keine linearen Erinnerungen ins Gehirn – also wer wir waren, wie wir hießen oder wo wir gelebt haben. Vielmehr werden empirische und emotionale Konzepte vermittelt. Vergangene Erfahrungen, die mit Angst, Drama oder unerledigten Emotionen behaftet waren, werden unserem Bewusstsein beispielsweise nicht in Form von Erinnerungen an das tatsächliche Geschehen eingegeben, sondern lösen aufgrund dieser Erfahrungen bestimmte Emotionen aus. Deshalb gehen manche Menschen nicht an bestimmte Orte und vermeiden bestimmte Dinge; es hat mit ihren Gefühlen zu tun. Logisch betrachtet ergibt das manchmal überhaupt keinen Sinn und kommt oft in lebenslangen Ängsten oder Phobien zum Vorschein, die aber nicht in diesem jetzigen Leben ausgelöst wurden.

Die gute Nachricht lautet: Unsere Akasha enthält auch verborgene Talente und schlummernde Fähigkeiten. Kryon nennt Menschen, die bereits Tausende von Leben auf dem Planeten verbracht haben, »alte Seelen«. Diese alten Seelen verfügen über die meiste Erfahrung und oft auch über profundes Wissen und spirituelle Weisheit. In ihrer Akasha befindet sich ein spirituelles Gefäß, das sie sich durch reine Intention erschließen können. Wie Kryon sagt, werden seit der großen Wende immer mehr Akasha-Erinnerungen wach. Die Neubegründung der Lemurischen Schwesternschaft ergab sich direkt aus dem Akasha-Erwachen von Dr. Amber (Mele'ha) Wolf. Nachfolgend beschreibt sie dieses Erwachen.

Die letzte lemurische Priesterin

1989 hieß mich die Stadt Boulder in Colorado zu meinem Neustart ins Leben willkommen. Und dort lernte ich Kryon durch Bücher kennen; damals gab es ja noch kein Internet. In Boulder waren für mich jede Menge spirituelle Lehrer und Lehrerinnen, Workshops, Lesungen und Gruppen verfügbar. Wie ich zugeben muss, habe ich alles Mögliche ausprobiert. Doch ich war auch alleinerziehende Mutter und hatte einen Vollzeitjob, deshalb las ich vor allem Bücher.

An einem Sommernachmittag stöberte ich mit meinem dreijährigen Sohn im Schlepptau in einer Second-Hand-Buchhandlung. In der Abteilung für Metaphysik fiel ein glänzend weißes Buch aus dem Regal, direkt auf einen meiner in Sandalen steckenden Füße. Aua, da musste ich ja aufmerksam werden! Ich hob das Buch auf, sah das funkelnde holografische Logo der Erde und darüber das Wort »Kryon«, und sofort war ich ganz gebannt. Ich öffnete das Buch auf einer Zufallsseite, um zu sehen, ob es mich ansprach – und Junge, Junge, das tat es!

An diesem schicksalhaften Tag brachte ich den Kryon-Band 1, »Das Zeiten-Ende«, mit nach Hause und verschlang es. Zum ersten Mal las ich von der »Ehrung des Menschen«, und dieses Konzept faszinierte mich. Ich war im katholischen Glauben erzogen worden; von Geburt an war mir eingeimpft worden, dass ich eine Sünderin und schon unrein auf die Welt gekommen sei. Hinzu kam eine große Portion Schuld- und Schamgefühle. Dieser »Kryon« betrachtete uns Menschen aus einer ganz anderen Sicht, und davon wollte ich nun wirklich eine ganze Portion! Ich verschlang alle von Lee Carroll geschriebenen Kryon-Bücher, sobald sie herauskamen, und auch alle im »Sedona Journal« veröffentlichten Kryon-Channellings.

1993 zog ich in das Städtchen Lyons, etwa 30 Minuten Fahrt von Boulder entfernt, in eine ruhige Gegend an einer Schotterstraße. Und dort verlief mein Leben in eine unvorhergesehene und erstaunliche Richtung.

Mein erster lemurischer Lehrer

Im Frühjahr 1997 lernte ich auf einer Gesundheitsmesse in Longmont, Colorado, Sid Wolf kennen. Wir arbeiteten beide im Bereich Heilung mit spirituellen Elementen, und gleich bei unserem ersten Treffen spürten wir beide eine starke energetische Verbindung. Von dem Plan, der sich an diesem Tag abzeichnete, hatten wir beide keine Ahnung.

In meinen Gesprächen mit Sid hörte ich das erste Mal von Lemurien. Er war mit seiner Familie von der amerikanischen Ostküste (Maryland) an die Westküste (Kalifornien) gezogen, um Teil einer spirituellen Gemeinschaft, der sogenannten Lemurian Fellowship, zu werden. Vierzehn Jahre später zogen sie nach Colorado. Ich war an der amerikanischen Ostküste in Connecticut aufgewachsen und hatte lediglich schon von Atlantis und dem Bermuda-Dreieck gehört – war das vielleicht ein und dasselbe? Sid dagegen hatte nicht nur von Lemurien gehört, sondern war seit 14 Jahren Mitglied der Lemurian Fellowship und kannte ihre Lehren in- und auswendig. Er war nur allzu gerne bereit, sein Wissen mit mir zu teilen. Dieser Sommer flog nur so dahin und brachte jede Menge Veränderungen in meinem Leben mit sich. Im Herbst las er mir jede Nacht aus dem Buch »The Sun Rises« vor, der einleitenden Geschichte der Lemurian Fellowship über den Aufbau der spirituellen Zivilisation Lemuriens. Das war eine faszinierende Lektüre, ein Channelling von Dr. Robert Stelle, dem Gründer der Gemeinschaft (die er 1936 in Ramona/Kalifornien einweihte). »The Sun Rises« führt die Leser zum »Anbeginn der Zeit« in Lemurien bzw. Mu; Mu ist die Kurzform für »Mulkulisches Reich«, später bekannt unter dem Namen Lemurien.

An der Philosophie der Lemurian Fellowship sprach mich vor allem an, wie die Frauen wertgeschätzt wurden – sie waren ein hoch angesehener und notwendiger Teil des Gleichgewichts von allem. Frauen waren das Zentrum der spirituellen Zivilisation – die Nabe, um die sich das ganze restliche Leben drehte. Ich liebte das! Für mich als Feministin war das die beste Nachricht, die mir seit den 1960ern zu Ohren gekommen war. Die verheirateten Frauen blieben anscheinend zu Hause, zogen die Kinder groß und kümmerten sich um gute Schwingungen in ihrem Heim.

Die Frauen waren Lehrerinnen und auch Heilerinnen. Mich faszinierte die Vorstellung, dass die Frauen für ihre spirituelle Weisheit und Verbundenheit mit dem größeren Universum, mit der einen, wahren Quelle, geehrt und verehrt wurden. So etwas hatte ich zuvor noch nie gehört – ganz bestimmt nicht im Lauf meiner katholischen Erziehung und auch später nicht.

Die Lemurian Fellowship bezeichnete sich selbst als eine der ursprünglichen Mysterienschulen dieser menschlichen Lebenswelle (bzw. Inkarnation als Mensch). Wie auf ihrer Webseite zu lesen ist, stammen ihre Lehren vom Meister Christus, nicht dem letzten Christus vor 2000 Jahren, sondern dem Christus des mulkulischen Reiches vor 50.000 Jahren. Davon wusste ich nichts, aber eines wusste ich: Ihr Meister Christus vertrat ganz bestimmt die Meinung, dass Frauen in der Welt eine hohe Stellung innehatten, und das reichte mir.

Wenn ich beschreibe, wie ich das erste Mal mit Lemurien in Kontakt kam, kommt oft die Frage, ob ich gleich wusste, dass ich einst eine Lemurierin war, bzw. ob ich je das Gefühl hatte, dort gewesen zu sein. Meine Antwort lautet immer: Nein. Wenn Sid von der lemurischen Gesellschaft und ihren Lehren sprach, hatte ich kein Déjà-vu-Erlebnis, und meine potenzielle Vergangenheit in Lemurien sprach mich nicht an. Ich hatte auch nicht das Bedürfnis, mich weiterhin mit der Lemurian Fellowship zu beschäftigen, aber die ersten Samen des Erwachens waren gepflanzt worden. Es ging nicht darum, ob ich mich damals an ein Leben in Lemurien erinnerte oder nicht; vielmehr öffneten diese ersten Unterweisungen meine Akasha gerade einen Spalt weit, sodass das Licht der Zukunft nach und nach einfallen konnte.

Mein erstes Zusammentreffen mit Kryon

Die nächste »interessante« Verbindung war Sids Bekanntschaft mit Lee Carroll – genau, dem Kryon-Typen. Im nächsten Sommer fuhren Sid und ich nach Santa Fe/New Mexico zur Kryon Summer Light Conference, und dort wurde ich Lee vorgestellt. Er war ein warmherziger, lustiger, charmanter und freundlicher Mensch – und dann channelte er. Wow, was für eine Erfahrung!

An mein erstes Channelling erinnere ich mich heute noch: »Seid gegrüßt, meine Lieben, ich bin Kryon vom Magnetischen Dienst.«

Ich hatte seit Jahren mit Channellern, Medien, Yogis und spirituellen Lehrern zu tun, aber als diese Stimme durch Lee durchkam, geschah etwas vollkommen Unerwartetes: Ich brach in Tränen aus ..., ich weinte nicht nur, mein ganzer Körper wurde von Schluchzern geschüttelt – ich war völlig verblüfft! Ich fühlte die Liebe Gottes auf eine Art und Weise wie nie zuvor in meinem Leben – ich war überwältigt. Ich hatte das Gefühl, meine Seele würde von echter Liebe erkannt und berührt.

Nach dieser langen Zeit des Wartens war das fast schmerzhaft. Wie wenn eine alte Verletzung geöffnet, gereinigt, ins Licht gehalten und geheilt würde. Es tat weh, aber auf gute Weise. Sid legte sanft den Arm um mich und sagte, ich solle atmen – das half. Für den Rest des Channellings war ich ganz benommen von dem, was Kryon als die »Liebeswäsche« bezeichnet – ich fühlte einfach, wie die Liebe Gottes sich beständig in einer Welle der Liebe und Würdigung über mich ergoss.

Das war mein erstes Zusammentreffen mit Kryon. Damals machte ich mich auf die Reise, Lee und Kryon besser kennenzulernen. Sid und ich reisten oft zu seinen Seminaren, wo wir unsere Arbeit vorstellten. Wir veranstalteten Lees Seminare in Colorado und unterstützten und produzierten später auch die »Journey Home«- und »Discovery«-Workshops. Seit 2011 reise ich durch die USA und Kanada und bin auch international mit Lee unterwegs, um Kryons Lehren und meine praktische Umsetzung dieses Wissens an andere Menschen weiterzugeben sowie die Lemurische Schwesternschaft bekannt zu machen.

Und mit dieser Bezeichnung wären wir beim Thema: der Lemurischen Schwesternschaft. So nahm diese Geschichte ihren Anfang.

Mein Akasha-Erwachen

Am 9. September 2011 erlebte ich zum ersten Mal bewusst das Erwachen meiner Akasha. Man beachte die Numerologie, denn sie gewinnt später eine interessante synchronistische Bedeutung. Damals dachte ich, ich würde einfach in ein früheres Leben zurückgeführt; das hatte meine Heilerin kinesiologisch für mich ausgetestet und meinte: »Du brauchst das.« Sie war seit 17 Jahren meine Therapeutin, deshalb vertraute ich auf die Antwort, die sie von meinem Angeborenen erhalten hatte, und wollte mich darauf einlassen. Schon zu Beginn der Sitzung waren meine Sinne zwar entspannt, aber ganz wach. Sie fing mit einer einfachen

Rückführung unter Hypnose an, bei der ich langsam ein paar Stufen zu einer Tür hinuntergeführt wurde. Beim Öffnen der Tür erkannte ich nichts. Ich war wohl in einer Art Höhle, aber keiner felsigen, muffigen, dunklen Höhle. Vielmehr hatte diese Höhle glatte, glänzend schwarze Wände, und der Boden fühlte sich unter meinen nackten Füßen kühl an. Über mir erkannte ich eine gewölbte Decke. Die Höhle wurde von unten von einem großen, runden Wasserbecken beleuchtet; das Licht ergoss sich vom weißen Sandboden nach oben in die Dunkelheit. Ich merkte, dass ich mich außerhalb meines Körpers befand und mir die Szenerie anschaute. Ich nahm die ungewöhnliche Robe ab, die ich anhatte, denn ich wurde sofort ins Wasser gezogen. Aaah, es war wunderbar warm und hatte eine perfekte Temperatur!

Ich ließ mich hineinsinken und tauchte unter. Ganz mühelos ließ ich mich im Becken treiben; das Wasser hüllte mich mit einer mir unvertrauten Auftriebskraft ein. Ich fühlte mich erneuert, hatte das Gefühl, von außen nach innen fast unmerklich genährt zu werden, als das Wasser scheinbar durch meine Haut drang und seine Heilkraft tief in alle meine Zellen einbrachte. Die Zeit stand still, und mich überkam eine tiefe Ruhe, wie wenn mich ganz sanft ein heilsames Elixier durchströmen würde.

Mit einem Gefühl losgelösten Gewahrseins spürte ich es, als dieser Prozess abgeschlossen war, und schwebte sozusagen aus dem Becken heraus. Der Felsboden unter meinen Füßen war kühl und glatt; ich durchquerte die Kammer und kletterte langsam auf ein großes Stück dunklen Felsgesteins, eingewickelt in meine gemütliche Robe. Ich war mir bewusst, wie ich voller Dankbarkeit in großer Gelassenheit und Ruhe dahintrieb.

In einem Gefühl schwebender Zeitlosigkeit nahm ich mehrere farbenfrohe, sanft leuchtende Lichtwesen um die Felsplatte herum wahr, die nacheinander ihre jeweiligen Strahlen mit einem bestimmten Heileffekt in mich einfließen ließen. Bei manchen ging es um körperliche Aspekte wie Flexibilität und Stärke, bei anderen um die Emotionen der Freude und des Humors, und wieder andere hatten mit der tiefen Verbundenheit mit diesen Wesen zu tun – alles hatte eine heilende Wirkung. Doch ich wurde nicht nur gesundheitlich wiederhergestellt und neu kalibriert; das, was da passierte, war mir irgendwie zutiefst vertraut. Ich hatte ein energetisches Déjà-vu-Erlebnis. Ich hatte das schon früher gemacht mit diesen Wesen, auch wenn ich nicht wusste, wer oder was sie waren. Ich stellte es nicht infrage, sondern empfing einfach diese köstliche, liebevolle Energie und ließ mich von ihr durchtränken, ohne Fragen zu stellen.

Kurz vor Ende dieser »Behandlung« erschien hinter meinem Kopf ein hoch aufragendes, gold-weißes Wesen und verband seine Strahlkraft mit meinem Dritten Auge, dem Punkt zwischen den Augenbrauen. Mein Körper stieg langsam horizontal in die Höhe und blieb in der Schwebe, während dieser Lichtstrahl mich durchströmte und mir noch mehr Gesundheit auf Zellebene und spirituelle Verbundenheit eingab; gleichzeitig hatte ich erneut das Gefühl »Ja, das kenne ich von früher«. Ich war total entspannt und voller Vertrauen und Hingabe an etwas Jenseitiges. Allmählich wurde ich wieder sanft auf die Felsplatte heruntergelassen. Das Wesen entschwand langsam meinem Gewahrsein, bis sich das Licht in einer Dunstspur verlor. Ich war in der Höhle, war wieder allein, aber ganz bestimmt nicht mehr die Person, die in die Höhle gekommen war.

Als ich merkte, dass ich mich bewegen konnte, setzte ich mich langsam auf, und meine Füße hatten wieder Kontakt mit dem glatten Felsboden. Ich brachte meine Hände vor meinem Herzen zusammen und sprach ein Gebet voller Dankbarkeit. Gerade eben war mir profunde Heilung zuteilgeworden – und mehr noch, ich wusste, ich war schon viele Male in dieser Höhle gewesen. Mein Geist war zu gelassen, um Fragen nach dem Wann und Warum zu stellen; ich war zufrieden damit, einfach in tiefstem Frieden zu sein. Ich wandte mich um, wollte die Höhle verlassen und zog die schwere Tür hinter mir zu. In diesem Moment »wusste« ich auf einmal, wo ich gewesen war. Die Antworten auf meine nicht gestellten Fragen flossen nur so herein. »Ja, du bist schon früher hier gewesen. Diese Höhle ist ein Lavakanal auf Hawaii, und du bist zusammen mit deinen lemurischen Schwestern viele, viele Male für Heilzeremonien wie diese hierhergekommen. Die gütigen Energien, die dir zuteilwurden, sind auch jetzt bei dir, ebenso wie deine Schwestern. Ihr zieht euch in diesem Leben gegenseitig an, um euch zu lieben und zu unterstützen. Das große Lichtwesen ist dein plejadisches Elternteil.« Ja! Ich vergoss Tränen der Freude und des Erkennens. Ich musste mich sehr fokussieren, um angesichts dieser Neuigkeiten in meinem Körper zu bleiben, atmete tief und voll in meinen Bauch und spürte meine Füße auf den Stufen, als ich langsam zurück in die Gegenwart kletterte.

Zurück in der »Jetzt-Zeit« im Behandlungsraum öffnete ich die Augen und wurde von einer süßen, vertrauten Liebeswäsche überwältigt. Das

Göttliche gab mir erneut seinen Segen, und ich vergoss sanfte Tränen der Dankbarkeit. Ich schwebte aus dem Zimmer, und mein Auto schwebte nach Hause, dessen bin ich mir gewiss. Im Hinterkopf ging mir die Frage herum: »Was bedeutet das alles und was mache ich nun damit?« Die Antwort lautete: »Genieße es einfach.« Okay, dachte ich, das ist ja jetzt erst mal ganz einfach.

Eine lemurische Akasha

Das erste Mal hörte ich von der »Akasha-Chronik«, als ich in einem Sikh-Ashram in Espanola, New Mexico, lebte, von Kopf bis Fuß in Weiß gekleidet (buchstäblich, ich trug nämlich einen Turban). Ich hatte mir einen spirituellen »Ashram«-Namen zugelegt; es war einer der Versuche, mein Leben umzukrempeln, bevor ich nach Colorado zog.

Zuerst verstand ich die Akasha-Chronik als eine Art multidimensionalen Speicher für Erfahrungen aus früheren Leben: Gutes, Schlechtes und alles dazwischen. In jedem Leben kamen neu gelernte Erfahrungen hinzu, aber wozu eigentlich?

Das fand ich erst zwanzig Jahre später heraus, als ich Kryons ersten Unterweisungen über die Akasha lauschte. Ihr Sinn und Zweck bestand laut Kryon darin, meine Vergangenheit kennenzulernen und diese Informationen in diesem Leben zu nutzen und in die Praxis umzusetzen. Das fand in mir Resonanz.

Diese Informationen waren so sehr auf die Praxis bezogen, dass ich dazu inspiriert wurde (mit Orientierungshilfe und Vorbereitung durch Kryon und Lee), eine CD mit dem Titel »Mining Your Akashic Record« zu produzieren – fünf Jahre vor dem Erwachen meiner lemurischen Akasha im Rahmen der Heilungserfahrung. Aber wie sagen wir so schön in metaphysischen Kreisen: »Alles geht nach Gottes (Zeit-)Plan.« Das bedeutet: Unsere Welt mit ihrer linearen Zeit, mit Kalendern, Uhren, Mondphasen und Jahreszeiten, hat nichts mit dem Zeitplan von Spirit zu tun, denn der ist nichtlinear und quantenhaft. Obwohl ich eine CD über die Akasha-Chronik gemacht hatte, hatte ich keine Ahnung, was mich in der »Höhle der Schöpfung« erwartete, wo sich die Kristalle mit unserer Akasha-Chronik befinden.

Die Akasha erforschen

Nach meiner lemurischen Höhlenerfahrung fragte ich mich, warum das geschehen war; warum wurde mir diese Offenbarung zuteil und in welcher Hinsicht war sie von Bedeutung? Ich führte bereits ein erfüllendes, aktives und geschäftiges Leben mit meinen Patienten, geschäftlichen Reisen und einer Familie. Würde mir noch mehr auf meinen ohnehin sehr vollen Teller gepackt, wäre das für mich zu viel gewesen. Und doch war da tief in mir etwas am Brodeln; ich war neugierig und wollte mehr darüber wissen. Ein Treffen mit Lee stand bevor, da konnte ich ihm von meiner Höhlenerfahrung erzählen.

Einen Monat später sorgte Spirit in Jacksonville, Florida, während unseres »Discovery«-Workshops für den perfekten Einstieg; in einem persönlichen Gespräch erzählte ich Lee die ganze Geschichte von meinem Höhlenabenteuer. Er hörte mir von Anfang an aufmerksam zu, ohne zwischendurch Fragen zu stellen. Ich war froh, es endlich jemandem erzählen zu können, sagte dann aber zum Schluss: »Ich muss nichts damit machen; ich bin nicht verantwortlich dafür, etwas auf die Beine zu stellen. Ich empfinde die Erfahrung einfach als Segen und möchte gerne wissen, was du davon hältst.«

Lee schaute mich lächelnd an, er spürte meine Angst; dann berührte er mich am Arm und sagte: »Es ist in Ordnung.«

Ich war so erleichtert! Ja, ich bin nicht verantwortlich! Diese Erleichterung dauerte allerdings nur einen Augenblick, denn gleich darauf sagte er: »Du bist zuständig und dafür verantwortlich. Ich möchte, dass du nächsten Monat, wenn wir in Argentinien auf der 11:11-Konferenz sind, ein Frauentreffen veranstaltest.« Wie bitte, was sagte er da? Das hieße, in einem Monat ein komplett neues Treffen vorzustellen – in Argentinien, auf Spanisch, in einer Sprache, die ich nicht kann!

Ich war ganz entgeistert und verstört. Das hatte ich nun überhaupt nicht erwartet – wirklich nicht. Mir stockte der Atem. Sein Vorschlag wäre mir nie im Leben in den Sinn gekommen, aber ich stimmte benommen und verblüfft zu, und wir gingen unserer Wege. Noch ganz geschockt erzählte ich Sid davon, aber wie fast immer unterstützte er mich nachdrücklich und sagte: »Du schaffst das. Du hast noch einen ganzen Monat für die Vorbereitung – ich helfe dir, wenn nötig.« Das war eine Erleichterung, und doch hielt ich es immer noch für so gut wie unmöglich.

Später an diesem Abend, als ich Lees Anweisungen in meinem Notizbuch aufschrieb, fiel mir auf, dass wir den 10. Oktober 2011 (10.10.11) hatten. »Hm«, dachte ich mir, »meine erste Erfahrung in der lemurischen Höhle hatte ich am 9. September 2011 (9.9.11), heute ist der 10.10.11, und am 11. November 2011 (11.11.11) werde ich das präsentieren.«

Spirit fand das wahrscheinlich ziemlich lustig, denn ich glaube nicht, dass es ein Zufall war, sondern ein Wink mit dem Zaunpfahl.

Nur zwei Monate (Erdenzeit) nach meiner ersten lemurischen Höhlenerfahrung – bzw. wie ich das inzwischen verstehe, dem Erwachen meiner Akasha – arbeitete ich also an meinem allerersten »Frauentreffen« (das sich zur Lemurischen Schwesternschaft entwickelte) in Argentinien. Inzwischen sind einige Jahre vergangen, aber ich engagiere mich immer noch genauso leidenschaftlich für diese Treffen wie damals. Es ist für mich eine Ehre und ein Segensgeschenk, das Erwachen vieler weiterer lemurischer Schwestern bzw. alter Seelen zu unterstützen. Jedes Treffen des heiligen Kreises gibt Frauen die Chance, einen Blick auf ihre eigene erwachende, uralte Akasha zu erhaschen. Sobald sich die Tür zur Höhle der Schöpfung erst einmal öffnet, können sie ihre Kraft und ihre Anmut in Balance bringen – die weiblichen Energien aus einem viel früheren Leben. Mit der Integration ihrer göttlichen Macht in den Alltag nehmen Frauen Einfluss auf die Köpfe und Herzen anderer Menschen und können mehr Ausgewogenheit und Mitgefühl bewirken. Genau dies ist seit dem Erwachen meiner Akasha mein heiliger Auftrag im Rahmen der Lemurischen Schwesternschaft.

Die Reise unserer Seele

Mein ganzes Leben lang war ich damit beschäftigt, die Glaubensüberzeugungen und Muster zu transformieren, die mir meine eher »beiläufige« katholische Erziehung eingepflanzt hatte. Je mehr ich die Tiefe und Schönheit meiner Akasha-Erinnerungen erkenne, mit desto mehr Kraft und Macht lebe ich dieses Leben.

Meine Akasha zeigt wahre Göttlichkeit …, das Stück Gottes, das ich bin …, das ewige, grenzenlose Wesen meiner Seele. Ich benutze das Wort »Gott« geschlechtslos als Bezeichnung für die göttliche Quelle oder Alles-Was-Ist. Sich selbst als Stück Gottes zu sehen und zu empfinden gibt Kraft, und es geht mit einer Verantwortung einher: der Verantwor-

tung, als Gott zu leben bzw. so zu leben und sich zu verhalten, wie Gott (oder Göttin) das tun würde – eine große Aufgabe!

Dieses Stück Gottes (das wir sind) ist immer bei uns – in Menschengestalt ebenso wie ohne. Durch das Leben als Menschen geben wir unsere Göttlichkeit nicht auf – und das ist eine neue Vorstellung. Als Menschen sind wir nicht von Gott getrennt, wir sind einfach anders. Wir leben dieses zeitlich begrenzte Menschenleben und haben diesen Körper bzw. dieses physische Gefährt als Träger unseres menschlichen Lebens und unserer göttlichen Seele. Doch wir vergessen, dass wir ein lebendiges Stück Gottes sind, und so wird unsere Verbindung zu unserem menschlichen Anteil wichtiger und bedeutsamer – ein großer Fehler! Aber wir erwachen und lernen durch dieses Missverständnis, welchen Weg wir zu gehen haben.

Und wohin geht's für uns als Nächstes?

Nach dem 11.11.11 wurden mir noch mehr Visionen, Botschaften und Heilungen zuteil. Meine weiteren Akasha-Erinnerungen an Lemurien (bzw. Akasha-Initiationen oder -Aktivierungen) kommen in Form von Visionen, manchmal auch Bildern mit Worten und oft wie ein Film mit einer Geschichte. Bei meinen ersten visuellen »Downloads« war die Rolle der Priesterin/Führerin, die ich in Lemurien innehatte, noch nicht erkennbar. Ich verstehe das inzwischen so, dass mein energetischer Körper neu kalibriert wurde, um meine neue Aufgabe und meinen neuen Platz in der Welt annehmen zu können, aber ich hatte noch keine echten richtungsweisenden Anleitungen erhalten.

Das änderte sich im Januar 2014 auf einem Kryon-Event in Boulder, Colorado, das ich für Lee Carroll veranstaltete. Ich organisierte für diesen Samstagabend ein Treffen der Lemurischen Schwesternschaft. Lee fragte mich, ob ich vor dem Treffen nicht gerne eine Kryon-Durchgabe hätte. Ich stimmte natürlich begeistert zu. Genau ein Jahr zuvor war mein geliebter Ehemann (und erster lemurischer Lehrer) Sid auf die andere Seite gegangen. Das Jahr 2013 war für mich schwierig gewesen. Ich hielt seit über zwei Jahren Treffen des Heiligen Kreises der Lemurischen Schwesternschaft ab, doch nun bot Lee zum ersten Mal ein Kryon-Channelling an. An diesem Abend im Januar 2014 gab mir Kryon meinen lemurischen Namen, Mele'ha. Als er mir diesen Namen nannte, durchliefen mich prickelnde, heiße Schauer, und ich hatte das Gefühl, ich würde aus dem Stuhl gehoben. Was bedeutete dieser Name? Laut Lee war die ursprüngliche lemurische Sprache der heutigen Sprache Hawaiis ähnlich, also bat ich meine liebe »Schwester« Kahuna Kalei'iliahi, mir meinen neuen Namen zu übersetzen; dazu war sie gerne bereit. Die Grundbedeutung des Namens ist »Feier bzw. Geschenk des heiligen Atems oder des heiligen Lebens«. Was für ein Segensgeschenk und eine weitere Reverenz an meine uralte lemurische Akasha. In meiner Jugendzeit in diesem Leben war ich Leistungsschwimmerin gewesen, und seit den 1960er-Jahren unterrichte ich Atemübungen und Yoga-Atmung. Atmung war also schon immer ein wichtiger Teil meines Lebens; die übersetzte Bedeutung des Namens Mele'ha bestätigte also erneut, dass Spirit große Pläne hatte (großer Wink mit dem Zaunpfahl!).

An diesem Abend liefen zwei Audiorekorder, aber keines der Geräte nahm diese Durchgabe auf. Wie wahrscheinlich ist so etwas? Welchen Plan hatte Spirit denn diesmal? Wie man sieht, werden die Kryon-Channellings für die Lemurische Schwesternschaft seitdem alle aufgezeichnet und auf meine Webseite gestellt (www.amberwolfphd.com), doch an diesem Abend in Boulder wurde die energetische Signatur in meinen Zellen »aufgenommen«. Ich kann innerlich in diesen Raum, zu diesen Augenblicken zurückgehen und spüren, wie die Liebeswäsche mich durchströmt. An diesem Abend verstand ich, dass sich der Weg direkt in diesem Moment vor mir entfaltete, und ich sagte ein wenig ängstlich, aber bestimmt und engagiert »Ja«!

Ich – eine lemurische Priesterin! Diese Vorstellung war sehr weit entfernt von dieser (früher) so kleingeistigen Frau, die seit ihrer Kindheit auf ein niedriges – um nicht zu sagen: auf gar kein – Selbstwertgefühl programmiert war. Und außerdem ist das ja nicht so, wie wenn man sich jahrelang herumplagt, um seinen Abschluss zu machen – dieser »Titel« ist womöglich nicht real! Zum Glück steckt in mir als Ausgleich zu der unbewussten Kleingeisterprogrammierung aber auch eine wilde Göttin und Abenteurerin – eine gute Sache!

Die Lemurische Schwesternschaft entwickelte sich mit den Anweisungen von Kryon und meiner eigenen lemurischen Akasha weiter. Diese profunden Informationen überraschen mich immer wieder. Ich lerne, darauf zu vertrauen, dass ich in mir die Macht eines heiligen, herrlichen Geistes trage und ich mich auf die Stimmen, die aus meiner Akasha zu mir sprechen, verlassen kann. Dies sind meine Stimmen …, das bin ich …, mein uraltes, angestammtes Ich. Durch das Erwachen meiner Akasha wurde mir ein weiteres Geschenk zuteil: das sanfte Flüstern der Liebe und die Informationen von den Sternenmüttern, den Plejadierinnen. Sie sind auch jetzt bei mir und bitten mich, euch ihre reine Freude und ihren Jubel zu übermitteln; sie sind so glücklich über das Erwachen eurer Akasha! Ihr seid heilig und herrlich, und es ist höchste Zeit, das zu erkennen.

Meine plejadische Verbindung

Durch das Akasha-Erwachen von Millionen alter Seelen ist auch die göttlich-weibliche Energie in der Welt erwacht, und auf dem Planeten wurde ein mächtiges Energiegitter wiederhergestellt. Wie mir die plejadischen Sternenmütter gesagt haben, trägt dieses neu erwachte Gitter den Namen »Göttinnen-Gitter«. Unser Planet ist von Energieversorgungsnetzen und Kabeln für die Stromerzeugung und -versorgung überzogen; warum sollte es nicht auch unsichtbare Energienetze geben?

Als mir die Sternenmütter das zum ersten Mal offenbarten, zeigten sie mir meines Erachtens auch ihren Sternenhaufen, die Plejaden, über 444 Lichtjahre von der Erde entfernt. Und erneut stellte ich die Frage: »Und was hat das alles mit mir zu tun?« Auf der Stelle wurde mir eine wunderbare Lichtshow vorgeführt. Sie zeigten mir, wie unsere Galaxie über sichtbare wie unsichtbare, jedenfalls miteinander verwobene Licht- und Energiegitter verbunden ist. Ich sah zu, wie aus den Tiefen des Weltalls ein Lichtstreifen direkt zu meiner Tür führte – bzw. genauer gesagt, zu meinem Kern. »Da, Mele'ha, das hat das Gitternetz mit dir zu tun. Sieh es, fühle es und nutze sein Licht, damit es auf alle Wesen scheinen möge.« Damit hatte ich einen weiteren »heiligen Auftrag« für die Lemurische Schwesternschaft. Ich glaube, damals wurde mir zum ersten Mal bewusst, dass es tatsächlich eine Schwesternschaft geben würde.

Plejadische Sternenmütter vermitteln die Lehre vom Göttinnen-Gitter

Die Sternenmütter gaben mir im Rahmen ihrer Erklärungen zu ihrer »Lichtshow« auch Informationen zum Göttinnen-Gitter durch:

Das Göttinnen-Gitter ist ein sichtbares und unsichtbares Energiefeld, das sämtliche weibliche Energie auf dem Planeten miteinander verbin-

det und über das uns Bekannte hinausreicht in das grenzenlose Quantenhologramm der kosmischen, göttlich-weiblichen Energie. Anders ausgedrückt ist das Göttinnen-Gitter ein morphisches Feld, das die weibliche Energie von überallher miteinander verbindet und verwebt.

So wie wir immer mit den Sternenmüttern verbunden sind, verwebt auch das Gitternetz des Göttlich-Weiblichen alle weiblichen Spezies miteinander. Jede Frau ist mit dem Göttinnen-Gitter verbunden – auf immer und ewig. Manche Frauen sind sich dieser angeborenen Verbindung mehr, andere weniger bewusst. Es ist etwas unglaublich Großes: Jede Frau, jedes Säugetier oder andere Tier, jede Pflanze, die als weibliches Wesen geboren werden, sind mit dem tiefen, weiten, wunderschönen Gitternetz der Göttinnen verwoben. Stellt euch nur vor: Eure weibliche Energie ist mit dem Reh verbunden, das sein Rehkitz säugt, mit der Bienenkönigin in ihrem Bienenstock, dem Spatzenweibchen, das seine Eier hütet, einer Frau, die auf einem anderen Kontinent ihren Kindern Gebete beibringt, und einer grauen Wal-Dame, die ihr Kalb für seinen ersten Atemzug an die Meeresoberfläche hebt. Erweitern Sie Ihr Denken und Ihre Vorstellungskraft und nehmen Sie dieses Konzept auf – ein Konzept grenzenloser weiblicher Verbundenheit, ein kostbares Gitternetz aus weiblicher Energie, sodass wir nie alleine sind.

Lehren, wie es in der Praxis geht

Noch einmal fragte ich sie: »Warum zeigt ihr mir das in dieser Tiefe? Sollte ich daraus etwas lernen und es in meinen Unterweisungen weitergeben?« Ich versuchte, wieder zu atmen und mich zu entspannen, mich für das zu öffnen, was da noch durchkommen könnte. Dieses Mal begann mein Drittes Auge zu kribbeln, und dort ging mir im wahrsten Sinn des Wortes ein Licht auf, als ich ein weiteres Aha-Erlebnis hatte.

Ich bezeichne so etwas als ein »Herunterladen« bzw. einen Download von Informationen und Wissen: Woher kommt es? Aus dem Gewahrsein meiner Akasha natürlich!

Wie wir gelernt haben, verfügen unsere Gedanken über große Macht; sooft uns ein Gedanke kommt, verbinden wir uns mit dem Objekt dieses Gedankens. Funktioniert so nicht auch multidimensionales Heilen? Wurde uns das nicht auch ursprünglich von unseren plejadischen Lehrerinnen vermittelt? Die Sternenmütter schenkten uns die Fähigkeit, uns tief und dauerhaft mit dem Göttinnen-Gitter zu verbinden und bewusst über Zeit und Raum hinauszugehen und Wunder zu bewirken. Warum sollten wir diese Kraft nicht auch dazu nutzen, uns mit der weiblichen Energie, dem Göttinnen-Gitter, zu verbinden – unserem Erbe und unserer Verbindung von den Sternen zu unserem Planeten? Wie wär's damit: Anstatt an Sorgen, Ängste und Kummer zu denken, denken Sie an irgendeine andere weibliche Energie! Damit verändert sich nicht nur Ihr persönlicher Moment, sondern Sie erzeugen einen Welleneffekt, der die Energie des Kosmos verändert. Ja, wirklich! Das ist so ähnlich wie die Beigabe einer Prise Salz in eine Tasse Wasser, die das Wasser für immer verändert. Ihnen wohnt diese Kraft inne, sich selbst und die Welt zu verändern, mit einem Gedanken nach dem anderen und mit Unterstützung des Göttinnen-Gitters – aller weiblichen Energie, die es überhaupt gibt.

Wir stehen gerade vor einer Welle des Wandels und erschaffen unsere Zukunft durch die bewusste Verbindung mit vielen Energiegittern. Lassen Sie uns jeden Moment im neu entfachten Gewahrsein unserer göttlichen Natur leben, sodass ein Gitternetz aus Licht, Heilung und spiritueller Einheit unsere große Mutter Gaia und all ihre Bewohner umgibt. Dies ist die Zeit des Erwachens, für uns und unsere inneren Lehrer. Ja, WIR sind gemeint!

In Liebe
Dr. Amber Mele'ha Wolf

• • •

Nach Mele'has Geschichte über das Erwachen ihrer Akasha wird an dieser Stelle eine weitere Perspektive aufgezeigt, die Kryon auf einem Treffen der Lemurischen Schwesternschaft durchgegeben hat – ein wunderbares Beispiel dafür, was Kryon mit seiner Aussage »Die Dinge sind nicht immer so, wie sie scheinen« meint. Wie bereits gesagt, hat das mit unserer Wahrnehmung zu tun. Aber es gibt noch eine andere Bedeutung, und sie bezieht sich auf die Seelenplanung auf der anderen Seite des Schleiers; dazu gehört auch das Arrangieren von Erfahrungen für uns, aus denen wir während unseres Menschseins lernen können. Diese Lernchancen können uns emotional tief treffen, beispielsweise der Tod eines geliebten

Menschen. Doch auch solche Erfahrungen sind oft dazu da, unsere spirituelle Verbindung zu vertiefen. Genau das ist Mele'ha widerfahren, und Kryon erklärt es so:

Ich möchte heute über etwas sehr Profundes sprechen, aber bitte missversteht es nicht. Für die Akasha von alten Seelen gibt es wunderbare Systeme. Vielleicht fragt ihr euch heute Abend hier im Kreis: »Was ist meinem Gefühl nach die Wahrheit über mich? Wer bin ich?« Ich möchte euch helfen, eine Antwort auf diese Frage zu finden, und zwar im Zusammenhang mit dem Erwachen der Akasha. Und ich möchte euch etwas über Mele'ha erzählen.

Die Geschichte Lemuriens darzulegen ist schwierig, denn sie steckt so voller Tiefe und Schönheit. Amber lernte ihren Partner Sid [Wolf] nur kennen, damit sie heute Mele'ha sein kann. Auf die Frage nach ihrer Beziehung zu Sid als Frau würde sie antworten, dass sich trotz aller Widrigkeiten für sie die Chance eröffnete, zu heiraten und eine Partnerschaft einzugehen. Sie wusste bereits sehr viel, und er war ein Meisterlehrer. Er half ihr dabei, sich auf eine Entdeckungsreise zu begeben, und gemeinsam waren sie mächtig, und ... das war kein dummer Zufall. Ich könnte euch jetzt von der Planungssitzung erzählen, die ihre Seelen auf der anderen Seite des Schleiers hatten und bei der sie dieses Potenzial aufsetzten, noch bevor sie überhaupt auf den Planeten kamen. Dieses Potenzial wurde umgesetzt und, noch einmal, sie heirateten trotz aller Widrigkeiten und entgegen jeder Wahrscheinlichkeit.

Bitte versteht Folgendes: Sids Tod war auf einer Ebene vollkommen stimmig. Diese Stimmigkeit hat auch etwas mit meinem Partner [Lee] zu tun, der gerade nicht zuhört [Kryon bezieht sich darauf, dass Lee die Channellings von Kryon zwar durchgibt, aber sie ihm dabei verborgen bleiben]. Sids Seele ist nämlich zurückgekommen; er wächst derzeit heran, aber ich sage euch nicht, wo das ist.

Manche sagen nun vielleicht: »Kryon, das geht doch viel zu schnell. Eine Seele braucht länger, bis sie zurückkommen kann.« Meine Lieben, es ist an der Zeit zu verstehen, dass sich das Paradigma der Prozesse der Vergangenheit verändert. Das gehört der

Vergangenheit an. Sid musste schnell zurückkehren, denn er wird wieder als Meister kommen, und mein Partner wird sein wichtigster Schüler sein. Meine Lieben, der Plan sieht vor, dass die spirituelle Familie zusammenbleibt.

Sid musste sterben, damit Mele'has Akasha erwachen konnte. Und er verschied zur richtigen Zeit und nach Plan. Das war eine Zeit großer Trauer und großen Kummers. Nach einer angemessenen Zeit entwickelt sich jetzt eine Art Verständnis. Mele'has Akasha ist erwacht, und sie ist die perfekt geeignete Person; sie verfügt über akademische Grade, hat eine passende Ausbildung durchlaufen und ist eine wirkmächtige Lehrerin. Sie sollte Frauen mit ihrer Intuition leiten, und wie ein Blick auf ihre Abschlüsse zeigt, ging es dabei besonders um die Führung von Frauen. Das Geschehen war perfekt, und ihre Akasha erwachte wie geplant.

Ihr alle könnt euch potenziell an etwas sehr Kostbares aus eurer Zeit erinnern, als ihr die schamanische Saat in euch trugt und sie auch genutzt habt [eure Zeit in Lemurien mit neuer DNA für den Planeten]. Ihr tragt in euch das Potenzial eines profunden Erwachens. Nun hört mir gut zu, denn das ist sehr wichtig. Jede Einzelne von euch ist in ihrem Erwachen einmalig und einzigartig. Mele'ha musste für ihr Leben etwas auf bestimmte Weise erledigen. Sie musste sich speziell daran erinnern, dass sie Mele'ha ist, um das tun zu können, was sie heute tut. Auch ihr habt die Chance, euch an euer persönliches Erwachen zu erinnern. Was wartet da drinnen auf euch? Warum sitzt ihr hier auf dem Stuhl? Erneut könnt ihr fragen: »Wer bin ich?«

Erinnert ihr euch daran, jemals das Annehmen der Macht Spirits um euch herum so stark gespürt zu haben? Gemeinsam singt und feiert ihr und helft mit, eure Zivilisation süßer, gütiger und freundlicher zu machen. In Lemurien habt ihr das Gleiche gemacht; ihr habt der Gemeinschaft geholfen, Nahrung zu finden, und habt den Männern auch gesagt, wann sie nicht hinaus aufs Meer fahren sollten. Damals war vieles anders, doch ihr seid heute hier, weil mit dem Erwachen der Akasha die Weichheit und Ausgewogenheit einhergeht, die heute benötigt wird.

Heute werdet ihr zu Wegweiserinnen unter Führung von Mele'ha. Jede von euch hat die Chance, zu erwachen wie sie.

Nicht um eine Position wie die ihre einzunehmen; vielmehr erwacht in euch die kostbare Erinnerung daran, wer ihr wart, was ihr gemacht und wie ihr euch gefühlt habt.

Schafft ihr es, zu erlernen, wie ihr diese Erinnerung wachrufen könnt, werdet ihr diesen Raum mit einem größeren Selbstwertgefühl verlassen und wissen, dass ihr in der Geschichte eine wichtige Rolle gespielt habt und die alten Seelen, die ihr seid, einen Grund haben, sich zu erinnern. Ihr werdet wieder dieses kostbare Amt einnehmen können, auch wenn ihr nur die Schamanin eures eigenen Lebens oder eurer Familie seid.

Es muss irgendwo seinen Anfang nehmen und, meine Damen, nur ihr tragt in euch die Saat [die ursprünglichen Kernwahrheiten der Plejadier]. Habt ihr das erkannt? Aus euch gehen diese Wahrheiten in dieser heutigen Kultur hervor. Es sind die Frauen mit ihrer Sanftheit, die Kindern das Leben schenken. Es muss von euch kommen. Das muss für alle einen logischen Sinn ergeben, und so wird es auch kommen. Eines Tages wird auch die Kirche darauf zählen und Frauen ordinieren. Glaubt mir, das geht intuitiv mit der kommenden Weisheit einher. Ihr seid eingeladen zu erwachen. Findet euren inneren Kern und steht aufrechter für euch ein. Ihr wisst, wer ihr seid. Es ist wunderschön!

Kryon Live-Channelling, durchgegeben anlässlich eines Treffens der Lemurischen Schwesternschaft in Kelowna, Kanada – 27. Februar 2016

Das Erwachen der weiblichen Akasha

Laut Kryon haben wir alle die Chance, uns der Weisheit unserer Akasha zu öffnen. Bei Frauen stellt dieses Erwachen der Akasha vor allem eine Rückkehr zu ihrer Rolle als Weisheitsspenderinnen der Menschheit dar. Dieser Rolle brachten die Männer Ehre und Unterstützung entgegen, sie verließen sich darauf. Im Kryon-Band 12, »Der neue Mensch«, ist zu lesen, dass sich die neuen Menschen an die Energie aus früheren Leben zu erinnern beginnen, keine schwierige karmische und blockierende Energie, sondern Energie mit unterstützender Wirkung. Wie Kryon sagt, ist das ein neues Paradigma, in dessen Rahmen der Akasha eine elegantere Rolle zugewiesen ist. Das heißt, die Akasha betrachtet den Menschen als einen sich spirituell entwickelnden Teil des gesamten Planeten und gibt dem jeweiligen Menschen Erinnerungen an die Hand, die seiner Weiterentwicklung und seinem Glauben dienlich sind. Durch diese Akasha-Erinnerungen entsteht reine Weisheit; in Frauen spiegelt sich mehr mitfühlende Mutterenergie wider.

Wer dieses Buch liest, ist wahrscheinlich bereits dabei, seine Akasha zu erwecken, und viele dieser Menschen leben schon seit Jahren, wenn nicht sogar Jahrzehnten, in einem erwachten Zustand. Der Weg des Erwachens bzw. der Erleuchtung ist einer der großartigsten und heiligsten Wege überhaupt. Er geht unter Umständen mit vielen Herausforderungen einher, besonders wenn die Person niemanden hat, dem sie ihre Erfahrungen mitteilen kann bzw. der ihr führend zur Seite steht. Die gute Nachricht lautet: Wir bekommen viel praktische Hilfe von so vielen, unter anderem von Kryon und der Lemurischen Schwesternschaft.

Und was kommt nach dem Erwachen? Wie integrieren wir unser spirituelles Selbst in unseren Alltag? Diese Frage hat Mele'ha gestellt, und Kryon hat folgendermaßen geantwortet:

Spirit hat kein Geschlecht. Im Rahmen der Kultur auf eurem Planeten ist so etwas für euch schwer vorstellbar, denn in eurer Realität seid ihr entweder das eine oder das andere. Doch dieses eine oder andere geht mit Verantwortlichkeiten und fest zugeordneten Tätigkeiten einher.

Meine Damen, eure Akasha ist buchstäblich angefüllt mit Erinnerungen an die Zeit, als ihr für alle die Leitpfosten wart. Auch der Planet ist buchstäblich damit angefüllt. Viele, viele Menschengenerationen waren Teil eines Systems, in dem man das weibliche Geschlecht um Rat fragte. Ich habe das ja schon gesagt: So war das intuitiv, es ist natürlich und entspricht dem gesunden Menschenverstand.

Es ist unnatürlich, wie es heute ist, und das Unnatürliche daran führt zu Problemen. Gesunder Menschenverstand: Würden es nicht alle Menschen als natürlich empfinden, dass die Mutterenergie, die Kinder gebiert und die Kleinen unterrichtet, auch für die Hinwendung zu spirituellen Dingen zuständig ist? Das ist offensichtlich und angenehm. Es ist so natürlich und logisch, dass alle Männer das intuitiv gerne so hätten. Doch heutzutage ist das nicht so.

Was dachten die Männer über eine Gesellschaft, in der die Frauen die spirituelle Führung innehatten? Die Antwort lautet: Sie haben überhaupt nicht darüber nachgedacht; es war ganz natürlich und intuitiv so. Wir möchten, dass ihr euch an diese Zeit erinnert, denn diese vergangene Zeit in Lemurien kann euch heute Kraft schenken. Darüber möchte ich heute sprechen.

Wir haben schon so oft von der Vergangenheit gesprochen, aber genau deshalb kommt ihr ja hierher und fragt euch, ob ihr Teil einer Lemurischen Schwesternschaft wart. Wer weiß, vielleicht dachtet ihr ja nur, dem sei so gewesen, aber ihr wisst es nicht? Ich will euch sagen, was euch allen, die ihr hier sitzt, gemeinsam ist: das gemeinsame Erwachen eurer Akasha.

Das Erwachen der Akasha triggert euren Geist gerade so viel, dass ihr neugierig werdet und wissen wollt, was mit euch los ist. Hört gut zu: Eine alte Seele, die heute in dieser Energie eine Frau ist, war auch damals eine Frau. Das ist keineswegs ein Zufall, sondern ist so geplant. Im Lauf einer langen Zeit habt ihr zwar womöglich mal das eine, mal das andere Geschlecht gehabt, doch ihr wart lange genug Frauen und damit Schamaninnen für andere.

Genau das steckt in euren Erinnerungen, und das hat euch hierher geführt. Vergesst einen Augenblick lang einmal die Details, überlegt nicht, ob ihr in Lemurien tatsächlich zu einer Schwesternschaft gehört habt oder nicht. Es ist egal. Ihr wart Teil von etwas viel Größerem. Damals gab euer Geschlecht von Natur aus allen Menschen spirituelle Führung. So hat es angefangen, wisst ihr noch? Und wir haben euch ja schon gesagt: Der Name »Sieben Schwestern«, der einem bestimmten Sternbild von den Astronomen verliehen wurde, ist durchaus richtig.

Bei diesem Namen war das Geschlecht wichtig, und er wurde nicht zufällig und willkürlich ausgesucht. Von den Sieben Schwestern, die eigentlich aus neun Sternen bestehen, kamen die Plejadier, und die Plejadier waren Frauen. Sie sahen so aus wie ihr, ein bisschen größer, aber sie sahen so aus wie ihr. Sie waren sozusagen das Modell, und die sich neu entwickelnde Menschheit erkannte das. Sie standen modellhaft für Frauen als Träger der Weisheit, und genau dafür erwacht ihr gerade.

Dieses Erwachen wird irgendwann an einen bestimmten Punkt gelangen, und man wird geschichtlich zurückblicken und diese Zeit unter anderem als eine Zeit betrachten, die den Planeten in Balance gebracht hat.

Die Frauen werden nicht wieder für alles Spirituelle verantwortlich sein; vielmehr wird sich langsam eine Balance einstellen, und Frauen werden erneut Positionen einnehmen, in denen sie als Ratgeberinnen mit gesundem Menschenverstand dienen. Die weibliche Intuition wird eines Tages messbar sein, und die Gesellschaft wird eine bessere Intuition wertschätzen. Doch derzeit seid ihr alle dabei, für etwas zu erwachen, das ihr einmal wart, und in diesem Erwachen steckt eine Neigung, und darüber möchte ich mit euch sprechen.

Was macht ihr mit diesem Erwachen? Vor dieser Durchgabe stellte Mele'ha die folgende Frage: »Wenn du in dieser neuen Energie erwachst und beginnst, dich an profunde Dinge zu erinnern, und weißt, dass dein Leben sich für immer verändert – was fängst du denn nun damit an?«

Ein echtes Erwachen der Akasha führt zu einer Erkenntnis, die ihr vorher nicht hattet, meistens etwas höchst Profundes, sodass ihr euch dessen bewusst werdet. Ihr seid überzeugt, ihr wart tatsächlich Teil von etwas Größerem, und diese Überzeugung verändert euch. Und hier ist wieder einmal eure Neigung, meine Lieben: In eurer menschlichen Singularität durchlauft ihr einen extrem linearen Prozess. Ihr linearisiert alles und kommt an einen Punkt, an dem ihr eine lineare Frage stellt: »Was fange ich denn nun damit an?«

Wenn ihr mit dem College, der Hochschule oder einer anderen Ausbildung fertig seid, wird oft eine Zeremonie mit einer Feier und mit Musik veranstaltet. Und oft kommt dann eine ältere Person an und sagt: »Also, jetzt hast du das alles erreicht – was fängst du denn nun damit an?« Und die Antwort lautet: »Na ja, ich denke mal, ich gehe da und dorthin und bekomme dann diesen und jenen Job. Ich denke, ich mach dieses oder jenes.« Das beruht auf folgender Prämisse: Jetzt bin ich klüger und weiser, und damit mache ich etwas und setze es in die Praxis um.

Ich habe eine andere Prämisse, über die ihr euch Gedanken machen könnt. Bleibt dabei und überlegt einmal: Einige von euch erleben das Erwachen ihrer Akasha, und manche spüren das wirklich ganz stark. Fallt nicht auf eure menschliche Neigung herein und fragt euch: »Was soll ich denn nun damit machen?« Ich möchte euch Folgendes darlegen: Was erwacht denn bei einem Erwachen der Akasha, meine lieben Damen? Ihr erwacht und erinnert euch an eine Realität aus einer früheren Zeit, und dadurch verändert sich eure Grundhaltung – eure Weisheit. Also ..., was macht ihr damit?

Ihr müsst Folgendes verstehen: Bei einem solchen Erwachen verändert sich euer Denken über Zukünftiges. Es geht nicht darum, was ihr damit macht. Es geht nicht darum, ein Buch zu lesen und dann die Informationen umzusetzen. Vielmehr erwacht ihr für ein anderes Bewusstsein, und daraufhin geht es nicht darum, wie ihr das anwendet, sondern wie ihr euch durch die Intuition dieser Erkenntnis persönlich verändert.

Im Kern geht es um Bewusstseinsveränderung und Umdenken, nicht einfach um die praktische Umsetzung von Informationen. Nach dem Erwachen der Akasha trefft ihr ganz andere Entscheidungen, als wenn dieses Erwachen nie stattgefunden hätte. Ihr erwacht, und dadurch verändert ihr euch. Das Erwachen an sich führt zu einem anderen Ich. Ich möchte, dass das für euch einen Sinn ergibt. Manches ist einfach so. Für euch tut sich eine andere Realität auf, und eure Entscheidungen, Fragen und Antworten, eure Weisheit – all das ist nun anders.

Mele'ha, du hast ein Erwachen erlebt, und da sitzt du nun heute mit alldem vor dir. Ich sage dir, das ist gut genug! Das ist aus deinem Erwachen entstanden. Du hast andere Entscheidungen getroffen. Du hast Ja gesagt, was du vorher vielleicht nicht getan hättest, eben wegen deines Erwachens. Durch dein Erwachen hast du etwas gelernt. Du musst dich niemals fragen: »Was soll ich denn nun damit machen?« Es entwickelt sich vielmehr von selbst durch die erneuerte Intuition.

Wenn ihr diesen Ort verlasst und ein Erwachen erlebt habt, dann wisst ihr das auch und könnt behaupten, ihr habt euch verändert, seid anders und sagt andere Dinge. Ihr werdet eine Weisheit verbreiten, die ihr zuvor nicht hattet, und daraufhin wird anderes geschehen – nicht nur für euch, sondern auch für die Menschen in eurem Umfeld. Macht weiter mit dem Erwachen.

Kryon Live-Channelling, durchgegeben anlässlich eines Treffens der Lemurischen Schwesternschaft in Portland, Oregon – 25. Juli 2016

In der Akasha werden alle Energien der Vergangenheit, Gegenwart und Zukunft gespeichert. Alte Seelen haben auf dem Planeten viele, viele Leben verbracht. Stellen Sie sich nur vor, wie viele Leben das in einem Zeitrahmen von 50.000 Jahren sind!

Die moderne Geschichte steckt voller Tragödien: Abspaltungen, Konflikte, Dramen, Eroberungen und Kriege. Frauen und Kinder sind ganz anders behandelt worden als im alten Lemurien.

Deshalb beschwört Kryon uns, sämtliche Akasha-Erinnerungen, die unsere Heiligkeit nicht würdigen und anerkennen, auszulöschen, unter anderem, indem wir die ursprüngliche Akasha-Prägung, die direkt von den Plejadierinnen stammte, wieder zum Leben erwecken:

Diese Botschaft kommt von einem Ort, den ihr die »schöpferische Quelle« nennen würdet, und sie erweist euch Ehre für das, was und wer ihr seid. Zu dieser Zeit auf dem Planeten eine Frau zu sein, ist etwas völlig anderes als damals in der Schwesternschaft, die ihr heute Abend feiert. Viele von euch haben das gerade erst entdeckt und möchten mehr darüber erfahren, woran ihr eurem Gefühl nach teilhattet.

Ich sage euch noch einmal: Ihr sitzt keineswegs zufällig erneut als Frauen hier und erwacht nach all den Jahren, wodurch eure verborgenen Akasha-Erinnerungen herausgelockt werden. Sie flüstern euch zu: »War ich damals dabei? Und falls ja, kann ich erneut das erschaffen, was ich schon früher mit diesen anderen Frauen erschaffen habe?«

Ich führe euch überaus gerne zu diesem lemurischen Berg zurück; es ist etwas so Reines, Einfaches und doch Spektakuläres. Diese Treffen nach Art einer Schwesternschaft wurden oft im Wasser abgehalten, oft auch bei Sonnenuntergang, und sogar noch öfter gab es morgendliche Zusammenkünfte. Und meistens fanden sie im Wasser statt.

Manchmal standet ihr im Wasser, manchmal ließt ihr einfach die Füße im warmen Pazifik baumeln. Auch damals gab es Passatwinde wie heute, aber etwas anders aufgrund des viel höheren Berges. Diese Zusammenkunft war so heilig! Sie war schön, und die Lieder, die ihr damals gesungen habt, sind eurer Akasha in aller Klarheit eingeprägt. Könntet ihr sie heute hören, würden euch wahrscheinlich die Tränen kommen, denn auf einer Ebene käme eine Erinnerung daran hoch. Ihr würdet euch an die Sanftheit und Süße, die Stimmigkeit und Schönheit erinnern.

War Lemurien eine Utopie? Nein, nicht einmal annähernd. Aber es zeichnete sich durch etwas anderes aus, was ihr nicht vergessen solltet: Ihr wart die erste Generation der Menschheit. Die Plejadier waren die Eltern, die euch die Saat einpflanzten, und nicht nur für die 23 Chromosomenpaare eurer DNA verantwortlich, sondern auch für die Kernwahrheit eurer Spiritualität. Zu der Zeit, als ihr bei diesen Zusammenkünften nach Art einer Schwesternschaft dabei wart, waren eure Körper bereits vollständig mit der neuen Chemie ausgestattet [so wie heute]. Ihr wart gerüstet, Teil dieser Akasha-Startrampe für den Planeten zu sein. Ihr solltet wissen: Das fand auch an anderen Orten der Erde statt, aber Lemurien war interessanterweise etwas Besonderes, denn es war eine Insel, von der es kein Entkommen gab. Es war ein Dampfkochtopf der Reinheit ohne äußere Einmischung, und so blieb Lemurien jahrtausendelang rein und erlebte fast gar keine Veränderungen.

Jetzt bringt das alles einmal logisch zusammen. Woher kamt ihr ursprünglich? Stellt euch einmal vor, ihr wart eine Frau in Lemurien und habt ein Leben in einem heiligen Kreis genossen. Dank eurer schamanischen Ausbildung habt ihr mit dazu beigetragen, die kulturelle Energie für Überleben und Nahrung einzurichten, ebenso die Energien für Beziehungen und spirituelle

Zeremonien. Ihr habt beständig an der Vorlage von Lemurien gearbeitet. Doch wenn ihr die Allerersten wart, woher kamt ihr dann?

Meine lieben Damen, das mag verwirrend sein, aber es ist so: Seelen inkarnieren als Seelen in der ganzen Galaxie. Ihr alle hattet die interstellare Akasha der Plejadier. Man könnte auch sagen, es gab keine irdische Akasha-Chronik der Schwesternschaft, weil ihr nie zuvor Menschen wart. Ihr wart die ersten Menschen, die um ihren inneren Gott wussten. Als ihr als Frauen auf diesen Planeten kamt und in diesem lemurischen Kreis Heiliges zelebriertet, war eure menschliche Akasha vollkommen leer. Ihr verfügtet lediglich über das, was euch von den Plejadiern gegeben worden war.

Wir wollen nun über etwas sehr Heiliges sprechen, von dem bislang nicht im Einzelnen die Rede war. Was war die Akasha der Plejadier? Die Plejadier stammten von einem aufgestiegenen heiligen Planeten [Gruppe von Planeten]. Das sind Planeten, die über sehr lange Zeit eine heilige Entwicklung durchgemacht hatten und dadurch fast zu so etwas wie Engeln wurden. Das ist auch das Potenzial der Erde in einer weit entfernten Zukunft. Sie »kannten« die Kernwahrheit über die schöpferische Quelle. Man könnte auch sagen, sie »kannten Gott«, so wie ein Engel Gott kennen würde. Sie haben euch die Gesänge gegeben und euch das beigebracht, was ihr nun wisst.

Wie habt ihr euch gefühlt? Ihr habt euch heilig gefühlt, und das war gar nicht schwierig. Es ist viel schwerer, sich heutzutage heilig zu fühlen. Ohne eine Akasha, mit der ihr geschlagen wart, und ohne jegliche Geschichte wart ihr heilig, und das wusstet ihr auch. Ihr habt Gott in euch gespürt, und die Lieder kamen ganz natürlich zu euch, ebenso eure Fröhlichkeit. Der Beifall nach der Geburt eines Kindes war nicht nur eine Begrüßung, um das Kind auf der Erde willkommen zu heißen, sondern ihr habt damit auch die Tatsache gefeiert, dass dieses neugeborene Kind die erste Generation des [göttlichen] Menschen war.

Damals, an diesem Ort, habt ihr eine Heiligkeit gespürt, die es seitdem nicht wieder gab. Eine Weile lang hattet ihr insbesondere in Lemurien eine Erinnerung an etwas, das nicht von dieser Welt war – eine Akasha aus einer sehr hoch entwickelten Gesellschaft. Nach mehreren Reinkarnationen und Lebenszeiten an anderen Orten der Erde kam es zu einem Ausgleich, und nach und nach wurde die plejadische Erinnerung der Heiligkeit, die ihr gespürt habt, durch eure Menschlichkeit gemäßigt abgeschwächt, die ihr aus freiem Willen entwickelt habt. Schon bald entsprach das Bewusstsein der Erde dem, was die Menschen damit machten, und die Erinnerungen an das Außerirdische gerieten in Vergessenheit [so war es geplant]. Mit dem Entstehen eines niedrigen Bewusstseins wurden Frauen nicht mehr respektiert, und die Geschlechter nahmen andere Rollen ein, wie das oft der Fall ist in einer nicht sehr hoch entwickelten Gesellschaft, in der ein Geschlecht körperlich stärker ist als das andere.

Wisst, dass genau dasselbe auch in der plejadischen Geschichte passierte. Egal, wie hoch Bewusstsein anfangs ist, es muss in seiner Welt nach einer passenden Ebene suchen. Es muss sich immer von selbst weiterentwickeln. Deshalb solltet ihr wissen, dass all das auch schon vorher passiert ist.

Vielleicht fragt ihr euch, was wir denn nun von euch wollen, was ihr heute damit machen sollt?

Ihr werdet heute keine tatsächlichen plejadischen Erinnerungen empfangen, aber ihr erinnert euch immer noch daran, wie ihr euch als Menschen damals gefühlt habt. Das ist der Anfang des Erinnerns eurer menschlichen Akasha. Heute Abend im öffentlichen Seminar sprachen wir von Filtern [bezieht sich auf die Durchgabe »Die menschlichen Filter«]. Was wir euch jetzt sagen, ist so ein Filter für euch und ist Teil eures Geschlechterfilters, den wir vorhin eingeräumt haben. Das war nicht für die Ohren der Männer bestimmt, denn es ist nicht ihr Filter. Doch ihr sollt das jetzt vernehmen.

Ihr trefft euch heute Abend, um die reine Heiligkeit von Spirit zurückzugewinnen. Denn er ist ja immer noch da drin. Könnt ihr ihn fühlen? Alte Seelen, die als Frauen in Lemurien begonnen haben, tragen das in sich. Könnt ihr seine Heiligkeit spüren? Könnt ihr nur einen Augenblick lang all die unentwickelten Erinnerungen der Akasha einfach beiseiteschieben? Könnt ihr die anderen Filter wegnehmen und nur den einen erinnern – jenen, mit dem alles begann, den heiligen? Wir bitten euch darum, weil wir euch einladen möchten, ihn wieder aufleben zu lassen. Ihr müsst von diesem Ort aufstehen und ihn heiliger verlassen, als ihr bei eurer Ankunft wart. Als Menschenfrau habt ihr damals diese Gefühle einer völlig reinen und heiligen Akasha erlebt und an diesem Rätsel gearbeitet. Könnt ihr euch daran erinnern?

Ich möchte euch etwas über die Heiligkeit sagen, die ihr heute entwickeln könnt: Sie ist ansteckend. Andere werden sie in euch erkennen und das auch haben wollen. Sie sehen, was das innerlich mit euch macht. Sie sehen eure Weichheit und Reinheit. Es steckt mehr dahinter als die Teilnahme an vielen heiligen Frauentreffen. Es geht darum, irgendwann weltweit auf ähnlichen Zusammenkünften Erinnerungen in Frauen wachzurufen.

Warum Aufteilung der Geschlechter? Weil, wie schon gesagt, das wahre spirituelle Verständnis für die Menschheit und die Heiligkeit der Kernwahrheit des Universums schon immer den Frauen gehörte. Als Spenderinnen des Lebens verfügen Frauen über ein Bewusstsein, das der schöpferischen Quelle nähersteht. Ihr habt als Erste die Liebe Gottes erfahren und könnt das weitergeben. Ihr führt und leitet die Menschheit. Damit ihr diese Aufgabe im Lauf der nächsten paar Generationen wahrnehmen könnt, müsst ihr zu eurer Heiligkeit zurückfinden – das ist das Ziel.

Kryon Live-Channelling, durchgegeben anlässlich eines Treffens der Lemurischen Schwesternschaft in Totowa, New Jersey – 27. Juni 2015

Auf dem ganzen Planeten erwachen immer mehr Frauen für ihren spirituellen Kern, und dabei offenbaren sich auch die Weisheit und das Wissen aus ihrer Akasha. Deshalb spürten und folgten so viele Frauen dem Ruf, an den Treffen der Lemurischen Schwesternschaft teilzunehmen. Doch das Erwachen der weiblichen Akasha erfolgt auf der ganzen Welt und wirkt sich auf Frauen aller Kulturen und Glaubenssysteme aus.

Seit der Wende des Jahres 2012 nehmen Frauen ihre Macht und ihre Meisterschaft für sich in Anspruch und erfahren vom Planeten mehr Unterstützung als je zuvor. Hier geht es nicht um Frauenrechte und die feministische Bewegung, sondern um die Rückkehr zur ursprünglichen Rolle der Frauen als schamanische Lehrerinnen und Führerinnen der Menschheit.

Die Lemurische Schwesternschaft heute

Die heutige Lemurische Schwesternschaft geht auf Dr. Amber Wolfs lebenslanges Engagement für ganzheitliche Gesundheitsvorsorge, Bildung und spirituelle Transformation sowie auf ihre Akasha-Erinnerungen zurück. Die Lemurische Schwesternschaft ist eine weltweite Gemeinschaft. Viele Frauen aus aller Welt veranstalten unter Anleitung von Amber (Mele'ha) ihren eigenen heiligen Zirkel oder nehmen mit der Schwesternschaft Verbindung auf, weil sie sich ebenfalls an Lemurien erinnern.

Inwieweit sind Ihre lemurischen Erfahrungen heute relevant? Inwieweit bieten sie Ihnen und anderen Menschen in Ihrem Umfeld Hilfestellung und Unterstützung? Wie können Sie dank dieser Akasha-Erinnerungen Ihr Leben präsent von einem Moment zum nächsten führen und Ihre Kinder großziehen?

Laut Kryon verfügten die Lemurier über eine Saat des Lichts in ihrer Akasha, an die sie sich erinnern. Sie ist der Inbegriff von Mutterschaft und Weiblichkeit. Diese lemurische Saat ist etwas sehr Praktisches, denn es handelt sich dabei um die Wahrheit und das Mitgefühl des inneren Gottes. Die Plejadierinnen waren die Lehrerinnen der Lemurier von den Sternen, und genau daran erinnern sich Menschen mit einer lemurischen Akasha. Bei der Schwesternschaft geht es darum, diese lemurische Saat zu finden, sie im Leben anzuwenden und das Mitgefühl des ursprünglichen Wissens, das die Sternenmütter gelehrt haben, weiterzugeben.

Und was ist mit den Leserinnen und Lesern, die keine Verbindung zu Lemurien oder der Schwesternschaft verspüren? Was ist mit jenen, die sich in dieser Hinsicht unsicher sind? Was ist mit den Männern?

Dazu sollten Sie Folgendes wissen: Die von den Lemuriern vor so vielen Jahren ausgebrachte Saat steht jetzt *allen* Seelen auf dem Planeten zur Verfügung. Und das heißt: Jeder, ob Lemurier oder nicht, weiblich oder nicht, hat das Potenzial, für uralte lemurische Weisheit und Wissen zu erwachen. Mele'ha erzählt, wie das heute in der Lemurischen Schwesternschaft abläuft:

Die heutige Lemurische Schwesternschaft wurde im Zuge meiner Akasha-Erinnerungen als Mele'ha ins Leben gerufen. Die Weiterentwicklung dieser heiligen Mission entfaltet sich für mich mit meinen Erinnerungen; meine Kommunikation mit den Sternenmüttern und den Frauen, die aus aller Welt zu meinen Treffen kommen, lebt immer wieder neu auf. Unsere weltweiten Gemeinschaften der lemurischen Schwestern erkennen sich gegenseitig aus Leben in uralten Zeiten und heiligen Zirkeln.

Dieses Gefühl des Erinnerns und des Wiedererkennens ähnelt dem Gefühl eines Déjà-vu (dem Gefühl, schon einmal hier gewesen zu sein). Höchstwahrscheinlich lernten Sie im Leben jemanden kennen, den Sie Ihrem Gefühl nach schon früher gekannt haben, oder Sie fühlten sich jemandem auf der Stelle seelenverwandt. Für so eine Erfahrung muss man keineswegs metaphysisch veranlagt sein. Bei manchen Menschen stellt sich in dem Augenblick, in dem man sie kennenlernt, ein Gefühl der Vertrautheit ein - ein Gefühl der Verbundenheit und das Wissen, dass man diese Person schon einmal kannte. Interessanterweise wissen wir dabei nie wirklich, in welcher Zeit man sie »früher« kannte. Wir kannten sie einfach.

Doch für mich war dieses signifikante »Früher« eine Zeit im alten Lemurien, wo ich Mele'ha war, die letzte lemurische Priesterin der Schwesternschaft. Ich glaube, das Leben von vielen von uns war in Lemurien miteinander verwoben. Und wie Kryon auch gesagt hat, bestand die lemurische Gesellschaft mehr als 30.000 Jahre und hatte in dieser Zeit immer dieselben plejadischen Lehrerinnen. Deshalb ist es egal, zu welcher Zeit genau Sie in Lemurien lebten; wir alle erinnern uns an diese Erfahrung.

Die Schwesternschaft ist nun wieder in Erscheinung getreten, um mit dazu beizutragen, eine heilende und ausgewogene Gemeinschaft aufzubauen. Wir kommen heute erneut zusammen und tragen die Weisheit der uralten Lemurischen Schwesternschaft in die moderne Welt. Heute fördert die Lemurische Schwesternschaft die Ehrung des heiligen Göttlich-Weiblichen, eine Lebensweise aus dem alten Le-MU-rien, die heute ihre Gültigkeit hat.

Wie geht es mit der Schwesternschaft jetzt weiter?

Frauen aus aller Welt haben mich gefragt: »Wie können wir weiterhin solche erhebenden Zusammenkünfte haben, wenn du (Amber) von uns gegangen bist?«

Die Antwort auf diese Frage bestand im Aufbau der weltweiten heiligen Zirkel. Und so lief das ab ...

Um tief über diese Frage nachsinnen zu können, zog ich mich einen Monat lang in eine Hütte in den Wäldern Nord-Arizonas zurück. Ich hatte mir zwei Ziele gesetzt: (1) Anzufangen, ein Buch über die Lemurische Schwesternschaft zu schreiben, und (2) darüber nachzudenken, wie es in Zukunft mit der Lemurischen Schwesternschaft weitergehen könnte.

Eine Woche war vergangen, doch ich hatte kein einziges Wort geschrieben. Ich hatte Ausdrucke mit den Transkripten der Channellings dabei, die Kryon während der letzten drei Jahre auf den Treffen der Lemurischen Schwesternschaft durchgegeben hatte, geordnet nach Thema und Zeit – doch es kam immer noch nichts. Unterstreichungen, Kennzeichnungen, Hervorhebungen kamen hinzu – rein gar nichts passierte. Ich war frustriert und stand unter dem gefühlten Druck, ein Buch über die Schwesternschaft schreiben zu müssen; so viele Leute fragten danach. Ich fühlte mich als Versagerin: Mein Lieblingsthema, meine Mission, meine Leidenschaft wollten einfach nicht aus mir herauskommen. Ich hatte diese Zeit und diesen Ort für dieses Buch eingeplant. »Spirit, warum blockierst du das?«, fragte ich immer wieder.

Mein Wendepunkt

Am Anfang der zweiten Woche kontaktierte ich meinen lieben Freund und HeartMath®-Coach Shamir Ladhani. Ich hatte bislang HeartMath noch nicht praktiziert, aber ich war verzweifelt. Er führte mich durch eine tiefe, bewegende Übung, die mein Herz mit Frieden erfüllte und mich auf den Prozess, der sich jetzt entfaltete, vertrauen ließ. Auch wenn mir nicht gefallen hatte, was sich da nicht entfaltete (das Buch, das nicht geschrieben wurde), wurde ich doch daran erinnert, dass Spirit bewiesenermaßen den perfekten Plan für mich hat – immer.

Durch diese Hingabe öffnete sich mir eine Tür, durch die mir Führung für den Aufbau der »Worldwide Sacred Circles« (der weltweiten heiligen Zirkel) zuteilwurde. Wer hätte das gedacht?! Und es ging so leicht – letztendlich. Ich musste einfach meine zeitlichen Erwartungen (ich hatte nur drei Wochen zur Verfügung) und meinen linearen Wunsch (das Buch schreiben) aufgeben und mich auf darauf einlassen, was sonst noch durchkommen wollte. Ich musste einen Schritt von der Tür zurücktreten, damit sie aufgehen konnte.

Ich ließ die Vorstellung, ein Buch schreiben zu wollen, also los, und darauf geschah etwas Magisches: Mir wurden die Informationen zum Aufbau der weltweiten Schwesternschaft und all »ihrer« Teile heruntergeladen. Innerhalb der nächsten drei Wochen schaffte ich es, die Anleitungen zu schreiben und auszudrucken, meine Webseite zu aktualisieren, ein Warenzeichen eintragen zu lassen und eine GmbH zu gründen. Ich hatte eine Warteliste mit Frauen, die bereit waren, sich anzumelden und die Botschaften der Schwesternschaft auf dem Planeten umfassender zu verbreiten, aber ich hatte eben diese nächsten Schritte tun müssen.

Ach ja, noch etwas: Exakt elf Monate später schlug mir Monika Muranyi vor, das Buch gemeinsam zu schreiben! Spirit hat wirklich immer den perfekten Plan. »Vielen Dank, Spirit!«

Ja sagen zur Heiligkeit

Alle Frauen, die bereit sind, die Treffen des Sacred Circle in ihrer jeweiligen Stadt zu veranstalten, sind talentiert, engagiert, wunderbar ... und allesamt ganz unterschiedlich. Ich finde es toll und schätze es sehr, wie sie ihre ganz individuelle Signatur in ihre weltweiten Zusammenkünfte einbringen. Manche von ihnen haben früher schon Treffen und Zirkel veranstaltet, andere machen das zum ersten Mal. Sie haben sich möglichen Herausforderungen gestellt, um die Informationen an ihre Gemeinschaften zu kommunizieren (so manches Mal war das Internet eine Hürde), Veranstaltungsorte zu finden und authentisch zu ihrem göttlich-weiblichen Selbst zu stehen; dazu gingen sie durchs Feuer aus Verurteilung, Selbstzweifeln oder Angst – vieles davon aus früheren Leben, als das Ausleben unseres göttlich-weiblichen Selbst keinen guten Ausgang nahm. Jetzt sind sie leuchtende Seelen in ihren Gemeinschaften.

Tag für Tag werden Frauen dazu berufen, ihre göttlich-weibliche Essenz zu ehren und die heiligen Zirkel aus viel früheren Leben wieder zu kreieren. Diese Zirkel bauen eine Gemeinschaft auf und tragen dazu bei, die Energie der Schwesternschaft zu erwecken – ein Energiefeld, das alle Frauen als heilige Schwestern miteinander vereint. Aus jeder von uns erwächst ein Göttinnen-Gitternetz.

Die plejadischen Sternenmütter und Kryons Botschaften gaben mir Orientierungshilfe und Führung, Informationen und Erinnerungen an die Zeremonien, Feste, heiligen Gesänge und Meditationen an die Hand, wie sie auf den Treffen der alten Lemurischen Schwesternschaft stattfanden. Sie wurden in moderne Sprache »übersetzt« und für den Gebrauch in der heutigen Zeit aufbereitet; jede Zusammenkunft des heiligen Zirkels bietet die Chance, das Göttlich-Weibliche anzurufen, wiederzubeleben und zu feiern. Die Frauen im Zirkel beten, meditieren, singen und feiern gemeinsam. Ein heiliger Zirkel ist ein Ort, wo Frauen es sich erlauben, ihre Macht, ihre Schönheit und ihre Vollkommenheit zu spüren und sich dessen bewusst zu sein. Das ist eine Zeit, in der wir feiern, wer wir sind. Wir sind Schwestern, die gemeinsam das größte Erwachen unserer Zeit erleben, und gemeinsam unterstützen wir uns gegenseitig beim Aufbau eines ausgewogenen Planeten und bringen die Saat des Friedens auf Mutter Erde aus.

Abschließend zum Thema, worum es bei der Lemurischen Schwesternschaft wirklich geht, hat Kryon eine wunderbare Botschaft durchgegeben, in der er uns sagt, woran wir uns auf Wunsch der Sternenmütter erinnern sollen:

Wir kommen heute Abend hierher, um euch weitere Informationen über die Schwesternschaft und ihre Weisheit durchzugeben. Vergesst nicht, ihr bezeichnet diese Zusammenkunft als »Schwesternschaft«, in Lemurien wurde sie aber nicht so genannt. Aber es kommt dem, was damals geschah, am nächsten.

Ihr habt mich schon oft über die Geschehnisse in Lemurien reden gehört, aber ich möchte noch einmal betonen: Lemurien war ganz anders als alle anderen Orte auf dem Planeten. Und warum war es so anders? Weil dort viel länger die Reinheit bewahrt wurde als anderswo – jahrtausendelang blieb es rein und veränderte sich nicht.

Und so blieben auch die Frauen-Zusammenkünfte ähnlich einer Schwesternschaft sehr lange rein.

Wir wollen noch einmal darauf eingehen, was wir euch über Akasha-Erinnerungen gesagt haben. Normalerweise kommen in der Akasha der Menschen als Erstes *nicht* Erinnerungen an jüngste Geschehnisse hoch. Akasha-Erinnerungen sind nicht linear. Meistens erinnern sich die Menschen am stärksten und dramatischsten an Negatives – egal, wie neu oder alt das sein mag. Doch ihr habt aufgrund dessen, was ihr durchgemacht habt, ein ganz anderes Potenzial.

Ihr habt die Fähigkeit, euch buchstäblich darauf zu fokussieren, die Schönheit, Weisheit und schamanische Energie wachzurufen, die eurem Geschlecht damals bestimmt war. Heute ist das auf dem Planeten nicht mehr so, deshalb ist es ungewöhnlich. Die Prämisse ist, wie schon gesagt, dass das in euch steckt, in euch allen.

In dieser neuen Energie seid ihr gefordert, das zu generieren, was nur ihr als alte Seelen damals erlebt habt, und deshalb erwacht ihr für diese Informationen. Es gibt hier große Weisheit, und dieses Konzept der Schwesternschaft entwickelt sich deshalb, weil es seitdem zu keiner Zeit in der Geschichte diese Art von Heiligkeit und Reinheit gab.

Eure plejadischen Lehrerinnen blieben auf dem Planeten, sie blieben hier und lehrten jahrhundertelang. Wie wir euch gesagt haben, meine Damen, nahmt ihr nicht alle an denselben Zusammenkünften teil. Aber im Lauf einer sehr großen Zeitspanne wurden euch die gleichen Informationen und Unterweisungen zuteil, und ihr habt das alle gefühlt. Es blieb rein. Es ist für euch vielleicht schwer zu glauben, aber ihr teiltet euch auch dieselben Lehrerinnen, denn sie sind zeitlos. Was meint ihr, wie war das, von denjenigen unterrichtet zu werden, die die Saat auf dem Planeten ausbrachten und die DNA der Menschen veränderten? Was würden sie euch jetzt sagen?

Liebe Sternenschwestern, sie standen nicht über euch. Ihr seid nicht in einem Kreis um sie herumgesessen und habt sie auf ein Podest gehoben. Ihr habt sie nicht angebetet. Ihr habt sie geliebt, weil sie eins mit euch waren. Jede war für euch wie eine

Mutter, und sie alle waren Frauen. Die größten Lehren, die je auf diesem Planeten verbreitet wurden, kamen von denjenigen, die von den Sternen kamen, die Gott kannten und um die Reinheit und Heiligkeit dessen wussten, was in euch ausgebracht worden war.

Obwohl der ganze Planet all das im selben Zeitrahmen empfangen hat, war die lemurische Lehre anders, denn sie bewahrte viel länger ihre Reinheit. Das ist der Unterschied zwischen anderen Gruppen oder Zirkeln und eurer Erfahrung. Über sehr lange Zeit blieb dieselbe Reinheit erhalten. Auch wenn ihr das Gefühl haben mögt, auf lemurischen Frauentreffen [Schwesternschaften] dabei gewesen zu sein, habt ihr euch wahrscheinlich nicht gekannt, denn ihr habt nicht einmal im selben Jahrhundert gelebt. Aber ihr hattet dieselben Lehrerinnen! Das macht die Schwesternschaft zu etwas so Besonderen. Es ist eine Zusammenkunft von Frauen aus der Vergangenheit, die etwas sehr Heiliges gemein haben.

Welches Attribut benötigt ihr derzeit eurer Meinung nach wohl am dringendsten? Was von dem, was ihr von damals erinnert, könnte heute diesen Planeten verändern?

Die Antwort findet man in einer anderen Frage: Was müssen Schamanen im Allgemeinen wohl wissen, was meint ihr? Was von dem, was Schamanen mit anderen teilen, ist wohl am wertvollsten? Details über Zeremonien? Nein, das könnt ihr auch so. Und übrigens: Zeremonien sind etwas Menschengemachtes und nichts Plejadisches.

Was müssen Schamanen wissen? Die profunde Weisheit des Führens! Die Menschen wenden sich an einen Schamanen oder eine Schamanin, wenn sie Hilfe benötigen. Weise Lebensentscheidungen sind das wertvollste Attribut eines Lehrers bzw. einer Lehrerin. Ein Schamane muss sich gut damit auskennen, um anderen nicht nur Rat erteilen, sondern sie unterweisen zu können. All das wurde euch von den plejadischen Müttern vermittelt, und es ist fest in eurer Akasha verankert. Dieses Attribut kann den Planeten verändern.

Bei der Schwesternschaft geht es also darum, einiges von der ursprünglichen Weisheit der ursprünglichen plejadischen Lehrerinnen wiederzuentdecken. Erwartet nicht, dass ihr euch an Worte erinnert. Erwartet Emotionen und dann vielleicht neue Trauminhalte. Dieses Erinnern geht mit Reife einher, und ich möchte, dass ihr euch höher stellt und die heute hier vorhandenen Probleme mit mangelndem Selbstwert aufgebt. Seid nicht überrascht, wenn manches von dem, was euch gelehrt wurde, mit den Grundlagen der Mutterschaft zu tun hat.

Käme eine andere Frau mit ihren Problemen zu euch, was würdet ihr dieser Frau sagen? Als wir diese Frage das letzte Mal stellten, sagten wir: Ihr würdet sie beruhigen und ihr zuhören. Doch irgendwann muss da mehr sein. Vielleicht würdet ihr euch öffnen, und euch würden spontane, intuitive Gedanken kommen, in denen die Weisheit der plejadischen Lehrerin hochkäme? Vielleicht ist das Channelling? Falls ja, wird die Schwesternschaft zu einer »Erinnerungsschaft« [Kryon lacht]. Es ist ein Ort, an dem viele von euch zusammenkommen, die Lieder singen, die ihr einst gesungen habt, und beginnen, sich an die ursprünglichen Lehrerinnen und an Mele'ha zu erinnern, die Menschenfrau, die euch im Lauf der Zeiten durch diese Zirkel geführt hat.

Kryon Live-Channelling, durchgegeben anlässlich eines Treffens der Lemurischen Schwesternschaft in Grand Rapids, Michigan – 19. Juli 2016

Kapitel 5

Die »Untergrund-Schwesternschaft«

Die menschliche Göttlichkeit wurde uns von unseren Sternenmüttern, den Plejadierinnen, gebracht, und deshalb waren die ersten Schamanen auch Frauen. Jahrtausendelang agierten Frauen als Führerinnen der Gesellschaft; man betrachtete sie als diejenigen, die der schöpferischen Quelle am nächsten waren, man schrieb ihnen höhere Intuition, Weisheit, Wissen und spirituelle Intelligenz zu. So lief das Leben einfach in Lemurien und anderen Kulturen wie jener der Anangu in Australien.

Ganz allmählich, über Jahrzehnte hinweg, fiel die Magmablase, die die Landmasse hochgedrückt und den Minikontinent Lemurien erschaffen hatte, in sich zusammen. Dieses allmähliche Versinken war für viele Lemurier der Katalysator, der sie dazu bewegte, die Insel zu verlassen und sich auf die Suche nach anderen Lebensräumen zu begeben. Auch wenn einige Lemurier auf den entstehenden Hawaiianischen Inseln, wie sie heute heißen, blieben, kündigte der Weggang eines Großteils der Bewohner doch das Ende dieser Kultur an. All das geschah nach göttlichem Plan, denn die Akasha des Planeten war inzwischen aufgesetzt, und die Testphase der Dualität konnte ihren Anfang nehmen. Die Menschheit konnte sich aus freiem Willen entscheiden, in welche Richtung sie ihr Bewusstsein entwickeln würde.

Jahrtausendelang entschieden sich die Menschen für ein niedrigeres Bewusstsein als das, was ihnen von den Plejadiern verliehen worden war. Als sich abzeichnete, dass sich das menschliche Bewusstsein sozusagen auf dem »absteigenden Ast« befand, tauchten die Trägerinnen schamanischer Weisheit und schamanischen Wissens in den Untergrund ab. Die ursprüngliche Weisheit von Lemurien ging in fast alle Geheimgesellschaften der Erde ein, und Gaia kooperierte:

In manchen Teilen der Erde lassen sich Geheimnisse sehr gut verbergen. Man könnte das als kooperative Gaia-Energie bezeichnen oder auch nicht. Aber egal, wie ihr es nennt – es gibt Orte auf dem Planeten, wo selbst tiefste Geheimnisse bewahrt werden. Die Menschen haben aus freiem Willen ihren Bewusstseinsstand gewählt. Was werden sie nun im Rahmen ihres freien Willens damit machen? In welche Richtung gehen sie damit? Das ist wirklich die ultimative Frage im Hinblick auf das Überleben des Planeten. Die Antwort lautet: Seit dem Tag, an dem sie erschaffen wurden, haben sich die Menschen all die Jahrtausende hindurch dafür entschieden, das ihnen ursprünglich verliehene Bewusstsein auf eine niedrigere Stufe gleiten zu lassen.

Während das menschliche Bewusstsein in die Dunkelheit ging, mussten bestimmte Dinge verborgen werden, das wisst ihr. Dabei handelte es sich oft um Wahrheiten, die gefährlich waren oder die noch nicht sichtbar werden sollten. Bei einigen von euch wird die Akasha angesichts der nun kommenden Informationen resonieren, denn ihr wart dabei.

An manchen Stellen auf dem Planeten lassen sich Geheimnisse sehr gut verstecken. Es gibt auf dem Grund des Mittelmeers Geheimnisse, die noch enthüllt werden müssen. In Griechenland, Ägypten, der Türkei und besonders hier [Großbritannien] gibt es noch Geheimnisse zu entdecken.

Als sich abzeichnete, dass das Licht aufgrund des so tief gesunkenen menschlichen Bewusstseins seine Schwierigkeiten hatte, gingen viele von euch in den Untergrund; ihr musstet die Geheimnisse der Mysterienschulen [u.a. lemurische Informationen] verstecken – und das tatet ihr auch.

Die Gesellschaften hier [Großbritannien] waren beim Verstecken am erfolgreichsten. Diese Gesellschaften hatten so viele Namen, ihr Lieben. Manche waren falsche Gesellschaften mit falschen Namen, damit ihnen keiner zu nahe kam. War euch das klar? Und das alles, um das Licht und die kostbaren Kerninformationen der Wahrheit zu bewahren.

Die inzwischen bekannt gewordenen Informationen, wie man die Daten in der DNA umprogrammieren kann, wie man in der Akasha nach seinen Schätzen aus der Vergangenheit »schürfen«

und wie man den »inneren Gott« finden kann, waren profunde Geheimnisse, die einer Menschheit mit einem niedrigen Bewusstsein niemals hätten enthüllt werden können. Von Plymouth im Süden bis Wick im Norden war die ganze Insel daran beteiligt.

Es gibt hier so viele Portale – so viel Energie, wo die Geheimnisse verborgen waren. Fragt euch doch einmal, was die Aufgabe der Druiden war oder der Sinn der Mythologie von Merlin im 12. Jahrhundert. Merlin war kein Mann, sondern es handelte sich um eine Verbindung von Konzepten über Magie. Und worin bestand die Magie bzw. Zauberkunst? Es war das, was wir heute lehren. Es ist Metaphysik – etwas, das weit über die Dreidimensionalität des alltäglichen Lebens hinausgeht. Für manche ist das magische Zauberei.

Kryon Live-Channelling, »Die verborgene Weisheit offenbaren«, durchgegeben in London, England – 14. September 2014

Wie Kryon andeutet, sollen Mythologie und Magie uns Metaphysik lehren. Man denke nur an die Meister, die früher auf der Erde gewandelt sind, und ihre Fähigkeit, etwas aus nichts zu erschaffen, mit einer Berührung zu heilen oder ein Objekt in ein anderes zu verwandeln. All das sind Beispiele für das, was *allen* Menschen möglich ist – in einer Zukunft, in der wir Multidimensionalität verstehen und begreifen. Eines Tages wird es ganz normal sein, mit Bewusstsein die Physik zu manipulieren. In einer älteren Energie wäre das als etwas Übernatürliches, ja Gefährliches erschienen. Manches Mal wurde das mit dem Tod bezahlt, deshalb mussten die esoterischen Wahrheiten geheim gehalten und verborgen werden. Heute bezeichnen wir diese erneut offenbarte Weisheit der Metaphysik als das Neue Zeitalter, doch in Wahrheit ist das etwas, was unsere Vorfahren durchaus verstanden hatten. Kryon führt das weiter aus:

Die Ahnen wussten über all das Bescheid …

Ich möchte gerne allgemein etwas zum Thema »Spiritualität« sagen. Die Ahnen trugen durch ihre Intuition in sich die »Geheimnisse Spirits« – was ihr heute als »New Age« oder »Neues Zeitalter« bezeichnet. Doch an diesen Attributen ist nichts Neues, sie sind so alt wie die Menschheit. Für die Glaubensüberzeugungen der Ahnen hatten sie auch nichts Geheimnisvolles an sich. Das war nicht nötig. Sie standen mit nichts in Konkurrenz, und die Ahnen erkannten ganz offen an, dass es eine planetare Energie namens Gaia gab, die eng mit den Menschen zusammenarbeitete. Sie nährte sie, gab ihnen Kleidung und Weisheit. Die Menschen feierten die Geburt ihrer Kinder um die Erdenergie herum. Sie benannten ihre Kinder nach ihren Vorfahren, aus vielen Gründen, unter anderem weil sie glaubten, ihre Kinder wären ihre eigenen Vorfahren.

Der Kreislauf des Lebens, die Reinkarnation, war eine anerkannte, intuitiv erfasste Realität in Gesellschaften, die über den ganzen Planeten verstreut waren, sich nicht kannten und nie voneinander gehört hatten. Und dennoch behauptet ihr, all diese uralten Glaubensüberzeugungen seien Teil eures New Age.

Im Lauf der Geschichte reiften diese Überzeugungen mit ihren Attributen weiter heran, bis die Energie des Planeten so hoch entwickelt war, dass die Meister in Erscheinung traten. Diese Meister kamen auf die Erde, um den Menschen zu zeigen, wie sie anhand dieser intuitiven Attribute den Planeten verändern konnten. Die Meister lehrten die Meisterschaft, doch die Menschen wollten sie einfach nur verehren und anbeten. Ein Meister nach dem anderen kam, und einer nach dem anderen wurde von den Menschen beseitigt. Dieses Märtyrertum ließ neue Systeme entstehen, denn jetzt gab es ja Propheten, die man anbeten konnte. Die Glaubenssysteme der Welt veränderten sich, und die Gebräuche und Weisen der Ahnen mussten in den Untergrund gehen.

Das, wovon wir hier an diesem Ort der Weisheit sprechen, ist also keine Metaphysik und hat auch nichts mit New Age zu tun. Es ist elementare intuitive Spiritualität. Es handelt sich um das Wissen der Ahnen, das sie weitergaben, doch jetzt mussten diese Informationen verborgen und zu »Geheimnissen« werden.

So begann es mit den Geheimnissen – die Bewahrung der alten Wahrheit

Ich möchte euch, bildlich gesprochen, mit an einen Ort nehmen, einen real existierenden Ort mit einem realen historischen Geschehen, zu einer Zeit, die noch nicht so lange her ist, nicht einmal 300 Jahre. Ich führe euch in einen Raum voller alter Männer, alles hochrangige Profis. Einige hatten führende Regierungsposten inne, andere waren führende Juristen, einer war sogar ein kirchlicher Führer. Sie trafen sich heimlich, saßen in einem Kreis und hielten ein wichtiges Treffen ab, das keinen Namen hat, und auch der Treffpunkt, also der Ort bzw. die Stadt, werden nicht genannt. Aber diese Zusammenkunft hat stattgefunden. Es ging darum, zu vereinbaren, die Geheimnisse auch weiterhin auf unterschiedliche Weise unter dem Deckmantel einer gesellschaftlichen Organisation zu bewahren. Zu jener Zeit wurden intuitive spirituelle Gedanken als etwas Böses betrachtet; die elementare menschliche Natur, so wurde gelehrt, entstammte der Dunkelheit, und die Gaben Spirits wurden als Teufelswerk angesehen. Sie mussten etwas unternehmen, um die einfachen Wahrheiten Gottes, die den Menschen seit Äonen bekannt, aber jetzt in Gefahr waren, zu bewahren. Die auch heute noch geltenden religiösen Paradigmen waren dabei, sich durchzusetzen, und die Lehre besagte, die Menschen würden nicht mit Macht, sondern unrein geboren und die Propheten hielten den Schlüssel zu allem in der Hand. Deshalb müsse man ihnen folgen und sie verehren und anbeten, selbst im Tod. Spiritualität wurde als fragmentiertes und unpersönliches Paket neu definiert. Die Männer schrieben dreidimensionale Regeln auf, »wie man zu folgen und anzubeten hatte«, und die Männer machten sich die ganze darin steckende Macht zu eigen. Die Menschheit begann, in eine spirituelle Dunkelheit zu schlittern, die voller Mythologie, Leiden, Tod, Kriegen und Hass war, alles im Namen Gottes.

Als Erstes zogen diese alten Männer die »energetische Ausrüstung« heraus: die Kristalle. Sie legten diese Steine in ihrem Kreis in einem sehr interessanten Muster zusammen, das heutzutage als Doppeltetraeder bekannt ist, eine für sie heilige Form. Die Kristalle lagen also auf dem Boden vor ihnen, und die Männer begannen zu singen. Sie sangen nur Töne ohne Text, denn es wurde anerkannt, dass die menschliche Stimme eine heilige Energie erzeugte. Sie waren angeblich »von Gott erfüllt«, und sie erfüllten den Raum mit Tönen, um das, was sie tun wollten, zu reinigen. Sie zündeten viele Kerzen an, nicht weil das Ganze durch die Kerzen heiliger wurde, sondern weil sie keinen Strom hatten [Kryons Humor]. Es ist schon komisch, denn dieses Attribut ist auch heute noch in Gebrauch, wie die Saat einer Erinnerung an diese Zeit, als die Wahrheit versteckt werden musste.

Die in diesem Raum getroffenen Entscheidungen waren die Samen, aus denen die Geheimgesellschaften hervorgingen, die jahrzehnte-, ja sogar jahrhundertelang auf dem Planeten existierten. Einige dieser Organisationen florierten und wurden missverstanden, andere taten sich zusammen und verwandelten sich wiederum in andere Organisationen, wenn die Mitglieder gierig wurden. Einige wollten mit den Geheimnissen Macht erwerben. Manche bezeichneten sich als »erleuchtet«, waren es allerdings keineswegs. Wieder andere behielten die Geheimnisse für sich, sagten nicht viel und bewahrten die Reinheit dessen, was ihnen anvertraut worden war.

Eine dieser Organisationen gibt es auch heute noch: die sogenannten Freimaurer. Könnten sie euch die Geheimnisse verraten, die sie heute bewahren, würden diese Männer euch sagen, im Wesentlichen gehe es darum, dass in ihnen allen ein Prophet sei, der »Gott« genannt wird, und dass alle Weisheit, Heilung und Energie auf dem Planeten aus dem Innern entspringt. Was für ein Konzept! Genau das studiert ihr heute und bezeichnet es als »New Age«.

Kryon Live-Channelling »Woher Spiritualität stammt«, durchgegeben in McCaysville, Georgia – 11. Juli 2009

Welche Rolle spielten Frauen in diesen Geheimgesellschaften? Oft bestanden sie nur aus Männern, oder? Wir alle wurden schon als Mann und als Frau geboren. Wer schon Tausende von Leben hinter sich hat, ist eine alte Seele. In der lemurischen Akasha sitzen profunde Energien der spirituellen Kernwahrheit, wie sie von den

Plejadiern gelehrt wurden. Was geschieht nun in der Akasha der lemurischen Frauen, wenn sie als Männer wiedergeboren werden? Was geschieht mit den Gruppen von Frauen, die das Geschlecht wechseln, nachdem sie jahrhundertelang die Fackel der Erleuchtung hochgehalten haben? Verschwindet ihr schamanisches Wissen, nur weil sie keine Frauen mehr sind? Erinnern sich diese Seelen, die als Männer zurückgekommen sind, an dieses Wissen?

Das sind große Fragen, und die Antworten finden sich in der Art und Weise, wie die Akasha sich erinnert. Die Akasha steckt voller lebendiger Energie des Erwachens. Deshalb haben die Gruppen schamanischer Frauen, die als Männer reinkarnieren, Akasha-Erinnerungen an Weisheit und Wissen, die als Basis vieler Geheimgesellschaften von Männern dienten. Ist diese These umstritten? Oh ja, sehr. Kryon erklärt im nachfolgenden Channelling, wie und warum sich die ursprüngliche lemurische Rollenverteilung von Männern und Frauen veränderte.

Menschsein ist etwas spezifisch Irdisches. Der Test, den ihr alle durchlaufen habt, hat mit dem freien Willen zu tun, und damit meinen wir eine intuitive Einvernehmlichkeit auf Bewusstseinsebene. Wir mischen uns nicht ein, ihr Lieben, aber eure Prüfung hat auch mit Energie auf dem Planeten zu tun. Wo die Energie der Wahrheit ihren Anfang nimmt, ist eine Sache, in welche Richtung sie durch freien Willen geht, eine andere.

Das alles haben wir schon früher gesagt, aber bitte entspannt euch mit mir einen Augenblick lang. Mele'ha [Amber Wolf] ist wieder bei uns. Liebe Schwestern, eure Akasha springt auf die Wahrheit an, von der ich euch erzähle. Ihr seid an Lemurien interessiert, und das solltet ihr auch sein, denn das steckt in eurer Akasha, ja mehr als nur »in eurer Akasha«. Könnt ihr euch vorstellen, wie tief – metaphorisch gesprochen – eure Erfahrungen während eurer ersten Leben auf diesem Planeten euch eingeprägt sind? Seitdem jene von den Plejaden in euch die Saat ausgebracht haben, hat sich diese Energie sehr verstärkt.

Ihr wart mit diesen außerirdischen Lehrerinnen zusammen, wurdet von ihnen getröstet, habt die wunderbare Güte gesehen, die all ihrem Tun innewohnte. Für manche von euch waren sie engelhafte Wesen. Ihre Lehren waren erstaunlich, und damals habt ihr das gelernt, was ihr sogar heute noch wisst.

Könnt ihr euch vorstellen, diese Gefühle heute an den Tag zu legen, sie erneut zu entfachen und fortzuführen? Darum geht es bei der Schwesternschaft. Ihr spürt Erinnerungen an Vergangenes, weil ihr genau das gemacht habt und diese Zeit erlebt habt. In vielen Durchgaben haben wir beschrieben, wie ihr in dieser Nische in einem Kreis saßt, mit den Steinen und mit dem Wasser, das fast Körpertemperatur hatte, und alle möglichen Zeremonien abhieltet; ihr habt Kinder geboren, gesungen und vieles andere gemeinsam gemacht. Wir haben auch über die Männer gesprochen, die fischen gingen und sich darauf verließen, was ihr ihnen durch eure Gebete und das von den Sieben Schwestern Gelernte zukommen ließt. Ihr habt tatsächlich die Energie des Fangs gemäßigt, und sie (die Männer) wussten das.

Könnt ihr euch vorstellen, wie es ist, ein Mann zu sein, die Verantwortung für die Ernährung des Dorfes durch Fischfang zu tragen und dabei vom Zufall abhängig zu sein – vom Zufall? So laufen Jagen und Fischen auf dem Planeten auch heute noch ab. Fragt einmal einen Jäger: Manchmal kehren sie mit überhaupt nichts zur wartenden Familie zurück. Doch die Männer in Lemurien wussten um die intuitive Fähigkeit der Frauen, sie zum Fang zu führen. Das war weit mehr als Zufall.

Einst fragte ein kleiner lemurischer Junge, noch nicht einmal dreizehn Jahre alt, seinen Vater: »Vater, keine der Frauen geht je fischen, und doch hört ihr auf sie und lasst euch von ihnen sagen, wo die Fische sind. Warum?« Der Vater schaute den Jungen an und erklärte ihm langsam: »Die Frauen gehen nicht fischen. Aber irgendwie *sind* sie die Fische. Sie wissen tatsächlich, was die Fische wissen.«

Die Männer waren abhängig von der Führung durch die Frauen, denn das funktionierte. Sie waren sehr froh darüber und sehr stolz auf dieses »zweite Gesicht« ihrer geliebten Partnerinnen. Die Frauen waren nicht nur verantwortlich für die Spiritualität des ganzen lemurischen Kontinents, sondern zogen auch alle Kinder auf. Schwestern, ihr hattet damals viel zu tun, so wie heute, daran hat sich nichts geändert.

Über die Jahrtausende hinweg veränderten sich die Dinge ganz allmählich, und auch ihr habt euch verändert. Lemurien war die Startrampe der Akasha. Das heißt, ihr hattet nur ein Leben in Lemurien, ebenso wie alle eure Kinder. Das nächste Leben verbrachtet ihr auf einem anderen Kontinent, und die meisten von euch lebten im heutigen Europa.

Was meint ihr, wie sieht eure Akasha Lemurien und die nachfolgenden Leben? Folgt einmal mit mir der Logik. Ihr kommt zurück auf den Planeten und lebt nun »Leben Nummer zwei«. In eurer Akasha stecken nur die Erinnerungen an ein einziges Leben; das war allerdings herausragend! Es ist buchstäblich auf euch aufgesetzt, und zwar so, dass ihr es nicht abschütteln könnt. Es ist etwas Einmaliges, Singuläres. Ihr kehrt also natürlicherweise zu eurer früheren Lebensweise zurück und entwickelt eine Schwesternschaft.

Ihr versucht, das, was ihr erinnert, nachzumachen. Es ist eine Schwesternschaft, nicht unbedingt vom Pazifik umgeben, aber eine etwas abgewandelte Schwesternschaft. Doch im weiteren Verlauf der Geschichte wird die weibliche Intuition nicht mehr als etwas angesehen, was die Männer unbedingt benötigen. Jetzt gehen sie jagen und sammeln. Sie gehen nicht auf Fischfang und haben keine aktive Akasha wie ihr. Weisheit ist so. Die Akasha trägt in sich profunde Erinnerungen an Weisheit und versucht, das nachzuahmen. Das ist Energie, und die Akasha erinnert sich eben in Wirklichkeit an Energie. Sie erinnert sich dagegen nicht daran, »von wem diese Weisheit kam«. Deshalb haben die Männer keine Erinnerung an euch als Schamaninnen. Dieses Attribut muss in jedem Leben erneut aufgezeigt werden.

Eure Kultur beginnt Gebäude zu errichten und Handel zu treiben. Es funktioniert mit der Zeit alles ganz anders. Die Angelegenheiten der Frauen [Heiliges und Schamanentum] werden nun unterdrückt und gehen verloren, nicht wegen euch, liebe Frauen, sondern wegen der Kultur. Die Energie geht zunächst einmal in diese Richtung, und das ist verständlich.

Irgendwann ging die Vorstellung weiblicher heiliger Führerschaft durch Intuition komplett verloren und wurde nie wieder aufgegriffen. Stattdessen wurde es immer schlimmer. Das ist der freie Wille, und das kehrt sich, wie wir heute schon gesagt haben, nach und nach wieder um in dem Maße, wie die Erdbevölkerung die heilige Rolle der Frauen erkennt und wertschätzt. Ihr merkt das im persönlichen Umfeld, aber auch in den Nachrichten. Vielleicht öffnet ihr euch der Möglichkeit, dass es erneut Frauenangelegenheiten geben könnte. Die Vorstellung von Frauen als spirituellen Führerinnen muss irgendwo anfangen, und heute Abend nimmt sie bei euch ihren Anfang.

Ihr werdet nicht unbedingt das Gleiche tun wie in Lemurien, meine lieben Damen, aber da ist dieses Konzept, das ihr annehmen, diskutieren und feiern könnt. Es hat nichts mit der Macht der Frauen, aber alles mit ihrer Heiligkeit und Führerschaft für alle zu tun. Das ist ein Unterschied. Könnt ihr den Unterschied zwischen geschlechtsspezifischer Macht und weiser Führung erkennen? Die Menschheit wird von weiser Führerschaft angezogen. Es gibt sie überall, sie wird wertgeschätzt und ist begehrt. Versteht ihr, dass ihr eure eigenen Vorfahren seid? Das heißt, eure Akasha ermöglicht es euch, für diese Attribute zu erwachen.

Durch welche Geschehnisse in der Geschichte wurde das alles anders? Was ist passiert? Wohin seid ihr gegangen? Es gibt so viel zu erzählen, aber ich will euch nur einen kurzen Überblick geben. Ihr lebtet also euer zweites Leben, dann euer drittes etc. Irgendwann musste die Schwesternschaft in den Untergrund gehen. Ihr tragt das immer noch in eurer Akasha: zusammenzukommen und mit dem, was euch die lemurische Erfahrung und die Plejadierinnen gelehrt haben, zu arbeiten. Das ist in eurer Akasha immer noch sehr lebendig. Doch die Männer haben keine solchen Erinnerungen. Die Kultur und das Bewusstsein haben sich zurückentwickelt, und irgendwann kann man das, was man tut, nicht mehr aufrechterhalten. Es ist für die Männer bedrohlich, wenn Frauen sich treffen und machtvolle Dinge tun. Damit ist Schluss.

Achtung, jetzt kommt etwas Lustiges: Seltsamerweise maßen sich die Männer im Lauf der ganzen Geschichte nun dieses Amt an und entwickeln eine geheime Bruderschaft! Wie bitte? Welche Geheimnisse denn? Dieselben Geheimnisse, wie sie die Schwesternschaft hatte. Lest weiter …

Im Lauf der Jahre wird diese Bruderschaft zu allem Möglichen, unter anderem werden die sogenannten Freimaurer gegründet. Man könnte die Freimaurer also fast als eine exakte Kopie der heiligen Frauenangelegenheiten bezeichnen. Sie haben das Amt der Frauen übernommen. Das Seltsame und ziemlich Lustige daran ist: Woher hatten sie die Idee, woher hatten sie die Informationen? Warum machten sie das? Hier ist die Antwort: Wie ihr wisst, kehrt ihr nicht immer wieder mit demselben Geschlecht zurück. Diese Herren mit den Geheimgesellschaften waren früher einmal Frauen. Die Akasha der Seele verändert sich nicht mit dem Geschlecht, meine Lieben. Mit der Zeit werdet ihr euch demnach alle an die Kernlehren erinnern.

Die Männer konnten sich also in all das einklinken, aber sie erinnerten sich nicht, dass es von den Frauen stammte. Sie erinnerten sich einfach an die Wahrheit und wussten, sie mussten damit in den Untergrund gehen. Das ist doch wirklich lustig! Als Männer konnten sie das planen und an dem Rätsel arbeiten, aber die Frauen konnten das in den nachfolgenden Kulturen der Geschichte nicht mehr tun.

Doch es geht noch weiter. An vielen Orten des Planeten kam es zu einem Wiederaufleben der Schwesternschaft, wie man das frei nennen könnte. Das kann zu allen möglichen Teilen der Erde zurückverfolgt werden, unter anderem zu Orten direkt südlich von Hawaii.

Viele von euch reinkarnierten in Europa, aber viele gingen auch nach Südamerika. Dort gibt es heute »Frauenangelegenheiten« [Schamanentum] und auch Überbleibsel von anscheinend heiligen Zeremonien der Frauen – Überbleibsel von dem, was ihr in Lemurien begonnen habt und was der Westen nicht mit Füßen getreten und kaputtgemacht hat.

In Europa gab es einen Ort, an dem die Vorstellung von Frauen in einer heiligen Rolle anscheinend bewahrt werden konnte, und so war es auch. Fast ganz Europa veränderte sich radikal, aber an einem Ort blieb diese Vorstellung sehr, sehr lange erhalten, und Mele'ha wird bald dorthin gehen. Dieser Ort heißt Griechenland.

In Griechenland gibt es »Frauenangelegenheiten« [Schamanentum] – Göttinnen. Dort hat das nie aufgehört, und es gab sogar einen Untergrund dafür. Sogar mit den Illuminati hatte das zu tun (denkt daran, ich habe euch gesagt, ihr solltet über die Geheimnamen kein Urteil fällen). Und es gab dort auch Frauenangelegenheiten [Schamanentum]. Wir haben nicht gesagt, es sei wirklich gerecht zugegangen, aber es ging um das »Überleben der Schwesternschaft«, und es ist eure Geschichte. Wie bereits gesagt, habt ihr etwas zu neuem Leben erweckt, was früher funktioniert hat, und ihr habt fast jeden Preis dafür bezahlt. Es ist schwierig, euch das zu beschreiben – etwas Heiliges lebte neu auf und wurde zu etwas, was vielleicht keine heiligen Beweggründe hatte. Doch die Weiseren unter euch wissen, dass angesichts der menschlichen Natur das Leben so funktionierte.

In diesen Lebensspannen erinnerte sich eure Akasha daran, wozu ihr fähig wart, aber nicht unbedingt, wo ihr das gemacht habt. Heute wird das von dieser neuen Energie wieder zum Leben erweckt. Heute beginnt ihr euch an die Kernlehre zu erinnern und auch daran, wo ihr sie gelernt habt.

Was also habt ihr in Lemurien gemacht? Und wie habt ihr das gemacht? Und noch wichtiger: Könnt ihr euch an euer Gefühl des Stolzes erinnern, weil ihr dazu gebraucht wurdet? Ihr wurdet dazu gebraucht! Die Menschheit muss das erneut tun und euch Raum geben, euch daran zu erinnern.

Mele'ha, wenn du nach Griechenland zurückkehrst, wird man dich herzlich begrüßen. Die Energie erinnert sich an dich. An manchen Orten wird es ziemlich intensiv werden, also rüste dich dafür und erinnere dich, dass deine Unterweisungen die Saat für den Anfang ausbrachten.

Mele'ha war die letzte Führerin der Schwesternschaft in Lemurien, bevor es unterging. Das haben wir euch bereits gesagt, ebenso dass sie nicht wegging. Das konnte sie nicht. Sie war bereit, mit der Insel unterzugehen, wenn sie komplett versunken wäre. Sie stieg auf ihren Lieblingsgipfel und erwartete dort, wie sie meinte, das Unausweichliche. Sie hatte über dreimal so lange gelebt wie die meisten von euch, ihr Leben wurde durch den Tempel der Verjüngung auf dem Gipfel des Berges verlängert. Dort wartete sie also, während die Insel versank und dann … doch nicht ganz versank.

Sie war also im Paradies, auf der heutigen Insel Kauai, gestrandet, wenn man das so nennen will. Mele'ha, warum gingst du nicht zum Tempel oder zumindest auf einen höheren Gipfel, als der Berg unterging? Vielleicht erinnert sie sich nicht? Das Versinken des riesigen Berges ging sprunghaft und fast ohne Vorwarnung vor sich, manche Bereiche lagen dadurch niedriger als vorher und wurden überflutet. Mele'ha wurde für ihren langen Rückzug auf den Kauai-Berggipfel »gelenkt«, wo sie und ein paar andere gut überlebten …, und die Männer fischten ihr ganzes Leben lang nach ihr. Das ist ihre Geschichte.

Was ist also mit euch passiert? Wohin seid ihr gegangen? Wart ihr Teil der griechischen Schwesternschaft? Habt ihr euch daran erinnert? Die meisten von euch waren in diesen Lebensspannen dabei. Ihr seid eure eigenen Vorfahren, meine lieben Schwestern. Wie oft habt ihr das durchgemacht? Jetzt, wo ihr das in den energetischen Erinnerungen eurer Akasha auseinandersortiert, kommt es euch nach und nach zugute. Ihr seid dabei, das zu begreifen. Und ihr, die ihr zuhört, hier auf den Stühlen sitzt oder diese Zeilen lest, solltet Folgendes wissen.

Erstens: Ihr alle wart in Lemurien, aber nicht unbedingt zusammen. Das heißt, jede von euch verbrachte ein Leben in Lemurien, aber im Rahmen einer sehr langen Zeitspanne, in der Lemurien existierte. Es ist also eher unwahrscheinlich, dass ihr euch damals kanntet oder zur selben Schwesternschaft gehörtet. Versteht also bitte, dass ihr euch nicht unbedingt aneinander, sondern vielmehr an das Konzept erinnert.

Zweitens: Ihr hattet die ursprünglichen Informationen der Saat, und ihr könnt mir glauben, die habt ihr immer noch. Die Energie der Kernlehre wird durch die Zeit nicht weniger. Die Akasha funktioniert nicht linear, und Gefühle verblassen nicht mit der Zeit. Was sagt euch das über das, was ich euch erzähle? Falls ihr diesen Informationen energetisch ein Gefühl entgegenbringt, stimmen sie dann oder nicht?

Drittens: Was ihr gemacht habt, war hoch angesehen. Die Menschheit des Minikontinentes MU brauchte eure von euch so großzügig zur Verfügung gestellten Fähigkeiten. Ich möchte, dass das wirklich hängen bleibt. Das sind die drei Bereiche, an denen ihr festhalten sollt. Sonst nichts. Nicht an dem, was ihr später gemacht habt, und auch nicht an dem, was daraus geworden ist, sondern an dem ursprünglichen Glück dieser wunderbaren Zeiten des Anfangs.

Heute ist ein Neuanfang. Erinnert euch.

Kryon Live-Channelling, durchgegeben anlässlich eines Treffens der Lemurischen Schwesternschaft in Chicagoland, Illinois – 25. Juli 2015

Kryons Informationen über die geheime Untergrund-Schwesternschaft mögen für manche strittig sein; bei anderen wird dadurch ein starkes Gefühl angestoßen, dabei gewesen zu sein. Diejenigen, die die Geheimnisse bewahrten, gehörten zur ersten Generation an Menschen auf dem Planeten, denen diese uralten Wahrheiten in ihre Akasha eingepflanzt worden waren. Und was kommt als Nächstes? Laut Kryon ist es an der Zeit, die verborgene Weisheit zu offenbaren. Und wie genau soll das gehen? Dazu gibt Kryon uns folgende Anweisungen:

Meine Lieben, die Zeit ist gekommen, alle Geheimnisse der Mysterienschule [lemurische Kerninformationen] freizusetzen. Das ist schwierig, denn seit vielen Generationen habt ihr sie in eurer Akasha versteckt. Ihr habt all diese Geheimnisse aufgeteilt, mit Etiketten versehen und weggepackt, damit nichts entdeckt werden und euch erneut in Schwierigkeiten bringen konnte. Doch jetzt sage ich euch: Es ist an der Zeit, das alles zu offenbaren.

Das ist nicht die Metaphysik eurer Großväter, sondern ein Neues Zeitalter. Diese Zeit wurde von den Ahnen vorhergesagt, darauf haben sie gewartet. Ihr habt die Geheimnisse aus einem guten Grund bewahrt. Und nun, ihr Geheimnisbewahrer, verlasst diesen Ort mit einer neuen Vorstellung darüber, wer ihr seid und warum ihr hier seid.

Es ist an der Zeit, euer Wissen zu teilen, und am besten geht das, wenn ihr mit dem Bewusstsein eines Meisters lebt. Wie behandelt ihr die Menschen? Könnt ihr euch selbst heilen anhand der schamanischen Informationen, die ihr über all die vielen Jahre verborgen und für euch behalten habt? Vielleicht noch nicht, aber ihr wisst, dass ihr das könnt. Also gebt die Informationen frei. Zeigt den Menschen um euch herum eure innere Größe! Lasst die Geheimnisse durch eure Lebensführung ans Tageslicht kommen.

Und wenn jemand danach fragt, dann sprecht laut über die Konzepte: Ihr könnt eure DNA verändern, ihr könnt eure Realität verändern, ihr könnt euer Leben verändern, ihr könnt eure Lebensspanne verändern. Das ist das Konzept von Merlin. Für die meisten Leute ist das Zauberei. Doch all das ist in eurer Akasha.

Das ist die Botschaft. Reißt die Mauern ein! Wir haben das gestern Abend in einem anderen Land schon gesagt: Reißt die Mauern ein. Schließt euch mit anderen zusammen, die sich früher niemals mit euch zusammengetan hätten. Achtet auf Synchronizitäten der Liebe. Sind um euch herum möglicherweise Menschen, die seltsame Kleidung tragen und in deren religiösen Glaubensüberzeugungen bzw. Spiritualität vielleicht Gott steckt? Haben sie womöglich die gleichen Geheimnisse wie ihr? Achtet darauf, denn wer weiß – vielleicht sind auch sie bereit, die Geheimnisse zu lüften. Die Botschaft, die ich euch gebe, ist nicht Kryon vorbehalten. Sie wird laut im Gras ausgerufen [Kornkreise]. Sie wird überall auf der Welt an Medien durchgegeben. Dies ist die Zeit, auf die ihr gewartet habt.

»Kryon, was sollen wir denn hier in dieser Realität tun? Was können wir auf physischer Ebene jetzt tun?«

Ich habe es euch doch schon gesagt: Geht aus diesem Raum hinaus und lebt wie ein Meister. Achtet darauf, was ihr sagt. Achtet darauf, wie schnell oder wie langsam ihr ärgerlich werdet. Sucht nach Gott in anderen Menschen. Macht euch daran, die Probleme in eurem Leben so gut zu lösen, dass andere auf euch schauen und sagen: »Ich weiß ja nicht, was du da machst, aber ich will auch ein Stück davon!« Und wenn das jemand zu euch sagt, könnt ihr antworten: »Oh, das ist Magie.« Und ihr hättet recht. Es ist Magie.

Stellt euch einen Menschen vor, der durch Geisteskraft sein Leben auf der Erde um Jahre verlängern kann. Oder einen Menschen, der dank seiner Intuition mit Energie aus der Vergangenheit sein gegenwärtiges Leben verändern kann. Und was ist mit Geduld und dem Fehlen von Ärger und Wut? All das wird mit metaphysischer Magie vollbracht, einem Licht, das jahrhundertelang versteckt wurde. Lasst es heraus.

Kommt mit Leuten zusammen, mit denen ihr euch normalerweise nie zusammentun würdet. Menschen einer anderen Glaubensrichtung sagen vielleicht: »Du machst das falsch!« Antworte ihnen, dass du ihre Art und Weise respektierst und glaubst, dass sich die Dinge verändern und es an der Zeit ist, sich nicht mehr von Vorschriften einschränken zu lassen, sondern stattdessen Gott in allem zu sehen. Achte nicht auf ihren Glauben – schau in ihr Herz! Meine Lieben, Gewahrsein geht dem Wandel voraus. Eine Person im Publikum weiß ganz genau, woher ich das habe. Das war für dich, Liebe/r.

Was werdet ihr als Nächstes tun? Das ist der Gewahrseinszyklus. Als Nächstes kommen Veränderungen. Verlasst diesen Ort als eine andere Person. Wir haben es ja schon gesagt: Das ist der Sinn und Zweck dieses Treffens hier.

Kryon Live-Channelling »Die verborgene Weisheit offenbaren«, durchgegeben in London, England – 14. September 2014

Kryon ermahnt uns, »diesen Ort als eine andere Person zu verlassen«; genau das war der wahre Sinn und Zweck des Treffens.

Was bedeutet das nun für Sie persönlich? Warum haben Sie beschlossen, dieses Buch zu lesen?

Womöglich besteht eine tiefe Verbindung zu Lemurien, und bei dem Gelesenen geht es eher um Erinnerungen als um neue Informationen. Vielleicht waren Sie auch einfach neugierig und erforschen neue Möglichkeiten. Doch egal, was nun der Grund ist: Kryon fordert uns auf, unseren inneren Gott anzunehmen und es im Alltag an den Tag zu legen. In dieser neuen Energie brauchen wir keine Geheimgesellschaften mehr. Wir müssen unsere Wahrheit nicht mehr verstecken, sondern leben diese Wahrheit, wenn wir den inneren Gott entdecken und unser Einssein mit der Menschheit erkennen.

Frage an Kryon:
Es war von Geheimnissen auf dem Grund des Mittelmeers, in Griechenland, Ägypten und Großbritannien die Rede. Bezieht sich das auf lemurische Artefakte? Kannst du uns mehr darüber erzählen?

Antwort:
Diese Informationen bezogen sich auf eure sehr, sehr lange Vergangenheit und Geschichte; sie reicht vier- bis fünfmal weiter zurück, als eure Historiker schätzen. Die Geheimnisse, die ihr entdecken werdet, liegen alle unter dem Wasser oder dem Erdboden begraben, und mit neu entwickelten Technologien seid ihr in der Lage, sie zu »sehen« und vieles zu beobachten, was mit derzeitigen Vorstellungen hinsichtlich der Frage, wie lange es schon eine menschliche Zivilisation gibt, nicht zu vereinbaren ist.

Das letzte »Atlantis« wartet in den Tiefen des Mittelmeeres darauf, entdeckt zu werden. Und es ist gar nicht so alt. Man kann immer noch Straßen auf diesem kleinen Berg »sehen«, denn eurer Vorstellung von Atlantis nach geschah das erst vor Kurzem. Es wurde schnell verschüttet, als das Mittelmeer noch gar kein Meer war und das Wasser bei einem Erdbeben an den »Toren« eindrang. Wie bereits gesagt, bedeutet »Atlantis« für die Akasha so viel wie »Versinkende-Insel-Syndrom«, und so viele von euch waren bei diesen Geschehnissen dabei, dass alles zusammen zu einem einzigen »Atlantis« wurde.

In England und Schottland (und Teilen von Irland) befinden sich in der Erde viele Geheimnisse früherer Gesellschaften, und zwar aufgrund der über Jahrtausende stattfindenden Eroberungen. Die Eroberer schütteten die von ihnen zerstörten Städte oft zu und erbauten darüber neue Städte. Eine Stadt nach der anderen wurde begraben, eine neue Stadt wurde darauf errichtet, zerstört und auch begraben.

Es ist ziemlich witzig, zu sehen, wie ihr in Europa Städte ausgrabt und dann im Untergrund Führungen veranstaltet. Ihr fragt euch nie: Gab es unter dieser Stadt vielleicht eine weitere, die aus dem gleichen Grund verschüttet wurde? Meistens gibt es tatsächlich mehrere.

Überall, wo jemals eine Stadt um einen natürlichen Hafen herum gebaut wurde, könnt ihr unter dem Meer direkt am Hafen Entdeckungen machen. Die Meereshöhe verändert sich mit der Zeit, und außerdem findet Erosion statt. Ihr könnt gewiss sein: In den meisten älteren Häfen eurer Zivilisation gibt es direkt unter euch verborgene Geheimnisse.

Bei den »Geheimnissen« geht es darum, was ihr über Gott und über die Anwendung von Wissenschaft wusstet. Vielleicht interessiert es euch, zu wissen, dass vor ungefähr 10.000 Jahren das menschliche Wissen komplett auf »Neustart« gestellt wurde. Und wenn ihr (wie wir gesagt haben) wirklich schon seit über 40.000 Jahren auf der Erde seid, findet ihr womöglich ungewöhnlich alte Artefakte, auf denen euer Sonnensystem und womöglich sogar geheimnisvolles Wissen über eure unmittelbaren Nachbarobjekte am Himmel eingeprägt sind.

Folgt man dieser Logik bzw. Vorstellung, gibt es ein weiteres Missverständnis: Ihr meint, Entdeckungen würden immer demselben Weg folgen bzw. auf dieselbe Weise weiterentwickelt. Und dann sucht ihr in den Ruinen eines anderen Bewusstseins nach Belegen für eure eigene Technologie. Das ist eigentlich ziemlich amüsant.

Ich möchte euch einen fortschrittlicheren Denkgrundsatz an die Hand geben, wenn es um andere Zivilisationen geht: Physik ist Physik, und die Manipulation der Elemente durch Physik kennt viele Wege, um zur selben Lösung zu kommen. Die eine Gesellschaft entdeckt vielleicht, dass die Luft das Fliegen unterstützt, wenn man schnell genug ist und eine Fläche zum Abheben verwendet. So entstehen Flugzeuge, und die Archäologen suchen im Schutt der Ahnen nach Zeichnungen von Luftfahrzeugen, um herauszufinden, ob sie fliegen konnten.

Doch eine euch vorausgehende Zivilisation hat vielleicht das Geheimnis gelüftet, wie man die Masse eines beliebigen Objektes eigentlich manipulieren kann. Das ist gar nicht so schwierig, sondern machbar, wenn man sich mit Designer-Magnetik in irgendeiner Form auskennt. Ja, dann ist es sogar auf der Stelle offensichtlich. Gesteuert wird es mit Mustern phasischer Verschiebung. Tesla wusste das (konnte es aber nicht steuern).

Die Vorstellung, dieser Prozess gehöre in eine hoch entwickelte zukünftige Gesellschaft, ist töricht. Jeder von euch hätte die Idee jederzeit haben können. Aber ihr gingt einen anderen Weg.

Eine Kultur, die Masse manipulieren kann, kann praktisch überall hinfliegen bzw. fast alles hochheben. Für das Abheben oder die Landung ist keine Geschwindigkeit oder ein Wiedereintritt in die Atmosphäre erforderlich. Fast alle hoch entwickelten Zivilisationen in der Galaxie sind mit der Manipulation der elementaren Physik vertraut. Ihr habt das einfach noch nicht erkannt. Ihr sitzt hier und meint, die Gesetze der Physik seien die Gesetze für die Funktionsweise der Dinge. Doch sie sind vielmehr eine Art Ausgangswert für einen Standard, und ihr seid eingeladen, sie alle zu verändern.

Zusammenfassend kann man also sagen: Ihr werdet Dinge entdecken, die überhaupt keinen Sinn ergeben, sowie Technologie, die ihr nicht einmal als Technologie erkennt. Doch wenn ihr dann die Bücher findet, wird sich alles verändern.

Kapitel 6

Die Zukunft umschreiben

Warum muss denn die Zukunft umgeschrieben werden? Schließlich kennen wir die Zukunft nicht; sie ist einfach ein Feld aus Potenzialen. Was wirkt sich auf dieses Feld aus?

Bewusstsein – und seit Jahrtausenden wurde das kollektive menschliche Bewusstsein von den vorherrschenden Prophezeiungen eines Armageddons bzw. Weltuntergangs und der Auslöschung der Menschheit beeinflusst. Das hätte um die Jahrtausendwende bzw. im Jahr 2000 geschehen sollen. Und als nichts passierte, sagte eine andere sehr düstere Prophezeiung für das Jahr 2012 »das Ende der Zeiten« voraus.

Auch das Jahr 2012 haben wir überlebt, aber unsere Weltuntergangsuhr wird immer wieder umgestellt, weil wir so von Drama, Angst und Horror fasziniert sind. Unsere Geschichte steckt voller erwarteter Zerstörungen. Die Menschheit hat eine Vorliebe für drohendes Unheil und Untergang. Wie Kryon sagt, trägt jede alte Seele in sich eine befangene Erinnerung, die besagt: »Die Erde ist dem Untergang geweiht.« Viele Menschen haben immer noch das Gefühl, es stehe etwas Schlimmes bevor. Sie sehen nur all die Probleme, mit denen wir konfrontiert sind, und verzweifeln, weil sie sie für unlösbar halten. Mehrere Prophezeiungen sagen den Zusammenbruch der Wirtschaft voraus, und die Furcht vor einem weiteren großen Krieg ist sehr real. Die Welt erwartet Katastrophen und ihren Untergang. Deshalb bittet uns Kryon, unsere Vorstellung von unserer Zukunft umzuschreiben.

Erst in den letzten paar Jahrzehnten veränderte die Menschheit ihr auf das Ende der Welt ausgerichtetes Denken. Doch ein Rest dieser Untergangsbefangenheit und der Vorstellung, was hätte sein können, steckt weiterhin in unserer Psyche. Diese alte Restenergie kann unter Umständen gefährlich sein, denn falls genug Menschen bei der dadurch entstehenden Angst und dem Drama mitmachen, wird unsere Weiterentwicklung ausgebremst. Und manches von dem, was wir befürchten, könnte sogar eintreffen, als ob wir es durch unsere Erwartungen anziehen.

Welche Erwartungen haben Sie? Was sind Ihre Gefühle hinsichtlich Ihrer persönlichen Zukunft? Hoffnung, Begeisterung und eine Fülle von Güte? Meinen Sie, es komme Gutes auf Sie zu und Ihre Erwartungen würden sogar übertroffen? Viele Menschen können nicht unbedingt an eine strahlende Zukunft glauben, sondern gehen davon aus, dass es mit all den Dramen, Problemen und Herausforderungen so weitergeht oder »noch schlimmer kommt«. Wird eine Situation mit Energie gefüttert, geht es damit einfach weiter. Jede Klage bestätigt die negative Erwartung. Geht es Ihnen auch so? Dann haben Sie nun die Chance, Ihre Zukunft umzuschreiben. Können Sie Ihre Gedanken, Überzeugungen und Ihr Handeln drehen und positiv darüber sprechen? Ihre Worte verändern Ihre Realität und haben auch Einfluss auf andere Menschen.

Vielleicht wissen Sie das alles schon, aber alte Gewohnheiten stehen Ihnen im Weg. Oder Sie sitzen womöglich mit der Familie oder mit Freunden zusammen, die anfangen herumzujammern, und schon schließen Sie sich diesen Klagen an. Manchmal ist es halt einfacher, mitzumachen und nicht anzuecken. Sich von der Dunkelheit ins Licht zu begeben, kann in jeder Situation schwierig sein; wir sind ja gerade erst aus der alten Energie der Vergangenheit herausgetreten. Auf unserem Weg tiefer hinein in die neue Energie des Planeten geht Kryon auf bestimmte Themen ein. In der nachfolgenden Durchgabe gibt er uns die Möglichkeit, darüber nachzusinnen, wie wir unsere persönliche Zukunft umschreiben könnten:

Seid gegrüßt, meine Lieben, ich bin Kryon vom Magnetischen Dienst. Ich möchte, dass ihr diesen Ort in eine Blase packt und alle anderen Geräusche und Konzepte außen vor haltet. Hier ist eine Energie für euch, und für manche von euch hält dieser Tag der Unterweisung die Energie eines »Aha«-Erlebnisses bereit. Diese Energie ist nicht neu, denn es geht dabei ums Erinnern.

Ihr Lieben, viele von euch werden sich an vieles erinnern, und das habt ihr in dieser Zeit auch erwartet. Ihr werdet anfangen, euch an Dinge aus alten Zeiten zu erinnern, die einen Sinn ergeben haben. Das habt ihr in der Vergangenheit als schamanische Wesen gelernt und erfahren. Ihr wart die Ahnen, ihr alten Seelen, und es gibt vieles zu erinnern.

Ihr werdet euch an die verschiedenen Prophezeiungen erinnern, die ihr als Ahnen sogar mit geweissagt habt, und auf einer Ebene wusstet ihr, dass ihr eines Tages in dieser Zukunft leben würdet. Und nun seid ihr hier. Mit den Gefühlen, die in euch hochkommen werden, wird das alles einen Sinn ergeben. In diesem speziellen Channelling geht es um eine Frage: »Wie werdet ihr euer Leben führen auf dem Weg von der Dunkelheit ins Licht?« Ihr, als alte Seelen, die buchstäblich seit Jahrtausenden, seit Beginn der Schöpfungsgeschichte auf dem Planeten lebten, seid auch buchstäblich von diesem Wissen um Dunkelheit und Licht durchtränkt. Auf einer Ebene wart ihr über all die Zivilisationen hinweg immer lebendig, ja ihr habt sogar in Zivilisationen gelebt, von denen die Geschichtsbücher noch gar nichts wissen.

So alt seid ihr. Doch jedes Mal, wenn ihr auf diesem Planeten wart, seid ihr in ein niedriges Bewusstsein zurückgekehrt. Auf einer Skala von 1 bis 10, wobei 1 für das sich neu entwickelnde Bewusstsein und 10 für das weiseste Bewusstsein steht, befindet sich die Menschheit immer noch erst bei etwa dreieinhalb. So weit hat sich ihr Bewusstsein höchstens entwickelt. Manche hatten zu Beginn ein höheres Bewusstsein, sanken aber auf den derzeitigen Stand herab. Jahrtausendelang habt ihr in einer älteren Energie gelebt, und jetzt erlebt ihr hier, wie sich die Energie verändert, wie Licht nach und nach zum Vorschein kommt und die dysfunktionale Dunkelheit wild um sich schlägt.

Das niedrige Bewusstsein (die Dunkelheit) ist am Verlieren, denn das, wovon es sich genährt hat, funktioniert nicht mehr. Systeme, die durch einen Mangel an Integrität und durch Gier gekennzeichnet waren, beginnen zu zerfallen. Zunächst wird das bestimmte Teile des Planeten treffen, dann auch weitere. Sie zerfallen, weil das Licht gewinnt. Wie ergeht es euch persönlich? Wie wird es sein, nach Jahrtausenden der Dunkelheit ins Licht zu gehen? Welche Gewohnheiten werdet ihr in diese neue Zeit mitnehmen, die euch weiterhin in der Dunkelheit verharren lassen?

In diesen wenigen Momenten möchte ich euch nur ein paar Attribute aufzeigen, euch sozusagen Stoff zum Nachdenken bzw. Denkanstöße an die Hand geben. Alte Seelen, ihr seid die Hoffnung des Planeten, das Licht des Planeten. Ihr seid die Seelen mit Erfahrung, und doch befindet ihr euch immer noch im Dunkeln. Wie werdet ihr das machen? Ich werde euch eine Liste mit Attributen zusammenstellen, wie ich das oft mache, und sie ist nicht lang. Sie umfasst Schritte und Einsichten dahingehend, wie man von der Dunkelheit ins Licht gelangt.

Glaube

Wie bei so vielen anderen Listen, die wir euch an die Hand gegeben haben, lautet Punkt Nummer eins: Glaubt ihr daran? Glaubt ihr wirklich daran? In manchen unserer Durchgaben ging es um Gesundheit und um eure Fähigkeit, in der Akasha zu schürfen. Es ging darum, zu euren Zellen zu sprechen und mit eurem Angeborenen zu arbeiten. Und immer stand am Anfang die Frage: Glaubt ihr daran? Warum ist dieser Schritt der erste und allerwichtigste? Hält euer Bewusstsein das nicht für die Wahrheit, hat der Rest eures Körpers keine Chance. Ihr seid der Chef eurer Zellen; euer Bewusstsein spricht zu eurem Angeborenen, und ihr müsst euch darauf einlassen und mitmachen, müsst es euch zu eigen machen. Glaubt ihr daran? Glaubt ihr wirklich, dass eine Wende stattfindet?

Schaut man sich auf dem Planeten um und sieht, was in der Wirtschaft und in der Politik so alles passiert, fällt etwas Seltsames auf. Obwohl all das in der alten Energie regelmäßig auftrat, ist es in der neuen Energie am Schwächeln und läuft nicht mehr so richtig bzw. scheint zumindest nicht stimmig zu sein. Ihr habt diese Energie noch nie gesehen, und in euren Lebensspannen wurde sie noch nie auf den Prüfstand gestellt. Kein Mensch hat jemals diese neu auf euch zukommenden Attribute gesehen. Setzt man einen Salzwasserfisch in Süßwasser, wird er sterben, außer er verfügt über einen Mechanismus zur Weiterentwicklung seines Stoffwechsels. Diese Fische sind zwar Wasserbewohner, aber sie leben nicht in dieser Art von Wasser. Ihr geht von der Dunkelheit aufs Licht zu, und obwohl ihr schon viele Leben hinter euch habt, seid ihr nun mit anderen Paradigmen konfrontiert. Ihr müsst euch anpassen. Nummer eins lautet also: Ihr müsst daran glauben.

Geschieht das wirklich gerade auf dem Planeten oder habt ihr davon auf einem Seminar in einem Channelling erfahren? Ist es Wunschdenken, worauf ihr euch nicht wirklich einlasst, oder seid ihr dabei? Falls ja, müsst ihr sagen: »Ich sehe es! Wow, es passiert tatsächlich! Ich bin zur richtigen Zeit am richtigen Ort und bin Teil des Wandels. Es ist eines der großartigsten Geschehnisse, die jemals auf dem Planeten stattfanden. Ich bin zur richtigen Zeit am Leben, und dazu bin ich auf die Erde gekommen.«

Manche von euch sind womöglich superanalytisch und sagen: »Es kann nicht sein, dass ich für diesen Wechsel von der Dunkelheit zum Licht gekommen bin, weil ich zu alt bin. Dieses oder jenes stimmt mit mir nicht, da kann ich doch nicht mit etwas so anderem weitermachen, das so viel Veränderungen bringt.«

Ihr Lieben, Licht erschaffen, das könnt ihr am besten – egal, wer ihr seid, wie alt ihr seid oder was mit eurem Körper los ist. Das Erschaffen von Mitgefühl und Licht ist die eleganteste Funktionsweise des Bewusstseins, und ihr alle seid dazu in der Lage.

So viele haben gesagt: »Ich komme nicht wieder zurück, ich habe meine Aufgabe erledigt.« Oh doch, ihr kommt zurück! Immer wieder sage ich euch das. Ihr möchtet die Party um keinen Preis verpassen. Ihr Lieben, ihr werdet dieses Mal nicht wieder dieselben Fehler machen. Ihr werdet hier ankommen voller Frische und mit einer Erinnerung aus eurer Akasha, durch die neue Weisheit entsteht. Das wird später passieren, doch jetzt brauchen wir euch, ihr alten Seelen. Ihr seid hier, um buchstäblich noch in diesem Leben diesen Krieg zwischen Licht und Dunkelheit zu gewinnen, und deshalb geben wir euch auch Informationen für ein längeres Leben durch, damit ihr versteht, wie ihr euren Körper heilen, zu euren Zellen sprechen und etwas bewirken könnt, was die medizinische Wissenschaft für unmöglich hält.

Einige von euch, die hier sitzen, haben das bereits gemacht. Ich weiß, wer hier ist, und ich weiß, wer da vor mir sitzt. Es geschehen Wunder über Wunder, und hier im Publikum sind Menschen, die Synchronizitäten erleben. Ich weiß, was in eurem

Leben geschehen ist. Spirit weiß es. Ihr seid wirklich reif für diese Informationen. Sobald ihr erst einmal entschieden habt, dass das alles real ist und dass ihr es euch zu eigen machen wollt, könnt ihr euch auf die Reise ins Licht begeben. Als Nächstes müsst ihr euch fragen: »Falls es wahr ist, wie mache ich dabei mit? Was verändert sich in mir, weil ich die Tatsache erkannt bzw. akzeptiert habe, dass eine Wende von der Dunkelheit zum Licht vor sich geht?« Damit erfüllt sich die Prophezeiung aller Zeiten; ihr lebt in einer ungewöhnlichen Zeit voller Veränderungen. Wie sieht euer nächster Schritt aus? Was werdet ihr unternehmen?

Alte Bewusstseins-Gewohnheiten

Ihr Menschen habt alte Gewohnheiten; deswegen müsst ihr euch nicht schämen oder Schuldgefühle haben. Gewohnheiten sind Gewohnheiten; ihr habt getan, was ihr getan habt, um zu überleben, und jetzt verändert sich die Struktur des Gewohnten. Wie wäre es, wenn ihr eure Reaktion auf bestimmte Dinge analysieren würdet? Jammert ihr gern? Das ist euch vielleicht nicht einmal klar, weil es so einfach ist, in das Gejammere der anderen einzustimmen, ohne darüber nachzudenken. Das ist eine Gewohnheit, wusstet ihr das? Es ist eine kulturelle Gewohnheit. Ihr glaubt womöglich gar nicht das, was ihr sagt, aber es ist eine Gewohnheit.

Geht ihr die Zukunft positiv an? Ihr sagt vielleicht: »Ja klar!«, doch was ist, wenn andere Leute in eurem Umfeld sagen: »Wir sind alle dem Untergang geweiht, und es wird nie besser werden; alles geht den Bach runter.« Sagt ihr dann nichts darauf und nickt mit dem Kopf? Das passiert ganz schnell.

Vielleicht seid ihr aber auch proaktiver. Vielleicht widersprecht ihr solchem Gerede nicht bzw. seid nicht unsozial, sondern denkt euch vielmehr euren Teil über diese negativen Aussagen und sagt: »Also, so ganz sicher bin ich mir da nicht. Ich hab auch Gutes gehört. Ein bisschen positiver denke ich schon.« Vielleicht habt ihr zu einer positiveren Einstellung gefunden, sagt aber nichts, was euren Freunden das Gefühl gibt, im Unrecht zu sein, oder was ihnen unangenehm ist? Habt ihr schon erkannt, wie man gesunden Menschenverstand und Ausgewogenheit diplomatisch einsetzen kann? Vielleicht habt ihr herausgefunden, wie man gegen die negativen Gewohnheiten seiner Mitmenschen angehen kann, ohne deswegen als jemand dazustehen, der abgehoben und realitätsfremd ist, sondern vielmehr als ein zukunftsorientierter und positiver Mensch. Das ist ein Unterschied.

Könnt ihr mit eurem Wissen über die Wende die Dinge anders betrachten? Was ist jetzt möglich, was ihr früher für unmöglich gehalten habt? Werdet ihr eine Bilanz eures eigenen Lebens ziehen und das, was ihr eigentlich schon als unmöglich verbucht hattet, jetzt doch für vielleicht möglich halten? Ich spreche hier gerade zu einigen, die von sich und dem Planeten eine feste Vorstellung und das Gefühl haben, nichts würde daran etwas ändern. Meine Lieben, das ist einfach nicht wahr. Erst kürzlich habe ich ein Channelling über die »Täuschungen der Dunkelheit und die großen Unwahrheiten« durchgegeben, und eine dieser Unwahrheiten lautet: Nichts wird sich jemals verändern; die menschliche Natur bleibt immer gleich, und die Geschichte ist der Beweis dafür. Könnt ihr die Schublade der Vergangenheit verlassen und euch auf etwas Unerwartetes freuen?

Stellt euch vor, jemand sagt zu euch: »Schau, das sind einfach die Fakten. Das alles zu bereinigen, geht einfach nicht. Schau, das sind die Fakten – das ist in der Vergangenheit immer wieder passiert und wird auch weiterhin passieren.« Könnt ihr darauf antworten: »Ich weiß nicht, wie das ablaufen wird, aber ich bin zuversichtlich und überzeugt, dass wir nicht mehr dieselben sind wie früher. Die Zukunft schaut anders aus, als man mir eingeredet hat. Wir wissen halt nicht alles, und du weißt nicht, was du alles nicht weißt, und deshalb besteht Hoffnung – und nicht nur Hoffnung, sondern die Aussichten sind gut.« Gehörst du zu jenen, die an die Wende glauben? Wie kannst du dann alte Gewohnheiten verändern und es auch zeigen? Das war Punkt Nummer zwei.

Drama-Vermarktung und unsichtbare Wahrheit

Nummer drei: Eure Gesellschaft und eure Kultur beinhalten einige sehr alte Energien; sie waren immer gleich und stehen für die menschliche Natur der Vergangenheit. Ihr müsst entscheiden, was ihr damit anfangt. Ihr könnt sie vielleicht nicht verändern, aber ihr habt eine Wahl und könnt entscheiden, was ihr damit anfangen wollt.

Glaubt ihr an den Wandel und beginnt, positiver zu denken? Dann lasst mich euch etwas Hilfreiches sagen: Auf diesem Planeten gibt es Licht, über das nicht berichtet wird. An Orten sehr großer Macht entstehen Vorstellungen eines hohen Bewusstseins und ein neues Denken über die Zukunft der Menschheit. Das sind die Samen eines neuen Denkens, die heranwachsen; manches davon ergibt so viel Sinn und ist so elegant, und doch werdet ihr nie davon erfahren. Warum? Weil eure Medien voll sind von dem alten, dunklen Bewusstsein, in dem Drama an erster Stelle steht, und viele von euch tragen bereitwillig mit dazu bei, dieses Bewusstsein zu erhalten.

Manche von euch kommen von der Arbeit nach Hause und haben das Gefühl, es wäre doch ganz nett, die Medien einzuschalten und sich all das Schreckliche anzuschauen, das an diesem Tag auf dem Planeten passiert ist. Vielleicht wollt ihr auch gar keine Nachrichten sehen und lieber unterhalten werden. Also schaltet ihr eine Sendung ein, in der ihr seht, wie Familien Dramen erleben, sich streiten und herumjammern. Was ich euch damit sagen will, ihr Lieben: Eure Medien sind kaputt, aber ihr schaut euch das trotzdem an.

Im Moment geht es in den Medien mit der alten Energie weiter, und die Entscheider denken, sie wüssten am besten, was ihr und eure Nachbarn wollen. Also wird regelmäßig Dunkelheit verbreitet, und wenn gerade nichts Dunkles abläuft, kreieren sie halt einfach etwas Dunkles für euch. Damit seid ihr konfrontiert.

Mein Rat lautet: Sucht euch sorgfältig Medien aus, die eurer Meinung nach wahr und akkurat sind. Würdet ihr nicht viel lieber etwas Lustiges anschauen? Vielleicht süße Haustiere oder andere Tiere, die etwas Lustiges aufführen? Oder Kinder, die erstaunliche und komische Dinge tun, oder großartige Geschichten voller Heldentum mit einem erhebenden Ende? Oder wie wär's mit wundervollen Naturaufnahmen oder witzigen Komödien? Mit euren neuen Geräten könnt ihr heutzutage davon anschauen, so viel ihr wollt, ohne Werbung.

Das ist der neueste Trend und eine Weiterentwicklung eurer Medienwahl: persönliche Kontrolle über die Programme, ohne Werbeunterbrechungen. Habt ihr das kommen sehen und euch gewundert, warum das gerade jetzt passiert?

Die Lösung für das Problem mit auf Dramen ausgerichteten Medien ist also ganz einfach: Hört und seht euch diese Standardsendungen nicht an! Sucht lieber nach Alternativen und seid wählerisch. Sucht euch Nachrichten aus, die weniger einseitig ausgerichtet sind und nicht die ganze Zeit nur von Dramen berichten. Natürlich solltet ihr über die Geschehnisse auf dem Laufenden bleiben, aber ihr müsst Programme nicht akzeptieren, die nur darauf aus sind, das Drama des Tages auszuschlachten oder es noch schlimmer zu machen, als es sowieso schon ist, ohne über all das Gute zu berichten, das auch geschieht.

Ich sage das, weil diese Sender [die Medien] nicht nur kaputt, sondern gefährlich sind, denn dadurch entsteht ein falscher Eindruck von dem, was auf dem Planeten abläuft. Sie stecken in der alten Energie fest und sind noch nicht auf dem Laufenden dahingehend, was vielleicht wirklich gerade auf dem Planeten geschieht. Noch nicht. Selbst die Medienprogramme mit angeblich guten Weiterbildungs- und Geschichtssendungen sind auf eine Weise befangen, die ihr nicht erwarten würdet. Sie verzerren historische Berichte oder Dokumentationen immer noch einseitig und stellen sie voller Schrecken und Dunkelheit dar. Sie glauben, das wollten die Leute so.

Was würde geschehen, wenn diese Firmen senden würden, was die Leute wirklich sehen wollen [Positives]? Es würde genau das passieren, was sie sich wünschen: Ihre Umsätze würden in die Höhe gehen! Ich hoffe, ihr hört gut zu. Eines Tages, ihr Lieben, wird es nicht nur einen Sender geben, der gute Nachrichten sendet, und ihr könnt einschalten und hört höchst heldenhafte und zu Herzen gehende Dinge, die an diesem Tag auf dem Planeten geschehen sind. Es wird ausgewogen sein; vielleicht kommt auch einiges andere dazu, was ebenfalls passiert ist. Aber es wird eine Ausgewogenheit herrschen, die ihr bislang noch nirgends gesehen habt.

Schluss mit dem Drama

Und noch ein Punkt: Ihr Lieben, manche von euch haben mit Freunden, Familienmitgliedern oder Arbeitskollegen zu tun, mit denen das Zusammensein schwierig ist. Sobald ihr auftaucht, läuft ein Drama ab. Euch tut das Herz weh. Manchmal schreckt ihr davor zurück, dabei zu sein, und immer kostet es euch Kraft und erschöpft euch. Das könnt ihr nicht ändern. Das ist das Wesen der Dunkelheit. Ich sage euch jetzt etwas, was ich noch nie gesagt habe. Es gibt hier zwei Arten von Situationen und zwei Arten von Antworten bzw. Reaktionen auf diese Probleme:

Die erste ist beständiges Drama. Geht das in deinem Leben vor sich, alte Seele, dann wäre es für dich nützlich, einen Weg aus dem Drama herauszufinden, was immer das für dich bedeutet. Löse dich von dem Drama, dann wirst du feststellen, dass du länger lebst, mehr Licht in dich eintritt und du mehr lachst.

Ihr Lichtarbeiter, hört mir gut zu. Ihr alten Seelen, hört auf mich: Kommt aus dem Drama heraus. Lasst keine Situation immer wieder in ein Drama ausarten, während ihr einfach dasitzt und es geschehen lasst. Wenn ihr keine Kontrolle darüber habt und nicht zu einer Veränderung beitragen könnt, dann distanziert euch davon. Warum solltet ihr denn in der Nähe von Gift bleiben? Warum solltet ihr weiterhin Dinge in euch aufnehmen, die euch töten werden? Warum also das Drama weiterhin mitmachen und dabei bleiben?

Die zweite Reaktion ist kurzzeitiges Drama. Das Schwierigste? Drama dreht sich oft im Kreis und spielt sich in Familien ab; deshalb haben sich so viele von euch hier vor Ort und viele derjenigen, die das hören, von ihren Kernfamilien gelöst. Ihr seid das schwarze Schaf. Doch eigentlich seid ihr das weiße Schaf; schwarz ist vielmehr das Drama, in dem sich die Familie dreht. Deshalb sind Feiertage für euch so schwierig. Das sind die Zeiten, wo man verpflichtet ist, seine Familie zu besuchen, und dabei steckt ihr ein oder zwei Tage lang wieder im Familiendrama drin; das ist sehr unangenehm und schwierig und führt oft zu Konfrontationen.

Geht ihr also die Familie besuchen, dann lasst nicht zu, dass die anderen eure Wut- oder Frust-Knöpfe drücken. Bleibt in

Balance und seid für ein potenzielles Familiendrama gerüstet. Versuchen sie euch in ihren Dramaprozess zu verwickeln, bleibt einfach im Gleichgewicht und zeigt ihnen, was ihr gelernt habt: positiv zu sein und euch von ihrem Prozess nicht beeinträchtigen zu lassen.

Das ist schwierig, aber wenn ihr es schafft, wird es ihnen auffallen. Sie merken, dass sie euch nicht aufregen oder frustrieren oder mit etwas Uraltem drangsalieren können, was karmisch für euch nicht mehr stimmig ist. Egal, wie sehr sie es versuchen, ihr lacht einfach darüber und lasst euch offensichtlich nicht »ködern«. Ihr ahnt ja nicht, wie viel Kraft euch das verleiht und wie viel Licht dadurch an dunklen Stellen erzeugt wird. Ihr »spielt« bei dem Drama einfach nicht mit. Darum geht es in Wirklichkeit bei Meisterschaft.

Die Rolle des inneren Kindes

Ich möchte euch bitten, das innere Kind wieder in eurem Leben willkommen zu heißen.

Ihr Lieben, könnt ihr euch an eine Zeit erinnern, in der ihr keinerlei Sorgen hattet? Als euer größtes Problem darin bestand, wie lange ihr spielen konntet und wann ihr zurück ins Haus musstet? Dieses wunderbare Gefühl, von den Problemen des Lebens befreit zu sein, sitzt immer noch in euch. Das soll keine Aufforderung sein, keine Verantwortung zu übernehmen, sondern euch vielmehr einladen, die kindliche Freude zu finden und sie bei Bedarf in euer jetziges Leben zurückzuholen.

So entsteht ein entspannterer Mensch, und es kommt zu einer Freundlichkeit, Güte und Ausgewogenheit, wie sie nur die Erinnerung an die Unschuld eines Kindes erzeugen kann. Dies ist ein sehr wichtiger Schritt, um Balance zu gewährleisten und sich nicht von der Erwachsenenwelt eine Depression oder ein nüchternes, freudloses Leben aufdrücken zu lassen.

Dieser Schritt ist unter Umständen der schwierigste, wegen eurer Umwelt, der Situationen, in denen ihr euch befindet, und des zunehmenden Kampfes zwischen Licht und Dunkelheit. Bei alldem bitte ich euch, Freude zu finden. Dazu beschwört ihr eure freudigsten Lebenserinnerungen herauf, und die haben oft mit eurer Kindheit zu tun. Ihr erzeugt die Gefühle, die ihr einen Tag vor Weihnachten hattet oder an eurem Geburtstag oder einen Tag vor einem Ereignis, auf das ihr euch lange gefreut hattet. Vor lauter Aufregung darüber möchtet ihr am liebsten auf und ab hüpfen und lächeln. Das Leben ist gut.

All das ist immer noch Teil eures inneren Kindes. Ihr Lieben, der höher entwickelte Mensch hat die Chance, dies bis zu seinem letzten Atemzug in seinen Alltag zu integrieren. Das ist nicht nur Kindern vorbehalten, sondern gehört auch zu einem Menschen mit einem höheren Bewusstsein. Das macht den Unterschied zwischen dem Alten und dem Neuen aus.

Natürlich spielt hier auch Mitgefühl eine Rolle; es wird zu etwas Automatischem und Selbstverständlichem. Auch die Liebe spielt natürlicherweise eine Rolle, ebenso der gesunde Menschenverstand, der Ausgewogenheit mit sich bringt. Ihr müsst nicht versuchen zu lieben; ihr müsst nicht versuchen, mitfühlend zu sein; ihr seid das einfach.

Könnt ihr das erkennen? Geschieht das wirklich? Geht tatsächlich ein Wandel vor sich? Ihr habt endlich Rückenwind. Das haben wir ja schon gesagt. Das ist die neue Energie. Willkommen auf der neuen Erde! Verlasst diesen Ort verändert.

Manche hören zu und halten Kryon für verrückt. »Nichts bessert sich, es ist kein Licht in Sicht.« Davon wird nicht in den Nachrichten berichtet.

Genau! Warum also Nachrichten schauen? Auf diesem Planeten passiert gerade Schönes und Wunderbares, das aber nicht gesehen wird. Bitte erkennt das, macht euch dieses Wissen zu eigen, glaubt daran und versteht es. Das Licht gewinnt.

Und so ist es.

Kryon Live-Channelling »Auf dem Weg von der Dunkelheit ins Licht«, durchgegeben in Buffalo, New York – 24. Juni 2017

Gruppen von Menschen mit einem hohen Bewusstsein sind dabei, die Möglichkeit einer helleren Zukunft in der Welt zu verbreiten; das ist wichtig für das sich entwickelnde Bewusstsein unseres Planeten. Die Weiterentwicklung des Bewusstseins, insbesondere in

Bezug auf Frauen, ist der Sinn und Zweck der von Dr. Amber (Mele'ha) Wolf gegründeten Lemurischen Schwesternschaft.

Und Sie? Die Tatsache, dass Sie daran interessiert sind, darüber zu lesen, heißt, Ihr Bewusstsein ist bereits daran beteiligt, eine lichtvolle, helle Zukunft zu erschaffen, und wie Sie sehen werden, werden auch die Menschen in Ihrem Umfeld davon ergriffen. Liebe und mitfühlendes Handeln sind ansteckend. Freude und Lachen sind ansteckend. Es ist an der Zeit, uns bis obenhin mit Liebe, Glück, Frieden und Freude zu füllen. Wird das von genug alten Seelen gemacht, schreiben wir nicht nur unsere persönliche Zukunft um, sondern auch die Zukunft des Planeten.

Die Aufgabe der neuen Lemurier

Neue Lemurier – das bezieht sich auf Sie, ob Sie nun in Lemurien gelebt haben oder nicht. Die neuen Lemurier sind sich ihrer eigenen Heiligkeit und der Heiligkeit anderer Menschen sowie der Einheit von allem bewusst. Alles, was Sie von nun an tun, bewirkt angesichts Ihres Wissens Veränderungen bei anderen Menschen. Die neuen Lemurier sind in der Lage, Lebensspannen, in denen es an Selbstwert mangelte, auszulöschen und die lemurische Akasha hervorzuholen, die für den Planeten aufgesetzt worden ist.

Während einer Kryon-Kreuzfahrt auf Hawaii erinnerte Kryon uns bei einer Fahrt an die Aufgabe der neuen Lemurier in der heutigen Zeit:

Lemurier verfügen über ein besonderes Attribut, das die meisten Menschen nicht haben, ganz egal, wie alt sie sind. Ihr Lemurier, ihr habt als reine Rasse im »Bevölkerungszentrum der Göttlichkeit« gelebt, wie wir das nennen würden, und dort erhieltet ihr eine reine Prägung, die die anderen nicht erhielten.

Wir haben schon viele Male von denjenigen gesprochen, die in euch die Saat ausgebracht haben, aber nicht viele Informationen durchgegeben, außer dass sie von anderen Sternen kamen, die ihr die »Sieben Schwestern« nennt. Wir haben euch nicht einmal ihre Planetennamen genannt und nur wenige Andeutungen über ihr Sonnensystem bzw. die Sterne gemacht, die sie energetisch verbinden, denn wir möchten, dass sie es euch selbst sagen, wenn die richtige Zeit dafür gekommen ist. Aber sie sind Träger der Energie der Sieben, und die ist heilig. Sie tragen in sich das Mitgefühl der Mutter, das weiblich ist, und genau das wurde hier [auf Hawaii] gelehrt.

Ihr solltet wissen, diese Lehrerinnen blieben sehr lange in physischer Form hier. Sie kamen nicht hierher, brachten die Saat aus und gingen wieder; das haben wir euch ja schon früher gesagt. Wie an den anderen Orten, an denen sie existierten, verblieben sie auf multidimensionale Weise hier, und manche gingen nie fort.

Eine von ihnen hat euch gestern am Vulkan für einen Moment besucht, und zwar nahm sie die Form eines kleinen weißen Vogels an. Dieses Zeichen besagte: »Wir sind hier und werden immer hier sein.« Dieser Vogel ist in diesem Gebiet sehr selten, und selbst Menschen, die hier leben, haben ihn zuvor noch nie gesehen. Einige von euch spürten diese Magie; ihr habt eine der Schwestern getroffen, die eurer DNA so gut bekannt ist.

Meine Lieben, es gab eigentlich nicht so viele Lemurier. Ich riskiere es mal, euch eine Bezugszahl an die Hand zu geben: Nimmt man die Anzahl der Jahre, in denen Lemurien existiert hat, und berücksichtigt die Anzahl der möglichen Generationen in dieser Zeitspanne, käme man ungefähr auf 30 Millionen lemurische Seelen.* [* In einer früheren Durchgabe spricht Kryon vom Erwachen von 350 Millionen lemurischer Kristalle in der Höhle der Schöpfung; in diesem Channelling dagegen sagt er, nur 30 Millionen Seelen hätten ein (einziges) Leben in Lemurien verbracht. Wie kommt es zu diesem Widerspruch? Die 350 Millionen beziehen sich auf die 30 Millionen Seelen mit einer lemurischen Lebensspanne plus deren Nachkommen.] So viele Seelen haben das lemurische System durchlebt und so viele Lemurier sind derzeit auf der Erde. Das ist um einiges weniger als das halbe Prozent, von dem wir in der Vergangenheit gesprochen haben. Wie schon gesagt, ist diese höhere Zahl die Anzahl derjenigen, die als alte Seelen erwachen müssen, um bei der Wende wirklich etwas zu bewirken. Die Anzahl an Lemuriern war viel geringer.

Was hat die lemurische Seele, was anderen alten Seelen vielleicht abgeht? Man könnte antworten: »Na ja, wir Lemurier haben es vielleicht leichter, weil wir die reinen Informationen erhalten haben.« Die Lehre wurde allerdings auch an anderen Orten vermittelt, und auch dort erhielten die Menschen reine Informationen. Was ist der Unterschied zwischen euch und ihnen? Die Antwort lautet: Ihr, als Lemurier, erhieltet dieselben Informationen, aber in eurer Gesellschaft wurden diese Dinge auch gelebt und eure Erfahrung damit war ganz anders. Ihr habt die Sternenschwestern kennengelernt und mit ihnen gearbeitet.

Lemurien war isoliert. Das Land zu verlassen war unmöglich, und andere wiederum konnten nicht nach Lemurien kommen. Ihr befandet euch in einem Dampfdrucktopf der Lehre, und manche von euch trafen sogar diejenigen, deren Namen unaussprechlich sind [die tatsächlichen plejadischen Mütter von den Sternen]. Ihr seid vor den Lehrerinnen gesessen, die aus einem anderen Sternensystem stammten. Ihr habt ihre Liebe zu euch gespürt, habt gesehen, dass sie real waren und aussahen wie ihr selbst und dass sie die Kernliebe Gottes in sich trugen wie die irdischen Meister, die ihr jetzt studiert.

Viele von euch können in ihrer Akasha ihre Gesichter sehen. Ihr kanntet sie besser als sonst jemand, und das hat sich eurer Akasha eingeprägt und verbleibt dort, ihr Lieben. Ihr wisst, wie sie aussahen und sich anhörten. Das verändert euch. Die meisten anderen bekamen die Lehrerinnen eigentlich gar nicht zu Gesicht. Sie wurden von den direkten Nachkommen (Kindern) der Lehrerinnen (der plejadischen Mütter) unterrichtet. Das war der Hauptunterschied zwischen Lemurien und den anderen Knoten, wo die Plejadier landeten und die Menschheit veränderten und unterwiesen.

Nun sagen wir euch: Die Aufgabe der Lemurier besteht darin, sich wieder ihrer DNA bewusst zu werden, die sie hier, im Schatten des Berges, hatten, und das, was jetzt in ihrer DNA ist, neu zu kalibrieren. Eure Akasha ist auf multidimensionaler Ebene in eurer DNA gespeichert, und das heißt, sie steht euch unmittelbar zur Verfügung. Jahre und Jahrtausende machen keinerlei Unterschied. Linear gesehen sind Tausende von Generationen eurer

Lebensspannen bedeutungslos. Ihr müsst nicht tief graben, um in diesem System den Lemurier bzw. die Lemurierin zu finden, der bzw. die ihr seid. Vielmehr liegt es da in seiner Heiligkeit und Göttlichkeit und schaut euch an und erwacht, weil sich die Zeitkapseln jetzt öffnen.

Da sind die Gesichter der Schwestern, die ihr erneut mit eurer Quanten-Intuition, wie ihr das nennen würdet, beobachten könnt, und ihr könnt die Reinheit spüren, die ihr an diesem Ort empfangen habt, hier, wo ihr gerade sitzt.

Nun seid also *ihr* gefordert, ihr Lemurier, denn diese 30 Millionen von euch, die alle derzeit auf der Erde weilen, müssen mehr erledigen als der Rest. Ihr habt Erinnerungen, die die anderen nicht haben. Ihr kanntet diejenigen von den Sternen wie niemand sonst. Dadurch erlebt ihr en masse ein Erwachen und eine Rekalibrierung.

Manchmal habt ihr das Gefühl, ihr wärt unwürdig wegen dieser vor euch liegenden riesengroßen Aufgabe. Manchmal macht euch das, was euch bevorsteht, krank. Es vernebelt euren Geist und eure Vorstellungskraft, weil ihr es nicht ganz verstehen könnt. Aber genau deshalb seid ihr hierhergekommen, um zuzuhören (und diese Worte zu lesen).

Auch in diesem Raum sind frühere Lemurier, die nicht erwachen wollen und es auch nicht tun. Es gibt keinen Befehl, der über dem freien Willen steht und besagt, ihr müsstet dies oder das tun, nur weil ihr hier seid oder nur weil ihr Lemurier seid. Viele werden diese Botschaft hören (bzw. lesen) und daraufhin aktiv werden oder auch nicht. Aber ich sage euch: Selbst wenn anscheinend die Zeit drängt, habt ihr genug Zeit, und falls ihr lieber abwarten möchtet, werdet ihr nicht verurteilt. Denkt daran: Ihr seid heute, morgen und solange es den Planeten gibt, Lemurier. Manche von euch werden die Herausforderung annehmen und jetzt erwachen, manche warten bis zum nächsten Mal. Es wird nie ein Urteil gefällt. Da ist nur Liebe.

Je mehr erwachen, desto früher kann sich der Planet verändern. Wenn Lemurier so weit erwachen, dass sie wie die Meister sind, die auf diesem Planeten wandelten, dann wird man auf sie aufmerksam werden, das könnt ihr mir glauben. Derzeit mangelt es auf der Erde an weiser Führung, doch wenn es dann so weit ist, werden das alle bemerken und möchten da mitmachen. Auch in anderen erwachenden Gesellschaften ist das früher schon so gewesen. Nichts kommt der Erfahrung gleich, bei denjenigen zu sein, die wissen, was sie machen.

Dies ist kennzeichnend für das Erwachen für eine Quantenrealität, ein multidimensionales Attribut der Menschheit, das von vielen gesehen und gespürt wird. Und wenn das bei den Lemuriern hier passiert, dann habt ihr Hilfe. Das Erwachen signalisiert eine völlige Veränderung des Planeten, und euch wird multidimensionale Hilfe zuteil wie nie zuvor.

Meine Lieben, hört gut zu: Ihr müsst das nicht alles selbst machen. Seid einfach jene, die den Anfang machen. Intention ist wie Gott die Hand hinzuhalten, die Hand nach diesem Höheren Selbst auszustrecken und mit reiner Intention zu sagen: »Lieber Spirit, dies ist die Stunde im Schatten des Berges, von der ich geträumt habe. Ich nehme meine Verantwortung für Gaia an und stimme zu, mit dem zu verschmelzen, was ich, wie ich sagte, sein könnte.« Pause …

»Na ja, Kryon, das ist nicht sehr genau.«

Ihr lieben Menschen, warum müsst ihr denn bei allem immer so genau sein? Habt ihr das in irgendeiner Klasse über 3-D-Logik gelernt?

• • •

Ein Mensch schaut einem anderen Menschen mit tiefer Liebe voller Wertschätzung in die Augen und sagt: »Ich liebe dich.«

Der andere Mensch sagt nach einer Weile: »Geht das nicht etwas genauer?«

• • •

Überlegt nicht lange, was es bedeutet! Das seid ihr, die ihr euch der Mysterien bewusst werdet, die ihr selbst versteckt habt und die nun offenbart werden. Ihr seid eingeladen, euch auf stimmige Weise zu verändern und in diesem Leben und im nächsten und übernächsten einen Prozess in Gang zu bringen, durch den eure DNA auf einen höheren Wirkungsgrad angehoben wird. Und jede Lebensspanne bedeutet ein längeres Leben, höhere Weisheit und bessere Gesundheit. Wir haben es schon gesagt, ihr Lieben: Im nächsten Leben werdet ihr zu einer viel besseren Intuition als früher erwachen und euch nicht mehr mit den Problemen dieses Lebens herumschlagen müssen. Hier im Raum sind Menschen, die das sogar schon in diesem Leben erlebt haben. Dadurch verändert sich das, was ihr im Leben macht; ihr werdet dadurch weiser, denn ihr übernehmt die Kernattribute, die euch im Schatten des Berges hier neben euch verliehen wurden.

Nutzt diese Energie in diesen Tagen. Ich spreche zu denen hier im Raum: Nutzt diese Energie, die ihr jetzt spürt, denn wenn ihr diesen Ort verlasst, geht ein Teil des Katalysators verloren. Der Katalysator ist nämlich eure Energie, die mit diesem Ort vermischt ist. Eure Akasha erinnert sich an diesen Ort. Das Kristallgitter, bei dessen Aufbau ihr mitgeholfen habt, erinnert sich an euch. Es resoniert mit der Seele, die ihr seid, und ihr seid miteinander eine Vereinbarung eingegangen, den Status quo zu verändern.

Es unterstützt eure persönliche Heilung, meine Lieben. In bestimmten Situationen unterstützt es eure vorhandene Weisheit dabei, eure derzeitigen Rätsel und Herausforderungen in eurer dreidimensionalen Realität zu lösen. Auf der emotionalen Ebene wird euch das Mitgefühl zuteil, um euer Umfeld im Leben anders wahrzunehmen. Und letztendlich schenkt es euch den lemurischen Geist.

Könnte ich euch mit in die Zukunft nehmen, würdet ihr sehen, wie ein paar Generationen vergehen, und dann etwas sehen, was niemand erwartet hat: eine spezielle Gruppe von Menschen, die anders denken. Die Zivilisation wird sie als die Weisen betrachten. Ich spreche hier von dem, was auf den Planeten der Plejadier und anderen vor ihnen geschehen ist. So funktioniert Evolution. Nicht alle entwickeln sich zur selben Zeit weiter. Die »Ersten«, die den Anfang machten (auf der Erde die Lemurier), werden sich auch als Erste weiterentwickeln. Diese Weisen werden willkommen geheißen und als Vorläufer der Zukunft angesehen werden.

Ich möchte, dass ihr diesen Ort möglichst mit einer anderen Wahrnehmung verlasst, als ihr sie bei eurer Ankunft hattet. Für die Zuhörer und Leser: Ihr seid von dieser Botschaft nicht ausgeschlossen, denn die Augen und Ohren, die diese spezifische Botschaft hören und sehen, wurden synchronistisch angezogen [nicht zufällig]. Viele von euch sind Lemurier, und auch ihr erwacht für diese Botschaften und werdet davon berührt. Es ist ein Nachhausekommen, nicht wahr? Es ist etwas Physisches; es ist mitfühlend; es ist etwas Mentales, Emotionales, und es betrifft die komplette Blaupause eurer DNA. Dadurch werdet ihr verändert.

Schließlich möchte ich euch noch sagen: Achtet nicht auf all die Geschehnisse auf dem Planeten, die Reaktionen aus der alten Energie darstellen. Die alte Garde tut ihr Möglichstes und bemüht sich bis zum Äußersten, alles zurück in die alten Prophezeiungen zu zerren. Sie wollen unbedingt einen Krieg, weil ihnen klar ist, dass Krieg für eine gute Wirtschaft sorgt und Kontrolle verleiht. Doch auch wenn sie nur einen Teil dieses Zieles erreichen, wird es nicht für lange sein, denn der Ball rollt inzwischen weiter und kann nicht mehr so leicht aufgehalten werden. Das Potenzial des freien Willens auf diesem Planeten wurde festgelegt. Mehr Menschen wollen Frieden statt Krieg, und das ist alles, was erforderlich ist. Ein großer Teil dieses Planeten kann sich inzwischen klar erkennen. Mit eurem höher entwickelten Bewusstsein gelangt ihr irgendwann an einen Punkt, wo es keinen Krieg mehr gibt; das sehen wir in diesem Moment.

Kryon Live-Channelling »Die Aufgabe der neuen Lemurier«, durchgegeben während der Hawaii-Kreuzfahrt – 15. August 2012

Der Frieden auf Erden nimmt seinen Anfang, indem sich jeder von uns an seine Heiligkeit erinnert. Ein Mensch nach dem anderen – nicht Gruppen – bringt dem Planeten Erleuchtung. Es gibt keine erleuchteten Gruppen, die insgesamt ein »Aha«-Erlebnis haben. Ein Herz nach dem anderen wird erleuchtet. Vielleicht sagt Kryon deshalb immer wieder: Du bist die Hoffnung des Planeten in einem wunderschönen System voll der Liebe Gottes.

Die Verbindung zwischen Lemurien und den Hindus

Was hat der Hinduismus mit Lemurien zu tun? Auf den ersten Blick überhaupt nichts. Der spirituelle Lehrer Satguru Sivaya Subramuniyaswami, liebevoll Gurudeva genannt, zeigte diese ungewöhnliche Verbindung auf. 1927 in Oakland/Kalifornien geboren, reiste er als junger Mann mit zwanzig nach Indien und Sri Lanka und wandte sich dem Shivaismus zu, einer der großen hinduistischen Sekten. Er verstarb im Jahr 2001 und galt als lebendes Beispiel der Erleuchtung und Weisheit.

Gurudeva wurde als einer der strengsten und traditionellsten Gurus der Welt verehrt; sanft überwachte er die Gründung von über 50 unabhängigen Tempeln in aller Welt. Er war der angestammte Guru von zweieinhalb Millionen Hindus auf Sri Lanka. 1979 gründete er »Hinduism Today«, ein preisgekröntes internationales Monatsmagazin. Im Jahr 2000 wurde ihm bei den Vereinten Nationen in New York der angesehene »U Thant«-Friedenspreis verliehen (Träger dieses Preises waren vor ihm der Dalai Lama, Nelson Mandela, Mikhail Gorbatschow, Papst Johannes Paul II. und Mutter Teresa). Wer ihn kannte, spürte Gurudevas großen Frieden, seine starke Präsenz und Zentriertheit. Er inspirierte andere Menschen, ihr höchstes Selbst zu verwirklichen, und war in der indischen Spiritualität ein unfehlbares Licht. Gurudeva baute eine wunderbare Brücke zwischen den spirituellen Philosophien des Ostens und des Westens.

1970 gründete Gurudeva Kauai Aadheenam, das Hindu-Kloster auf der tropischen hawaiianischen Garteninsel Kauai. 1973 widerfuhr ihm etwas ganz Besonderes: Kurz nachdem er eine in Indien erworbene Statue des Gottes Shiva Nataraja im Kauai-Kloster aufstellen ließ, öffnete sich sein inneres Auge; er hatte eine Vision von einer Reihe von Manuskripten in der inneren Bibliothek des Gottes Subramanya sowie von einem Bibliothekar, der in Antwort auf Fragen jeweils einen Band öffnete. Diese hellsichtigen Offenbarungen wurden ihm im Lauf vieler Monate im Gartenrestaurant des ehemaligen »Coco Palms«-Hotels zuteil.

Der Bibliothekar nahm einen Band, blätterte ihn durch, und Gurudeva diktierte einem ernsthaften Schreiber aus dem Kloster, der geduldig und genau Wort für Wort aufschrieb. 25 Jahre lang vertraute er diese Informationen ausschließlich seinem Mönchsorden im Kloster an. Im Jahr 1998 veröffentlichte Gurudeva dann diese Schriftbände in einem Buch mit dem Titel »The Lemurian Scrolls – Angelic Prophecies Revealing Human Origins« (das heißt »Die lemurischen Schriftrollen – Engelsprophezeiungen über die Ursprünge der Menschheit«). Wow, ein hinduistischer Guru, der über Lemurien schreibt! »The Lemurian Scrolls«* ist die bislang nicht erzählte Geschichte von der Reise des Menschen von den Plejaden zur Erde vor Jahrmillionen und seinen Kämpfen im Lauf der Äonen, in denen die Seelen heranreiften, um schließlich ihre höchste Bestimmung und ihre Göttlichkeit zu verwirklichen. Das ist die Verbindung zwischen dem Hinduismus, dem ältesten religiösen Glaubenssystem auf dem Planeten, und Lemurien.

[* Anmerkung der Autorinnen: Die lemurischen Schriften wurden von Gurudeva gechannelt und stellen Lehren für die Anhänger des Hinduismus dar. Die darin enthaltenen Informationen entsprechen nicht unbedingt den Unterweisungen von Kryon; sie zeigen lediglich eine Verbindung dahingehend auf, dass die Menschheit ursprünglich von den Plejadiern abstammte und dies mit einem Ort namens Lemurien zu tun hatte.]

Die beiden folgenden Kryon-Channellings wurden im Hindu-Kloster von Kauai durchgegeben und liefern weitere Erklärungen hinsichtlich des heiligen Zwecks von Gurudevas Vision:

Seid gegrüßt, ihr Lieben, ich bin Kryon vom Magnetischen Dienst. Erneut sage ich euch, ich weiß, wer hier ist, denn dieser Ort ist durch Channelling erschaffen worden [das Channelling von Gurudeva im Hindu-Kloster], und das ist der Name hier.

Bevor wir heute die kurze Unterweisung geben, möchte ich jene, die nicht hier sind, wissen lassen, was gerade geschehen ist.

Wir sind auf der Garteninsel Kauai, einem Ort, der in meinen Unterweisungen den Namen Lemurien trägt, einem Ort, an dem Lemurier lebten und arbeiteten; deshalb heißt dieses spirituelle

Abenteuer, auf dem ihr euch gerade befindet, »das lemurische Retreat«.

Wir befinden uns hier im Kloster auf dem Gipfel des Hügels, das von sanften Hindus betrieben wird. Sie sind seit Jahren aufgrund von Gurudeva und seinem Channelling hier, in dem von Lemurien die Rede war, ganz ähnlich wie in meinen Unterweisungen.

Bitte beachtet die Ähnlichkeiten mit meiner früheren Durchgabe über den Ort, an dem ihr jetzt sitzt. Denn der Hindumeister Gurudeva wusste darüber Bescheid und schrieb darüber in einem seiner Bücher.

Erneut fragen wir euch: Seid ihr euch der Saat von den Sternen bewusst? Könnte in euch wirklich mehr stecken, als ihr meint? Könnte eure DNA von anderswoher stammen? Genau das glauben sie hier aufgrund der Lehren von Gurudeva.

Habt ihr vorhin gehört, wie der Hindu-Lehrer von ihrer Überzeugung sprach, einige Lemurier seien nach wie vor hier? Genau das erzählen wir euch seit Jahren über die plejadischen Lehrerinnen. Nun sitzt ihr tatsächlich hier in Lemurien und hört diese uralte Wahrheit aus einer profunden spirituellen Quelle. Ja, diese Lehrerinnen von den Sternen existieren hier immer noch.

Habt ihr den Hindu-Lehrer auch über die »Dispensationen« sprechen hören? Er hat seine Namen dafür und wir die unseren. Doch das sind nur Etiketten zur genauen Beschreibung der vier Dispensationen (Zeitalter) der Menschheit, die nun auf die fünfte zugeht. Habt ihr die Lehre von der Weiterentwicklung der Seele gehört und auch die Unterweisung, die besagt, als ihr hier euer erstes Leben als Lemurier verbracht habt, wusstet ihr mehr als jetzt? Und die Unterweisung darüber, wie sich die Dinge verändern? Dieses Jahr (2014) ist das erste Jahr des Wandels.

Vor einiger Zeit sagte ich, eure Weiterentwicklung beginne, wenn es auf dem Planeten keine Kriege mehr gebe. Habt ihr nicht gerade erst von einem heiligen Mann, der das Channelling wiedergibt, aufgrund dessen dieser Ort errichtet wurde, die gleichen Informationen vernommen? All diese Informationen stammen aus der Akasha des Mannes, der hier als Gurudeva verehrt wird, der der Führer von Tausenden von Hindus war und das Buch »The Lemurian Scrolls« geschrieben hat. Dieser Mann hat eine wunderbare Wahrheit erkannt: Die Kernlehren der Menschheit nahmen hier ihren Anfang, an einem Ort namens Lemurien, und diese Lehren wurden von denjenigen vermittelt, die von den Sternen kamen.

In früheren Channellings haben wir euch anhand der Buchstaben des Wortes »Lemuria« etwas gelehrt, und jetzt kommen wir zum Buchstaben R. Heute, wo ich hier auf einem Stuhl an diesem heiligen Ort sitze, hat dieser Buchstabe mehrere Bedeutungen: Zunächst einmal »Revelation« (»Offenbarung«). Das Offenbaren der Wahrheit steht wieder einmal bevor. Hier gibt es eine Wahrheit, die seit Äonen verborgen war. Doch jetzt, da ihr in das fünfte Zeitalter eintretet, wird sie nach und nach enthüllt.

Die Zahl Fünf bedeutet in der tibetischen Numerologie so viel wie »Wandel«. Erst vor Kurzem wurde das auch von dem Hindu-Lehrer beschrieben. Dies ist eine Zeit des Wandels, auf die ihr gewartet habt. »Verzweifelt nicht«, waren seine Worte – dieselben Worte, die auch wir euch immer wieder durchgegeben haben. Was ihr in euren Medien seht und hört, ist nur »der Weg dorthin«. Dieser Wandel ist eine Reise hin zu einem höheren Bewusstsein, und Wandel bzw. Veränderung ist oftmals beängstigend.

Wie wir euch gesagt haben, umfasst die Weiterentwicklung der menschlichen Seele mehrere Lernphasen. Ebenso haben wir euch erklärt, dass alten Seelen – jenen, die diesen Worten lauschen bzw. sie lesen – diese Wahrheit offenbart wird. Das R steht also für »Revelation«, vor allem hier. Denn dieser Platz wurde für den Planeten am richtigen Ort und zur richtigen Zeit erschaffen, und in ihm steckt tatsächlich eine Energie für Lemurien und die Lehrerinnen von den Sternen.

Sie ist stimmig und angemessen und muss zu dieser Zeit hier sein. Sie wird respektiert, und die Hingabe derjenigen, die hier in den Gärten arbeiten, wird hoch geschätzt, denn ihre Akasha steckt voll der mit diesem Ort verbundenen Geschichte. Der Tempel der Verehrung, den sie gerade vollenden und in dem ihr soeben wart, ehrt die plejadischen Lehrerinnen, die immer noch hier sind. Und das ist richtig so.

Das R steht auch für »Responsibility« (»Verantwortung«). Ihr seid in diesem Moment verantwortlich für das Erkennen der Wahrheit all dessen, was ihr gerade gesehen und gehört habt. Entspricht es der Wahrheit? Kann es das tatsächlich geben: Unterweisungen von den Sternen? Ihr könnt hier sitzen, einschlafen und sagen: »Das ist doch Unsinn, also schalt ich jetzt ab, weil ich nicht darüber nachdenken will.« Das steht euch völlig frei, ihr Lieben. Wie der heilige Mann gesagt hat: Die einen werden es erkennen und die anderen nicht. Diejenigen, die nicht eingeschlafen sind, frage ich nun: Welche Verantwortung habt ihr gegenüber eurer eigenen Akasha? Wie oft wart ihr im Lauf der Lernzyklen schon auf diesem Planeten und habt erkannt, dass es hier wirklich Wahrheit zu entdecken gibt?

Was spüren einige von euch hier in diesem Garten in Lemurien? Was könnte das sein? Könntet ihr Göttlichkeit in euch tragen? Womöglich seid ihr euch schon der vielen Leben bewusst, die ihr gelebt habt, aber habt ihr auch schon einmal überlegt, dass hinter alldem ein Plan stehen könnte? Könnte die Süße und die Essenz der Liebe Gottes tatsächlich eure Seele kennen und wart ihr vielleicht während all der Zyklen hier auf diesem Planeten? Womöglich könntet ihr euch sogar als Lemurier bezeichnen? Und wenn dem so ist, inwiefern seid ihr für das Erkennen dieser Wahrheit verantwortlich?

Wer seid ihr nun, basierend auf dem, was ihr im Lauf der Äonen in euren Leben durchgemacht habt? Gibt es da wirklich einen Plan und einen »nächsten Schritt« für euch? Ihr hängt nicht dem Glaubenssystem der Erbauer dieses Tempels an, aber das ist egal. Es ist völlig egal. Wahrheit ist Wahrheit, und hier, an diesem Ort, wird die Energie des alten, heiligen Lemurien bewahrt. Ihr jedoch seid diejenigen, die hinaus in die Welt gehen und durch ihr Handeln zeigen, wer sie sind. Können andere in euch die Lehren erkennen? Können sie Gott in euch erblicken? Können sie in euren Augen den aufgestiegenen Menschen sehen oder nicht?

Ihr seid die Lichtarbeiter, die zur Arbeit gehen, Kinder haben und all die ganz gewöhnlichen Dinge tun, die sie hier nicht tun können, während sie das Licht an diesem Ort bewahren. Die Verantwortung für die Wahrheit liegt bei euch; ihr seid verantwortlich dafür, sie durch das Bewusstsein der Person, die ihr in der Welt seid, zu verbreiten. Was gerade geschieht, ist höchst profund und wird auf diesem Planeten weitergehen. Ja, dies ist eine schwierige Zeit, denn die alte Energie versucht sich festzuklammern; sie möchte nicht verlieren. Ihr könnt das in den Nachrichten sehen. Sie will nicht verlieren, und doch wird sie die Verliererin sein, und zwar weil viele Menschen sich einer großartigen Wahrheit bewusst werden: dass ein göttlicher, himmlischer Funke von einem anderen Ort von den Plejadiern hierhergebracht wurde.

Das wird hier in diesem Garten gelehrt und wurde hier gechannelt. Gurudeva hat zu Recht und zur rechten Zeit diese Informationen öffentlich gemacht. Ich spreche zu euch von diesen Dingen seit fast dreißig Jahren. Das ist kein »neues Zeitalter«; vielmehr geht es um Offenbarungen und Verantwortung aus uralter Zeit.

So lautet die Botschaft dieses Tages. Das R steht für »Revelation« und »Responsibility« – Offenbarung und Verantwortung für die Wahrheit. Was werdet ihr damit anfangen? Schließlich seid ihr diejenigen, die in den Bus steigen und wegfahren [bezieht sich auf den Ausflug der Teilnehmer]. Die Mönche bleiben hier, bewahren diese Energie und dieses Licht für diese Insel, wie sie das auch tun sollten. Ihr Lieben, diese Insel ist vollkommen geschützt, und zwar auf vielerlei Arten, deren ihr euch nicht einmal bewusst seid. Sie sind Teil davon. Sie mögen zwar nie davon sprechen, aber sie wissen es.

Verlasst diesen Ort und bewahrt ihn in eurer Erinnerung. Er ist größer, als ihr denkt. Die Energie hier sprengt alle eure Erwartungen.

Kryon Live-Channelling »Kryon Lemurisches Retreat«,
durchgegeben im Hindu-Kloster von Kauai, Hawaii –
14. August 2014

Meine Lieben, während ihr hier sitzt und meinen Worten lauscht bzw. sie lest, möchte ich euch daran erinnern, wo ihr seid. Ihr seid an einem Ort, der der Entwicklung des menschlichen Geistes bzw. der menschlichen Seele gewidmet ist. Das in diesem Gartenparadies vorhandene Wissen besagt: Jeder einzelne Mensch, der auf diesem Planeten geboren wurde, verfügt über eine wunderbare innere Saat; sie wartet darauf, von Gaia genährt zu werden, und sie wartet auf das Einssein von allem.

Der Mann, der all das, was ihr hier seht (Hindu-Kloster von Kauai), geplant und die hier vorhandenen Informationen gechannelt hat, wird Gurudeva genannt. Er hat die Botschaft durchgegeben, dass dies hier Lemurien ist. Dieser große Hindu-Meister, der das ursprüngliche organisierte Glaubenssystem eures Zeitalters vertritt, sagt euch, dass ihr von den Sternen kamt. Was haltet ihr davon?

Habt ihr euch jemals gefragt, welchem Glauben die Menschheit anhing, bevor die »modernen« Doktrinen alles verändert haben? Sie glaubte Folgendes: Die Menschheit war hier mit einem Sinn und Zweck; die Menschheit hatte auf Basis des freien Willens eine Aufstiegschance; die Menschheit lebt ein Leben nach dem anderen, in denen sie sich entscheiden kann, persönlich mit der Dunkelheit oder dem Licht zu arbeiten. Das ist das ursprüngliche Denken.

Ihr sitzt in einem Tempel, dem Gelände eines Tempels, der dem lemurischen Funken gewidmet ist. Denn genau das hatte Gurudeva: den lemurischen Funken, der ihn explosiv erwachen und die Wahrheit erkennen ließ. Er channelte die Informationen, dass dies hier Lemurien ist, und schrieb das Buch »The Lemurian Scrolls«. Als hoch verehrter Hindu-Meister gab er bestmöglich die intuitiv empfangenen Informationen darüber durch, was genau hier auf diesem Berg geschehen ist.

Ihr Lieben, auch Kryons Lehre besagt das: Dies ist Lemurien [Pause]. Hört nur [bezieht sich auf den plötzlichen Regenschauer auf dem Dach des offenen Unterstands]: Auch Gaias Bewusstsein ist präsent und spricht zu euch: »Seid ihr hier, ihr Lichtarbeiter? Wie kommt es, dass ihr durch diese Gärten spazieren konntet, ohne einen Tropfen Regen abzubekommen, im strahlenden Sonnenschein, und jetzt warten wir darauf, dass ihr euch hier wegen des Regengusses unter dem Unterstand versammelt?« Denkt einmal darüber nach.

Haltet ihr das für einen Zufall? Diese anscheinende Synchronizität – das ist Gaia, die euch anlächelt und sagt: »Ihr seid zur richtigen Zeit am richtigen Ort. Respektiert, was hier geschehen ist, und auch die scheinbaren Zufälle und die Synchronizität, durch die ein Ort wie dieser entstehen konnte. Ihr sitzt hier nicht zufällig an einem spirituellen Ort, auf heiligem Boden, geschätzt und respektiert.« Und es regnet weiter ...

Meine Lieben, erinnert ihr euch an irgendetwas, was ihr hier in diesem Garten seht? Hat es euch ein bisschen berührt – oder auch mehr als nur ein bisschen? Es ist schon lustig mit den Lemuriern: Ihr wart früher einmal Lemurier und möchtet immer zu diesem Ort oder einem ähnlichen Ort mit solchen Attributen zurückkehren. Damit seid ihr geboren worden. Wie viele von euch erinnern sich daran, die Farben des Swami getragen zu haben? [Der Hindu-Führer an diesem Tag trägt eine orangene Robe.] Wie viele von euch waren womöglich in anderen Kulturen auf der Suche nach diesen Informationen? Wie viele von euch wurden zu jemandem, der sich der Hingabe und dem Alleinsein widmete? Wie viele von euch bezeichneten sich als Schamanen? Wie viele von euch erinnern sich, dass sie sich vor lauter Hingabe aus ihrer normalen Kultur ausklinkten, ihr gewöhnliches Leben aufgaben, um zu lehren und zu meditieren?

Bitte erinnert euch an diese Dinge, wenn sie in eurer Akasha hochkommen. Dieses Erinnern zeichnet die Lemurier aus. Wie viele von euch waren hier auf diesem Berg bei solchen Dingen dabei? Wenn diese Erfahrung euch berührt hat, sage ich euch: Ihr erinnert euch daran, und das kann euch emotional hart treffen. Dadurch gehen Türen auf, von denen ihr nichts wusstet, Türen, die es euch erlauben, diese Dinge heute anzuschauen. Ihr seht die Statuen, die Überzeugungen, den Mann in Orange, und auch wenn ihr keine Hindus seid, berührt es euch. Ihr seht Gott in den hier Anwesenden. Dadurch geht euer Herz auf, und ihr versteht, dass es bei Gott keine Schubladen gibt.

Dieser Ort lächelt euch an. Was erkennt ihr heute an diesem Ort, nachdem ihr Zeit mit dem Swami verbracht habt? Wenn ihr seht, wer er wirklich ist, ist das eine Einladung an euch, den lemurischen Funken zu erkennen und diesen Ort verändert zu verlassen, weil ihr Dinge gesehen habt, die ihr nicht erwartet hattet.

Vielleicht wird dadurch das Bewusstsein eurer Kultur rekalibriert? Vielleicht geht ihr als ein anderer Mensch nach Hause, weil ihr hier auf diesem Boden standet? Wenn dem so ist und ihr zu jenen gehört, die heute berührt werden, dann, so sage ich euch, sah derjenige, der dies alles ursprünglich errichtet hat [Gurudeva], euch in seiner Vision heute hier sitzen und eine Tür der Erkenntnis aufgehen. Die Erkenntnis lautet: Ihr seid nicht von Gott getrennt; ihr wurdet nicht unrein geboren, sondern tragt in euch Größe und Herrlichkeit. Dies ist eine universale Wahrheit, die aber oft vergessen oder umgeschrieben wurde.

So ist das mit der Wahrheit. Sie wird erstmals erinnert, wenn lichte Energien euch umschwirren. All das versinnbildlicht den hier vorhandenen lemurischen Funken. Nehmt alles in euch auf, was hier durchgesickert ist, den Zeitpunkt und was gesagt wurde. Verlasst diesen Ort als ein anderer Mensch, wie es der Plan seiner Erbauer war.

Kryon Live-Channelling »Kryon Lemurian Retreat«,
durchgegeben im Hindu-Kloster von Kauai, Hawaii –
18. August 2015

Die Verbindung zwischen Hinduismus und Lemurien entstand durch die lemurische Akasha von Gurudeva. Doch es gibt noch eine ähnliche Verbindung ... zwischen Lemurien und Seiner Heiligkeit dem 14. Dalai Lama, Tenzin Gyatso. Im Jahr 2017 begleiteten viele alte Seelen Lee Carroll auf einer Kryon-Tour durch Indien und Nepal. Dank mehrerer Synchronizitäten hatte die Gruppe überraschenderweise die Chance auf eine Privataudienz bei Seiner Heiligkeit an seinem Wohnsitz Dharamsala. Auf das wunderschöne System des tibetischen Buddhismus und die Abstammung Seiner Heiligkeit ging Kryon später in diesem Jahr während eines Treffens der Lemurischen Schwesternschaft ein. Hier sind seine Worte:

Ich möchte euch ein wenig über ein System eures Menschseins erzählen, das dabei ist, sich weiterzuentwickeln. Dieses System offenbart die Akasha und sagt euch genauestens, wer und wo ihr wart. Kann das möglich sein? Ich gehe nun auf etwas ein, was meinem Partner übermittelt wurde, sodass er es beschreiben kann. Er war an einem Ort, wo dieses spezielle, heilige Attribut wirkt und mit der Wahrheit resoniert.

Als er in Indien war, erfuhr er von einem bemerkenswerten Merkmal dieser Kultur. In Dharamsala lebt der Führer aller (buddhistischen) Mönche; ihr nennt ihn den Dalai Lama. Er ist der oberste Führer eines hierarchischen Systems, das die Position der Mönche bestimmt: wer sie sind, warum sie hier sind und welch wichtige Rolle sie in einem sehr heiligen System spielen.

In einer traditionellen Organisation im Westen steigt jemand normalerweise entsprechend einem festgelegten Leistungssystem in eine Führungsposition auf oder wird zum Anführer ernannt. Die Ranghöchsten werden immer weiter nach oben befördert und so weiter. Das ist ein lineares, logisches System und euch allen wohlbekannt. Doch unter der heiligen Führung, von der hier die Rede ist, funktioniert Hierarchie ganz anders – nicht einmal annähernd so.

Stellt euch auf etwas ein, was über lineares Denken hinausgeht: Die älteren Mönche können bei sehr kleinen Kindern »spüren«, welche dieser Kinder in diesem Gebiet anders sind. Sie werden in Klöster geschickt und dort einer Prüfung unterzogen, allerdings nicht so, wie ihr euch das vielleicht vorstellt. Die Prüfung wird von einem schamanenähnlichen Mönch vorgenommen, der in ihrer Akasha-Chronik »liest«. Bei euch würde man das ein »Medium« nennen, das frühere Leben »lesen« kann. Doch hier, in diesem Land, sind das keine »Medien«, sondern »Prüfer« vergangener Leben. Sie suchen nach etwas sehr, sehr Spezifischem und Detailliertem. Bestimmte kleine Kinder waren in früheren Leben erleuchtete Führer der Buddhisten. Ihrer Erwartung nach werden sie entsprechend ihrem Karma in Dharamsala wiedergeboren, damit sie gefunden werden können. Und sie werden tatsächlich gefunden, und ein paar wenige werden auserwählt. Diese Auserwählten werden im Alter von acht Jahren umgehend von ihren Familien in das Kloster gebracht, wo sie eine Art Fortbildung beginnen. Gegen Ende ihrer Teenagerjahre, mit Anfang zwanzig, werden sie oft nach Übersee geschickt, um in andere Kulturen einzutauchen und mehrere Sprachen zu erlernen.

Es ist offensichtlich: Machen die schamanischen Mönche bei ihrer Auswahl einen Fehler, würden junge Menschen ohne diese spezielle Eignung bzw. Intelligenz ausgewählt, und sie würden versagen. Aber das tun sie nicht. Vielmehr zeigen sich alle der Lage gewachsen, und man erkennt, dass die Mönche die richtigen Kinder ausgewählt haben. Diese jungen Leute steigen in hohe Positionen des Buddhismus auf, fast als ob sie von Anfang an entsprechend dazu herangezogen worden wären. Entgegen jeder Logik oder Wahrscheinlichkeit sind das ganz offenkundig hoch intelligente, esoterische und charismatische Männer.

Wir wollen das Ganze noch einmal zurückspulen. Der Prüfer der Akasha – was sieht er wirklich? Gibt es da ein System, von dem er weiß, dass es funktioniert? Macht er das nur mit seinem Intellekt oder mit seiner Intuition? Was sieht er? Ja, es gibt da ein System, und ich möchte es euch erneut offenbaren.

Alle Menschen haben um sich herum ein esoterisches und zugleich multidimensionales Feld. Das hebräische Wort für dieses Feld, das manche Menschen sehen können, ist »Merkabah« oder »Merkaba«. Es ist das Gefährt der Menschen und »trägt« euch durchs Leben; das hebräische Wort bedeutet tatsächlich »fahren« bzw. »Wagen«. Dieses große Feld steckt voller Informationen. Es ist nicht rein esoterisch, sondern verfügt auf multidimensionaler Ebene über Substanz. Man könnte sagen, es existiert in einer physischen Welt der Realität. Daher kann die Menschheit es eines Tages, wenn es Instrumente für das Sehen von multidimensionalen Dingen (Dingen der Quantenrealität) gibt, vielleicht tatsächlich sehen. Doch da dieses Feld auf echte Physik gründet, können manche Menschen es auch heute schon sehen und darin »lesen«, beispielsweise Medien, die vergangene Leben erkennen, oder auch intuitive Ärzte und Heiler.

Wie ich euch soeben enthüllt habe, ist diese scheinbar so seltsame, unglaubliche schamanische Fähigkeit etwas sehr Reales, denn sie hat eine physikalische Grundlage, und diese »Seher« sind einfach ihrer Zeit voraus. Irgendwann wird die Wissenschaft das entdecken und benennen.

Hier nun eine profunde Frage: Was wäre, wenn sich diese »Merkabah-Seher« eure Akasha anschauen würden? Was wäre, wenn der buddhistische Prüfer eure Akasha anschauen würde? Was würden sie als Erstes sehen?

Meine Lieben, bitte glaubt mir: Wärt ihr Lemurier, dann würde sich das zeigen, ja nicht nur zeigen, es würde glühen! Und das würde bedeuten, ihr wärt eine der Seelen, die als Erste auf dem Planeten lebten und die von den Sternengesandten, welche der Menschheit die 23 Chromosomenpaare verliehen, die ihr jetzt habt, unterwiesen wurden.

Jeder, der eine Merkabah lesen kann, würde das als Erstes sehen. Von euch, die ihr diese Sternengesandten tatsächlich getroffen habt und von ihnen unterwiesen wurdet, gibt es nicht so viele. Doch jede lemurische Seele gilt als eine sehr alte Seele, und das sind diejenigen, die sich gerne an Orten wie diesem versammeln und in diesem Zeitalter der Wende den gechannelten Botschaften lauschen.

Nächste Frage: Können alte Seelen in dieser neuen Energie dieses Attribut in der Merkabah spüren? Was meint ihr?

Die Antwort lautet: Ja. Einige von euch spüren nicht nur ihren eigenen lemurischen Ursprung, sondern auch, dass andere einstmals Lemurier waren.

Wenn das so ist, was bedeutet das? Zunächst einmal bestätigt es eure Geschichte und eure spirituelle Abstammung. Doch vor allem zeigt es eure Bereitschaft, mit dazu beizutragen, im Rahmen der derzeitigen Wende auf diesem Planeten und zu dieser Zeit zu Führern des Lichts zu werden.

Und genau danach suchen übrigens die Mönche, die »Prüfer«: nach Lemuriern! Die ausgewählten Kinder wachsen heran, werden zu Mönchen, die in höhere Stellungen aufsteigen, und eines Tages ist ihnen vielleicht sogar etwas viel Größeres bestimmt.

Die nächste Frage: Sind auch die Auserwählten später fähig, die Merkabah zu sehen und in ihr zu lesen? Jawohl. Einige werden selbst zu Prüfern. Würden sie euch prüfen, wüssten sie, wer ihr wart. Auch ich sehe euch und weiß es.

Herzlichen Glückwunsch, meine Damen! Dass ihr überhaupt hier sitzt, zeigt, dass ihr eure Sache wirklich gut gemacht habt. Denn hier vor mir sitzen tatsächlich viele Lemurierinnen. Sie leben auf der ganzen Welt. Lemurien bestand für eine lange Zeit.

Viele Seelen wurden dort geboren, trafen die Sternenlehrerinnen und lebten danach viele weitere Leben woanders. Doch die Auserwählten, die heute interessant sind, sind die Frauen, denn die Frauen von Lemurien waren dazu bestimmt, zu den Schamaninnen und spirituellen Führerinnen des Landes ausgebildet zu werden. Deshalb bewahren sie in sich die Saat der Kernwahrheit und die Potenziale der Weiterentwicklung des menschlichen Bewusstseins in der heutigen Zeit.

Manche der Fakten und Attribute hinter all diesen »lemurischen Erinnerungen« haben wir schon oft durchgegeben. Immer und immer wieder haben wir euch davon erzählt und möchten das nochmals ansprechen. Mit den Geschlechtern ist es ein Hin und Her. Ihr alle wart Männer, und alle Männer waren auch Frauen. Aber wie schon gesagt: Die Wende – die Präzession der Äquinoktien – hat unzweifelhaft dazu geführt, dass die meisten Frauen, die ihr erstes Leben in Lemurien verbracht haben, heute auf der Erde leben. Wer in Lemurien eine Frau war, ist auch heute eine.

Dies ist Teil eines gütigen Systems, das euch eure Abstammung erkennen lässt und euch dazu bringt, euch die Macht der Weisheit, die sich in eurer Akasha befindet, zu eigen zu machen. Aber es leben auch Männer auf diesem Planeten, die direkt nach Lemurien Mitglieder von Schwesternschaften waren, damals allerdings als Frau. Davon gibt es einige, und sie ragen wegen ihrer großartigen und weisen Botschaften sowie ihrer großen Sanftmut und Güte heraus.

Einen dieser Männer hat mein Partner in Indien getroffen, und er hat seine Hand gehalten. Es war verwirrend, denn mein Partner hatte das Gefühl, er halte die Hand einer schamanischen lemurischen Frau – aber es war der Dalai Lama (Seine Heiligkeit der 14. Dalai Lama). Es erfordert etwas wie diese intuitive Erfahrung, um wirklich zu verstehen, dass das Schamanentum der Menschheit ursprünglich Sache des sanften Geschlechts war, und so war es immer vorgesehen und geplant, in Anerkennung der Tatsache, dass die besten Unterweisungen auf dem Planeten von der Mutter kommen werden.

Der Mensch sehnt sich danach, die sanfte, mitfühlende, gütige Stimme der Mutter zu hören. Damit seid ihr alle aufgewachsen, ob als Junge oder als Mädchen. Dass diese Mütter auch zu den spirituellen Führerinnen der menschlichen Gesellschaft auf Erden werden sollten, ist nur natürlich. Sie wurden die Führerinnen, die Pastorinnen und die Intuitiven, an die ihr euch um Hilfe und Rat wenden könntet.

Diese Botschaft sagt euch, warum ihr hier seid. Sie ist praktisch umsetzbar, will vollkommen verstanden werden, damit ihr das, was euch gelehrt wurde, auch wirklich lebt. Ihr lieben Schwestern, ihr seid verantwortlich für das Mitgefühl auf dem Planeten, nicht nur euren Kindern gegenüber. Ihr habt Verantwortung und tragt den »Mantel der Weisheit«, um Mitgefühl auf den Planeten zu bringen. Ihr wurdet damit geboren, ihr Mütter. Diejenigen von euch, die keine Kinder haben, haben es bei ihren Müttern erlebt, vor allem in den ersten Jahren. Ihr seid geboren worden, um Verständnis für mitfühlendes Handeln und Güte zu entwickeln. Das seid ihr.

Viele lemurische Schwestern sind auf diesem Planeten. Die Schwesternschaft wächst, und ihr kommt zusammen und kennt die meisten der anderen Schwestern nicht. Auch in Lemurien lebtet ihr zumeist nicht in derselben Generation, denn Lemurien bestand ja jahrtausendelang. Ihr kamt und gingt, kamt und gingt, doch eines ist euch gemein: Ihr habt wirklich auf dem Kontinent MU gelebt. Er wurde zur Startrampe eurer Akasha, und die euch gelehrte Kernwahrheit ist immer noch in eurer Akasha gespeichert.

Die Sternenmütter, die euch unterwiesen, blieben hier; sie starben nicht. Das war einfach Teil eines biologischen Systems, über das ihr noch nicht verfügt. Viele von ihnen sind immer noch auf diesem Planeten. Aber denkt einmal über Folgendes nach: Obwohl ihr euch heute vielleicht fremd seid und euch womöglich auch damals nicht kanntet, erweckt ihr erneut das Mitgefühl zum Leben, das ihr in Lemurien gelernt habt, und zwar von *derselben Lehrerin.* Das habt ihr miteinander gemein, und das ist höchst profund. Dieselbe Sternenmutter hat euch alle unterwiesen.

Kryon Live-Channelling, durchgegeben anlässlich eines Treffens der Lemurischen Schwesternschaft in Philadelphia, Pennsylvania – 18. November 2017

Diese wunderbare Botschaft von Kryon erinnert uns daran, dass Liebe und mitfühlendes Handeln den Planeten verändern – einen Menschen nach dem anderen.

Die Verbindung zwischen Lemurien und Hawaii/Kahuna

Die heutige Inselkette Hawaii war der Wohnsitz der alten Lemurier. Vor ungefähr 15.000 Jahren fuhren die Lemurier mit ihren Kanus davon, und die Plejadierinnen verließen ihren physischen Körper; viele von ihnen wurden Teil der Erde. In der hawaiianischen Kultur bezeichnet der Name »Na Huihui o Makali'i« den Sternenhaufen der Plejaden. Er genießt in der hawaiianischen Tradition eine hohe Verehrung, denn das ist der Abstammungsort der ersten Hawaiianer. Wenn das Sternbild der Plejaden am Nachthimmel erscheint (meistens Ende November), bezeichnet dies den Beginn der Makahiki-Saison, des wichtigsten Feiertages bzw. Festes im Jahr – einer Zeit, in der die große Ernte gefeiert wird und die der persönlichen Erholung und Erneuerung gewidmet ist. In dieser Zeit wurden Kriege und Kämpfe eingestellt, und die Feierlichkeiten begannen. Mehrere der rigiden Kapu (religiöse und gesellschaftliche Gesetze und Verbote) wurden zeitweilig weniger streng gehandhabt, um freier feiern zu können.

Der Kahuna führte den Vorsitz über die hawaiianischen Zeremonien. Kahuna genießen großes Ansehen als Meister ihres jeweiligen Handwerks bzw. ihrer Kunst. Sie sind die offiziellen Bewahrer der alten Weisheit und des alten Wissens der frühen Hawaiianer, und es gibt viele unterschiedliche Kahuna-Experten. Das Wort »Kahuna« hat mehrere Bedeutungen: Bewahrer, Hüter, Beschützer, Wächter oder auch eine Art Verwalter oder Vormund, der sich um Menschen, Besitztümer oder Wissen kümmert; »na« bedeutet »sich kümmern« oder »gehören«. »Ka« steht für »der/die/das« oder »Licht«, und Huna heißt »Geheimnis« oder »verborgen« (in Bezug auf verborgenes esoterisches Wissen). Im Wesentlichen waren die Kahuna die Hohepriester, Schamanen, Heiler und Zeremonienmeister (männlich und weiblich), die direkt mit der Welt der Geister bzw. der spirituellen Welt und den Ahnen kommunizieren konnten und Zugang zu Wissen und Weisheit hatten, das für andere Menschen, denen dieser Zugang verwehrt war, mystisch erschien.

Obwohl die christlichen Missionare im 19. und 20. Jahrhundert die Kahuna-Weisheit unterdrückten, gibt es auf Hawaii immer noch traditionelle Kahuna. Früher wurde das heilige spirituelle Wissen der Kahuna nur sehr selten Außenseitern weitergegeben. Doch dank des Bewusstseinswandels auf dem Planeten teilen inzwischen mehrere Kahuna ihr geheimes Wissen mit anderen Gleichgesinnten, darunter – als einer der Ersten – der reinblütige Hawaiianer Hale Kealohalani Makua.

Kahuna Hale Kealohalani Makua

Hale Kealohalani Makua wurde auf Hawaii (Big Island) mütterlicherseits als siebter direkter Nachkomme des Königs Kamehameha Nui und väterlicherseits als direkter Nachkomme der siebten Generation von Kamehamehas Cousin, des Hohen Häuptlings Keoua Ku'ahu'ula, geboren. Er war auch einfach unter dem Namen Makua bekannt.

Bis zu einer schweren Verletzung bei seinem letzten Einsatz in Vietnam diente er viele Jahre in der US-amerikanischen Marineinfanterie. Genau diese Verletzung war für ihn der Katalysator, sich von einem physischen zu einem spirituellen Krieger zu wandeln. Makua verbrachte fünf Jahre in einem Krankenhaus im texanischen San Antonio, hatte dort mit Knochenentzündungen zu kämpfen und musste mehrmals operiert werden. Wie Makua sagte, verdankte er seine schließliche Genesung seinen Ahnen. Sie besuchten ihn und halfen ihm, mit all seiner Wut, dem Schmerz und dem Leid fertigzuwerden. Durch seine Ahnen gewann er ein neues Gefühl der Freiheit und übernahm die Verantwortung des Kahuna.

Kahuna Hale Makua war in ganz Polynesien und auch darüber hinaus hoch angesehen. Er war Ratsältester der hawaiianischen Gesellschaft der spirituellen Krieger, *Na 'Ao Koa o Pu'ukohola,* und spielte eine Schlüsselrolle bei der Förderung einer tieferen Verbundenheit und verstärkter Kommunikation zwischen den Völkern des Pazifiks. Als indigener Ältester reiste er ständig zu internationalen Konferenzen, u.a. zu den Vereinten Nationen in New York, wo er gemeinsam mit Seiner Heiligkeit dem 14. Dalai Lama auf der Bühne stand. Er war zudem Mitglied des International Elders Council (Internationaler Ältestenrat) und stellte sein Leben in den Dienst an der Menschheit, indem er seine Weisheit, sein Wissen und das göttliche Licht, das ihm durch die Führung seiner Ahnen zuteilwurde, weitergab. Hale Makua verließ seinen physischen Körper am 27. März 2004 aufgrund eines Autounfalls auf dem Big Island von Hawaii.

Vor seinem Tod hatte er ein Manuskript über das Wissen seiner Ahnen verfasst. Lee Carroll, Kahuna Kalei'iliahi und sein enger Freund Dr. Hank Wesselman erhielten Kopien davon. Dr. Wesselman, ein amerikanischer Anthropologe, hatte zu Makua eine ganz besondere Beziehung, die über eine bloße Freundschaft hinausging. Diese ungewöhnliche Verbindung zwischen zwei Visionären führte zur Veröffentlichung von »The Bowl of Light«, einem Buch voller machtvoller Unterweisungen in der Weisheit von Makuas hawaiianischen Ahnen, die anhand von Dr. Wesselmans persönlicher Geschichte über ihre gemeinsamen Reisen vermittelt werden.

Der nachfolgende Auszug aus »The Bowl of Light« von Hank Wesselman bezieht sich direkt auf das sich abzeichnende neue Paradigma – mit Frauen, die erneut ihren Platz als schamanische Führerinnen der Menschheit einnehmen, so wie das im alten Lemurien der Fall war.

»Im Lauf eines Gesprächs auf dem Treffen, kurz nach unserem Besuch der Pu'uhonua [einer althawaiianischen Stätte], stellte Sandra, eine große Älteste mit kurzen blonden Haaren, dem Häuptling [Makua] eine pointierte Frage:

›Was bedeutet es für Frauen, ihre Macht für sich wieder in Anspruch zu nehmen?‹

Im Raum wurde es still. Das war ein wichtiges Thema auf unseren Treffen, und wenn es nicht von alleine aufkam, fingen oft Jill [Hanks Ehefrau] oder ich damit an. Denn wir alle waren uns einig, es sei an der

Zeit, dass Frauen ihre Macht zurückerlangen. Was genau das allerdings bedeutet, darüber waren wir uns nicht so einig. Wir schauten Makua fragend an. Er schien ernst zu sein, und nach ein paar langen Augenblicken wandte er sich uns zu und legte uns seine Gedanken dar.

›Es ist an der Zeit, dass alle Frauen zusammenkommen und eine neue Vision erschaffen. Sie müssen einen neuen Traum träumen – eine neue Vision darüber, was sie sich für ihre Enkelkinder und die nächsten sieben Generationen wünschen.‹

›Und was ist mit den Männern?‹, erwiderte Sandra, die offensichtlich mehr hören wollte. ›Wir können sie doch nicht einfach aus dieser Dynamik ausschließen. Wie du ja selbst gesagt hast, verläuft die Energie im Kreis.‹

Der Häuptling lächelte. ›Die Frauen sind die Bewahrerinnen und Hüterinnen der Kultur, der Familie, des Zuhauses, und sie sind das Fundament der Welt. Die Frauen müssen den Männern beibringen, sanftmütig zu sein. Die Frauen werden die Welt jetzt verändern, und deshalb müssen die Männer sie beschützen.‹ Makua lächelte noch einmal und fügte dann hinzu: ›Zur Abwechslung müssen die Männer mal den Frauen folgen, denn dadurch werden sie wählerischer. Es geht um Unterscheidungsvermögen.‹

Die Frauen in der Gruppe waren mucksmäuschenstill, ihre Augen glühten vor lauter fokussierter Aufmerksamkeit. Die Männer schienen sie zwar zu unterstützen, aber ihre Augen wanderten unruhig hin und her. Für die meisten von ihnen war das etwas ganz Neues.

›Es ist Mutter Erde‹, fuhr Makua fort, ›nicht Vater Erde. Die Energie der Erde ist weiblich, es geht um die Göttin Haumea, und die Männer müssen Sanftmütigkeit erlernen. Die Aufgabe der Frauen besteht darin, die Männer zu lehren, sanft und freundlich zu sein. Es ist also an der Zeit für die Männer, sich hinzusetzen und zuzuhören, und für die Frauen ist die Zeit gekommen, aufzustehen und zu sprechen.‹

Jill machte Makua ein Zeichen, und er ließ sie sprechen. ›Wenn ich das richtig verstanden habe‹, begann sie, ›dann geht es bei dieser im Kreis verlaufenden Energie, von der du sprichst, nicht einfach um Altruismus und die selektive Entscheidung, wem wir Unterstützung gewähren, in der Hoffnung, selbst auch Unterstützung zu bekommen. Es geht nicht um das beständige einseitige Geben der Frauen und das ständige Nehmen der Männer, sondern vielmehr um authentisches und bedingungslo-

ses wechselseitiges Geben und Nehmen, bei dem jeder jeden unterstützt und niemand aufpasst, wer wem was schuldet. Das alleine wäre wirklich ein Kreislauf ... und das alleine ist der feminine Impuls.‹

Makua lächelte sie zustimmend an. ›Genauso ist es. Das Universum ist immer in Balance. Wir sind diejenigen, die außer Balance geraten. Doch das Paradoxe daran ist: Um hier auf dieser Ebene Balance herzustellen und zu erfahren, müssen wir immer bei uns selbst anfangen. Und um diese innere Balance, diese Harmonie zu erreichen, müssen wir Liebe empfinden. Wenn wir Liebe empfinden, können wir auch uns selbst lieben. Diese Energie, dieses Gewebe von Aloha, ist die mächtigste Kraft im Universum. Und nur im Zustand von Aloha können wir wahrhaftig das Universum berühren. Nur wenn wir im Zustand der Liebe sind und Freundlichkeit und Güte praktizieren, werden sowohl das Universum als auch die Ahnen uns antworten. Und deshalb‹, so fuhr der Kahuna fort, ›besteht die größte Entdeckung, die wir jemals machen können, darin, uns selbst zu entdecken, insbesondere unsere Beziehung zu unserem Höheren Selbst, unserem 'Aumakua, dem gottgleichen Wesen, das wirklich unsere Gebete anhört, auf mysteriöse Weise antwortet und manchmal Boten auf die Erde – zu uns – schickt, die meistens sehr schlecht behandelt werden.‹ Makua brach in Lachen aus, und wir stimmten alle in sein Lachen mit ein.

›Es gibt da draußen keinen großen Messias, der zurückkommt, um uns alle zu erretten‹, meinte er weiter. ›Das ist ein Mythos, und doch steckt darin eine ewige Wahrheit – eine Wahrheit, die sogar ein Kind versteht. Wir alle haben das Potenzial, ein Messias zu sein. Wir tragen diese Energie in uns, aber wir müssen uns dafür entscheiden. Es wird immer und ewig darum gehen, zu wählen und uns zu entscheiden. Wenn wir das verstehen, wenn wir verstehen, wer wir sind und wo wir sind, dann hat jeder Mensch, ob Mann oder Frau, das Potenzial und auch die Kuleana – die Verantwortung –, zu einem Erlöser der Welt zu werden. Das ist mit der Aussage gemeint, ›jeder von uns muss zu dem Wandel werden, den wir uns wünschen‹. Es gibt einfach keine andere Möglichkeit. Möchten wir eine neue und bessere Welt erschaffen, müssen wir unsere neue Welt in Träumen erschaffen ..., und dann müssen wir unseren Träumen entsprechende Taten folgen lassen, damit sie sich durch uns manifestieren.‹«

[Urheberrechtsvermerk: Dieser Auszug aus dem Buch »The Bowl of Light – Ancestral Wisdom from a Hawaiian Shaman« von Hank Wesselman, Sounds True, Inc. 2011, wurde mit freundlicher Genehmigung des Herausgebers verwendet.]

• • •

Was für eine göttliche Botschaft von Makua! Viele seiner Lehren spiegeln die Botschaften von Kryon wider, und dass Makua sich mit Lee Carroll anfreundete, ist kein Zufall. Makua hat für die Kryon-Gruppe oft Zeremonien am Rand der Kilauea Caldera im »Hawaii Volcanoes«-Nationalpark veranstaltet. Seit seinem Tod hat eine Kahuna, die seit über zwanzig Jahren mit Lee und Kryon bekannt ist, als Botschafterin der Ahnen seinen Platz eingenommen. Ihr Name ist Kahuna Kalei'iliahi.

Kahuna Kalei'iliahi

Kahuna Kalei'iliahi wurde im üppigen Kalihi Valley auf der Insel O'ahu geboren und wuchs auch dort auf. Die Wurzeln ihrer Vorfahren gehen fünfundsiebzig Generationen zurück – bis zu den Sternen, den Makali'i (den Plejaden), auf Papa (Mutter Erde) und Wakea (Vater Himmel) entlang einer langen Abstammungslinie von königlichen Hohepriestern und Hohepriesterinnen (Kahuna).

In der hawaiianischen Kultur hat jede Familie ihren eigenen 'Aumakua, das heißt ihre persönlichen Ahnengeister, ihren persönlichen Gott und Beschützer. Kahuna Kalei'iliahis Familiengott ist Lono, der Gott des Friedens, der Fruchtbarkeit, der Fülle und der Landwirtschaft. Lono ist der Onkel der Göttin Pele, der Göttin des Feuers, des Blitzes, des Windes und der Vulkane sowie Schöpferin der hawaiianischen Inseln.

Kalei'iliahi bezeichnet sich interessanterweise selbst als Kahuna. Echte Kahuna würden das traditionell nie tun, denn das würde als arrogant und egogetrieben angesehen. Authentische Kahuna und Schamanen zeichnen sich durch große Demut aus; ihre Macht entspringt der liebevollen, gütigen Quelle des Universums und dem kosmischen Feld, auf das sie oft über ihre Ahnen zugreifen. Doch die Übernahme des Titels der Kahuna ist ein weiteres Beispiel für den Wandel auf unserem Planeten. Kalei'iliahis eigene Erklärung lautet folgendermaßen:

»Die alten Kahuna bezeichneten sich nicht als Kahuna - das brauchten sie auch nicht. Alle wussten, wer sie waren, und die Ältesten kannten sie von Geburt an. Die Kahuna versteckten sich, als die Praxis ihrer Spiritualität verboten wurde, und aus diesem Grund sprach sie auch niemand so an, wenn sie unter Menschen weilten. Wie mir meine Ahnen gesagt haben, ist es inzwischen sicher für die Kahuna und die indigenen Schamanen weltweit, ihre Weisheit und ihr Wissen mit anderen zu teilen, die danach auf der Suche sind. Menschen aus aller Welt machten sie ausfindig. Indem ich mich selbst als Kahuna bezeichne, mache ich es ihnen leichter, mich zu finden. Meine Ahnen sagten mir, es sei an der Zeit. Normalerweise bezeichne ich mich als hawaiianische Priesterin. Auch wenn viele Hawaiianer mir vielleicht nicht zustimmen - ich muss mich der Führung meiner Ahnen anvertrauen. Wenn ich sage, ich bin Kahuna, ist das zu Ehren dieser Großen, der Ahnen meiner Abstammungslinie, die vor mir gegangen sind, um den Weg zu beleuchten. Alles, was ich in mir habe, kommt von ihnen ... Ich hoffe, sie sind stolz auf mich, denn in diesem Moment bin ich der Grund, warum sie existiert haben.«

Für die alten Seelen, die Kahuna Kalei'iliahi kennenlernen oder ihre Chants und gechannelten Botschaften vernehmen, ist ihre Verbindungen zu ihren Ahnen ganz offensichtlich. Auf die Frage, wie ihre Ahnen mit ihr kommunizieren, antwortete sie:

»Wenn meine Ahnen aus ferner Vergangenheit zu mir sprechen, ist das ganz anders als die Kommunikation mit meinen Vorfahren aus der jüngeren Vergangenheit. Letztere höre ich ganz deutlich, und wir pflegen einen wunderbaren Dialog. Doch wenn ich mit den Ahnen aus uralten Zeiten - aus Lemurien - spreche, muss ich ganz still und ruhig sein. Sie flüstern sozusagen. Ich muss mich in die Stille versenken, um sie zu hören. Es ist wie ein Flüstern, und sie flüstern mir so wunderbare Dinge zu. Sie sind so alt, viel älter als die alte hawaiianische Geschichte. Die Stimmen, die ich von ›Aumakua I ka Pō‹ höre - sie sind so heilig und

sprechen ihre eigene Sprache, die von ganz allein übersetzt bzw. übertragen wird.

Kryon spricht von der dritten Sprache der Götter. Genau das ist ihre Sprache. Und deshalb bin ich so stark in Resonanz mit Kryons Lehren – sie entsprechen den Lehren der Ahnen.

Ich bin also eine Hüterin und Bewahrerin der lemurischen Wahrheiten. Meine Zellen erinnern alles, denn ich bin eine sehr alte Seele auf diesem Planeten. Damals war ich eine lemurische Priesterin, und das bin ich auch heute. In meiner DNA, in meiner Akasha-Chronik sind all meine Erfahrungen gespeichert. Wenn ich still genug werde, inneren Frieden verspüre und meine Frage mit reinem Herzen stelle, erhalte ich Informationen über diese Zeit; sie (die Ahnen) übermitteln sie mir, und ich channele eine Botschaft für die Menschen.«

Kahuna Kalei'iliahi hat Lee Carroll und Kryon um die ganze Welt begleitet und war auch auf vielen internationalen Treffen indigener Völker, um die Weisheit ihrer Ahnen weiterzugeben. Einer der Höhepunkte ist ihre Zusammenarbeit mit Lee Carroll anlässlich des Kryon Retreat auf Hawaii. Im Jahr 2015 erklärte Kryon am Hikinaakala Heiau (hawaiianischer Tempel) auf der Insel Kauai, Hawaii, warum die Menschen in ihrer Nähe ihre tiefe Verbindung mit ihren Ahnen spüren können:

Ich spreche zu einer ausgewählten Gruppe von Menschen, die aufgrund ihrer Intention hier sind und am Strand von Lemurien [Hawaii] stehen. Wer meine Worte hört oder liest, kann nicht das Rauschen der Wellen vernehmen; das Meer ist so nah. Es wirkt beruhigend auf diejenigen, die hier bei mir sind; sie sitzen buchstäblich am Zugangspunkt zu einem der vielen Heiaus auf dieser Garteninsel. [Ein Heiau ist ein Gebiet, das mit der alten heiligen Geschichte von Hawaii zu tun hat.] Hört nur, sogar die Passatwinde, die durch die Bäume wehen, sprechen jetzt zu euch.

Über dieses Gebiet gibt es viel zu erzählen, es steckt voller Geschichte. Seid euch darüber im Klaren, dass das, was ihr hier in diesem geschützten heiligen Gebiet lernt, nicht in den Zeiten Lemuriens geschehen sein kann. Nicht wirklich. Ihr seht hier die Heiligkeit einer Zeit viel später als Lemurien.

Zunächst einmal: Das Land, auf dem ihr sitzt, war ein Berggipfel, der nur für wenige überhaupt zugänglich war. Er war sehr hoch, dort herrschte extreme Kälte. Doch jetzt ist es ein Küstenlandstrich, und die sogenannten alten Hawaiianer erbauten den Heiau, vor dem ihr steht. Das ist zwar kein lemurisches Artefakt, dennoch steckt er voll der Energie des Anfangs.

Der lemurische Funke ist hier. Der einzige wirkliche Weg, um zu spüren, was auf dieser Insel passiert ist, besteht in den Ahnen des Landes, und deshalb ist Kahuna Kalei'iliahi hier [Kahuna Kalei'iliahi begleitet die Kryon-Exkursion als schamanische Führerin nach Hawaii zu den Ahnen – ihren Ahnen]. Sie ist das Bindeglied zu diesen Führern, die womöglich vor diesem heiligen hawaiianischen Heiau stehen und euch von seiner Geschichte als Tempel erzählen und sonst nichts. Kahuna Kalei'iliahi ist das Bindeglied; sie berichtet euch nicht nur von der aktuellen Geschichte, sondern überträgt das zurück zu den Anfängen Lemuriens, denn heute fließen die Ahnen durch sie hindurch. Ihr könnt das Mitgefühl dieser Ahnen erkennen, von dem sie durchdrungen ist, denn die Ahnen übermitteln ihr Informationen, die aktuell sind, auf Basis der Vergangenheit.

Lauscht dem Klang des Meeres; er hat sich nicht so sehr verändert. Es ist das gleiche Geräusch, das die Lemurier hörten, wenn sie am Fuß des Berges an der Küste standen, so wie ihr jetzt. Auch der Himmel hat sich nicht verändert, ebenso wenig die aufgehende Sonne. Das sind eure Verbindungen zu den Ahnen und durch Gaia zu drei Dingen, über die wir gleich sprechen werden. Wir nennen sie heute »die drei R«. Zunächst einmal »Respekt«.

Ihr steht hier und respektiert, was auf diesem Berg geschehen ist – egal, in welcher historischen Periode, zu welcher Zeit und in welcher Zivilisation. Für alle Ahnen und Vorfahren, auch die Lemurier, ist das heilig. Dieser Teil der Erde namens Lemurien war heilig und etwas Besonderes, und ihr respektiert das. Später respektiert ihr, was die Lemurier taten, und noch später, was die alten Hawaiianer taten. Wart ihr hier?

Das nächste R steht für »Remembrance« (»Erinnern«). Könnt ihr euch auf irgendeiner Ebene an irgendetwas erinnern, was mit euch zu tun hat? Vergesst die Tatsache, dass das Land oder die Zivilisation womöglich anders waren. Ihr seid in Lemurien. Erinnert ihr euch an das Land? Spricht es zu euch? Versucht es, zu euch durchzudringen und zu sagen: »Vergiss dein Alltagsleben und all die Probleme, mit denen du hierhergekommen bist. Wir sprechen von einer Erinnerung an den inneren Gott und die biologische Saat, die ihr seid, und von der Schönheit der Schöpfung.«

Das dritte R ist vielleicht das aktuellste, es steht für »Realisierung«. Dieses Wort hat viele Bedeutungen; es wird vom Wort »real« abgeleitet. Könnt ihr realisieren, dass das alles für euch real ist? Damit will ich sagen, könnt ihr erkennen, dass all das, was ihr heute erlebt und erfahrt, in eurem Leben real und relevant ist? Das ist womöglich kein Urlaub und nicht nur eine Zeit, in der ihr Spaß habt und die Sonne genießt. Realisierung: Wie viel könnt ihr erinnern, realisieren und respektieren? Spürt ihr den lemurischen Funken, während ihr hier auf dem Boden an dieser heiligen Stätte sitzt?

Das ist die Herausforderung in dieser Woche. Vielleicht macht ihr euch eine schöne Zeit, entspannt euch und genießt euren Urlaub, die Sehenswürdigkeiten und die esoterische Energie? Doch ich fordere euch heraus, »die drei R« anzuschauen und zu hinterfragen, was ihr eigentlich hier macht. Das Erforschen von Respekt, Erinnerung und Realisierung lässt euch womöglich eine ganz andere Realität erfahren und erkennen, wer ihr vielleicht an diesem Ort gewesen seid.

Kryon Live-Channelling, durchgegeben während des »Kryon Lemurian Retreat«, Kauai, Hawaii – 17. August 2015

Jetzt verstehen Sie also die Verbindung zwischen Kahuna Kalei'iliahi und Lemurien, und wir schließen den Kreis mit ihrer Verbindung zum indischen Glaubenssystem des Hinduismus. Wir haben schon über die Verbindung zwischen Hinduismus und Lemurien über Gurudeva gesprochen, der aus seiner Intuition heraus ein Hindu-Kloster auf Kauai, Hawaii, gründete. Auf dem Grund und Boden des Klosters wird gerade der »San Marga Iraivan«-Tempel errichtet. Gurudeva wählte genau diesen Platz aus, weil er die spirituelle

Kraft erkannte, die auch die hawaiianischen Vorfahren spürten. Die Hawaiianer nannten diesen Ort *»pihanakalani«* (»wo der Himmel die Erde berührt«).

Wann immer ein Heiau errichtet wurde, führte der bzw. die Kahuna gemäß hawaiianischer Tradition eine Segenszeremonie durch, bevor das Gebäude fertiggestellt wurde. 2015 besuchte Kahuna Kalei'iliahi anlässlich des Kryon-Retreats die Baustelle des Iraivan-Tempels auf Kauai. Kaum hatte sie den Platz betreten, fingen ihre Ahnen an, zu ihr zu sprechen. Eigentlich begann diese Geschichte aber ein paar Wochen zuvor in Indien. Kahuna Kalei'iliahi erzählt, wie sich alles ergeben hat:

»Eine Indien-Reise stand eigentlich nicht auf meiner Wunschliste. Das Land hat mich nie angezogen – trotzdem war ich eines Tages dort, und zwar mit meiner lieben Freundin Vanessa Murray. Wir machten einen Stop-over auf unserem Weg nach Afrika und zurück. Wir unterbrachen unseren Rückflug für ein paar Tage in Indien und trafen uns mit einer Freundin, die wir kennengelernt hatten. Sie machte uns mit zwei wunderbaren Heilern bekannt. Auf ihre Einladung hin besuchten wir voller Vorfreude einen Hindu-Tempel. Ich wusste über die Hindu-Religion nur sehr wenig, aber immerhin, dass sie sehr alt war – allerdings war sie weitaus älter, als mir klar war.

Weder kannte ich die Gottheiten im Tempel noch wusste ich etwas über ihre Geschichte, aber ich spürte die Heiligkeit dieses Ortes. Ein Swami segnete die vielen Menschen, die kamen und gingen; dabei stellte er ein goldenes, becherähnliches Objekt umgekehrt auf die Köpfe der Gläubigen. Unser Gastgeber erklärte uns, was die Gemälde an den Wänden im ganzen Tempel bedeuteten. Ich spürte ein starkes Ziehen, als mich meine Ahnen zu dem Swami lotsten, um den Segen zu empfangen.

Es herrschte ein geschäftiges Kommen und Gehen, und ich gesellte mich zu der Menschenmenge, die sehnlichst auf den Segen des Swamis wartete. Ich spürte das goldene Objekt auf meinem Kopf. Vanessa lachte noch darüber, wie seltsam es sich auf ihrem Kopf angefühlt hatte, doch dann schaute sie mich genauer an und spürte, dass da etwas passierte. Voller Emotionen fühlte ich kosmisches Licht in mein Scheitelchakra strömen. Und mit einem Mal wusste ich alles, was es über diese uralte Religion zu wissen gab – ich kannte alle Gottheiten, alle Bedeu-

tungen. Ich sah die tiefe Verbindung dieser Menschen und ihrer Religion zu Lemurien.

2014 besuchten wir während es Lemurian Retreats auf Kaua'i ein Hindu-Kloster. Dort zeigte uns der Swami ein Buch mit dem Titel ›The Lemurian Scrolls‹; es war vor langer Zeit von einem großen Hindu-Meister gechannelt, aber erst kürzlich als Buch veröffentlicht worden. Wir waren hin und weg, als wir erfuhren, dass sie ihrer Überzeugung nach von den Plejaden und von Lemurien abstammten und dass ihre Schöpfungsgeschichte der polynesischen ganz ähnlich war – unsere Vorfahren von den Makali'i (Plejaden) hatten uns unsere Göttlichkeit eingepflanzt! Als ich zum ersten Mal von dem Hindu-Kloster auf der Insel hörte, fragte ich mich wirklich, warum es dort so etwas gab. Nun, Jahre später, wusste ich warum. Sie gehören dorthin und erkennen, dass das ihre ›Heimat‹ ist.

Meine Ahnen erzählten mir Folgendes: Ich war die Brücke zwischen Indien und Lemurien (Hawaii) – eine Regenbogenbrücke. Wir Hawaiianer (Polynesier) werden ja auch als die Regenbogenkinder von MU – Le-MU-rien – bezeichnet. Wie meine Ahnen mir aufzeigten, fühlte ich mich von Indien nicht angezogen und hatte eine Blockade, weil es nicht der richtige Zeitpunkt gewesen war – bis jetzt. Sie sagten, dieser Besuch sei eine nötige Vorbereitung, bevor ich ein paar Wochen darauf wieder den Hindu-Tempel auf Kaua'i besuchte. Hinter alldem stand ein kosmischer Plan, der viel größer war, als ich verstehen konnte, aber ich konnte ihn fühlen.

Es hatte mit der Veröffentlichung von ›The Lemurian Scrolls‹ zu tun, aber auch mit dem Bau des neuen hinduistischen Iraivan-Tempels auf Kaua'i. Im August 2015 besuchte ich dieses Kloster und traf erneut den freundlichen, liebevollen Swami. Dieses Mal zeigte er uns den neuen Tempel, der gerade errichtet wurde. Und dort sah ich in einem äußeren Ring um den Tempel herum die Geister der Na Koa (Kriegerbeschützer). Im Ring standen hinter ihnen die Ahnen aus uralter Vergangenheit – die Plejadier. Wir alle spürten die Heiligkeit, und als der Swami uns mitnahm, um einen näheren Blick auf den Tempel werfen zu können und uns noch mehr von seiner Bedeutung zu erzählen, sagten mir meine Ahnen, dass im alten Lemurien an dieser Stelle der Eis-Tempel stand (eine Metapher, denn das war während der Eiszeit), ein heiliger Ort. Und sie erzählten mir auch, wir alle seien dort eins gewesen und hätten eine Zeremonie abgehalten – eine Zeremonie zu Ehren der inneren Göttlichkeit.

Wie mir aufgezeigt wurde, war unsere Anwesenheit eine Notwendigkeit und Teil des Segens, der vor der Fertigstellung des Tempels laut Vorschrift gegeben werden musste. Die Ahnen segneten immer das Land und sämtliche Bauten. Das machen die Hawaiianer auch heute noch so. Ich bat den Swami um Erlaubnis, die Segnungszeremonie auszuführen, und freundlicherweise gewährte er mir diese Bitte in Ehrerbietung für unsere Tradition. Für fast alle Anwesenden war es ein sehr emotionales Ereignis. Ich schreibe dies nieder voller Ehrfurcht für die Großartigkeit des Geschehens ..., das nur von diesem gütigen Universum, das wir »Gott« nennen, inszeniert werden konnte.«

Nach Kahuna Kalei'iliahis Segnungszeremonie lud der Swami die Gruppe ein, in den Tempel zu gehen. Der Swami wies bei der Besichtigung auf architektonische Merkmale hin. Dabei fiel jemandem eine interessante Schnitzerei im Fundament auf. Die Frage nach näheren Einzelheiten beantwortete der Swami ganz beiläufig: »Ah ja, das sind hawaiianische Menehune. Wir haben sie ganz bewusst hier als Teil des Tempels platziert.« Wow, welch eine wunderbare Ehrerweisung gegenüber den Hawaiianern!

In der hawaiianischen Kultur waren die Menehune das »kleine Volk« bzw. Zwerge, die gerne Schabernack trieben und vor der Ankunft der Polynesier versteckt in den Wäldern und Tälern der Insel lebten. Sie waren – ihrem Ruf nach – extrem starke und sehr gute Handwerker und bauten Tempel (Heiau), Fischteiche, Straßen, Kanus und Häuser. Die Menehune haben angeblich auch den Alekoko-Fischteich auf Kauai sowie den Menehune-Graben erbaut, einen historischen Bewässerungsgraben, der das Wasser des Flusses Waimea auf Kauai kanalisiert.

Paramacharya Palaniswami gibt folgende schöne Erklärung zu den Menehune im Iraivan-Tempel auf Kauai ab:

»Jeder Hindu-Tempel hat einen besonderen Stein, den sogenannten Gomugai; durch ihn kommt das geweihte Wasser von der Puja, die im inneren Heiligtum stattfindet, hinaus zu den Gläubigen, die etwas von dem Wasser trinken, um dadurch gesegnet zu werden.

Dieser Stein wird in der traditionellen Architektur von einem Zwerg gestützt. Wir dachten, für den Iraivan-Tempel ist es ja wohl perfekt, den

Stein von einem kauaianischen Menehune halten zu lassen, der beide Hände über dem Kopf hält. Die Menehune sind eine Rasse von Steinmetzen, die einstmals auf unserer Insel lebten, und zwar der Sage nach schon vor den heutigen Hawaiianern. Sie waren sehr klein, so etwas wie Liliputaner, aber eher untersetzt und sehr stark. Sie waren die Steinmetze, die auf Kauai große Wasserteiche aus Stein und Mauern errichteten. Wir hatten das Gefühl, sie würden sich in einem Steintempel zu Hause fühlen.«

Quelle: • www.himalayanacademy.com/blog/taka/2005/9/21/

Die Menehune sind so etwas wie das hawaiianische Gegenstück zu den hinduistischen Bhutas; das sind kleine Natur- oder Schutzgeister bzw. Devas. Man kennt sie auch als Feen, Elfen, Kobolde, Zwerge, Wichte, Erdengel, Naturgeister etc. Ungeachtet des Namens sind das alles multidimensionale Energien, die dem Planeten Erde – Gaia – helfen und der Menschheit dienen.

Laut Kryon spielen diese Naturgeister eine wichtige Rolle, um die Menschheit wieder mit Gaia zu verbinden. Warum ist das wichtig? Wenn die Menschheit nach und nach Gaias Lebenskraft und Bewusstsein erkennt, wird der Planet für uns eine wichtigere Rolle spielen als früher, unsere Haltung verändern und Lösungen für manche unserer Umweltprobleme eröffnen. Auch unser Umgang mit Tieren wird sich verändern, wir werden ihnen Respekt, Anerkennung und Liebe entgegenbringen. Damit kehren wir zur Lebensweise der Ahnen und zu ihrer Weisheit zurück, aber auch zu etwas, was die Lemurier von Natur aus verstanden haben. Sie waren eng mit Gaia verbunden, und wer Gaia ehrt, ehrt auch die Ahnen und Gott.

Die Kommunikation mit den Ahnen ist Kahuna Kalei'iliahis Spezialität. In ihrer Rolle als Hüterin der Weisheit kann sie als Medium dienen, ihren Segen geben und heilige Reisen anbieten. Sie channelt auch Botschaften von diversen heiligen Lichtwesen. Sie kann über ihre Webseite kontaktiert werden:

www.kaleiiliahi.com

Frage an Kryon:
Die indigenen Hawaiianer kamen angeblich vor etwa 1500 Jahren von den polynesischen Inseln im Pazifik nach Hawaii. Die Lemurier verließen dagegen bei ihrem Massenexodus die heutigen hawaiianischen Inseln vor über 15.000 Jahren. Blieben von den Lemuriern welche zurück – und wenn ja, leben einige ihrer Nachkommen heute auf Hawaii? Was geschah im Zeitraum zwischen 15.000 und 1500 Jahren vor unserer Zeit?

Antwort:
Meine Lieben, als der Kontinent MU nach und nach versank und Lemurien schließlich zu den Hawaiianischen Inseln wurde, war das für die Lemurier ungeheuer beängstigend. Dieser Prozess ging zwar langsam vor sich, aber niemand konnte sich vorstellen, dass er irgendwann zum Stillstand käme und die Gipfel der Berge als Inseln im Pazifik weiterhin erhalten bleiben würden. Deshalb verließ ein Großteil der Bevölkerung im Lauf der Zeit das Land.

Das Versinken löste Erdbeben aus; durch das große Gewicht sank der Berg langsam in die Erdkruste ab, und das führte zu großen Verwerfungen. Der große Berg war fast ganz mit Lava bedeckt, nichts war mehr stabil. In die Spalten und Risse, die bis hinab in den Kernmantel der Erde reichten, floss immer wieder Wasser nach, und es kam zu gewaltigen Explosionen. Nur die erloschenen vulkanischen Teile des Hotspots boten ein wenig Sicherheit, und dorthin flohen die wenigen zurückgebliebenen Lemurier. Es handelte sich um das nördliche Ende der Gebirgskette; heute ist das die Insel Kauai, der älteste Gipfel des vormaligen lemurischen Minikontinents und der stabilste Gipfel während der Jahre des Versinkens.

Deshalb wurde Kauai zur Heimat von Mele'ha und anderen, die sich weigerten wegzugehen; sie dachten, sie würden mit dem Berg untergehen und einen ehrenvollen Tod in ihrem kostbaren Lemurien sterben.

Die Lemurier, die echten und wahren Hawaiianer, blieben also auf Kauai; sie waren die ältesten Abkömmlinge von Hawaii und jene mit dem stärksten schamanischen Hintergrund. Eine dieser echten Lemurier ist für die Existenz des magischen Volkes, der Menehune, in den heiligen Tälern an der zerklüfteten Küste dieser Inseln verantwortlich, nämlich Mele'ha, denn als einzige Sternenschwester blieb sie auf dem Berg. Alle anderen gingen fort, auch die Sternenmütter, die wussten, dass sie ihre Aufgabe hier erledigt hatten. Mele'ha lebte danach noch überaus lange, und ihre Essenz ging mit ihrem Körper in das Land ein.

Von allen Inseln des heutigen Hawaii ist Kauai die Trägerin der wahren spirituellen Abstammungslinie von Lemurien. Deshalb wurde der Schamane aus Indien, Gurudeva, auch von seiner Akasha dazu gedrängt, seinen heiligen Tempel für die Plejadier auf Kauai zu errichten. Klingen diese Informationen für euch wahr?

Alle heutigen Vorstellungen dahingehend, wer wann wohin auswanderte, betreffen nur ungefähr die letzten tausend Jahre. Die Polynesier entdeckten Hawaii tatsächlich, aber sie waren nicht die Ersten, die sich hier niederließen. In Wahrheit ist Hawaii seit fast 50.000 Jahren besiedelt, und die Schamanen [Kahuna] bestehen darauf, dass dies die Wahrheit ist, auch heute noch, denn alles, was wir euch gesagt haben, steht in ihrer Geschichte geschrieben.

Sind von den Sternenmüttern welche zurückgekommen? Warum geht ihr nicht nach Kauai und fragt dort nach?

Zum Abschluss

Unsere Reise zu den Frauen von Lemurien neigt sich dem Ende zu, steht aber eigentlich gerade erst am Anfang. Durch das Wachrufen unserer uralten Akasha-Erinnerungen an unsere ursprüngliche spirituelle Erleuchtung gelangen wir auf eine höhere Bewusstseinsebene mit mehr Weisheit. Die Weiterentwicklung der menschlichen Natur hat begonnen, und irgendwann werden wir einen friedlichen Planeten ohne Krieg haben. Unsere galaktischen Vorfahren sind denselben Weg gegangen, der der Menschheit jetzt bevorsteht, und das ist ein Grund zum Feiern. Trotz aller Widrigkeiten haben wir [die Menschheit] die Schwelle überschritten, und dieses Potenzial haben uns die Ahnen vorhergesagt.

Es werden noch Jahrtausende vergehen, und dann ist es an uns, auf dem nächsten Planeten mit einem freien Willen in der Galaxie die »Saat« auszubringen, und wer weiß, eines Tages wird dort vielleicht eine Geschichte darüber geschrieben, falls die Schwelle überschritten wird.

Bis dahin gibt es viel Arbeit für uns zu erfüllen. Wir haben die Verantwortung, unsere Göttlichkeit für uns in Anspruch zu nehmen und nicht nur an unsere Heiligkeit und Herrlichkeit zu glauben, sondern heilig und herrlich zu werden und dementsprechend zu leben.

Lassen Sie sich von diesen abschließenden praktischen Anleitungen von Kryon weiter auf Ihrem Weg zur Meisterschaft und darüber hinaus begleiten:

Welche Art Macht übernehmt ihr von hier? Macht? Ja, ich habe dieses Wort verwendet. Welche Art von Macht übernehmt ihr von hier? Seht ihr etwas, was sich verändern soll?

Ihr alle seid Reisende auf dieser Exkursion, deshalb gebe ich euch einen Satz an die Hand: »Sich wiederholendes Bewusstsein und Handeln erzeugt Synchronizität und Realität für den Planeten.« Und noch einmal: »Sich wiederholendes Bewusstsein und

Handeln erzeugt Synchronizität und Realität für den Planeten.« Was bedeutet das?

Ihr alten Seelen, lasst euch direkt fragen: Was sind eure Gewohnheiten? Was wiederholt ihr immer wieder? Wie verhaltet ihr euch? Ihr seid im Flugzeug oder im Flughafen oder zu Hause. Lächelt ihr automatisch, wenn ihr von einem Ort zum anderen geht oder euch umschaut? Habt ihr ein Lächeln im Gesicht, wenn ihr andere Menschen seht, oder nicht? Ist es Freude oder nicht? Was auch immer es ist, durch fortwährendes Wiederholen wird es eine sehr mächtige Gewohnheit, die haften bleibt. Wirkt sich das auf die Menschen um euch herum aus?

Wenn euer Gepäck verloren geht, bedauern sich viele von euch selbst oder, noch schlimmer, werden zum Opfer des Tages, weil das Gepäck weg ist. Vielleicht ist etwas zu schwer oder etwas tut euch weh, wenn ihr auf Reisen seid?

Wie sieht euer »Verhalten in diesem Moment« aus? Was ist für euch normal? Wenn ihr euch mit einer bestimmten schwierigen Situation konfrontiert seht, habt ihr dann Mitgefühl dahingehend, wie sich das wohl entwickelt hat, oder beklagt ihr euch darüber? Wie sieht eure sich wiederholende Gewohnheit aus?

Ich möchte euch etwas sagen, ihr alten Seelen: Ihr seid sehr mächtig! Hört gut zu – alle, die dies hören und lesen, sollten Folgendes wissen: Was ihr aus Gewohnheit ständig wiederholt, wird zu eurer Realität. Punkt.

Wie gefällt euch das bislang?

So mächtig seid ihr! Wir haben schon oft darüber gesprochen, doch heute seid ihr zum letzten Mal während eurer Reise in Lemurien. Heute könnt ihr all das im Licht des Wissens erforschen, in dem Wissen um den Sinn eures Daseins auf der Erde zu dieser Zeit.

Ihr könnt kreieren, was immer ihr wollt. Ihr seid mächtig, und ihr seid hier in dieser wunderbaren Energie, deshalb ist es vielleicht an der Zeit, den lemurischen Funken zu übernehmen, meine Lieben, und ihn mitzunehmen, wenn ihr geht. Lasst ihn die Gewohnheiten verändern, derer ihr euch vielleicht gar nicht bewusst seid und die die Wahrnehmung der Liebe Gottes in euch mindern können. Habt ihr das verstanden? Eure Gewohnheiten können euren Glauben – egal, woran ihr glaubt – schwächen, einfach weil es Gewohnheiten sind.

Wie betrachtet ihr andere Menschen? Habt ihr darüber nachgedacht? Ist es für euch wichtig? Tragt ihr den lemurischen Funken des Mitgefühls und der Weisheit in euch oder seid ihr stolz, einer von diesen seltsamen »New-Age-Anhängern« zu sein? Auch das sind Gewohnheiten. Manche Leute schauen euch vielleicht an und sagen: »Nun ja, eigentlich möchte ich mit dieser Person nicht so viel zusammen sein, weil sie ein bisschen komisch ist.« Also, ihr Lemurier, ihr Lichtarbeiter, ist das wirklich das, was ihr anderen zeigen wollt: »ein bisschen komisch«? Wie hilft das dem Planeten? Warum praktiziert ihr nicht Mitgefühl und Meisterschaft, anstatt ein bisschen komisch zu sein?

Bitte versteht Folgendes: Diese Gruppe vor mir wird nie wieder in derselben Energie zusammenkommen. Dies sind die letzten Momente für diese lemurische Familie. Deshalb nehmt bitte die Vorstellung mit euch, mit eurer Macht Meisterschaft kreieren zu können. Erforscht eure alltäglichen Gewohnheiten, die womöglich Hindernisse auf eurem Weg sind.

Wir sagen hier nicht »Auf Wiedersehen«, aber wisst: Wenn ihr euch schließlich in alle Winde zerstreut, kann eine bestimmte Energie bei euch bleiben. Die Person neben euch geht mit euch, selbst wenn ihr sie gar nicht gut kennt. Die Kameradschaft des lemurischen Funkens und das, was ihr erlebt habt, geht mit euch. Die Schönheit von Gaia und die Synchronizitäten dieser Reise – all das begleitet euch. Ihr spielt es immer wieder in eurem Kopf ab, und es zeigt euch eure Großartigkeit. Lasst das nicht in Vergessenheit geraten!

Hier habe ich einen Auftrag für euch: Nehmt das hier Gelernte, das so elegant, erhaben und hoch entwickelt ist, wendet es auf euer Leben an und ändert eure Gewohnheiten. Deshalb seid ihr gekommen. Deshalb seid ihr zu dieser Zeit auf dem Planeten.

Manche von euch haben ungeheure Synchronizitäten erlebt, um hierher zu kommen, die Art von Synchronizitäten, die schreit: »So was kann einfach nicht passieren!« Und doch ist es geschehen. Ihr Lieben, das heißt, es war Absicht, euch hierherzubekommen, und das heißt, ein ganzes Gefolge ist hier, schaut euch gerade an und sagt: »Sorgt dafür, dass es sich gelohnt hat. Sorgt dafür, dass es sich gelohnt hat.« Das ist wunderschön, nicht wahr? Es könnte nicht schöner sein – ihr sitzt hier und wisst, dass ihr nicht durch dummen Zufall hier gelandet seid.

Wir haben euch die ganze Woche über mit Synchronizitäten versorgt, damit ihr sie bewundern könnt und sie euch den Atem rauben. Vergesst sie nicht, denn das waren Beispiele für euch. Ihr könnt nämlich solche Dinge auch kreieren, wenn ihr diesen Berg verlasst. Ihr könnt anderen Menschen mit Synchronizitäten, die ihr für sie kreiert, den Atem rauben – Heilungen, Liebe, Mitgefühl, Problemlösungen. Es ist egal, wie alt oder wie jung ihr seid. Das ist die Schönheit derjenigen, die hier sind und diese Zeilen lesen. Das ist die Botschaft dieser Woche, und es ist immer dieselbe Botschaft, wenn ich auf dem Berg von Lemurien weile.

Und so ist es.

Kryon Live-Channelling, durchgegeben auf dem »Kryon Lemurian Retreat«, Kauai, Hawaii – 22. August 2015

**Abschließende Frage an Kryon:
Hast du weitere Informationen über die Frauen von Lemurien, über die wir Bescheid wissen sollten?**

Antwort:
Die alten Seelen, die die Frauen von Lemurien waren, haben auf dem Planeten zwei Aufgaben. Die erste ist offensichtlich, und wir haben darüber in all diesen Channellings gesprochen und Fragen dazu beantwortet. Die zweite Aufgabe steht erst jetzt an – sie ist der Grund, warum dieses Buch überhaupt geschrieben wurde.

Diese Wende, nach der Präzession der Äquinoktien im Jahr 2012, kennzeichnet die beginnende Erinnerung an die Kerninformationen, wie sie von denjenigen von den Sternen gelehrt wurden. Die Einzigen, denen diese Informationen fest in ihre Akasha eingepflanzt wurden, sind die früheren Frauen von Lemurien. Kein anderer Mensch auf diesem Planeten hat sie in so reiner Form über so lange Zeit von den ursprünglichen Lehrerinnen und der Saat der menschlichen DNA empfangen.

Der einzige Grund, warum so viele von euch diese Zeilen jetzt lesen, besteht darin, euch das wissen zu lassen, damit ihr euch an diese Informationen erinnert. Ihr habt Zeit, meine Damen! Denn ihr, eure Kinder und Kindeskinder werden auf eure Lehre und die Art eurer Unterweisung reagieren. Generationen werden das, was euch gelehrt wurde, aufsaugen und auf dem Planeten eine neue Form der Weisheit erschaffen.

Hier ist nicht die Rede von einem weiteren Religions- oder Glaubenssystem; vielmehr geht es um die Rückkehr zu Kernwahrheiten, die die Liebe und das Mitgefühl des Schöpfers in sich bergen und auf der ganzen Erde gelehrt und verbreitet werden können. Dazu braucht es keine Mitgliedschaft, keine Gebäude, keine Doktrin, denn es ist eine Rückkehr zur grundlegenden Integrität von Mensch zu Mensch, begleitet vom Wissen um die Kostbarkeit des Lebens und die Einheit mit Gaia.

Erhebt euch, ihr Priesterinnen! Zeigt eure Liebe auf sanfte und reine Weise. Die von euch bewirkten Veränderungen erfolgen, weil ihr erhaben, überlegen und die mitfühlenden Menschen der Zukunft seid. Das System der alten Energie wird zu euren Füßen zerfallen, während ihr Licht ausstrahlt, welches das Fundament der alten Systeme, die das eine sagen, aber das andere tun, zum Einsturz bringt. Zeigt euch als diejenigen, deren Licht rein bleibt, während die Dysfunktionalität der etablierten religiösen Systeme zutage tritt. Seid die Schamaninnen der Zukunft und weist den Weg. Lasst den Planeten wissen, dass das Weibliche mit seinen Qualitäten der ganzen Menschheit Führung, Unterweisung und Liebe bringen kann – eine Rückkehr zu dem, was geplant war.

Kontakt mit der Lemurischen Schwesternschaft

Die Lemurische Schwesternschaft hat es sich zur Aufgabe gemacht, Frauen zu helfen, ihre Erinnerungen an ihr lemurisches Leben und die damals von den plejadischen Lehrerinnen und den Priesterinnen der alten Lemurischen Schwesternschaft erlernte Weisheit wieder zum Leben zu erwecken. Dabei ist es nicht wichtig, ob Sie tatsächlich in Lemurien waren oder nicht. Wenn dieses Buch Sie angezogen hat, sind Sie eine alte Seele oder zumindest ein Nachkomme Lemuriens. Ihre Akasha resoniert nach wie vor mit den ursprünglichen, von den Plejadierinnen – den Sternenmüttern – vermittelten Weisheiten.

Möchten Sie Teil der wachsenden globalen Gemeinschaft der lemurischen Schwestern werden? Dann finden Sie dazu weitere Informationen auf Dr. Amber (Mele'ha) Wolfs Webseite:

www.amberwolfphd.com/lemurian-sisterhood

Danksagung

Dieses Buch entstand im Rahmen einer Zusammenarbeit von Monika Muranyi und Dr. Amber Wolf. Unser beider Leben wurde von den gechannelten Botschaften Kryons, wie sie von Lee Carroll weitergegeben wurden, tief berührt und transformiert. Kryon hat der Menschheit richtungsweisende Orientierung gegeben, und wir möchten unsere tiefe Dankbarkeit und unseren Dank an Lee ausdrücken; er hat die Botschaften von Kryon in die Welt und in die heiligen Kreise der Lemurischen Schwesternschaft getragen. Sie haben unser Wissen über Lemurien erweitert und Erklärungen für die Rolle der Frauen auf dem Planeten geliefert.

Wir danken unserer Lektorin Lourana Howard und unserem Verleger Marc Vallée von Ariane Editions, Montreal/Kanada. Unsere Wertschätzung und Dankbarkeit gilt den vielen Frauen, die auf der ganzen Welt erwachen, besonders denen, die mit der Lemurischen Schwesternschaft verbunden sind. Wir freuen uns sehr über die Berichte von den positiven, lebensverändernden Auswirkungen, die durch die Verbindung mit Kryon oder der Schwesternschaft bzw. mit beiden entstanden sind.

Wir möchten uns auch bei den Leserinnen und Lesern dieses Buches bedanken. Unabhängig von Ihrem Geschlecht möchten wir das Göttlich-Weibliche und das Göttlich-Männliche in Ihnen würdigen; für uns ist es ein großes Glück, Teil Ihrer spirituellen Reise zu sein.

Monika Muranyi

Amber Wolf

Monika Muranyi hatte schon immer eine tiefe Affinität und Verbindung zu unserem Planeten Erde. Sie hat einen Abschluss als Bachelor (Honors) of Applied Science der Southern Cross University, New South Wales/Australien. Sie hat mehr als 15 Jahre lang in verschiedenen australischen und neuseeländischen Nationalparks gearbeitet. Sie ist anerkannter EMF (Electro Magnetic Field) Balancing Technique™ Practitioner (Phasen I–XIII).

Als Archivarin recherchiert Monika Muranyi das Kryon-Material, wie es von Lee Carroll gechannelt wurde. Bei Ariane Editions (Montreal, Kanada) hat sie bereits eine spezielle themenspezifische Kryon-Trilogie veröffentlicht, die uns ein neues Verständnis von Gaia (»Der Gaia-Effekt«), der Akasha (»Die menschliche Akasha«) und der Seele (»Die menschliche Seele«) vermitteln. In diesen Büchern beantwortet Kryon Dutzende neuer Fragen; damit leistet Monika Muranyi einen wertvollen Beitrag zur Kryon-Bibliothek. Sie reist häufig mit Lee Carroll um die ganze Welt und trägt dazu bei, die Botschaften und Lehren von Kryon auf dem Planeten zu verbreiten. Die Inspiration für dieses Buch entsprang ihrem leidenschaftlichen Wunsch, den lemurischen Funken in den alten Seelen zu entzünden, die derzeit auf dem Planeten erwachen.

www.monikamuranyi.com

Dr. Amber (Mele'ha) Wolf arbeitet seit 1982 engagiert in den Bereichen der ganzheitlichen Gesundheitsvorsorge und Bildung. Sie ist eine international bekannte Lehrerin, Moderatorin, Autorin und Studiomusikerin sowie intuitive Heilerin, Medium und Begründerin der Lemurischen Schwesternschaft, vormaliges Mitglied der 3HO Foundation und seit 35 Jahren aktives Mitglied der Self-Realization Fellowship. Des Weiteren agiert sie als Koproduzentin der Kryon Discovery Series und hält als Mitglied des Kryon-Teams regelmäßig Zwei-Tages-Workshops zusammen mit Lee Carroll ab.

Neben ihrer Tätigkeit als Heilerin und ihren Reisen mit Lee Carroll und Kryon, die sie um die ganze Welt führen, ist Amber Wolf auch die Gründerin der Lemurischen Schwesternschaft und kümmert sich um die entsprechenden Seminare. Ihr heiliger Auftrag besteht darin, Frauen wieder die lemurische Saat in ihrer DNA bewusst zu machen und erneut die heiligen Zirkel der Lemurischen Schwesternschaft zum Leben zu erwecken. Nach wie vor erhält und channelt sie Informationen und Orientierungshilfen im Rahmen ihrer kontinuierlichen Verbindung mit den plejadischen Sternenmüttern. Jede der von ihr empfangenen Initiationen und Aktivierungen hilft ihr, auf liebevolle Weise die Weiterentwicklung der Lemurischen Schwesternschaft zu fördern, um eine Brücke zwischen uralter Weisheit und modernem Wissen zu bauen.

Dr. Wolf wuchs im ländlichen New England auf und verbrachte ihre Kindheit in der Natur; schon immer übte der »Geist in der Natur« auf sie eine große Anziehung aus, auch später, als sie für zwölf Jahre in die Wildnis von Alaska zog. Sie überlebte in der Schönheit und Härte der Elemente, erlernte die Heilkunde und Geburtshilfe der indigenen Bewohner und vertiefte ihre Beziehung zur Welt der Natur.

Nach ihrem Umzug nach Colorado im Jahr 1989 erschlossen sich ihr weitere Bereiche im Gesundheitswesen und in der Spiritualität. Sie begann hauptberuflich als Cranio-Sacral-Therapeutin und im Bereich der »transformativen« Heilung zu arbeiten. Durch einen Unfall, der sie fast das Leben gekostet hätte, erlitt sie schlimme Verletzungen am Kopf und Körper, gewann aber auch Zugang zu einer höheren Energie- und Weisheitsquelle. Seit 28 Jahren sind die Ausläufer der Rocky Mountains von Colorado ihre Heimat und ihre Zufluchtsstätte.

1995 machte Amber Wolf ihren Doktor-Abschluss (Ph.D.) in ganzheitlicher Wissenschaft und alternativer Heilkunde. Sie ist zertifizierte Cranio-Sacral-Therapeutin, zertifizierte Körpertherapeutin, hat eine Ausbildung als Quantum-Touch Practitioner und ist lizensierte Pastorin, Yoga- sowie Pilates-Lehrerin, Matrix Energetics Practitioner und zertifizierte Lachyoga-Lehrerin. Sie ist Vollmitglied der American Cranio-Sacral Therapy Association, der International Association of Healthcare Practitioners und Mitglied der ABMP (Associated Massage and Body-Work Professionals).

www.amberwolfphd.com

Seite von Lee Carroll mit deutschen Kryon-Channellings von Lee Carroll: *www.leecarroll.de*

Lee Carroll

Monika Muranyi
Der Gaia-Effekt
Gesammelte Kryon-Botschaften:
Wie Erde und Menschheit zusammenwirken

Kann es sein, dass Gaias einziger Sinn und Zweck darin besteht, die Menschheit zu unterstützen? Dass Menschen nicht einfach nur eine weitere Säugetierart auf einem Planeten sind, der sich um die Sonne dreht? Dass die Energie, die aufgrund der Schwingung dieses Planeten entsteht, auf dem Tun der Menschheit beruht, was sich wiederum auf das gesamte Universum auswirkt? Die Antwort auf all diese Fragen lautet: Ja! Wenn das so ist – was ist das für ein System, das so etwas bewirken kann?
Die australische Autorin und Naturschützerin Monika Muranyi hat alles zusammengestellt, was Kryon jemals über Gaia durchgegeben hat. Seit nahezu drei Jahrzehnten finden die liebevollen Botschaften von Kryon, wie sie über Lee Carroll – das ursprüngliche Medium für Kryon – gechannelt werden, auf der ganzen Welt Verbreitung.
Die persönlichen Erfahrungen und Erkenntnisse der Autorin bilden das Bindeglied zwischen den einzelnen Kryon-Unterweisungen; so ergibt sich ein einzigartiges Bild, welches uns vermittelt, woher wir kommen und warum wir hier sind.

352 Seiten, ISBN 978-3-86728-242-0

Monika Muranyi
Die menschliche Akasha
Gesammelte Kryon-Botschaften:
Die persönlichen Lebenslektionen entschlüsseln

Haben Sie sich schon einmal gefragt, wo Ihre Persönlichkeit herkommt? Oder Ihre Ängste und Phobien? Und wie werden eigentlich Wunderkinder hervorgebracht? Haben sie (und Sie!) vielleicht schon einmal gelebt? Den Antworten auf diese und andere Fragen widmet sich dieses Buch – eine Zusammenstellung all dessen, was Kryon jemals über die Akasha durchgegeben hat.
Seit nahezu drei Jahrzehnten werden die liebevollen, von Lee Carroll gechannelten Botschaften auf der ganzen Welt gehört. Dieser zweite Band der Kryon-Trilogie geht detailliert auf die erstaunlichen Informationen ein, die in unserer Akasha sitzen, und präsentiert auch bislang noch nicht veröffentlichte Kryon-Durchgaben.
Neben dieser umfassenden Forschungsarbeit hat die australische Autorin Monika Muranyi zudem mehr als dreißig weitere Fragen an Kryon gestellt. Dank ihres Engagements können wir besser verstehen, was die menschliche Akasha ist, wo sie sitzt, was darin enthalten ist und wie wir in ihr »schürfen« können.

304 Seiten, ISBN 978-3-86728-273-4

Monika Muranyi
Die menschliche Seele
Gesammelte Kryon-Botschaften:
das Höhere Selbst entdecken

Was passiert mit uns nach dem Tod? Haben wir überhaupt eine Seele, und wenn ja, wo wird sie dann sein und was macht sie eigentlich? Sind manche Seelen höher entwickelt als andere? Und ist die Seele womöglich viel mehr, als wir meinen? Das sind nur einige der Fragen, die Kryon nach und nach beantwortet. Dies ist der dritte Teil der themenbezogenen Kryon-Trilogie über multidimensionale Energien, die die australische Autorin Monika Muranyi zusammengestellt und kommentiert hat. Hier geht es um alles, was Kryon innerhalb von drei Jahren über die Seele des Menschen durchgegeben hat. Nicht nur die Attribute der Seele werden offenbart; vielmehr wird das gesamte menschliche Wesen enthüllt. Kryon öffnet das Gefäß des Wissens darüber, was die Seele genau ist und warum sie in dieser Zeit der Bewusstseinsentwicklung etwas so ungeheuer Besonderes ist.

304 Seiten, ISBN 978-3-86728-300-7

Von Lee Carroll gechannelte KRYON-Bände, erschienen im KOHA Verlag

Bandzählung Amerik.	Bandzählung Deutsch	
1	1	Das Zeiten-Ende
2	2	Denke nicht wie ein Mensch
3	3	Alchemie des menschlichen Geistes
4		Kryons Erzählungen
5		Die Reise nach Hause
6	4	Gemeinsam mit Gott
7	5	Briefe von Zuhause
8	6	Über die Schwelle
9	7	Der Neuanfang
10	8	Eine neue Epoche
11	9	Hinter dem Schleier
12	10	Die 12 Stränge der DNA
13	11	Recalibration
14	12	Der neue Mensch

Auf der deutschsprachigen Webseite von Lee Carroll *(www.leecarroll.de)* finden Sie unter anderem:

- Links zu aktuellen Channellings
- Hinweise auf Seminare mit Lee Carroll im deutschsprachigen Raum
- Apps zu den folgenden Titeln: